并购的艺术

交易的架构与策略

M&A

符胜斌 著

中国法制出版社
CHINA LEGAL PUBLISHING HOUSE

献给我亲爱的小予和家人们。

并购交易的时空观

自跨出大学校门至今，我已从事并购交易十余年，一边做着项目，一边努力学习，试图通过摸索提炼出并购交易的规律。什么是并购？什么是并购交易的核心和运作关键？这些问题始终萦绕在我心头。为探索这些问题的答案，不仅需要对自身完成的项目进行总结，还需要拓宽自己的视野，去参考、借鉴他人运作的项目。

机缘巧合下，我认识了《新财富》杂志的一位朋友。通过他的引荐，我开始为《新财富》杂志撰写并购重组、资本运作方面的文章。这为我梳理、学习他人项目运作的得与失、经验和教训提供了非常好的方式。长期的实践和写作，使我对并购的理解逐渐清晰起来，框架体系初成。

何谓并购？在我看来，并购是对资源在时间和空间上进行配置以获得回报的行为。理解什么是并购，需要从时间和空间两个维度来进行。

并购中的时间，包括两方面的含义：一是并购时机的选择；二是并购交易的时间进度安排。前者比较典型的是所谓“逆周期”并购、并购陷入困境的企业等；后者通常是指分期支付收购对价款、Earn - out 支付安排以及对并购节奏的把握等。

那么如何理解并购中的空间概念呢？

我们知道，现实世界中，描述一个物体的空间大小，一般会用长、宽、高三个指标加以确定。如果世界运行的规律是一致的，界定并购的空间概念也应有三个指标。对于这三个指标，我的理解是：质、量、价。

质，指的是并购交易的标的，以及所采取的支付工具，比如在并购标的上，是选择股权，还是资产，抑或其他；在支付工具上，则有现金、可转债、优先股、普通股等选项，并且还可以进一步细分，比如优先股可分为可转换优先股和不可转换优先股等。但不管这些支付工具的外在形式如何变化，其作为支付手段，促成交易的本质不会改变。

量，指的是数量，比如并购的股权比例、现金支付的金额、发行证券的数量等，或者是若干种不同数量支付工具的组合等。

价，指的是价格，包括融资的价格（利率）、标的估值和定价、证券发行的价格（利率）等。

这三方面的指标再加上时间维度，就构成了现实世界中纷繁复杂、眼花缭乱的并购交易方案。以本书第二章继峰股份跨境并购同行业巨头格拉默为例。继峰股份在格拉默陷入经营困境、大股东与管理层矛盾激发的时候，以“白衣骑士”的身份果断决定并购，先采取要约收购方式一举奠定胜局，其后通过调整估值、发行股份、定向可转债等支付工具，很好地平衡了资金成本和各方利益，顺利将格拉默注入上市公司，实现了交易的闭环，化解了并购债务的风险。

又如 PE/VC 投资中常使用的“领售权”条款。领售权的主要意思是投资机构有权强制公司的创始人股东与自己一起向第三方，按照投资机构与第三方达成的转让价格和条件转让股份。这条约定对创始人股东的杀伤力很大，但很多时候又是投资机构要求必须具备的条款。为维护自己的利益，创始人股东可以从时空角度出发进行博弈，设定交易条款。比如可以约定投资完成多长时间后，才能行使领售权或者领售权的有效期有多长（时）；是优先股股东，还是普通股股东才有权提出领售权（质）；持股多少以上股东提出的领售权才有效或者领售权经多少股东同意才能实施（量）；以及转让价格不得低于多少（价）等。

以上只是客观世界中表现出来的并购交易时空观。若要更深入理解这一概念，还需要进一步深究这个框架产生的本源。或者说，要对并购交易时空观做进一步的延伸理解，找到决定并购交易时空选择的根源。对于这个问题的解答，知识贫乏的我只能尝试着“抛砖引玉”。

首先是来自对战略的理解和把握。无论是战略投资者，还是财务投资者，都有着自身的战略目标和诉求，并购只是实现战略目标的手段和方式之一。若要实施好并购，需要回答好 5 个问题：我是谁、从哪里来、要到哪里去、怎么去、去了之后怎么办。前 3 个问题是清晰化自身定位和战略诉求，“怎么去”是谋划实现路径，“去了之后怎么办”主要是做好并购后的整合。这 5 个问题想清楚了，就知道自己应该并购哪些标的、能用什么样的方式去并购、能承受怎样的并购成本等。

其次是来自对成本的考量和计算。并购交易普遍会对并购标的进行估值。通过设定一系列的参数，比如收入、增长率、折现率等，“计算”出项目并购标的的估值和收益预期，并以此作为是否进行并购的决策依据之一。但很多时候，收购完成后的实际情况与当初的测算相去甚远。之所以会这样，最主要的原因是忽视了成本对并购项目成功率的影响。

任何人都没有水晶球，无法预测未来。要以较大的概率博取高收益，估值分析是一方面，更重要的是做好并购成本的控制。很简单的道理，在并购项目其他条件不变的前提下，发生的成本越低，意味着未来的收益越高。退一步讲，如果成本低，即使项目失败了，也好于不计成本地收购，或者说买方不会因此陷入困境。

控制好成本，就必然会涉及并购交易的时空选择。比如对于项目的风险，可通过合适的设计和安排，实现风险在交易各方之间的合理分配，实现风险和收益的对等，不能形成一方以低风险享受高收益的情形；引进合作方共同分担收购成本；以及抓住时机收购困境企业等。成本第一，而非收益第一，应是并购从业人员牢固树立的理念。

最后来自对利益的协调和平衡。任何一起交易都会牵扯到诸多利益主体，股东、债权人、员工、供应商、外部监管机构等。要想达成交易，就必然要找到这些利益主体的利益关切点和平衡点，否则难以达成交易。要做好利益的协调和平衡，最关键的工作是高度重视并购项目的前期工作，比如说可行性分析、尽职调查等。通过大量、扎实的基础性工作，摸清相关利益主体的诉求，寻找到利益平衡点。这里面没有任何捷径可走，只能踏踏实实地做好每一项工作。这些工作的成果，最终都会体现在并购交易的时空选择之中。

语言总归是有界限的。对于并购，语言的力量似乎更弱，更需要在实践中加以揣摩和感悟。本书选取的数十个案例，希望能为读者从时空角度理解并购提供一种低成本的方式。这些案例涉及的公司数据信息、持股信息、股东信息等，均来自公司公告、工商登记信息、Wind、Choice、行业协会等公开渠道，以及新财富、财新、证券市场周刊等权威财经媒体报道。当然，由于本人能力有限，书中难免存在瑕疵，甚至是错误。对于这些问题，一概由本人负责，并希望得到批评指正。

参加一个并购项目就是进行一次修行，你从中既可以体会到喜悦，也可以感受到悲伤；既可以发现人性的闪光点，更可以体察到人性的阴暗面，“悲喜交集”！但无论是苦，还是甜，我都祝愿热爱并购的人，最终都能达到“提刀而立，为之四顾，为之踌躇满志”的境界。

目录

壹 成长：并购的视角

双汇集团：从街头小厂到世界龙头 3
南孚电池：鼎晖十九年的运作故事 30
顺丰上市：快递行业王者归来 44
WPP：资本的逆袭，并购成就公关传播霸主 58

贰 择时：并购时机的把握

继峰股份：抓住行业低谷，勇立行业潮头 85
兖州煤业："僵尸企业"脱胎重生 97
高瓴的资本阳谋："暗度陈仓"的格力电器 MBO 112
紫光学大：折戟的经典 120

叁 融资：如何筹集并购资金

长电科技：跨境并购的融资架构安排 131
纳思达：杠杆狂潮下的自我救赎 149
走钢丝的中国天楹：如何完成并购交易闭环 167
并购利器：定向可转债之析 181

肆 监管："猫鼠游戏"

德隆系：做局博盈投资 185
欢瑞世纪：重组的"猫鼠游戏" 215
拉卡拉：借壳的"神"逻辑 228
四通股份：新规之下的重组 239
天堂魅影：三方交易重现江湖，硅谷天堂意欲何为 246

伍 狼烟： 股权争夺战

ST 生化：要约收购战 257
勤上光电：股份“局中局” 275
博弈锦州港：内幕交易的虚与实 285
金宇车城：脱困中的挣扎与“宫斗” 297

陆 爆雷： 失败的并购如何发生

暴风、光大并购 MPS：“一场游戏一场梦” 315
天齐锂业：进击的并购 323
中植进退宝德：上市公司“变形计” 350
哈药集团：混改迷途 360

柒 涅槃： 困境企业重组

佳兆业：一个债务重组样本 377
英雄互娱：借壳背后的债务重组图谋 389
大富科技：国资纾困新姿势 400
富贵鸟的“最后哀鸣”：破产清算中的博弈 411

后 记 419

壹

成长：并购的视角

导 读：企业发展的路径多种多样，并购是最为关键、有效的一种方式。从并购标的来看，并购可分为股权并购、资产并购、合同并购；从区域来看，则包括境内并购和跨境并购等。无论是哪一种类型的并购，都面临着许多不可预知的风险。对参与者而言，关键是要做好风险和收益的平衡。本章选取的4个案例，为后来者如何实施并购战略提供了诸多借鉴。

双汇集团从一家濒临破产的集体小厂，历经管理层收购、跨境并购、境外上市、整体上市四大阶段，一举成为世界肉产品龙头企业，其中的风险控制和利益平衡手段起到非常关键的作用，这也使得从2006年开始投资双汇集团的鼎晖，获得不菲的回报。

与双汇集团相似，鼎晖集团对南孚电池的运作也很“长情”，投资时间长达19年。但由于南孚电池股东变换频繁，南孚电池发展缓慢。尽管鼎晖倾尽全力意图将南孚电池注入上市公司，但都功亏一篑。这也从另一面提示我们，企业并购最大的风险在于自身战略的摇摆和竞争力的弱化。反观顺丰，凭借其强大的盈利能力，顺利登陆资本市场。

就境外企业而言，全球最大传播集团WPP的并购成长路径则更加揭示出，对市场战略的前瞻性判断、并购目标的选择，以及对并购成本的控制、交易结构的设计、商誉资产的管理、公司资本的重构等，都是并购中必须要考虑的因素。

更进一步，如果跳出并购会发现，公司成长离不开鼓励并购创新的资本市场监管环境，更离不开成熟的商业环境及其培育的商业文明和伦理。在这方面，我们还有很长的路要走。

并购是企业发展的重要手段，对行业来讲也是如此。2014年后，中国半导体产业掀起了一波并购高潮，逻辑清晰，路线图明确，极大补充和完善了产业链，众多半导体公司也得以快速成长为闪耀天空的群星。

双汇集团：从街头小厂到世界龙头

1984 年，漯河肉联厂（双汇集团前身）还是一个普普通通的小型屠宰厂。企业设备简陋、技术落后，入不敷出、连年亏损，濒临倒闭。漯河肉联厂也被河南省“下放”至漯河市。接手后不久，漯河市即对漯河肉联厂进行改制。

凭借敏感的政策嗅觉、灵敏的市场触觉和坚韧的开拓勇气，漯河肉联厂在激烈的市场竞争上杀出一条“血路”，击败了春都、雨润等诸多竞争对手，并在 1994 年正式成立双汇集团。4 年后，双汇实业（后更名为双汇发展）在深交所成功上市，企业发展引来新的平台和机遇。在此之后，双汇集团迈上了成为世界龙头企业的发展之路。其发展历程，可以清晰地分为四个阶段，双汇集团也彰显出日益娴熟的利益平衡之术。

曲线 MBO，海外上市架构初成

双汇发展境内上市后，实际控制人仍是漯河市国资委，漯河市国资委通过全资控制双汇集团持有双汇发展 35.715% 股份。这一局面直至 2006 年才被打破。

2006 年 4 月至 5 月，由高盛集团、鼎晖合资成立的罗特克斯分别以 20.1 亿元从漯河市国资委手中购得双汇集团 100% 的国有产权、以 5.63 亿元从漯河海宇投资手中购得其所持双汇发展 25% 股权。罗特克斯耗资 25.73 亿元，直接或间接地持有双汇发展 60.715% 股权（股改后，股比稀释为 51.48%）。高盛集团、鼎晖在罗特克斯的持股比例分别为 51%、49%（图 1.1）。

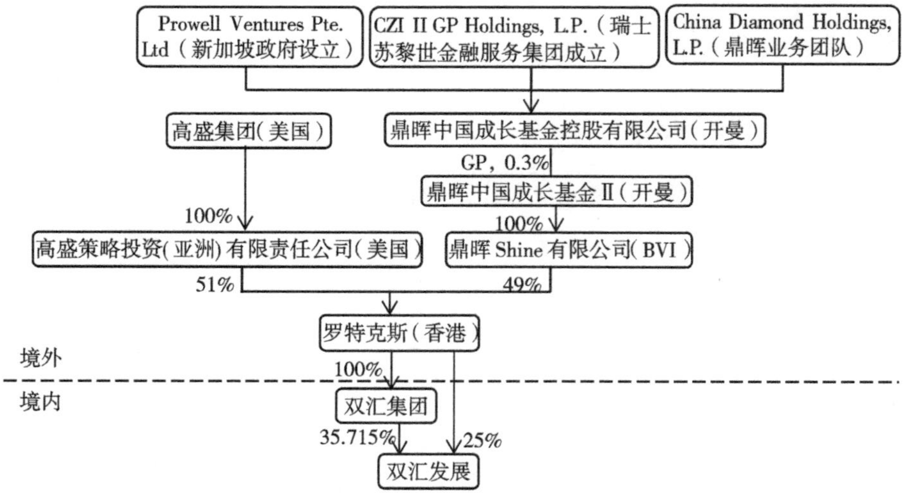

图 1.1　罗特克斯重组双汇集团

表面上看，出面收购双汇发展的只是高盛和鼎晖，但实质上卷入这场收购的远不止这两家，新加坡政府、瑞士苏黎世金融服务集团以及作为鼎晖中国成长基金Ⅱ有限合伙人的斯坦福大学管理公司、世界银行集团下属国际金融公司、新加坡政府投资公司、德国投资与开发有限公司、韩国发展银行、荷兰国家投资银行、AXA 保险管理的私募基金等，一时之间，冠盖云集，堪称豪门盛宴。

罗特克斯这两笔收购价款之间有着明显的差异，20.1 亿元收购双汇集团 100% 股权并间接收购双汇发展 35.715% 股权，5.63 亿元直接收购双汇发展 25% 股权，收购股比相差约 10 个百分点，每股收购价格却相差约 2 倍。其中的缘由主要在于两方面：一是破解双汇集团管理层陷入的股权激励困境。二是双汇集团另拥有大量的上市公司体系外公司，这些公司控制了大部分双汇发展的采购和部分销售业务。当时，谁也不曾料到这些上市公司体系外业务，后来会成为双汇集团海外上市的“掣肘”。

高盛、鼎晖入主后，立即推动双汇集团冲击海外资本市场，踏上了上市的长征之路。但整个过程颇为波折，利益博弈激烈。

首先是高盛逐步退出双汇集团。高盛先是在境外将其持有罗特克斯 5% 股权转让给了鼎晖，二者在罗特克斯的股权比例变成 46 : 54，鼎晖取得对罗特克斯控股权。紧接着，高盛和鼎晖将罗特克斯股权全部转让给 Glorious Link，而后者是万洲国际（前身是双汇国际）的全资子公司。万洲国际是何方神圣，竟能收购罗特克斯的全部股权？

万洲国际是一家于 2006 年 3 月在开曼成立的公司，成立的时间点恰好是高盛、鼎晖收购双汇集团之前。万洲国际由谁设立，不得而知。但可以明确的是，在高盛、鼎晖完成收购后，万洲国际的原始出资人将万洲国际转让给鼎晖、高盛、淡马锡、新天域4家机构成立的投资平台——Shine B，4名投资者分别持有Shine B 50%、30%、12%、8%股权（图1.2）。

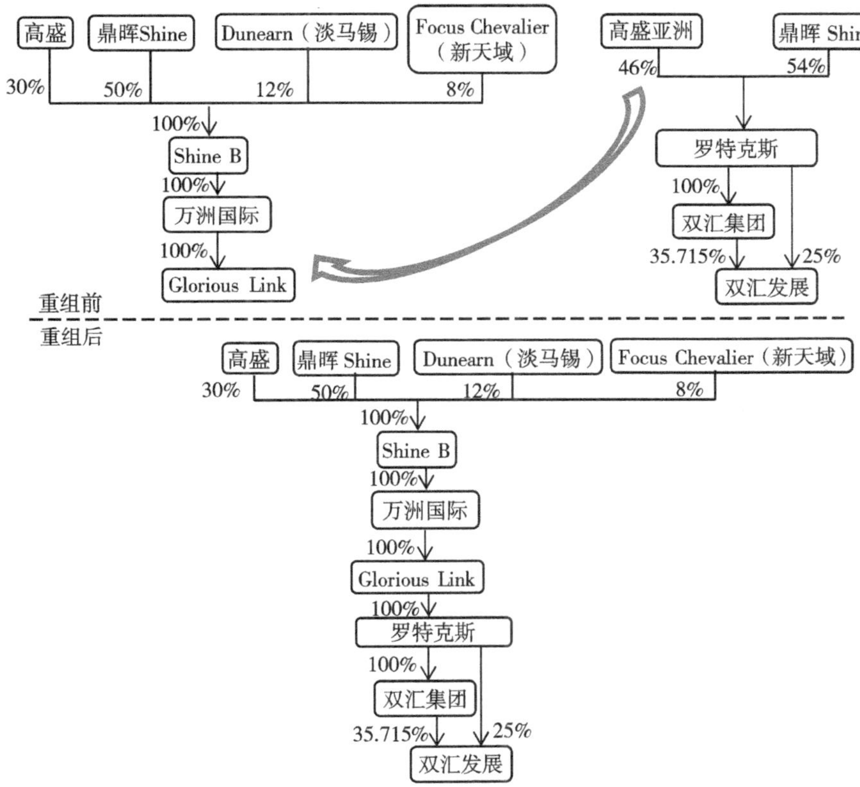

图1.2　罗特克斯注入万洲国际

高盛和鼎晖的操作，似乎是先由其出面"拿下"双汇集团，而后再在境外将双汇集团股权转让给其他投资者。高盛和鼎晖为何要采取如此复杂的操作呢？更蹊跷的是，为何在将罗特克斯转让给Shine B前，高盛还"画蛇添足"式地先转让罗特克斯5%股权给鼎晖？

罗特克斯收购双汇集团时，高盛5%的出资部分是鼎晖的代持股，高盛以自己的名义代鼎晖出资。因此，就不得不在Glorious Link收购罗特克斯之前，将这部分代持股份进行还原。而高盛与鼎晖之间之所以存在代持关系，估计是为了满足当初漯河市国资委转让双汇集团100%股权时所提出的"是国际知名的产业投资基金集团或产业投资企业"等受让方要求。彼时鼎晖才脱胎于中金公司不久，还远谈不上国际知名投资机构，所以不得不把高盛拉上。也许，高盛在双汇集团整个重组案中，始终扮演的是帮衬角色，真正起决定作用的还是以鼎晖为首的国内一批机构投资者。

在境外完成罗特克斯的股权重组后，双汇集团重组的高潮——MBO 才真正来到。

2007 年 10 月，万洲国际收购了一家名为 Peace Arts 的境外壳公司，这家公司的主要业务在中国，主要从事火腿肠包装材料及调味品的生产与销售。

从股东结构来看，Peace Arts 公司股东有 3 家：由万隆等双汇高管人员控制的雄域公司，持股 65.54%、由嘉里控股有限公司所设的 Cardilli（Richy）公司持有 15.73% 股权以及由与双汇集团有着深厚渊源的 Profit 公司，持有 18.73% 股权。

万洲国际收购 Peace Arts 的方式是换股，即 Peace Arts 的 3 家股东将其所持 Peace Arts 股权对万洲国际进行增资扩股。换股完成后，万洲国际股本扩大到 100 万美元，雄域公司持有万洲国际 31.82% 股权，Cardilli 持有 7.64% 股权，Profit 持有 9.09% 股权，Shine B 则持有剩余 51.45% 股权。表面上看，万洲国际被 Shine B 控制，但穿透计算股比，万洲国际实际上已被雄域公司所控制（图 1.3）。

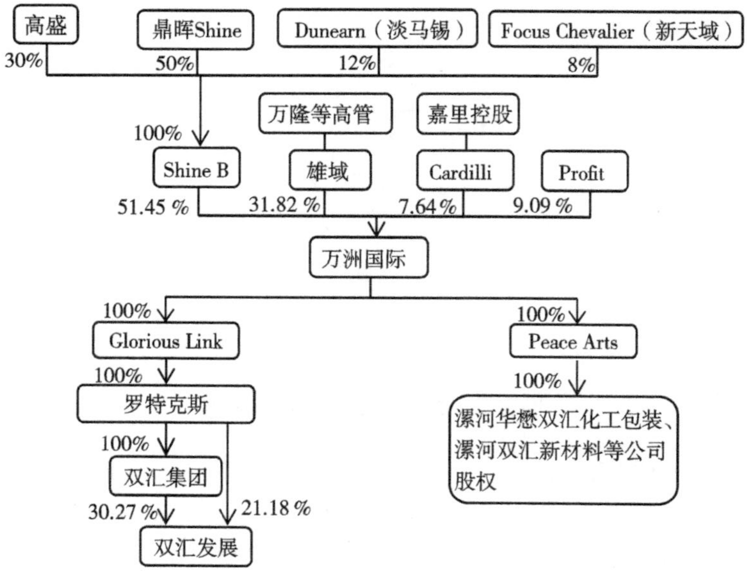

图 1.3　万隆等双汇高管进入万洲国际

也就是说，经过 1 年有余的时间和纷繁复杂的股权运作，万隆等双汇集团高管终得以实现双汇集团的 MBO，其间鼎晖和高盛助力甚大。

此后，万洲国际的股权又经过了一系列的调整，比如高盛和 Profit 进一步退出、鼎晖进一步增持等。截至 2009 年年底，双汇集团境外上市的架构才得以初成（图 1.4）。

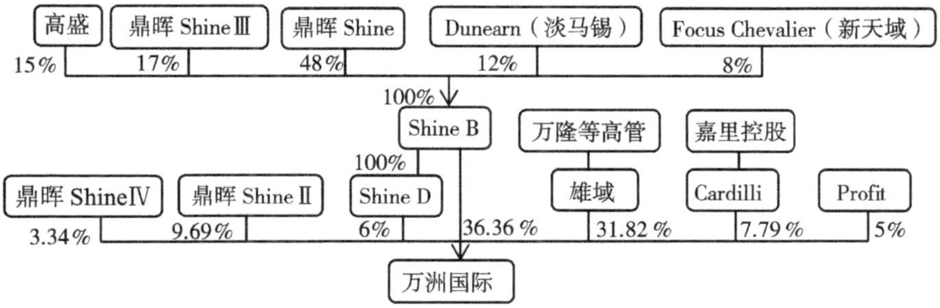

图 1.4　万洲国际首次冲击 IPO 时的股权架构

境外上市首战未捷

与搭建境外上市架构同步的是万洲国际对双汇集团的业务重组。

起初，万洲国际计划收购包括双汇发展体系外的业务和资产，双汇发展控股或参股这些关联公司的股权。为配合万洲国际的收购，双汇发展则放弃了优先购买权。

未曾料想，一石激起千层浪，围绕这些关联资产和业务，爆发了一场双汇发展大股东和小股东之间的利益争夺战，一时间引起市场的高度关注。最终的结果是，万洲国际不得不将已经吞下的肉又吐出来，把受让的所有股权转让给了双汇发展，基本解决了困扰双汇发展多年的原材料采购、产品销售及劳务合作等方面关联交易问题，消除了利益输送嫌疑。

这部分业务的盈利能力到底怎样呢？做一个简单的对比就能知晓一二。

在这些资产注入时，资产注入方给出的承诺是，2012—2014 年预测净利润分别为 19.12 亿元、24.85 亿元、31.47 亿元，当时双汇发展在 2011 年的净利润不过 14.65 亿元。实际经营结果是这些资产和业务在 2012 年实现净利润 19.8 亿元，2013 年实现净利润 28.21 亿元，不仅都超出当初承诺的利润，而且分别占当年双汇发展净利润总额的 64.52% 和 69.33% 。

从估值角度来看，这些业务的估值是 240 亿元，而双汇发展当时的市值不过 300 亿元。

这也许算得上A股市场不多见的，属于小股东的胜利。但鼎晖和万隆的上市图谋却落空了。

至此，我们可以大致理出一条比较清晰的运作思路：为顺利获得双汇集团的控制权，以鼎晖为首的一干国内投资机构与高盛、淡马锡等国际知名投资机构形成联盟，并聚焦把与双汇发展存在大量关联交易的资产和业务（主要是包装材料业务）谋划单独境外上市。之所以要将二者分开，而不是将双汇发展作为一个整体上市，笔者猜测，基于关联交易业务的高额利润，如果能将其包装成一个单独的板块上市，更有利于向投资者讲述一个美好的故事，将有助于提升其估值水平，机构投资者得以高位退出，万隆等管理层则顺其自然获得控股地位。

但人算不如天算，上市方案最后功亏一篑。虽然通过资产注入，万洲国际也有所得，其在双汇发展的持股比例由股改后的51.45%上升到73.26%（其中双汇集团持有60.24%，罗特克斯持有13.02%），但终究没有实现收购双汇发展关联业务并单独上市的目的，众多机构投资者也一时无法退出。

万氏平衡术

无法从万洲国际退出的机构投资者，面临很现实的问题——自身投资者的赎回退出。如何做好平衡和协调，考验着双汇集团的掌门人万某。此时，万某刚刚跨过70岁的人生“门槛”。

应该说，双汇集团能有今天这样的成就，离不开这位古稀长者。这位双汇集团掌门人数次将双汇集团从危机的边缘挽救回来，彰显出高超的管理艺术和经营策略。在万洲国际首度冲击IPO失败，何去何从的关键时刻，这位掌门人从幕后走到台前，又一次纵横捭阖，大施平衡之术。仔细品味万氏手法，其核心是将双汇集团管理层和一干机构投资者的利益进行了很好的撮合和平衡。

首先看双汇集团管理层的核心关切。此时，双汇集团管理层已经间接持有万洲国际部分股权，但仍少于鼎晖所控制的比例。即使把常年合作伙伴所控制的Cardilli、Profit两家公司股权算上，也不能超过鼎晖。显然，这意味着双汇集团管理层还存在隐忧，一旦鼎晖行使大股东权力，管理层的意志将无法得到彻底的落地。双汇管理层必须要确保自己对双汇业务话语权的绝对影响。为此，万某实施了曲线救国的策略：

一是设立员工激励期权。双汇集团管理层设立了一家名为运昌公司的境外持股机构，作为员工期权的载体。设立后，运昌公司从鼎晖控制的Shine B手中受让了万洲国际1.05%股权，随后万洲国际向运昌公司增发5.2632万美元，相当于增发后万洲国际约5%的股份。

上述动作完成后，运昌公司将持有万洲国际6%股权，作为对双汇集团管理团队实施股权激励的股权池。但何人能获得股权池的股权，获得多少股权，则由万某全权决定。万某同时要求，获得股权的人员须出具一份允许雄域公司代其行使投票权和表决权的永久承诺，从而确保运昌公司所拥有股份对应的投票权和表决权能全部按雄域公司的指令行使。

根据这个安排可以算出，万某在万洲国际所能控制的股比达到了36.23%，有一定程度上升，但仍低于摊薄后鼎晖控制的47.88%左右股权。

二是万某协商鼎晖对其持股架构进行调整，鼎晖也给予积极配合。2010年年底，鼎晖注销了图1.4中的Shine B和Shine D两家公司，改由这两家公司的投资者高盛、淡马锡等直接持有万洲国际，并同时转让6.84%股权给新天域、Profit两家公司，其中Profit受让约5.83%。调整完成后，鼎晖的持股比例下降到33.71%，低于万某控制的36.23%股权比例，万某成为万洲国际第一大股东（图1.5）。

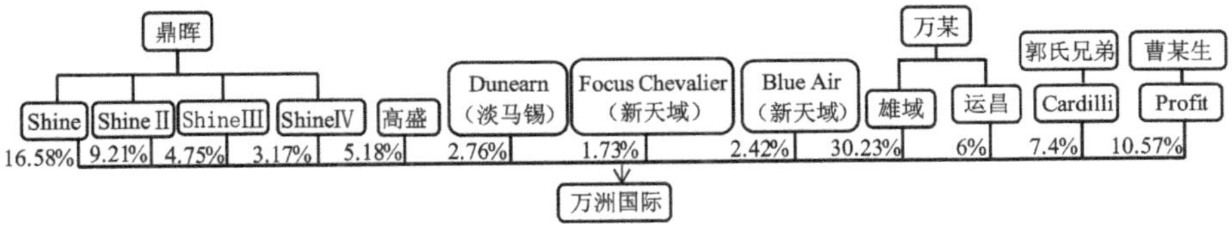

图1.5　万洲国际拆架构重组

三是“委托”中间人持股，平衡股比。鼎晖在万洲国际股权架构调整的时候，转让约5.83%股份给Profit。但在后来万洲国际上市前夕，Profit又将这些股份转回给鼎晖。这难道仅仅是“巧合”吗？或许此举是为减少万某对控股权的担忧，鼎晖先将自己的股份“转让”给双方都信任的第三方保管，并约定待万某彻底取得控股权后或者万洲国际上市时予以还原。

四是进行类似AB制度的设计。在股权调整的基础上，万某对万洲国际股东会的表决机制进行了调整。万某要求，雄域公司、运昌公司所持的每1股都拥有2股的投票权，其他股东则还是按每1股对应1股的投票权。根据这一安排，雄域公司、运昌公司拥有的表决权比例达到53%左右，处于绝对控股地位。

不仅在股东投票权上进行区别对待，万某对万洲国际董事会的投票机制设计也延续同一思路。当时万洲国际董事会由5名人员组成，其中由雄域公司派出2名，其他股东派出3名。但雄域公司派出的董事，每人拥有2票表决权，其他董事每人拥有1票表决权，这使得雄域公司在万洲国际董事会表决权比例超过半数，也处于绝对控制地位。

通过这样的设计，万某以相对大股东的持股比例，获得绝对控股股东拥有的权力。万洲国际的控制权由鼎晖转移到了以万某为首的管理层。

万某的设想得以实现，但以鼎晖为首的机构投资者，怎么去维护自己的利益呢？如果万某在彻底掌控双汇集团业务后，不愿意将万洲国际上市，偏安一隅，自己将如何退出？鼎晖等投资机构此时已入股4年左右的时间了，何时能上市退出，又不得而知。按照一般基金的5~7年的存续周期，很有可能面临退出压力问题。甚至在极端情况下，如果在万洲国际体系外又出现大量的关联交易公司，这些投资机构该怎么办？

在这场博弈中，以鼎晖为首的投资机构主要采取了以下应对措施：

第一招：限定运昌公司实施股权激励计划的时间。

运昌公司所持有6%股权，并不是一次性全部到位，而是从2012—2014年分3年实施，而且每年兑现股份比例不得超过2%。这样就拉长了万某控制万洲国际的时间，而且在股权激励目标的设计上，鼎晖也大有文章可做。

第二招：鼎晖掌舵人进入董事会，直接介入日常事务，增强投资机构影响力。

万洲国际自2010年11月起在其董事会中设置副董事长职位，这一职位由鼎晖投资总裁焦某阁担任。焦某阁作为一家机构投资者的负责人也由此开始直接参与双汇日常事务的决策和管理。比如对股权激励计划，在万某确定人选后，还需要征得焦某阁同意等。两人形成“奇妙”的组合。可以想象的是，尽管双汇集团管理层在董事会投票权超过半数，但做决策时面对大股东的掌舵人，如何做得更加合理也是需要掂量的。

第三招：双汇发展高比例分红，机构投资者的账面收益变成现实收益。

上面两招着眼点更多的是放在中长期运营监管上。对于短期利益和基金回报压力，鼎晖等机构投资者采取了两方面的措施，主要的侧重点在于不断提高双汇发展的分红比例。

双汇发展一直是A股市场上高比例分红的代表企业，派息比率（当年派息额/同年总盈利）一直比较高，但仔细分析，在2010年前后，双汇发展的派息比率先减后增，走势非常有趣，这也许蕴含了意图增厚资本待上市变现退出，但境外上市失败后，立即恢复历史分红水平的逻辑在里面。

反映在具体的分红数据上，万洲国际进入双汇发展后，累计分红32亿元左右，尤其是在2010年注入双汇发展关联资产后的2012—2013年，两年时间万洲国际就从双汇发展分走约22亿元现金，占其分红所得总额的七成左右。根据万洲国际的权益比例，鼎晖等机构分享了其中的大部分收益，既落袋为安，又有效缓解了基金的退出压力（表1.1）。

表 1.1 2003—2013 年双汇发展分红情况

	每 10 股派息	派息比率	万洲国际持股数	万洲国际分红	备注
2003 年	7.0	90.89%	0	0	将双汇集团和罗特克斯所持股份合并到万洲国际名下
2004 年	6.0	103.25%	0	0	
2005 年	5.0	69.19%	0	0	
2006 年	8.0	87.88%	0	0	罗特克斯股权收购审批手续直至 2007 年才办理完毕
2007 年	8.0	86.28%	3.11 亿股	2.49 亿元	
2008 年	6.0	52.02%	3.11 亿股	1.87 亿元	
2009 年	10.0	66.54%	3.11 亿股	3.11 亿元	
2010 年	5.0	26.14%	3.11 亿股	1.56 亿元	2010—2011 年派息比率以当年年报利润数为基础测算，以剔除收购影响因素
2011 年	5.5	59.00%	3.11 亿股	1.71 亿元	
2012 年	13.5	51.48%	8.06 亿股	10.88 亿元	注入关联资产持股数上升
2013 年	14.5	82.70%	8.06 亿股	11.69 亿元	同时每 10 股转增 10 股

鼎晖等机构在入主双汇集团后，与后者的管理层配合默契，积极推动万洲国际境外上市。但因收购关联资产失败，境外上市暂时受阻。以万某为首的双汇管理层和以鼎晖为首的投资机构，为了各自的终极目的和利益相互博弈，上演了一幕生动的“商战片”。万某以双汇发展超高额分红为代价，以相对控股股东地位获得绝对控股股东权力，而鼎晖则以让渡部分话语权为代价，将投资收益部分落袋为安。双方得以获得暂时的平衡，并继续推动境外上市。

在境内资产注入无望的情况下，万洲国际将目光转向了国际市场。2013 年，一个“天赐良机”出现了。

借船出海，杠杆收购 SFD

SFD（史密斯菲尔德）是一家历史悠久的企业，1936 年在美国弗吉尼亚州成立，至今已有 85 年的历史。经过 80 余年的发展，SFD 已发展成为全球规模较大的生猪生产商及猪肉加工供应商，拥有 Smithfield、John Morrell、Farmland 等 12 个核心品牌，业务遍及十余个国家和地区，一时风光无限。截至 2013 年年底，SFD 实现营收 132.21 亿美元，而双汇发展当时只有不到 400 亿元人民币收入。

为吞下这个大块头，双汇集团和鼎晖采取了带要约性质的杠杆收购。整个方案主要由两部分组成：一是全面收购 SFD 已发行在外的股份，此部分涉及金额至少在

47 亿美元；二是对 SFD 的现有债务进行重组，以减轻其债务负担，该部分涉及金额在 39 亿美元左右。收购过程大体分四步进行。

第一步，万洲国际设立全资子公司 Sun Merger Sub。

万洲国际在英属维尔京群岛（BVI）注册设立一家全资子公司 Sun Merger Sub（图 1.6），以该公司作为此次并购的壳公司。万洲国际在 BVI 而不是在其他离岸地区设立并购壳公司的目的是方便后续与 SFD 的整合。

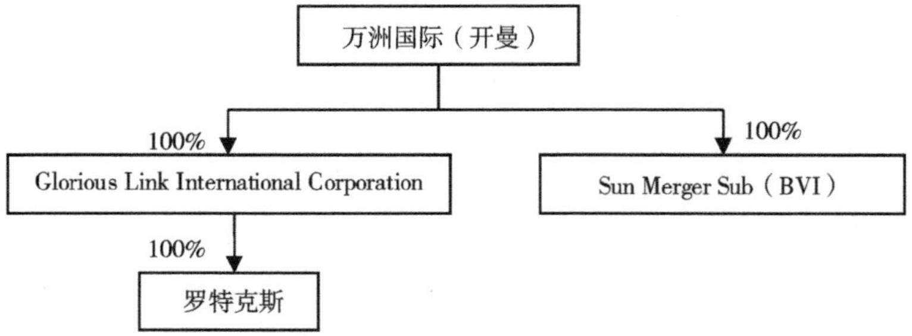

图 1.6　万洲国际设立 Sun Merger Sub

第二步，Sun Merger Sub 全面要约收购 SFD。

万洲国际在完成设立 Sun Merger Sub 后，依据其与 SFD 达成的并购重组协议，对 SFD 已上市发行普通股股份按 34 美元/股的价格发起全面要约收购。收购完成后，SFD 退市并成为 Sun Merger Sub 的全资子公司（图 1.7）。

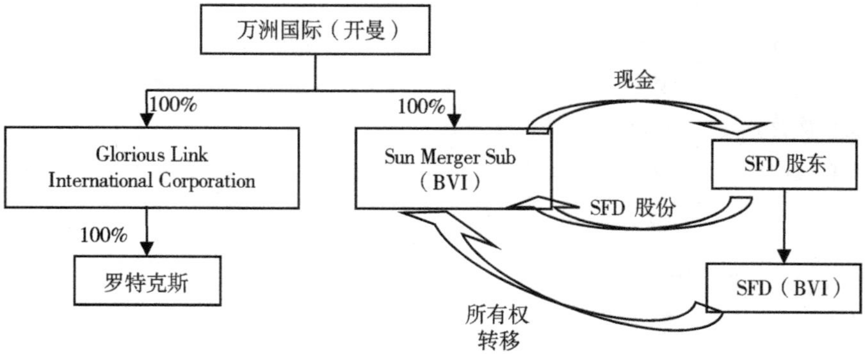

图 1.7　Sun Merger Sub **全面要约收购** SFD

截止到收购公告日，SFD 已发行在外的普通股总计约 1.39 亿股，按每股 34 美元计，Sun Merger Sub 大约需支付 47.26 亿美元股份收购资金，但这并不是股份收购金额的全部。

SFD 是一家历史悠久的公司，上市时间也比较长，因此其股权结构除了普通股股份之外，还包括因多种原因形成的股份，最主要的是实施股权激励计划形成的3类股份。而对于这些股份，万洲国际（Sun Merger Sub）也需承担相应的收购成本（由于激励股份来源不同，各自的收购价格也相应不同）。经测算，该部分收购成本预计在0.88亿美元左右（表1.2）。

表1.2　SFD股权激励部分涉及的股份收购支出

序号	股份种类	股份数（万股）	收购条件	收购成本（亿美元）
1	Stock Options（股票期权）	284.82	1. 无论是否行权，行权余额自交易生效日开始都自动取消； 2. 收购价格等于行权余额对应股份数乘以34美元，收购价与行权价（平均22.36美元/股）之差	0.33
2	Performance Stock Unit（绩效股票）	118.57	1. 无论是否行权，行权余额自交易生效日开始都自动取消； 2. 收购价格等于行权余额对应股份数乘以34美元	0.40
3	Deferred Units and Deferred Stock Accounts（递延股票）	45.07	1. 无论是否行权，行权余额自交易生效日开始都自动取消； 2. 收购价格等于行权余额对应股份数乘以34美元	0.15
合计		448.46		0.88

也就是说，万洲国际为了完成对SFD所有股份的收购，需要支付48.14亿美元左右的现金。这部分现金来源，主要依靠中国银行的贷款加以解决。

2013年5月28日，中国银行向万洲国际出具了贷款承诺函，中国银行将向万洲国际发放总额为40亿美元的优先级担保抵押贷款，贷款利率为LIBOR（伦敦同业拆借利率）加边际利率。

万洲国际为获得该笔巨额贷款，采取了资产抵押和信用担保相结合的方式，用于抵押的资产是其所有的资产和财产权（包括收购后持有的SFD全部股权）；在信用担保上，Sun Merger Sub 、SFD及其子公司不为该笔贷款提供担保，全部由万洲国际的其他相关子公司进行担保。万洲国际在获得这笔贷款后，将以资本金的形式注入Sun Merger Sub，以收购SFD的股份，该笔贷款将在此次并购完成后5年内到期。

第三步，SFD吸收合并Sun Merger Sub。

Sun Merger Sub完成对SFD的收购后，即由SFD吸收合并Sun Merger Sub（子公

司吸收合并母公司，反向三角并购），SFD 成为万洲国际的全资子公司，Sun Merger Sub 则注销（图 1.8）。经过此次操作，在产业结构上，万洲国际初步形成国内以双汇发展为主，国外以 SFD 为主的双轮驱动模式。

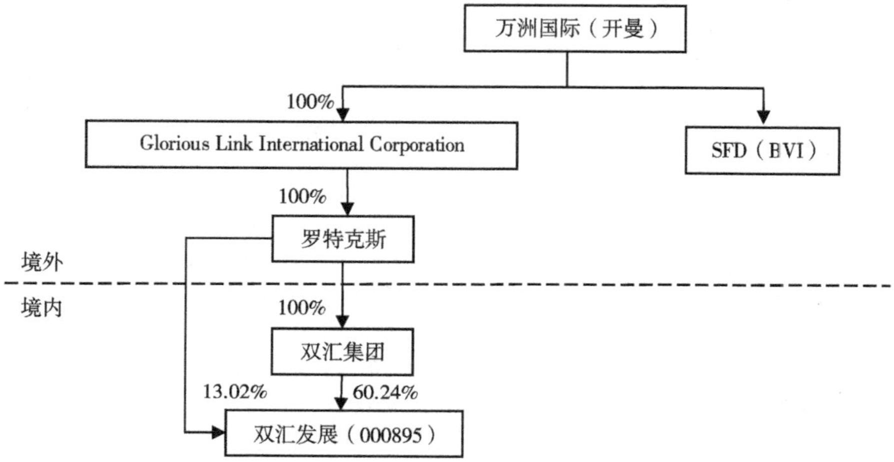

图 1.8　SFD 吸收合并 Sun Merger Sub

第四步，对 SFD 进行债务重组。

根据 SFD 年报，截至 2013 年 4 月 29 日，SFD 债务总额为 46.18 亿美元，主要由经营性债务、应计费用、银行借款、债券及退休金计划等项目组成。此次债务重组涉及的种类主要是循环贷款、银行定期借款和债券，重组的内容主要是针对循环贷款、银行借款的额度及融资方进行调整和针对债券的赎回，涉及已发生的债务金额在 24.65 亿美元左右。

整个债务重组工作由摩根士丹利充当融资顾问，所获得贷款额度和贷款资金全由 SFD 的相关资产进行担保或抵押。万洲国际意图使 SFD 获得更加优惠的资金（表 1.3）。

表 1.3　SFD 债务重组方案

序号	现状	调整方案
1	循环贷款额度 14.43 亿美元，发生 1.65 亿美元，剩余有效额度 12.78 亿美元	1. 额度调整为 7.5 亿美元，主要采取 ABL 贷款（资产基础是合格存货和应收账款）的方式加以解决； 2. 利率为同期基准利率或 LIBOR 加边际利率，并随可用额度的变化而变化； 3. 利息每 3 个月（基于 LIBOR 利率）或每季度（基于基准利率）支付一次

续表

序号	现状	调整方案
2	1. 美国银行2亿美元贷款； 2. Rabo银行2亿美元贷款； 3. 4亿美元可转债	1. 与循环贷款配合，定期贷款额度为16.5亿美元，并对现有债务进行置换或赎回； 2. 利率为同期基准利率或LIBOR加边际利率； 3. 每季度等额偿还本金，利息每3个月（基于LIBOR利率）或每季度（基于基准利率）支付一次
3	1. 2022年到期的9.95亿美元债券（10年期，票面利率6.625%）； 2. 2017年到期的5亿美元债券（10年期，票面利率7.75%）	1. 获得15亿美元过桥贷款资金对两笔债券进行置换； 2. 前3个月利率为LIBOR加边际利率，此后每3个月上升调整一次至最高基点； 3. 并购交易完成后1年内不会被全部支付，未偿还的部分将转换成交易完成后8年到期的定期贷款，并可在满足一定条件下进一步转换为优先级票据（夹层融资）

经过上述环环相扣的四个步骤，万洲国际得以将SFD纳入囊中，一举奠定其在国际肉类加工市场中的领先地位。但问题随之而来。

万洲国际再上市，平衡债务风险

万洲国际收购SFD承担了40亿美元的债务。如何化解债务风险，成为收购后亟待解决的问题。

一般而言，偿还并购贷款的主要方式不外乎是依靠企业分红、借新债还旧债、转让股权（资产）等，但对万洲国际而言，采取上述方式并不能解决根本问题。

从分红来看，万洲国际偿债资金预计将主要来自两方面：一是双汇发展，二是SFD，但这两家企业的经营状况不足以对债务偿还形成有效支撑（表1.4，按1∶6.19汇率折算）。考虑到这两家企业都还需要投入大量资金用于后续发展项目，万洲国际依靠旗下两家主要企业的经营性收益解决全部债务问题难度可想而知，可选的方式是依靠经营性收益解决债务利息。

表1.4　2003—2012财年双汇发展与SFD的净利润情况　（单位：亿美元）

	2003	2004	2005	2006	2007	2008	2009	2010	2011	2012
双汇发展	0.43	0.48	0.6	0.9	0.91	2.76	3.85	4.88	1.62	4.66
归属万洲国际	0.32	0.35	0.44	0.66	0.67	2.02	2.82	3.58	1.19	3.41
SFD	0.26	2.27	2.96	1.73	1.67	1.29	-1.98	-1.01	5.21	3.61
合计	0.58	2.62	3.40	2.39	2.34	3.31	0.84	2.57	6.40	7.02

借新债还旧债或者进行债务展期，也只是利用空间换时间，不仅不能从根本上解决问题，而且还有可能进一步加重万洲国际的债务负担。

转让股权或许是一种有效方式，比如万洲国际转让部分双汇发展股份用于偿债。以收购公告日为基准，SFD 股权价值约 47 亿美元；双汇发展市值 112 亿美元，万洲国际持股 73.26% 计算，折合 82 亿美元。要偿还 40 亿美元债务，万洲国际需要转让约一半的双汇发展股份。但这将面临可能失去控制权、减持获利空间有多大等诸多问题。转让股份应是最终不得已的选择。

为此，双汇集团和鼎晖采取了两种方式处理债务问题：

一是将 40 亿美元并购贷款下沉至 SFD，SFD 以出售资产、经营所得偿还债务。但此时的 SFD 已经风光不再。自 2006 年以来，SFD 的竞争能力越来越不被市场所认可，最突出的反映是其股票的回报长期跑输大市和行业。并且 SFD 的资产负债率也比较高，一度达到 70% 的高水平。单纯依靠 SFD 偿还债务，可行性较小，双汇集团必须辅助于更强力的手段。

二是万洲国际在香港上市。这次上市可谓“流血”上市。

2014 年年初，在完成收购 SFD 后不久，万洲国际正式向港交所提出上市，拟发行 42 亿股（含转让 7.31 亿股存量股），发行价 8 ~ 11.25 港元，融资 29 亿到 42 亿美元。但市场对这一发行价格反应冷淡。其间虽然经过调整，但收效甚微，万洲国际第一次上市申请以失败告终。

但过了不久，2014 年 8 月，万洲国际再次提出上市申请。这次的上市方案是以每股 6.2 港元的价格总计发行约 29.5 亿股，融资 183 亿港元，折合约 24 亿美元。从前后两次申请的估值来看，万洲国际将自身上市前的估值从年初的 936 亿 ~ 1316 亿港元减少到 725 亿港元，较最高估值减少将近一半，可谓“流血”上市（表 1.5，上市后至今，万洲国际历史最高股价为 9.23 港元/股）。

表 1.5　万洲国际三套 IPO 方案

	首次方案	首次调整后方案	二次方案
发行股份数	36.55 亿股	12.995 亿股	25.674 亿股
发行新股数	27.41 亿股	12.995 亿股	25.674 亿股
转让老股数	7.31 亿股	0	0
超额配股权	5.48 亿股	0	3.8511 亿股
发行价格	11.25 港元	8 ~ 11.25 港元	6.2 港元
募资额	472.84 亿港元	103.96 亿 ~ 146.19 亿港元	183.06 亿港元
存量股	116.96 亿股	116.96 亿股	116.96 亿股

续表

	首次方案	首次调整后方案	二次方案
万洲国际上市前估值	1315.8 亿港元	935.68 亿～1315.8 亿港元	725.15 亿港元
万洲国际盈利	按 2014 年第 1 季度盈利 1.41 亿美元预计，全年为 5.64 亿美元		
估值市盈率倍数	30	21.4	16.59
史密斯菲尔德收购倍数（以 2012 年 3.6 亿美元净利润为基数）			13.61
双汇发展市盈率（以 2013 年年底收盘价及每股收益为基数）			26.62

显然，获得资金尽快偿还并购贷款，是万洲国际急于上市的主要原因之一。有了 24 亿美元现金的支持，万洲国际的负债从 2013 年的 110.18 亿美元下降至 2016 年的 75.98 亿美元，资产负债率从 77.83% 下降至 53.13%，债务压力大大减轻。

万洲国际上市成功，在解决债务压力的同时，也顺带解决了控制权和鼎晖等投资机构的退出问题。

在控制权方面，万洲国际主要通过股权激励计划实现。为“表彰”万某和杨某君在收购史密斯菲尔德时的“突出贡献”，万洲国际向 2 人单独设立激励计划，其中向万隆控制的顺通控股公司（以下简称顺通）奖励 5.73 亿股，向杨某君掌控的裕基环球公司（以下简称裕基）奖励 2.46 亿股。同时，向双汇集团高管和业务骨干团队设立的持股平台 High Zenith 发行了 3.51 亿股。这 3 家公司与前述的运昌公司基本一样，承诺所拥有股份对应的投票权和表决权，全部按雄域公司的指令行使。

由于万洲国际其他投资者股权在此期间也进行了转让和调整，在实施股权激励计划后，万隆通过雄域公司控制万洲国际股份从 36.23% 提高至 42.605%，加上与其关系较好人士所持有的股份，万隆在万洲国际所能控制的股份达到 50.21%。考虑到上市后机构投资者将陆续退出，万隆已彻底获得对万洲国际和双汇集团控制权（表 1.6）。为实现这一目的，万隆耗费了 20 年时间。

表 1.6　万洲国际上市前股东持股情况　　（单位：亿股）

序号	股东名称	持股数	持股比例
1	万某控制的雄域、运昌、High Zenith、顺通、裕基 5 家公司	49.83	42.605%
2	曹某生控制的 Profit	3.38	2.892%
3	郭氏兄弟控制的 Cardilli	3.90	3.332%
4	罗某华控制的 Mountain King	1.62	1.383%
5	鼎晖控制的 Shine、Shine 2、Shine 3、Shine 4、Shine 5、Sunshine 1、Sunshine 2 7 家公司	44.51	38.057%

续表

序号	股东名称	持股数	持股比例
6	淡马锡控制的 Dunearn、MacRitchie 等 2 家机构	3.69	3.155%
7	新天域控制的 Focus Chevalier、Blue Air 等 2 家机构	2.80	2.394%
8	Ample Colour	0.94	0.8%
9	SBI Holdings	0.78	0.668%
10	高盛	4.52	3.864%
11	Ascendent Capital	1.00	0.851%
1~4 持股合计		58.73	50.21%
2~4 持股合计		8.90	7.61%
5~11 持股合计		58.24	49.79%
6~11 持股合计		13.73	11.73%
合计		116.97	100%

至于投资机构退出，则似乎来自于一份隐性的对赌协议。

表面上看，当初鼎晖等一干投资者进入双汇发展时，并没有与万某等双汇管理层签署对赌协议，但实质上，这份对赌协议是存在的，具体的表现形式就是万洲国际实施的股权激励计划，或许激励目标之一就是2014年上市。

万洲国际分别在2011年年底和2013年年底实施了2次股权激励计划，这2份计划一旦完成，意味着万某将彻底在持股比例上超过鼎晖，获得控股权。股权激励计划，大多数情况下只是给企业骨干人员一定比例的股份奖励，很少有通过实施股权激励向企业骨干让渡控股权的情况。因此，从本质和实际效果来看，万洲国际的股权激励计划就是一份对赌协议，只不过万某获得控股权的方式是通过万洲国际低价增发股份而不是老股东转让股份完成的。

进一步分析，股权激励计划中最核心的对赌部分应是给万某发行的5.73亿股的股份，这部分占万洲国际股份4.9%，而万某和鼎晖在万洲国际最终的持股比例分别是42.605%和38.057%，相差4.548%。

如果上述推论成立，万洲国际上市背后的逻辑就展现出来：围绕双汇业务的控制权，万某和鼎晖之间签署了一份名义上是股权激励计划，实则是对赌协议的文件。为了尽快实现自己的控制权，从法律意义上予以明确，万某与鼎晖进行了反复博弈，互相妥协，并不惜借助曹某生等人的力量获得“缓冲”。在收购SFD后，为缓解债务压力，万洲国际以高昂的姿态进入资本市场。似乎已万事俱备，只欠东风。但事与愿违，资本市场的冷淡迫使万某不得不放下身段，不惜降低估值水平和融资额来实现上市获得增量资金。万洲国际上市后，机构投资者退出的通道已经打通，万某也获得了梦寐以求的对双汇集团的控制权。

整体上市，最后一千米

从 1984 年开始，万某带领双汇集团进行了数次资本运作，具有里程碑意义的有三次：曲线 MBO、收购 SFD 以及万洲国际在香港上市（图 1.9）。

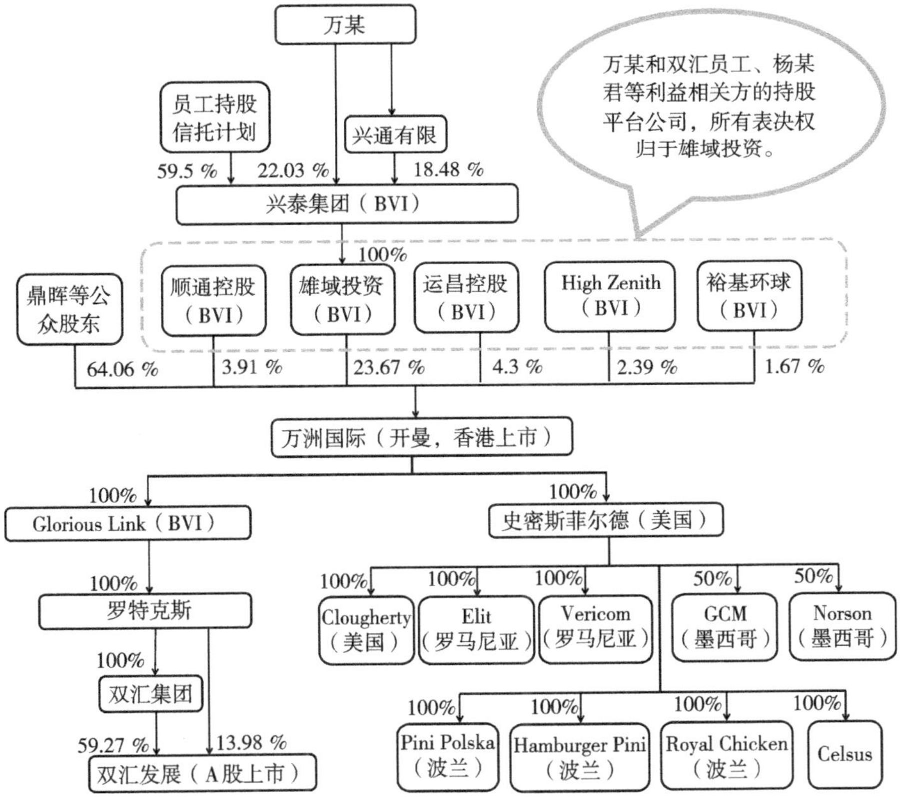

图 1.9　万洲国际股权架构图

三次运作，万某和鼎晖各得其所，万洲国际经营地域横跨南北美洲、欧洲和中国等地区，成为全球最大的猪肉食品公司，并于 2016 年进入世界 500 强。截至 2019 年年底，万洲国际资产规模达到了 172.82 亿美元，实现了 241.03 亿美元的销售收入，20.52 亿美元的利润，完成了从街头小厂到世界巨头的“逆袭”。

从万洲国际的角度来看，双汇集团的主要业务都已经实现上市，并且还具备进一步拆分旗下子公司上市的可能性，如将 SFD 重新上市等。但对于 A 股上市的双汇发展而言，其与双汇集团之间的关系，还存在进一步整合的必要，这既是解决关联交易这一历史遗留问题的需要，也是理顺双汇发展和双汇集团二者之间关联关系、管理关系的需要。

双汇发展和双汇集团的关联交易，饱受市场诟病。自 2010 年双汇发展的小股东成功“狙击”罗特克斯收购双汇集团非上市业务后，双汇发展与双汇集团只存在少量的关联交易，主要为食品添加剂的采购、物流服务等。2017 年双汇发展与双汇集团的关联交易额约 82.38 亿元，实际发生约 53.34 亿元，占双汇发展 2017 年 504.47 亿元营业收入、409.1 亿元营业成本的比例并不高。

表 1.7　2017 年双汇发展与双汇集团的关联交易情况　（单位：亿元）

<table>
<tr><th>序号</th><th>关联企业</th><th>股权架构</th><th>交易类型</th><th>交易额度</th><th>交易金额</th><th>占同类交易比例</th></tr>
<tr><td rowspan="3">1</td><td rowspan="3">罗特克斯</td><td rowspan="3">万洲国际持股 100%</td><td>采购肉品</td><td>55</td><td>31.08</td><td>7.33%</td></tr>
<tr><td>销售肉制品</td><td>1</td><td>0.48</td><td>0.10%</td></tr>
<tr><td>小计</td><td>56</td><td>31.56</td><td></td></tr>
<tr><td rowspan="4">2</td><td rowspan="4">双汇集团</td><td rowspan="4">罗特克斯持股 100%</td><td>销售水电气</td><td>0.01</td><td>0.003</td><td>0.00%</td></tr>
<tr><td>利息收入</td><td>0.3</td><td>0.13</td><td>0.00%</td></tr>
<tr><td>租赁房产</td><td>0.08</td><td>0.06</td><td>0.01%</td></tr>
<tr><td>小计</td><td>0.39</td><td>0.193</td><td></td></tr>
<tr><td rowspan="3">3</td><td rowspan="3">双汇海樱调料</td><td rowspan="3">双汇集团持股 49.66%
罗特克斯持股 29.66%
恒祥工贸等持股 20.68%</td><td>采购调味料</td><td>2</td><td>1.57</td><td>0.37%</td></tr>
<tr><td>销售辅料</td><td>1</td><td>0.86</td><td>0.17%</td></tr>
<tr><td>小计</td><td>3</td><td>2.43</td><td></td></tr>
<tr><td rowspan="4">4</td><td rowspan="4">汇盛生物</td><td rowspan="4">双汇集团持股 58.57%
罗特克斯持股 26.43%
恒祥工贸持股 15%</td><td>采购猪肠衣</td><td>3.5</td><td>2.83</td><td>0.67%</td></tr>
<tr><td>销售猪毛肠</td><td>2.2</td><td>1.82</td><td>0.36%</td></tr>
<tr><td>提供初加工</td><td>0.6</td><td>0.34</td><td>0.07%</td></tr>
<tr><td>小计</td><td>6.3</td><td>4.99</td><td></td></tr>
<tr><td rowspan="5">5</td><td rowspan="5">双汇物流（含其投资的子公司）</td><td rowspan="5">双汇集团持股 85%
张某林持股 15%</td><td>运输劳务</td><td>15</td><td>12.99</td><td>87.13%</td></tr>
<tr><td>采购商品</td><td>0.1</td><td>0</td><td>0.00%</td></tr>
<tr><td>销售水电气</td><td>0.05</td><td>0.052</td><td>0.01%</td></tr>
<tr><td>资产租赁</td><td>0.08</td><td>0.04</td><td>0.01%</td></tr>
<tr><td>小计</td><td>15.23</td><td>13.082</td><td></td></tr>
</table>

续表

序号	关联企业	股权架构	交易类型	交易额度	交易金额	占同类交易比例
6	漯河双汇计算机软件公司	双汇集团持股 51% 乔某军持股 49%	软件开发及维护	0.12	0.1	0.65%
			销售水电气	0.001	0.0004	0.00%
			小计	0.121	0.1004	
7	漯河双汇意科生物环保公司	双汇集团持股 51% 罗特克斯持股 49%	采购气	0.005	0.0014	0.00%
			销售水、物料	0.005	0.0015	0.00%
			租赁土地	0.001	0.0003	0.00%
			小计	0.011	0.0032	
8	杜邦双汇漯河蛋白公司	Solae 持股 60% 罗特克斯持股 40%	采购大豆蛋白	0.8	0.62	0.15%
			销售水电气	0.12	0.09	0.02%
			小计	0.92	0.71	
9	杜邦双汇漯河食品公司	Solae 持股 52% 罗特克斯持股 48%	采购大豆蛋白	0.01	0.0009	0.00%
			销售水电气	0.4	0.27	0.05%
			小计	0.41	0.2709	
合计				82.38	53.34	

为彻底解决关联交易问题，双汇发展拟收购这些业务。有意思的是，双汇发展并未采取通常的资产（股权）收购方式进行，而是采取了子公司吸收合并母公司这一比较少见的模式。

双汇发展为何要采取这种与众不同的模式呢？要了解其中的原因，首先要看一看双汇集团现在的业务构成。

截至 2018 年年底，双汇发展发布重组方案时，双汇集团持有 5 家公司（含 1 家有限合伙企业）的股权价值 4.77 亿元（另持有双汇发展 59.27% 股权，共 6 家对外投资单位）（图 1.10）；双汇大厦、土地等其他资产 0.51 亿元，合计 5.28 亿元。考虑到可能还有部分货币资金，双汇集团资产预计在 7 亿元左右。

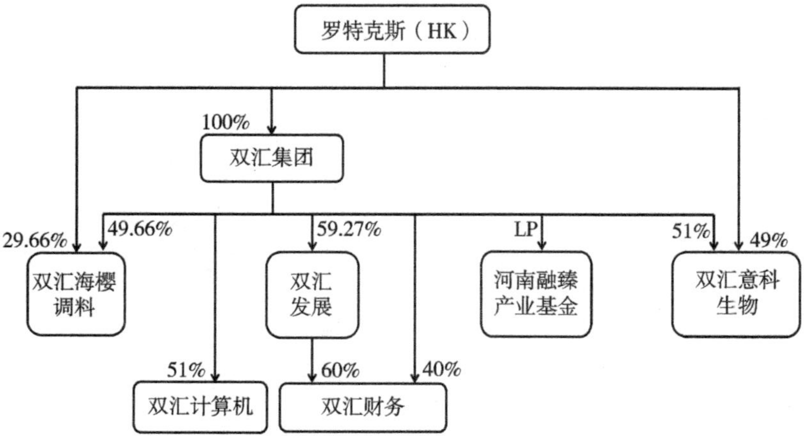

图 1.10 双汇集团股权架构图

在负债方面，双汇集团本部负债 27.31 亿元，其中有息债务 26.6 亿元，无息债务 0.71 亿元（双汇集团持有双汇发展股权的账面价值约 58 亿元，双汇集团本部的资产负债率在 40% 左右，表 1.8）。

表 1.8 重组方案公布前双汇集团本部资产负债情况 （单位：亿元）

资产	金额	负债	金额
双汇海樱调料 49.66% 股权	0.36	有息债务	26.6
双汇财务 40% 股权	4.21	无息债务	0.71
双汇意科生物 51% 股权	0.1	合计	27.31
双汇计算机 51% 股权	0.1		
双汇大厦	0.15		
应收款项	0.01		
土地及固定资产	0.1		
递延所得税资产	0.23		
其他资产	0.02		
合计	5.28		

备注：无河南融臻产业基金份额的原因可能是双汇集团并未实际出资或准备在注入上市公司前退出。该基金的 GP 是北京金源基金管理有限公司，目前已投资多家企业。

要将双汇集团这个层级取消，解决关联交易问题，一般有三种方法：

一是由罗特克斯吸收合并双汇集团。如此操作，罗特克斯将直接持有双汇海樱调料、双汇财务等公司的股权，这些股权仍在双汇发展体系之外，关联交易继续存在，不符合双汇集团重组的目的。此外，罗特克斯是境外公司，双汇集团是境内公司，直接合并在操作上目前还不能具体化，没有便捷的实施路径，只能分步进行操作。

二是双汇发展先以现金方式收购双汇集团所有资产，双汇集团清偿债务后予以注销，罗特克斯获得双汇集团持有的双汇发展股份。

这种操作方式比较容易，现实中也运用得比较多，但对于双汇发展而言不是优选方式，最主要的原因是双汇发展是上市公司，受到一系列制度的约束，导致运作成本高。

首先是时间成本高。从现金收购到注销再到罗特克斯获得双汇发展的股份，一步步操作下来，顺利的话至少也要大半年的时间，涉及评估、上市公司董事会（股东会）同意、公司清算以及豁免要约收购，时间拉得很长。

其次是交易成本高。双汇集团资产账面值虽然只有 7 亿元左右，但考虑到股权投资时间长、入账价值较低、土地和房屋升值空间大等因素，这些资产评估值的增值幅度会比较大。按此模式交易，双汇集团将要交纳巨额的所得税和增值税，对于土地、房产还需要缴纳土地增值税。如此一来，双汇发展在以现金方式收购双汇集团相关资产后，双汇集团的净所得有可能不能覆盖偿债需求。

待后续双汇集团清算，再将双汇发展的股份分配给罗特克斯时，罗特克斯也会面临缴纳所得税的问题，这个阶段的税负成本会更高。

时间成本和交易成本都很高，显然不是理想的方案。

此外，如果双汇发展以发行股份的方式收购双汇集团相关资产，虽然也可以消除关联交易，并规避部分税收，但也会导致双汇集团无力清偿其所背负的债务。

三是双汇集团目前所采取的方法，子公司吸收合并母公司。这种操作有两种理解方式，一种理解方式是，双汇集团先将所持双汇发展的股份以 1 元股的价格协议转让给罗特克斯（双汇集团是罗特克斯的全资子公司），双汇发展成为罗特克斯的子公司，接着罗特克斯将双汇集团和双汇发展进行合并。另一种理解方式是，双汇发展以向罗特克斯发行股份的方式收购其所持双汇集团全部股份，双汇集团成为双汇发展的全资子公司，双汇集团持有双汇发展的股份予以注销（涉及增资和减资两个程序），而后双汇发展吸收合并双汇集团。

这样操作的好处是将第二种分阶段操作模式合并为一步，且多以股份支付、吸收合并的方式进行。虽然这样运作仍旧需要申请豁免要约收购义务，但已最大限度地节省了时间成本和交易成本。操作完成后，将会形成如下架构（图 1.11）。整个集团的架构也变得十分清晰，史密斯菲尔德是国际业务平台，双汇发展是国内业务平台（图1.12）。

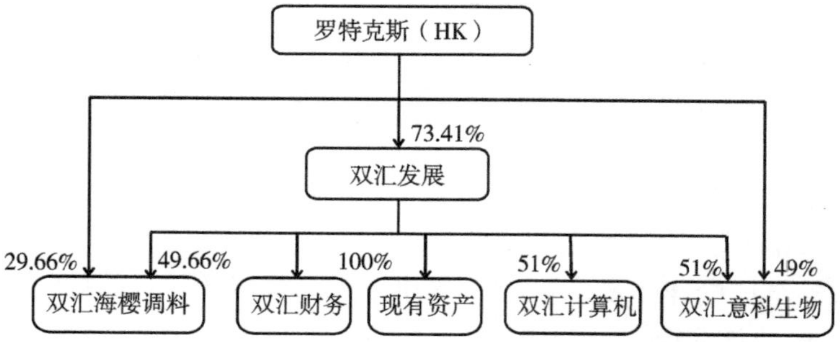

图1.11 重组完成后双汇发展的股权架构

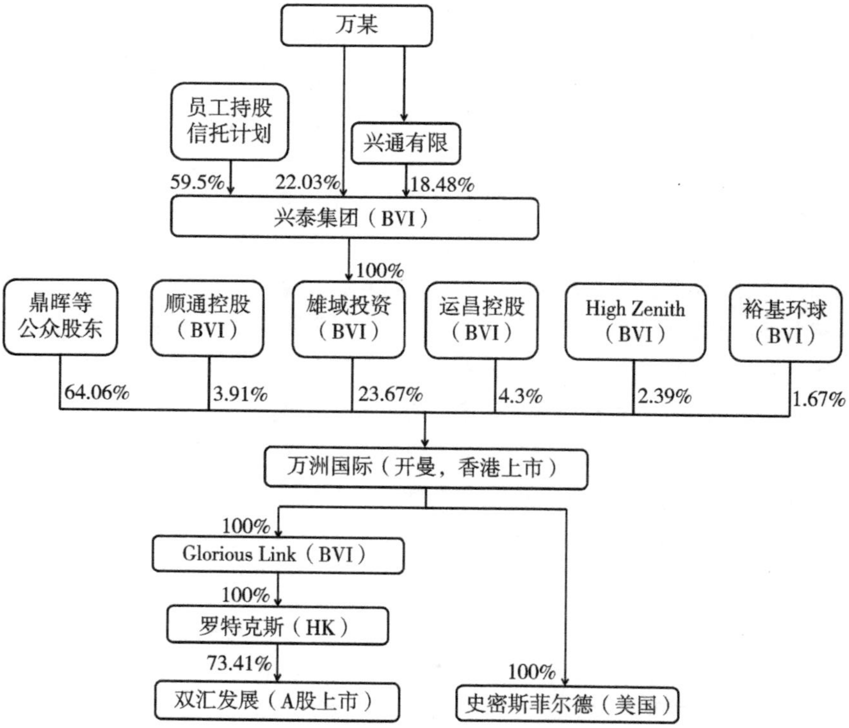

图1.12 重组完成后万洲国际的股权架构

万某再平衡

从大的方面来看，双汇发展吸收合并双汇集团是一个多赢的方案，符合市场各方预期，也符合监管要求，监管层也乐见于此。只不过仔细分析双汇发展的收购细节，仍有许多值得思考的地方，或许这也是万某的一种平衡术。

其一，重组前对外转让或内部调整部分公司的股权，消除关联交易作用有限。

双汇集团此次重组是以消除关联交易为目标之一，但实际情况似乎并非如此。

双汇发展收购双汇集团的资产包里涉及4家公司的股权，但双汇集团原本持股公司远不止这4家，双汇集团在重组前进行了一系列的操作：

一是转让双汇物流股权：这家公司原本在2010年双汇集团向双汇发展注入关联业务时，同步从双汇发展中置换出来。双汇集团一直持有双汇物流85%的股权，但在2018年12月，双汇集团将此股权转让给2018年10月在香港设立的万通物流公司。

2017年，双汇物流与双汇发展的关联交易额达到了13亿元，仅次于罗特克斯。

二是转让汇盛生物股权：原本是双汇集团持有58.57%、罗特克斯持有26.43%。同样在2018年12月，两家公司将其所持股权转让给2018年10月在香港设立的万盛制药（香港）。

2017年，汇盛生物与双汇发展的关联交易额达到了5亿元，位于双汇物流之后。

三是调整双汇海樱调料股权：原本有6家股东，持股情况是双汇集团持有53.4%、罗特克斯持有33.4%、恒祥工贸持有6.16%、澳洲澳丽持有4.12%、漯河金岛实业持有2.92%，双汇集团和罗特克斯合计持有86.8%股权。2019年年初，双汇集团和罗特克斯合计向其他股东转让了7.48%股权，转让完成后双汇集团持股49.66%、罗特克斯持股29.66%，二者合计持股79.32%，恒祥工贸等股东持股20.68%。

2017年，双汇海樱调料与双汇发展的关联交易额为2.43亿元，位于汇盛生物之后。

四是转让郑州双汇西点面业有限公司股权：这家公司原本为双汇集团全资子公司，2018年年底至2019年年初，双汇集团分两次将全部股权转让给双汇物流，并将这家公司更名为河南双汇冷易通物流公司。

通过处置这些股权，双汇集团将境内关联交易额最大的两家公司双汇物流、汇盛生物排除在双汇发展的资产收购范围之外，吸并进入上市公司体系的，基本都是关联交易规模比较小、盈利能力一般的公司。

截至2018年年底，双汇海樱调料、双汇计算机、双汇意科生物3家公司（双汇财务公司原本由双汇发展控股）资产规模合计1.47亿元，实现营收3.1亿元，净利润0.3亿元，而3.1亿元营业收入里面，绝大部分来自与双汇发展的关联交易收入，比如双汇海樱调料在2018年实现营业收入2.96亿元，同年与双汇发展的关联交易额为2.43亿元（表1.9）。

表 1.9 双汇海樱调料、双汇计算机、双汇意科生物资产财务状况

（单位：亿元）

	双汇海樱调料	双汇计算机	双汇意科生物	合计
资产	1.03	0.23	0.21	1.47
净资产	0.72	0.21	0.2	1.13
营业收入	2.96	0.096	0.047	3.103
关联交易额	2.43	0.1	0.032	2.562
净利润	0.28	0.014	0.012	0.306

从双汇海樱调料的盈利情况可以推断，双汇物流、汇盛生物这两家关联交易额更大的公司，实现的收入和利润想必也会更大，应是双汇集团旗下盈利能力最强的两家非上市公司，万某应不会将这两家公司的控股权转让给无关联关系的投资者。从两家公司股权受让方的名称来看，万通、万盛或许与万某有着千丝万缕的联系。万通、万盛是万某自己设立的公司还是双汇集团设立的员工持股平台？会不会继续与双汇发展发生“新的关联交易”？

尽管此次吸并的资产盈利能力并不是很强，又属于传统行业，难以“提高”估值。但在注入上市公司的时候，双汇集团还在规则允许范围内选择了最有利于大股东的方案。在发行股份价格上，双汇集团毫不犹豫地选择了最低的增发价格 20.34 元/股，尽最大可能增厚大股东的权益（表 1.10）。

表 1.10 双汇发展增发股份定价 （单位：元/股）

交易均价类型	交易均价	交易均价 ×90%
定价基准日前 20 交易日均价	24.15	21.74
定价基准日前 60 交易日均价	22.59	20.33
定价基准日前 120 交易日均价	22.86	20.57

其二，利用分红优化资产负债表。

2012 年，双汇集团以 15.3 亿元价格受让双汇物流股权。6 年时间过去，双汇物流的价值应该有所增长。但将双汇物流、汇盛生物两家核心企业调出重组范围之后，双汇集团资产不足 10 亿元，负债 27.31 亿元。虽然剩下的 4 家公司股权经过评估会有所增值，但由于盈利能力较低，估值结果料将不能覆盖债务，这意味着双汇发展将要合并的是一家“资不抵债”的公司，由此将会面对监管的问询和中小股东的压力。殷鉴不远，为确保吸收合并顺利进行，须优化资产负债表，为此，双汇发展开始运作，主要的手段就是分红。

2018 年年底，双汇发展进行了 2018 年前三季度的分红，分红方案是每 10 股分配 9 元，双汇集团和罗特克斯共分得约 21.76 亿元（2018 年 4 月双汇发展还进行了一次分红，每 10 股分配 11 元），其中双汇集团分得 17.61 亿元，罗特克斯分得 4.15 亿元。罗特克斯在获得这笔分红款后，并未像往年一样向上分配至万洲国际，而是对双汇集团进行增资扩股，双汇集团因此新增资金 21.76 亿元。

在获得增量资金支持后，双汇集团立即偿还债务。截至 2018 年年底，双汇集团偿还有息债务 18.39 亿元，剩余 8.21 亿元；偿还无息债务 0.24 亿元，剩余 0.47 亿元，合计偿还 18.63 亿元，债务余额 8.68 亿元，并结余约 3 亿元现金。经此操作，双汇集团本部资产 10.25 亿元，负债 8.68 亿元，净资产 1.57 亿元，资产负债表得到极大的优化。

其三，罗特克斯持有的股权仍在上市公司体系之外。

双汇发展此次收购的 4 家公司，除双汇财务公司外，其他 3 家公司均只收购了控股权。在这 3 家公司中，罗特克斯还持有双汇海樱调料 29.66% 股权、双汇意科生物 49% 股权。这 2 家公司经营期都在 10 年以上，双汇发展进行收购，应当不会存在因为改变外商投资企业性质而补缴以往年度所得税的问题。2 家公司盈利能力也一般，罗特克斯享受关联交易收益的主动性也不强，并且注入这部分股权也不会影响双汇发展的上市公司地位。

此次双汇发展对拟收购的双汇集团净资产评估值为 401.67 亿元，在扣除双汇集团持有双汇发展股份的价值后，双汇发展通过收购新增的净资产约 4 亿元（较 1.56 亿元账面净资产值增加近 3 倍）。按 20.34 元/股的价格计算，双汇发展需新增股份 0.19 亿股。重组完成后，罗特克斯将持有双汇发展 73.41% 股份，较重组前只增加 0.16%。

即使考虑到上市公司非关联股东不同意吸收合并，行使现金选择权，罗特克斯的持股比例也只会上升到 82.27%，社会公众股的持股比例为 17.73%，仍远高于公众持股 10% 的监管要求线。因此，即使将罗特克斯持有的 2 家公司股权注入双汇发展，也不会影响其上市地位。

由于罗特克斯未将双汇海樱调料、双汇意科生物的股权注入上市公司，双汇发展与这 2 家公司的关联交易仍将继续存在，显然与此次重组的出发点背道而驰。难道双汇集团还想继续扩大这 2 家公司的业务？

至此，可以大致梳理出双汇发展吸收双汇集团的逻辑主线，为解决双汇集团与双汇发展在关联交易方面的历史遗留问题，以及构建清晰的两大业务发展平台，双汇发展采取了吸收合并双汇集团的方式。在实施方案之前，为了平衡各方利益诉求，双汇集团将关联交易额最大、盈利能力最强的双汇物流和汇盛生物调出重组范围，由利益相关方接盘。同时，对关联交易额较大、盈利能力较强的双汇海樱调料股权进行调整，向利益相关方让渡少量股权。对于股权调整行为带来的“资不抵债”的影响，双汇集团采取了双汇发展再次分红偿债的方式进行。一个收购标的估值仅为4亿元的项目里，竟隐含了诸多不足为外人道的故事。

做时间的朋友

在中国的肉制品行业，素有“北双汇，南雨润”的说法。双汇集团在掌门人万某的带领下，一路走来，从一家濒临破产的年销售额不足1000万元的小肉联厂发展成为年销售收入超200亿美元的全球最大的行业龙头，实属不易。在这个过程中，虽然伴随着很多争议，但双汇集团能发展至今天的规模，确有其过人之处，而其重要的竞争对手——雨润集团，发展至今，负债累累、举步维艰，董事长也长期失联。

双汇发展自上市以来，就以稳健、高分红著称。双汇发展近7年的净资产收益率保持在30%左右，每股现金流和每股收益保持高度一致，盈利质量高、能力强且稳健；资产负债率低，控制在35%左右，财务风险可控。在分红上，双汇发展也非常不错，连续多年保持高分红，2018—2019年双汇发展每10股分红20元、15.5元（表1.11）。

表1.11　近7年双汇发展盈利及分红情况　（单位：亿元）

	2013年	2014年	2015年	2016年	2017年	2018年	2019年
资产	197.46	219.82	228.84	213.52	230.89	228.65	286.33
负债	47.43	56.22	51.98	62.83	76.22	91.59	115.18
资产负债率	24.02%	25.57%	22.71%	29.43%	33.01%	37.36%	40.23%
收入	449.5	456.96	446.97	518.45	505.78	488.92	603.48
净利润	38.58	40.40	42.56	44.05	43.19	50.35	56.66
净资产收益率	29.58%	27.07%	26.35%	28.42%	29.97%	34.06%	37.37%
每股现金流	1.76	2.14	1.75	1.68	1.71	1.57	1.33
每股收益	1.75	1.84	1.29	1.33	1.31	1.49	1.64
分红情况	每10股分13.5元	每10股分14.5元	每10股分14.2元	每10股分21.5元	每10股分12元	每10股分20元	每10股分15.5元

2018年8月，双汇发展发布公告，万某次子万某伟被推荐为双汇发展董事；数日后，万洲国际发布公告，万某长子万某建接任万洲国际董事会副主席，同时继续担任执行董事，以及公司副总裁等职。与此同时，双汇发展的管理层也进行重大调整，多名中层被提拔为公司高管。擅长平衡之术的掌门人万某和一众创业元老或许就此退居幕后，功成身退。

对于从2006年起就参与、见证双汇集团发展的鼎晖而言，不仅帮助万洲国际收购SFD并在香港实现上市，而且自身也获得了丰厚的回报。以分红为例，2013—2019年，双汇发展7年时间的现金分红金额330亿元左右，按持股比例计算，鼎晖仅这7年就可以获得分红约75亿元，远超当时收购双汇集团时所发生的14亿元收购成本。

如果考虑双汇发展2013年以前分红及其所持万洲国际股份的价值，鼎晖投资双汇集团15年所获得的回报相当高。焦某阁将双汇集团誉为鼎晖投资的明星项目，不仅实至名归，也对做时间的朋友，做出了很好的诠释。

遗憾的是，鼎晖在另一个项目上的“长情”投入，效果难以与双汇集团相媲美。

南孚电池：鼎晖十九年的运作故事

要论投资人对一家企业的专一程度，鼎晖的焦某阁可能会名列前茅。从1999年与南孚电池结缘到现在，焦某阁已经陪伴其走过了20余年的风风雨雨。近几年，焦某阁在资本市场围绕南孚电池连续运作：先是借壳新三板公司亚锦科技，继而收购鼎晖持有的南孚电池大部分股权，将其变成个人控制的公司，再到入股A股上市公司鹏博士的控股股东鹏博实业等，激起借壳疑云等，令人目不暇接。

面对南孚电池上市过程中一个又一个的难题，焦某阁通过将这个大问题分解为五个小问题的方式，巧妙地进行了解决。故事的开头，要从南孚电池借壳亚锦科技说起。

草鸡变凤凰

亚锦科技是一家在新三板挂牌的公司，总股本500万股，共有7名自然人股东，其中，控股股东为彭某安，持有52%的股份（图1.13）。

图1.13　亚锦科技挂牌时股权架构

彭某安所持亚锦科技的股份，是在2013年10月从其他6名股东手中购买而来。在成为控股股东后不久，彭某安即于2014年5月推动亚锦科技在新三板挂牌。挂牌时，亚锦科技总资产624.81万元，负债92.71万元，净资产532.1万元；实现营业收入291.54万元，利润9.31万元，在当时新三板的数千家挂牌企业中“毫不起眼”。但就是这样一家公司，却令鼎晖投资的掌门人焦某阁青睐有加。

2015年9月，亚锦科技与大丰电器（后更名为宁波亚丰电器公司）签署协议，亚锦科技以1元/股的价格，向大丰电器发行26.4亿股，收购其持有的福建南平南孚电池 60% 股权。

交易完成后，亚锦科技的总股本由 500 万股猛增到 26.45 亿股，大丰电器在亚锦科技的持股比例高达 99.81%，由此成为亚锦科技的实际控制人，原实际控制人彭某安仅仅持有 0.1% 的股比。亚锦科技也由一家从事医疗信息系统服务的公司，摇身一变为中国最大的碱性电池生产商，营业规模从不足 300 万元扩张到近 20 亿元（表 1.12）。

表 1.12 收购前后亚锦科技主要财务数据对比

项目	收购前（万元）	收购后（万元）
资产	881.21	149639.15
收入	118.63	106926.16
利润	-34.7	25249.28

在这次交易中，有一个值得关注的细节。交易双方对南孚电池的估值为 44.3 亿元，经协商，双方确认南孚电池 60% 股权对应价值为 26.4 亿元，亚锦科技据此以 1 元/股的价格发行 26.4 亿股，收购南孚电池 60% 股份。但根据交易发生前累计 19 个交易日的交易记录来看，亚锦科技股票的交易均价为 4.15 元/股。也就是说，亚锦科技为收购资产所发行股份的价格远低于市场交易均价。亚锦科技以“超低”价格增发股份的原因或许在于其经营业绩不佳，并意图获得南孚电池这个优质资产。

截至 2015 年 6 月底，亚锦科技净资产为 482 万元，每股净资产仅为 0.96 元，较 2013 年年底的 1.08 元和 2014 年年底的 1.03 元有所下降，净资产逐年下降意味着亚锦科技在逐年亏损。或许，亚锦科技经营业绩不佳，逐年亏损的局面“迫使”其股东同意以 1 元/股的价格收购南孚电池股权，并由此享受并购带来的市场“溢价”。那么，南孚电池究竟是怎样的一家企业，能令亚锦科技的股东如此青睐？

命运多舛的南孚电池

南孚电池成立于 1988 年，是中国最大、世界前五的碱性电池生产商，也是闻名遐迩的民族品牌。作为已经占据全国品牌碱性电池市场 70% 销售量的龙头企业，南孚电池的经营状况有颇多可圈可点之处。

一是极低的资产负债率。南孚电池近几年的资产负债率非常低，不到 20%，2013 年最低时一度只有 11.04%，并且几乎没有银行借款，财务风险很低。

二是在经营上，每年的销售收入保持在接近 20 亿元的水平，毛利率则高达将近 50%，每年均可录得 5 亿元左右的净利润。

三是良好而稳健的经营状况，为南孚电池的股东获取了不菲的回报。从近几年情况来看，南孚电池几乎每年都为股东创造了非常丰厚的回报，比如在2014年就分配股息14亿元（表1.13）。

表1.13　2013～2015年南孚电池财务状况　（单位：亿元）

项目	2013年	2014年	2015年
资产	24.37	15.74	14.87
负债	2.69	5.71	2.31
银行借款	0	2.14	0
资产负债率	11.04%	36.28%	15.53%
营业收入	19.81	18.56	10.68
营业成本	10.18	9.41	5.43
毛利率	48.61%	49.30%	49.16%
利润	5.87	4.85	3.38
经营活动产生的现金流量	2.82	4.19	4.35
投资活动产生的现金流量	-0.008	2.32	-0.1
筹资活动产生的现金流量	-1.22	-14.35	-3.22
分配股利及支付利息	-1.47	-14.1	-3.22

经营业绩的“光环”掩盖不住南孚电池“坎坷”的命运。从1999年到2014年的16年间，南孚电池经历了4次控股权变化，数易其主，企业的发展充满波折。

第一次变化发生在1999年。当年，摩根士丹利联合荷兰国家投资银行、新加坡政府投资公司、鼎晖等在香港成立了中国电池，并以此为平台收购了南孚电池53.725%股权，成为南孚电池的控股股东，鼎晖也由此开始与南孚电池结缘。接着在2003年，摩根士丹利等投资者又将中国电池的控股权转让给美国吉列集团；2006年，伴随吉列集团被宝洁集团收购，中国电池的控制权又转到了宝洁集团手中。

控制权的多次变更，使南孚电池的发展之路充满坎坷，不仅原计划的海外上市夭折，而且在吉列、宝洁旗下郁郁不得志，曾经的行业大佬沦为竞争对手在国内的经销渠道。在吉列和宝洁控股期间，为避免其与自身旗下金霸王电池的竞争，吉列和宝洁对于南孚电池的经营决策实施控制，对其在新型电池产品的开发、向欧美市场产品输出以及国内市场定价等方面进行了诸多限制，南孚电池控股股东与中小股东、管理层的矛盾日积月累，一触即发。

2007 年 12 月，大丰电器首度发难起诉宝洁，理由是宝洁利用南孚电池的销售渠道代工、销售金霸王电池，4 年后大丰电器胜诉。之后，北京中基再次起诉宝洁利用其在南孚电池的实际控制人地位，使得南孚电池在“雅典娜项目”设备采购中多支付成本上千万元，宝洁应予承担赔偿责任。2013 年，宝洁再次败诉。股东之间的“内部战争”无疑对南孚电池的发展产生了巨大影响。

这一局面直到 2014 年才被打破。

2014 年，宝洁对自身的战略进行调整，进行“瘦身健体”，其所拥有的 200 多个品牌只保留 70 个到 80 个，削减 90 个到 100 个，金霸王电池和南孚电池也在剥离资产范围内。面对此机会，鼎晖意图同时拿下金霸王电池和南孚电池。经过激烈的角逐，沃伦·巴菲特旗下的伯克希尔·哈撒韦公司以 47 亿美元的代价收购了金霸王电池，鼎晖则以 5.8 亿美元的价格收购了南孚电池 78.775% 股权。

鼎晖收购的具体方式是：在香港成立 Giant Health（HK）（以下简称香港大健康），并与中国电池签署协议，受让了后者持有的南孚电池 78.775% 股权。鼎晖收购资金的主要来源是与其合作关系深厚的中国银行。2013 年 9 月，鼎晖联手双汇集团耗资 40 亿美元收购美国肉类生产商史密斯菲尔德的主要贷款行也是中国银行。在完成此次对南孚电池控股权的收购后，中国银行与鼎晖联合在澳门举行了“欢迎南孚回家”的庆祝活动，激动之情，溢于言表。

南孚电池的股权经过多次变化，到此时，其股东有四位（表 1.14）。

表 1.14　截至 2014 年 11 月南孚电池的股权架构

序号	股东名称	持股比例	备注
1	香港大健康	78.775%	焦某阁、吴某志控制
2	南平实业	12.344%	前身是南平市投资管理公司
3	大丰电器	5.531%	原为南孚电池员工持股平台，后于 2007 年被焦某阁、吴某志所设立的 Gorgeous 收购
4	北京中基	3.35%	所持股权从南平电池厂（南平实业）受让而来

在获得对南孚电池的绝对控制权后，焦某阁即对南孚电池的股权架构进行了调整，将香港大健康所持的南孚电池 54.469% 股权转让于大丰电器，使后者在南孚电池的持股比例上升到 60%，南孚电池的这一股权架构保持至借壳亚锦科技之时（图 1.14）。

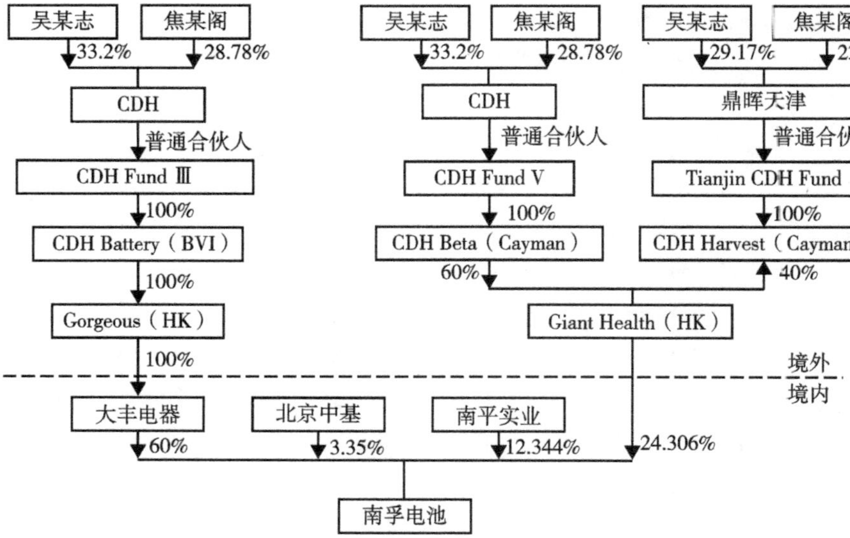

图 1.14　南孚电池股权架构图

专情之下的退出压力

在南孚电池控股股东依次登场，而又轮番退场的同时，鼎晖对南孚电池却一直情有独钟，从 1999 年参与设立中国电池开始，到 2007 年设立 Gorgeous 收购大丰电器全部股权，再到 2014 年设立香港大健康直接收购南孚电池 78.775% 股权，南孚电池每一次股权变化的重大关口，都出现了鼎晖的身影。

南孚电池是鼎晖从中金独立出来以后投资的第一个项目，对于焦某阁而言，南孚电池则是他在鼎晖操作的第一个项目。从 1999 年开始到现在，可以说焦某阁陪伴南孚电池走过了将近 20 个春秋，用情极深，并终于在 2014 年获得控股地位。这样的情形，对任何一家投资机构而言，都是极为罕见的。南孚电池是一家经营状况非常平稳，产品盈利能力比较强的企业，并且每年还能为股东提供不错的回报。

但作为一家专业的投资机构，获利退出才是其根本，况且还要偿还收购南孚电池背负的债务。根据相关报道，在鼎晖收购南孚电池股权所花费的 5.8 亿美元中，以设立基金方式募得的有 2 亿美元，剩余约 3.8 亿美元采取借款方式解决。南孚电池每年的分红显然无法覆盖这笔贷款每年所产生的利息。及时退出成为焦某阁必须解决的问题，或者至少要解决大部分并购贷款问题。

要获得一个退出通道，可供选择的方式不外乎以下几种。

一是采取 IPO 的方式。从基本面的各方面看，南孚电池是一个很好的 IPO 标的公司。作为碱性电池行业的龙头企业，其盈利能力强且具备很强的持续性和稳定性。

从亚锦科技收购时的估值水平上看，南孚电池估值 44.3 亿元，若以 2014 年年底 3.63 亿元净利润计算，市盈率不过 12.2 倍，估值水平并不高，远低于上市的市盈率。但采取这种方式，南孚电池在当时不仅面临拟 IPO 企业“堰塞湖”的情况，而且其在 2014 年刚完成实际控制人变更并且没有进行股份制改造，不具备 IPO 的条件，除非焦某阁能够再等待 3 年，与此同时，还要面临未来 IPO 市场的不确定性。对此，焦某阁显然并没有太多的时间和耐心。

二是借壳上市。按照借壳上市与 IPO 审核标准一致的政策规定（主要是实际控制人的规定），此条路也不可行。

三是直接卖给某家公司退出，但这会令焦某阁丧失对南孚电池的实际控制权，并且受让方如果是上市公司，其中的利益博弈更加复杂。

四是在新三板挂牌，这同样需要首先完成对南孚电池的股份制改造，并通过股转系统公司的审核，时间上仍存在不确定性。

五是借壳新三板的企业。鉴于当时的新三板对并购重组采取了比较宽松的标准，这种方式无疑是最快的。

经过上述分析和推测，也许就不难理解焦某阁为何要把南孚电池推向新三板，并且选择了亚锦科技这家公司：尽管新三板融资能力远不如 A 股，但终究是一个资本运作平台，只要企业资质好，也可以融得所需的资金，之前有九鼎投资等企业作为样本和先例，如今质地不错的南孚电池想必也能获得投资者的青睐。而选择亚锦科技这家公司，因其只有 500 万股的初始股本，借壳完成之后，对焦某阁所持南孚电池股本只稀释了 0.19%，稀释程度很小，对利益的影响甚微。从迫于退出压力的角度来看，焦某阁选择了一条相对较优的道路。

蹊跷的巨额定增

经过数月的努力，2016 年 2 月 19 日，亚锦科技宣布完成对南孚电池的收购，南孚电池得以顺利完成借壳。仅仅 5 天之后，也就是 2 月 24 日，亚锦科技就宣布了新一轮融资计划，亚锦科技拟以 2.5 元/股的价格发行 18 亿股，发行对象为亚锦科技在册股东和不超过 35 名合格投资者，计划募资 45 亿元，主要用于电池行业的并购以及补充流动资金。

从市场反应来看，亚锦科技的认购效果正如焦某阁所预期。2016 年 4 月 1 日至 4 月 21 日，共有 64 名符合投资者适当性管理要求的投资者进行了认购，认购股份 11.05 亿股，认购资金 27.63 亿元，完成计划募资额的 61.4%。

就在市场认为亚锦科技会以较快的速度完成融资的时候，亚锦科技 2016 年 7 月初公布的股份发行结果却令人大跌眼镜。

根据披露的信息，亚锦科技最终只发出 11.05 亿股，募集资金 27.63 亿元。这一数据与4月相比没有任何变化，也就是说，在近2个月的时间里，既没有更多的资金认购亚锦科技的股份，也没有资金退出认购。究竟是什么原因让亚锦科技等待了近2个月的时间却颗粒无收呢？更奇怪的是，亚锦科技在7月初宣布完成募集资金的验资手续后，直到9月底才在股转系统公司完成增发股份的登记，历时将近3个月，这也与正常的登记时间相去甚远。为探究答案，我们先简要回顾一下新三板的非公开发行制度。

在现有的制度框架下，新三板公司进行类似上市公司的非公开发行行为可以分成两类：第一类是现有股东人数不超过200人或非公开发行后股东人数不超过200人的公众公司，其发行股份由股转系统审查、备案，此类行为被称为股票发行；第二类是除此之外的公众公司，其发行股份的行为由证监会审核，此类行为被称为定向发行。从效率上看，股票发行一般要快于定向发行。亚锦科技的非公开发行就属于股票发行。

股票发行时，公众公司在对外募资验资完成后的10个交易日内，应向股转系统递交相关材料，由其进行形式审查，符合标准的，由股转系统公司出具股份登记函，在完成登记后可进行公开转让。有关统计数据显示，部分新三板挂牌企业的增发备案耗时不到20个工作日即通过审查，获得了股转系统出具的新增股份登记函，其中，耗时最短的公司仅等待了6个工作日，如安畅网络、美电贝尔、航宇新材等。相比之下，亚锦科技耗时3个月才完成登记备案，显得有些“蹊跷”。

在新三板，也存在耗费较长时间完成股票发行登记备案的公司，但这些公司普遍存在两大问题：一是经营不善；二是存在一种或多种与业务规则冲突的情况，如募集资金用途、连续发行、特殊条款等潜在问题。亚锦科技在收购南孚电池后，不存在经营业绩不善的问题，反而是经营业绩得到大幅度的改善。根据亚锦科技的股票发行方案，其募集资金用途主要是并购碱性电池及相关行业的企业、补充流动资金等，发行对象和范围符合监管规则要求，也不存在特殊条款或安排。那么，亚锦科技股票发行耗时长的原因，很可能是连续发行。

前文提到，亚锦科技此次股票发行是在完成收购南孚电池60%股权5天后启动的，并且在完成对南孚电池的收购后，其全部资产几乎就是所持南孚电池的60%股权。也就是说，在如此短的时间内，南孚电池的估值不应有大的变化。但事实是，亚锦科技收购南孚电池60%股权付出的对价是26.4亿元，股票发行价格是1元/股，而紧接着的股票发行，每股的价格是2.5元，对应估值为66亿元，较收购时增长约2.5倍。虽然新三板对股票发行时如何定价并未作出硬性的规定，但短期内如此大幅度的增值，需要给监管部门一个解释。

更为严重的是，亚锦科技此举存在有意规避监管。根据监管规则，亚绵科技在收购南孚电池时，可以同步募集配套资金，但亚锦科技并没有这么操作。究其原因，可能在于两方面：一是如果同步募集资金，则面临如何给增发股份定价的问题，很难做到对收购南孚电池股权所支付的股份定价1元/股，对支付配套募集资金的股份定价2.5元/股，二者过于悬殊，难以平衡，而同按1元/股发行则会稀释焦某阁的权益；二是配套募集资金最高不应超过重组交易作价的50%，即不能超过26.4亿元的50%——13.2亿元，这一资金规模远小于焦某阁的预期。

通过上述梳理和推测，亚锦科技将收购南孚电池60%股权和股票发行割裂进行，很有可能是焦某阁在满足监管要求前提下自身利益最大化的选择。只不过由于南孚电池基本面确实可以，而监管部门又拿不出过硬的证据证实其违规，最终呈现出的结果就是亚锦科技募资时间耗时很长，并且募集资金的规模大幅缩水。

完成股票发行后，亚锦科技的总股本由26.45亿股增加到37.5亿股，大丰电器的持股比例由99.81%下降到70.39%。按照2.5元/股价格计算，亚锦科技的估值94亿元，接近百亿元规模。亚锦科技也凭借收购南孚电池、发行股票，荣登2016年新三板融资排名榜眼的位置（表1.15），2016年年底的市值排名在新三板公司中名列第八，较其增发完成之后接近翻番（表1.16）。

表1.15 2016年新三板融资排名 （单位：亿元）

排名	公司名称	融资额
1	华龙证券	96.22
2	亚锦科技	54.03（26.4+27.63）
3	首航直升	32
4	易建科技	30.4
5	东方略	30
6	英雄互娱	23
7	皖江金租	19.5
8	华新能源	16.7
9	体育之窗	13
10	华强方特	12.4

表 1.16　2016 年底新三板公司市值排名　　（单位：亿元）

排名	公司名称	市值
1	九鼎集团	1024.5
2	神州优车	422.49
3	中科招商	369.25
4	硅谷天堂	276.12
5	酒仙网	204.31
6	信中利	202.01
7	恒大淘宝	198.37
8	亚锦科技	192.39
9	东海证券	191.38
10	新产业	184.64

亚锦科技脱胎换骨，焦某阁及其控制的鼎晖也获得不菲的账面收益。亚锦科技的估值也是南孚电池 60% 股权的市值。如果按股票发行时 2.5 元/股的价格计算，南孚电池 60% 股权价值也是 94 亿元，较当初鼎晖以约 6 亿美元价格从宝洁手中收购 78.775% 股权而言，南孚电池的股权价值得到大幅提升。可以说，焦某阁的设想正在一步步变成现实：选择一家股本小的新三板公司进行合作，低价注入南孚电池股权，而后再以相对高的价格进行募资，解决鼎晖的退出需求。过程虽然曲折，但结果却很“美好”，其所凭借的就是南孚电池不错的基本面。

谁的南孚？

在完成亚锦科技的股票发行后，焦某阁又立即启动了两大动作，这两项运作，最终使其成为南孚电池的实际控制人。

其一，2017 年 5 月，亚锦科技耗资 15 亿元收购香港大健康所持有南孚电池 14% 股权，收购完成后，亚锦科技将持有南孚电池 74% 股权。按照这一收购对价，亚锦科技对南孚电池的估值达到了 107 亿元，不仅高于当初收购 60% 股权时的 44.3 亿元估值，而且也高于股票发行时的 94 亿元估值。

对这突然升高的估值，亚锦科技给出的解释是：公布交易前 60 个转让日南孚电池的平均收盘价为 2.62 元/股，按照 37.5 亿股总股本计算，亚锦科技市值 98.38 亿元。在扣除 27.07 亿元货币资金和 1.68 亿元应付股利之后，亚锦科技所持南孚电池 60% 股权市值为 69.63 亿元，对应南孚电池 100% 股权价值为 116.05 亿元，14% 股权价值为 16.25 亿元。因此，按照 15 亿元收购南孚电池 14% 股权，亚锦科技还“有所让步”。

香港大健康当年耗资近 6 亿美元收购了南孚电池 78.775% 股权，此次转让应是其在获得南孚电池控股权后的第一次变现。如果考虑到南孚电池 2014 年、2015 年合计约 17 亿元分红，再加上此次 15 亿元转让所得，鼎晖已从南孚电池获得收入 32 亿元。这与当初耗资近 6 亿美元的收购代价相差已经不多，但此时吴某志、焦某阁等人仍控制着南孚电池 84.306% 股权。从权益口径计算，吴某志、焦某阁仍享有南孚电池 62.395%（70.39% × 74% + 10.306%）的权益，仅比借壳亚锦科技前的 84.306% 下降了约 22%。

也就是说，吴某志、焦某阁只让渡了南孚电池约 22% 的权益，就几乎偿还了收购 78.775% 股权所付出的代价，现在拥有的股份权益几乎全部是投资收益。若不考虑吴某志、焦某阁获得大丰电器所持南孚电池 5.531% 股权所付出的成本，按照南孚电池 107 亿元估值计算，吴某志、焦某阁的投资收益已接近 68 亿元，翻了近两番。

从这个结果来看，南孚电池借壳亚锦科技以及后续的一系列动作，从借壳到股票发行每一步都是关键，不仅有效解决了吴某志、焦某阁面临的资金压力，实现了预期效果，而且也减轻了南孚电池的分红压力，为其发展奠定了比较好的基础。

其二，就在吴某志、焦某阁渡过难关的时候，南孚电池的实际控制人发生了变化，这也是焦某阁的第二个动作。

吴某志、焦某阁原来是通过大丰电器和香港大健康两个平台对南孚电池实施控制，其中最核心的是大丰电器这个平台，通过持有亚锦科技 70.39% 股权实施控制。由大丰电器往上追溯，吴某志、焦某阁则是以 CDH 和 CDH Fund Ⅲ来实施控制。这一局面直到亚锦科技收购南孚电池 14% 股权时发生变化。

2017 年 5 月 23 日，CDH Fund Ⅲ将其所持 CDH Battery（BVI）的全部股权转让给了 RISING PHOENIX INVESTMENTS LIMITED（BVI），后者是焦某阁控制 75% 股权的持股平台，亚锦科技的实际控制人由吴某志、焦某阁变成焦某阁一人（图 1.15）。

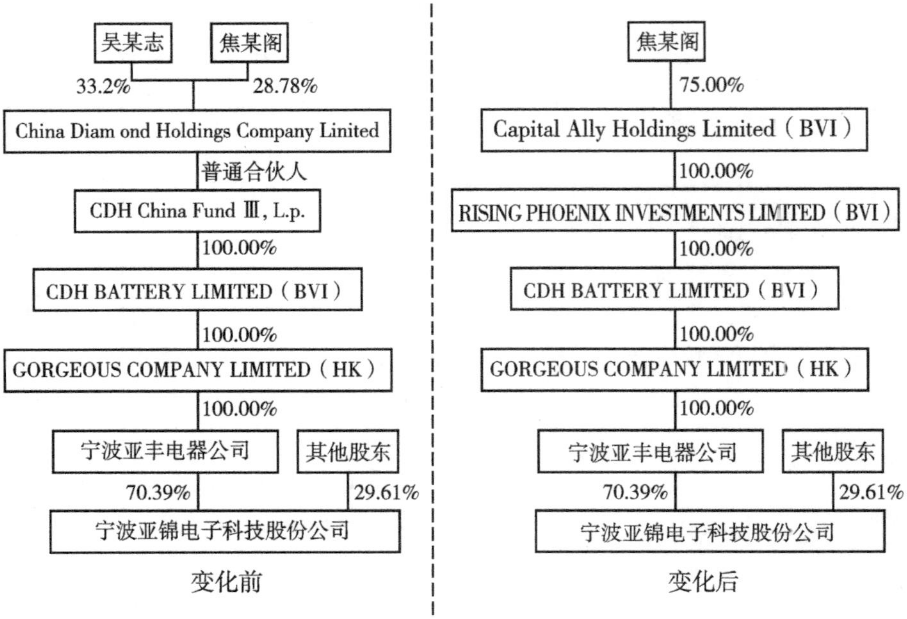

图 1.15　南孚电池实际控制人变化图

伴随着实际控制人的变化，亚锦科技的董事会也随之发生变化，原来代表鼎晖进入亚锦科技董事会的焦某阁、王某、郭某志、杜某磊、张某峰 5 人中，仅剩下焦某阁 1 人继续留在董事会，其余 4 人全部辞去董事及相应职务。这也就意味着，南孚电池的实际控制人已经由鼎晖变成了焦某阁。

从上述一系列变化可以看出，或许鼎晖内部对南孚电池久久不能实现资产证券化而有所不满，在如何对待南孚电池未来发展的问题上存在不同意见。吴某志对南孚电池的上市之路可能持否定或消极态度，认为应该采取措施从南孚电池退出，焦某阁则持有不同意见，这里面或许既有着专业的判断，也掺杂着个人的情感。

此时的南孚电池虽已是碱性电池行业的龙头企业，并且每年保持着相对平稳的业绩，但其每年的业绩增长速度并不高，如亚锦科技在收购南孚电池时，对其未来数年净利润增长率的预期值在 2.5% 左右。这彰显出南孚电池的发展似乎遇到了瓶颈。

南孚电池在被宝洁控制期间，并没有在新型电池，如锂电池的研发上投入过多精力。虽然碱性电池因其成本低、稳定性、安全性、耐久性等优势，依旧在玩具、个人电源、家用电源等小放电量、使用周期较长的领域具有不可替代的竞争优势，但随着电池产品研发技术的进步，南孚电池的成长空间似乎受到了限制，其中以锂电池为代表的二次电池在移动通信、娱乐以及新能源汽车等方面部分开拓了大量新的市场空间，并涌现了比亚迪、宁德时代等一批代表性企业，南孚电池已经落后于这些先发企业。

对于南孚电池的发展，焦某阁提出了“721”战略，主要是指南孚电池的业务构成中，7是主业占比，2是边缘业务，1是创新业务，并提出每年拿出利润的10%来支持创新。由此可以看出，焦某阁也在急于为南孚电池寻找新的业务增长点。

入股鹏博实业，激起借壳疑云

与此同时，焦某阁进行资本运营的脚步并没有停下，其控制的亚锦科技又有了新的动作。

2018年3月，亚锦科技拟以现金出资15亿元对鹏博实业增资，增资完成后，亚锦科技将持有鹏博实业40%股权。

鹏博实业是一家以信息产业为主的公司，公司名气不大，但拥有一家A股上市公司鹏博士。鹏博士主要从事宽带运营业务，是国内排名第四的宽带运营商，鹏博实业及其实际控制人合计控制鹏博士12.91%股权，其中鹏博实业自身拥有鹏博士10.72%权益（图1.16）。

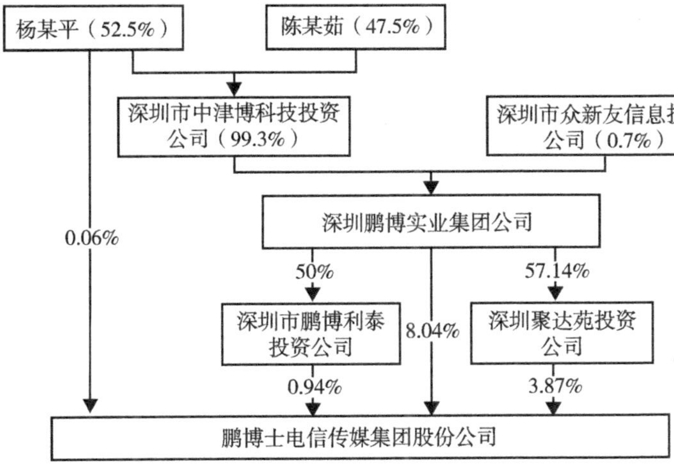

图1.16　鹏博士实际控制人持股

鹏博实业拥有鹏博士10.72%权益，亚锦科技在耗资15亿元占股40%后，将会享有鹏博士4.29%权益；而鹏博士总股本为14.3亿股，当前的市值在200亿元左右，4.29%股权对应的权益市值约8.6亿元。这也就是说，亚锦科技若要获得鹏博士4.29%股份权益，既可以按照现在15亿元入股鹏博实业的方式取得，也可以采取在二级市场上耗资8.6亿元直接购股获得。

截至2016年年底，鹏博实业合并口径实现销售收入113.3亿元，净利润9.5亿元。同期，鹏博士实现销售收入 88.5 亿元，净利润 7.6 亿元，分别占鹏博实业收入和净利润的比例为 78.11% 和 80%。显然，鹏博实业未上市的其他产业估值应远低于鹏博士，亚锦科技要获得这部分产业 40% 权益所付出的代价要远低于 6.4 亿元。或者说，如果仅为了享受鹏博实业 40% 权益，亚锦科技大可不必花费 15 亿元的资金，况且这笔资金还是以质押南孚电池 74% 股权的方式获得，资金成本较高。焦某阁耗资 15 亿元获得鹏博实业二股东地位的根本原因，或许是为了实现亚锦科技在 A 股上市。

截至 2016 年年底，亚锦科技的营业收入和净利润分别为 21.89 亿元和 5.09 亿元，两个指标均低于鹏博士；如果南孚电池估值 116 亿元，亚锦科技持有其 74% 股权价值约 86 亿元，焦某阁个人控制亚锦科技 70.39% 的股权价值则约为 60.4 亿元，这一数值不仅低于鹏博士 235 亿元的资产值，也低于 69.66 亿元的净资产值。而鹏博士市值约 200 亿元，只需增发不到现有规模一半的股份就能完成对亚锦科技的收购。并且亚锦科技营业收入远低于鹏博士，即使鹏博士收购了亚锦科技，也不会引起主营业务的变化。

综合上述，从各种“硬性”指标来看，如果鹏博士采取发行股份购买资产的方式收购亚锦科技，即使鹏博士的实际控制人变更为焦某阁，这个行为也不会被认定为亚锦科技借壳上市。由此，焦某阁也将实现自己的夙愿，将南孚电池推向 A 股市场，也使自己获得一个变现退出通道。

但这里面存在一个影响巨大的问题，鹏博士市值高达 200 亿元，并不是一个理想的借壳标的。如果强行借壳，无疑将摊薄亚锦科技的权益。何去何从，无疑是在考验焦某阁的智慧。

答案直到近 1 年半后才得以揭晓。2019 年 8 月，亚锦科技正式实施对鹏博实业的投资，投资额从 15 亿元下降至 10 亿元，持股比例也从计划的 40% 降低至 29.455%，成为鹏博实业的第二大股东。南孚电池“借壳”鹏博士的疑云就此消散。

一步之遥

时至今日，曾经的“电池王者”南孚电池还在新三板徘徊。尽管每年还能获得 7 亿元左右的利润，经营活动现金流强健，但想象的空间已然不足。对鼎晖和焦某阁而言，从 1999 年开始与南孚电池结缘，到 2018 年入股鹏博实业，一路伴随着南孚电池走过了将近 20 个春秋，不离不弃，用情至深，焦某阁也从而立之年进入知天命，到现在，距离其最终的目标仅一步之遥。

为了实现这个目标，鼎晖和焦某阁施展出娴熟的技艺，将南孚电池上市这个大问题分拆成为借壳新三板、股票发行、鼎晖退出、入股鹏博实业以及后续注入上市公司五个小问题，解决问题的过程，环环相扣，惊心动魄，任何一个环节出现问题，都会对南孚电池上市产生重要影响，焦某阁能在短短两年左右的时间就完成大部分任务，选择合适的合作对象，一步步推高南孚电池估值。尽管最终未能如愿，但已实属不易。

究其原因，问题还是出在南孚电池控股股东的频繁变化上。控股股东每发生一次变化，都不可避免地动摇企业发展战略、成长路径和增长模式，进而影响其业绩。或许，这才是南孚电池不得不在新三板挂牌，而不是上市的根本原因。南孚电池未来将会怎样，是继续沉沦，还是重现辉煌，无疑值得关注和期待。

商业的世界就是如此。这边南孚电池上市受阻，那边顺丰上市则是高歌猛进。

顺丰上市：快递行业王者归来

2013 年 9 月，顺丰接受苏州元禾控股旗下的元禾顺风、中信资本旗下的嘉强顺风，招商局集团旗下的招广投资、古玉资本旗下的古玉秋创组成的投资团队入股。据坊间传闻，四家投资机构拟投资的金额在 80 亿元左右，最终的入股比例为 24.5%。

一向以“不差钱”闻名、多次拒绝投资机构橄榄枝的顺丰，为何会在此时一举引入四家投资机构，而且出让的股份将近 25%。作为顺丰“战略大脑”的王某究竟是出于什么考虑才做出这一决策？历史总是惊人的相似，也许，可以从顺丰隐秘的发展史中探知一二。

野蛮生长

顺丰前身是深圳市华安运输，由深圳市华安投资与自然人刘某秋共同出资于 1997 年 11 月成立，注册资本 500 万元，华安投资持股 90%，刘某秋持股 10%，是经由当时的外经贸部批准设立的境内国际货运代理企业。

而早在华安运输成立前四年，当时年仅 22 岁的王某就已投身快递行业。在 1993 年时，王某在广东顺德注册了一家快递公司，同时又在香港租了几十平方米的店面，专替香港企业运送信件到珠三角。公司甫一成立，王某便通过“低价抢滩”的策略快速吸引大批客户，打开了局面。到了 1997 年，王某几乎垄断了所有的通港快件业务。当时一度盛传，行驶在通港公路上的快件货运车有 70% 属于王某公司。王某野蛮生长的打法初尝胜果。

到了 2004 年，华安运输和王某的发展轨迹产生了交集，华安运输的股东将其所持有华安运输的全部股权转让给了顺丰速运香港，而顺丰速运香港的实际控制人是王某。完成收购后，华安运输更名为顺丰速运，公司性质也由内资企业变更为外商投资企业。2005 年，通过实施业务整合，顺丰速运更名为顺丰集团。

所谓时势造英雄，王某在完成顺丰集团业务整合后，便赶上了中国快递行业的飞速发展期，特别是近几年电子商务的快速发展，为快递行业带来新的业务增长点。国家邮政局统计数据显示，2005 年至今，我国快递行业保持着较快的增长速度。2012

年全国规模以上快递服务企业业务量同比增长55%；快递业务收入完成1055.3亿元，同比增长39%；2013年上半年，业务量累计完成38.4亿件，业务收入累计完成629.8亿元（图1.17）。顺丰集团在王某的带领下，也走上了快速发展的康庄大道。

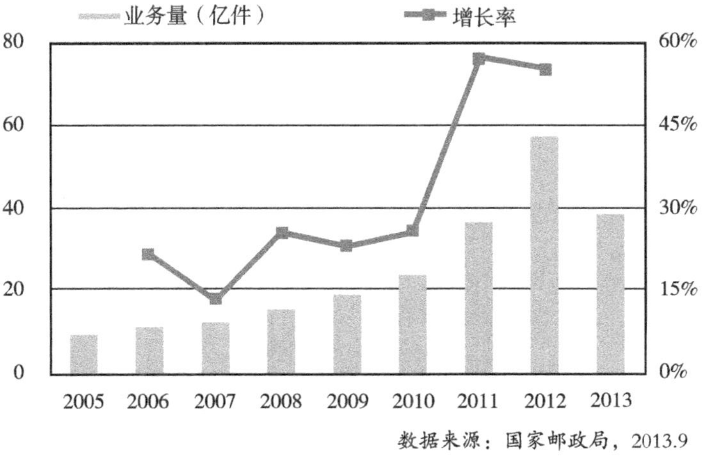

图1.17　2005—2013上半年我国快递行业企业发展情况

顺丰集团的收入从2010年的112.52亿元快速增长到2012年的211亿元，3年时间差不多翻了一番。截至2012年，顺丰集团的经营规模仅次于国有的中邮速递，远超“三通一达”（申通、圆通、中通和韵达）的业务水平，市场占有率达到20%，在我国快递行业的龙头地位得以确立（表1.17），一个庞大的国际化顺丰商业王国呼之欲出（图1.18）。

表1.17　顺丰集团与国内同行业企业营运情况对比

企业名称	2012年营业收入	市场份额	公司性质	员工人数	国内营业网点
中邮速递	280亿元	27%	国有	约10万人	约4.5万个
顺丰集团	211亿元	20%	民营	约16万人	约5000个
申通快递	130亿元	12%	民营	约13万人	约7000个
圆通快递	100亿元	10%	民营	约10万人	约6000个
韵达快递	80亿元	8%	民营	约7万人	约9000个
中通快递	60亿元	6%	民营	约6万人	约5000个

在顺丰的商业体系中，有五大控股实体，即顺丰集团、深圳市泰海投资、顺丰控股有限公司（HK）、顺丰速运（海外）有限公司（HK，以下简称顺丰海外）和翠

玉控股（BVI），分别把控经营着顺丰的国内外快递业务、第三方支付、电商、投资和房产等业务。这些控股实体及业务的最终控制人为王某，除于某强持有泰海投资1%股权外，其他股权几乎全部被王某及其夫人持有。

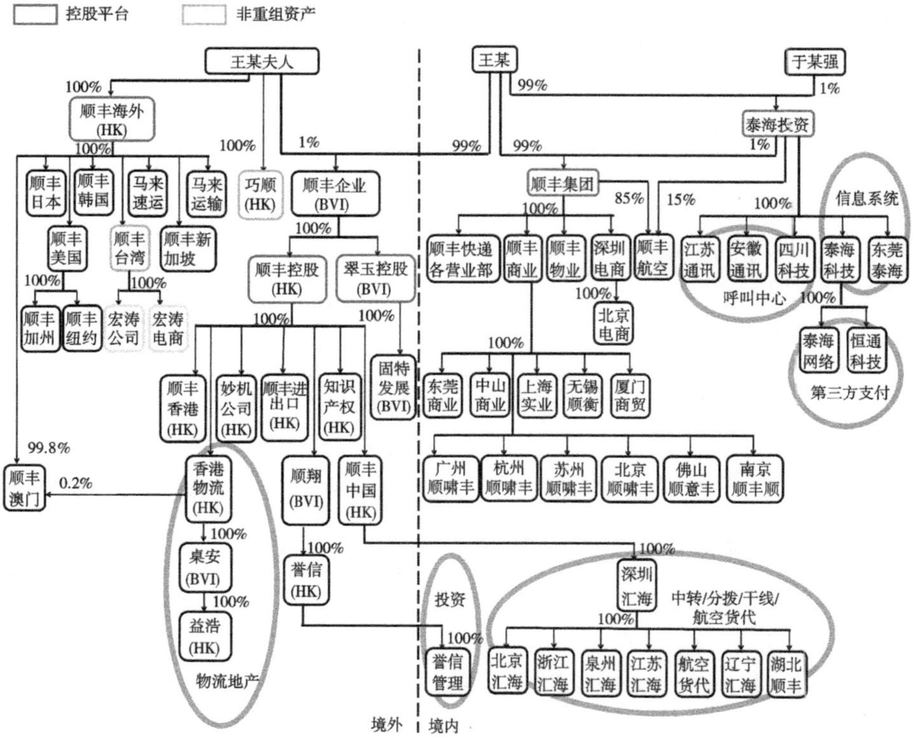

图 1.18 顺丰控制架构体系

从图 1.18 可以清晰地发现，王某在 2005 年创建顺丰集团后，其“野蛮生长”的风格依旧没有太大的变化，即使顺丰的业务和规模早已不可同日而语，即使顺丰所处的时代背景早已不同。

第一，缺乏统一的战略规划与投资控制平台。顺丰经营规模大、涉及业务种类多，但这些业务大都被人为地分割在不同的主体下，即使是快递业务，也被分散。比如顺丰集团主要负责国内快递业务，顺丰海外主要负责海外快递业务，而与快递业务紧密相关的呼叫中心和后台信息系统又被安排在泰海投资旗下等。这种人为的分割固然可以让外人很难知晓顺丰的整体面貌，但由于其缺乏一个统一的战略规划平台和投资控制平台，也导致出现业务架构非常不清晰的问题，野蛮生长的痕迹很深。更为严重的是，顺丰各业务之间如何协调、如何配合、业务的发展如何协同，恐怕只有最终控制人王某一个人知晓，而这无疑将会放大顺丰的经营风险。

第二，个人色彩太过浓重。从顺丰的股权结构来看，王某持有顺丰集团99%股份，泰海投资也在其绝对控制之下，而顺丰的海外业务则全部被王某控制，这或许与顺丰独特的发展历史和王某的个人性格特点有关。王某对快递行业的理解，乃至对整个中国当下商业环境的理解，无疑是在一流商业领袖之列。但如果一家企业太过依靠某一个人，这家企业究竟能走多远？深深打着个人烙印的顺丰，以后又将会怎样？

第三，财务没有实现统一。最令人想不到的是，顺丰的营业收入也许从来都不是一个十分准确的数字，顺丰并没有一张反映其整体经营情况的财务报表。即使是在此次融资中，顺丰提供给投资机构的财务报表，也是在对五大控股主体财务合并财务报表基础上编制模拟出来的。这也就是说，顺丰整体经营情况到底如何，现金流情况究竟如何，发展需要解决多少资金缺口，恐怕没有一个人能说得清楚。很难想象一家成立快20年的大型集团会出现这样的状况。

或许正因如此，有着强烈危机意识和敏锐战略头脑，但缺乏足够安全感的王某才决定启动顺丰的引资，重组顺丰内部架构，以便在这个“电商做快递，快递做电商”的关键时刻占得先机。但仔细分析，顺丰此次引资的目的还远不止于此。

并不缺钱的“引资”

根据顺丰发展规划，顺丰未来在巩固并发展其主营快递业务的基础上，还将在航空货运、物流仓储、电子商务、金融支付等领域积极拓展，通过“三流合一”的整合服务实现转型升级。为实施这一规划，未来3年顺丰将投入约75亿元（表1.18）。

表1.18　2013—2015年顺丰投资计划　　（单位：亿元）

类型	2013	2014	2015	合计
工程及重型设备类	18.13	26.64	13.34	58.11
航空类	5.07	3.49	6.35	14.91
系统类	0.35	0.78	0.45	1.58
合计	23.55	30.91	20.14	74.60

近75亿元的计划投资额与市场传闻80亿元的融资额相差不大。但作为一家营业收入已达211亿元的公司，顺丰会每年缺少20亿~30亿元资金用于项目拓展？从顺丰2010—2013年模拟的合并报表来看，其每年投入20亿~30亿元资金并不是很大的问题。

一般而言，企业依靠内部积累投资项目的资金来源主要是利润和折旧摊销。从顺丰2010—2012年的经营情况来看，其每年可用于投资的资金呈现不断上升的趋势，2012年年底时达到19.69亿元（表1.19）。考虑到顺丰以后3年的投资重点是工程及重型设备，当投资完成后，其形成的折旧又可作为投资资金的补充。

表1.19　2010—2012年顺丰模拟利润及折旧情况　（单位：亿元）

	2010	2011	2012
净利润	13.71	11.92	12.10
折旧及摊销			
固定资产折旧	3.28	4.90	6.63
投资性房产折旧	0	0.02	0.02
无形资产摊销	0.06	0.09	0.19
长期待摊费用摊销	0.16	0.39	0.75
合计	17.21	17.32	19.69

从顺丰的现金流进行分析，在其厚实的快递业务支持下，顺丰的年末现金及现金等价物余额近3年一直在20亿元左右，最高的2010年一度接近30亿元（表1.20）。并且2010—2012年，顺丰偿还了大量的贷款，3年偿还债务支付的现金流分别为7.35亿元、7.75亿元、28.48亿元。

表1.20　2010—2012年顺丰现金流量表　（单位：亿元）

项目	2010	2011	2012
经营活动产生的现金净流量	20.10	19.29	25.59
投资活动产生的现金净流量	-13.28	-38.06	-26.65
筹资活动产生的现金净流量	1.50	9.70	-1.01
年末现金及现金等价物余额	29.32	20.31	18.24

另外，从顺丰的财务弹性而言，其仍具有较好的融资空间。截至2012年年底，顺丰资产127.42亿元，负债63.65亿元，资产负债率为49.95%。近3年，顺丰资产负债率一直保持在50%左右，优于UPS，与FedEX、EMS相当；其流动比率和速动比率则优于EMS（表1.21）。

表 1.21　顺丰与同行业企业偿债能力指标对比情况（2012 年）

	EMS（2011 年数据）	顺丰	UPS	FedEX
资产负债率	43.29%	49.95%	87.82%	43.2%
流动比率	1.17	1.24	1.86	1.90
速动比率	1.15	1.22	1.86	1.80

无论是现状还是未来的预期，顺丰都显示出强劲的偿债能力，资金实力不可小觑。尤其是其在 2012 年一举偿还 28.48 亿元债务，更是对其资金运作能力的最好注脚。加之顺丰强悍的经营风格，未来经营业绩可期，因此很难用解决未来发展资金问题作为此次融资的主要原因，顺丰融资的背后应另有故事。

从顺丰此次引入的四家投资机构来看，它们有一个共同的特点，都与国资系统有着深厚的渊源。元禾顺风、嘉强顺风、招广投资自然不必详说，这三家企业都背靠实力强劲的国资集团，古玉秋创所依靠的古玉资本来头也不小。

古玉资本 2011 年在北京注册成立，初始注册资本金为 1 亿元，法定代表人为曾在商务部外资司工作的林某莹。根据商务部网站披露的信息，外资司主要负责宏观指导和综合管理我国吸收外商投资工作，制定相应的政策法规，审批外国投资等。

林某莹创立古玉资本后，迄今为止已经投资包括和顺环保、拉卡拉在内的近十家企业，并持有东软载波、厦工股份合计超过 0.5% 的股份。林某莹本人也担任了香港上市公司中青基业（01182.HK）以及在新加坡上市的汉科环境（B22.SG）的执行董事。

目前，古玉资本的股东有三家公司，分别是苏州新康投资 5104.2 万元，厦门新世基投资 4900 万元，北京新越方德投资 10412 万元。三家股东除了新世基集团在福建地区颇有知名度，并曾于 2007 年作为发起人之一投资参股光大证券，其他两家公司均显得默默无闻。此时的林某莹虽然已非古玉资本的法人代表，但依然是古玉资本的董事长兼总裁。

从四家投资者的背景来看，王某此次引资且让渡 24.5% 股权比例，颇有“混血”的意味，将顺丰这家纯粹的民营企业变为国资具有较大影响力的股权多元化企业。王某此举也许是出于适应大环境变化而采取的顺势而为的策略。

从顺丰发展历史来看，王某通过变更股权来适应环境变化早已有之。2010 年 9 月 6 日，顺丰集团完成了一次股权变更。在此之前，顺丰集团的唯一股东是顺丰速运中国（由顺丰速运香港更名而来），顺丰集团因此是一家外商投资企业。在 2010 年 9 月，王某和泰海投资分别受让了顺丰速运中国所持顺丰集团 99%、1% 股权，泰海投资是一家境内企业，王某则在此之前放弃了香港居民身份，成为中国内地公民。因此，完成股权变更后的顺丰集团就由一家外商投资企业变成纯内资企业。

王某为将顺丰集团的企业性质由外商投资企业变更为内资企业，不惜放弃香港居民身份，其原因在于2009年我国颁布实施了《邮政法》，该法第五十一条第二款明确规定，外商不得投资经营信件的国内快递业务。显然，如果顺丰集团保持外商投资企业性质不变，其业务量无疑将受到严重的阻碍。

从顺丰集团的发展历史，大众可能会理解此次顺丰引资背后的真正原因。也许王某重点关注的并不是价格，而是股比及投资方背景。

2013年9月12日，四家投资机构入股顺丰一事完成工商变更，王某任新顺丰的董事长，来自古玉资本的林某莹任副董事长，于某强任总经理，元禾顺风的林向红等投资机构派出人员任董事，王某的引资"梦想"得以实现。但对四家投资机构而言，面对顺丰错综复杂的股权架构体系，要实现顺丰2018年上市的"梦想"注定还有一个漫长的过程，首要任务是对顺丰的股权及业务架构进行"外科手术式"的调整和整合。

整合思路

按照一般思路，顺丰的整合核心应是形成一个控股平台，理顺管理流程，增强业务协同。在顺丰体系调整中，四家投资机构选取的控股平台是泰海投资。选择泰海投资的原因十分简单：泰海投资控制了快递企业的灵魂业务，呼叫中心、信息系统以及未来顺丰发展电商所需的第三方支付业务。

在选取控股平台后，四家投资机构对顺丰的调整可能分成五步进行，投资机构的入股资金也依次分步到位，与此同时，王某也随之将其业务逐步注入控股平台。

第一步：调整王某、于某强与泰海投资、顺丰集团的股权关系。

要将泰海投资打造成为新顺丰的控股平台，首要的任务是解决好当前泰海投资与顺丰集团的股权关系，尤其是王某与两家公司的股权关系。王某既持有顺丰集团99%股权，也持有泰海投资99%股权，而泰海投资还持有顺丰集团1%股权，股权架构十分混乱。

为解决这一混乱局面，四家投资机构采取的策略是将泰海投资变更为顺丰集团的全资子公司，泰海投资现有股东的股权置换为顺丰集团的股权（图1.19）。

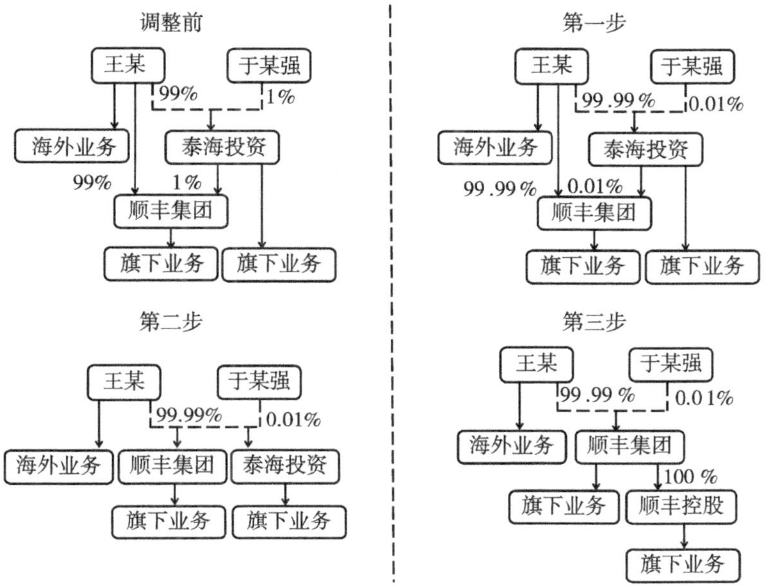

图 1.19　泰海投资与顺丰集团股权调整

在这个过程中，关键的问题是将于某强持有泰海投资 1% 股权变更为顺丰集团股权。于某强持有泰海投资 1% 股权，泰海投资持有顺丰集团 1% 股权，这意味着于某强实际上享有顺丰集团 0.01% 权益，剩余 99.99% 的权益由王某持有。

四家投资机构采取调整的具体方式如下。

首先，2013 年 5 月 9 日，王某分别受让于某强所持泰海投资 0.99% 股权、受让泰海投资所持顺丰集团 0.99% 股权。经过调整，股权架构不会发生变化，只是于某强持有泰海投资、泰海投资持有顺丰集团的股权比例都变为 0.01%。

其次，2013 年 6 月 13 日，泰海投资将其所持顺丰集团剩余的 0.01% 股权转让给于某强，形成王某、于某强均持有顺丰集团、泰海投资 99.99%、0.01% 股权的架构。

最后，2013 年 7 月 18 日，顺丰集团受让王某、于某强所持泰海投资的全部股权，泰海投资变成顺丰集团的全资子公司。泰海投资也在随后的 8 月 22 日将名称变更为顺丰控股（集团）有限公司（以下简称顺丰控股）。

这种四次转让、三步到位的股权调整方式其实比较烦琐，一种比较简单的方式是王某先受让顺丰控股持有顺丰集团 1% 股权（解决顺丰控股和顺丰集团在股权调整完成后形成的交叉持股问题），然后王某、于某强以其所持顺丰控股股权对顺丰集团增资，股权比例确定为 99.99% 和 0.01%，一次转让，两步到位。如果要严格履行重组程序，比如所得税缴纳等，这两个方案基本一致，但后一方案可以节省大量的工作内容和时间。

第二步：四家投资机构入股顺丰控股。

在完成顺丰控股这一平台的搭建后，四家投资机构就登场了，其中元禾顺风、嘉强顺风、招广投资均出资6亿元，占顺丰控股7.658%股权，古玉秋创出资1.2亿元，占顺丰控股1.532%股权。四家投资机构合计出资19.2亿元，占顺丰控股24.506%股权，顺丰控股剩余75.494%股权由顺丰集团持有（图1.20）。

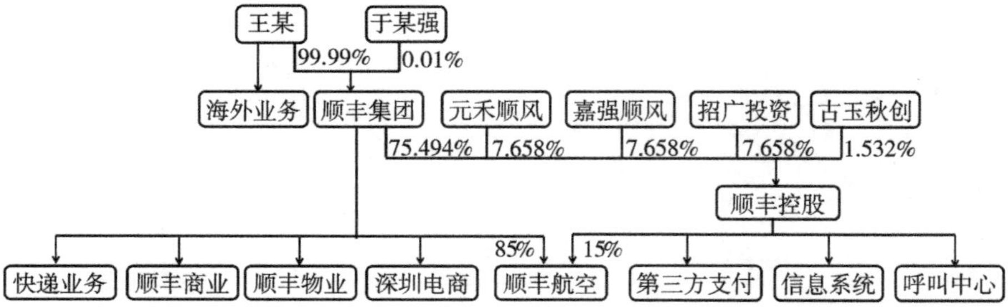

图1.20　顺丰控股股权调整图

从表面上看，此次入股顺丰控股的投资机构有四家，实际的情况也许会更多。根据公开信息，三家有限合伙企业中，元禾顺风有限合伙人的构成就极具代表性。

在元禾顺风这家有限合伙企业中，其普通合伙人由元禾控股和其管理团队共同设立的元禾重元担任，其有限合伙人则包括元禾控股、博裕资本、国开金融、中国人寿集团旗下的国寿投资和中国太平洋保险集团旗下的太平洋资产。同时根据投资偏好的不同，元禾控股将各有限合伙人划分成了特殊LP、优先LP、普通LP以及劣后LP（图1.21），并明确了相应的投资收益偏好及权利义务（表1.22）。

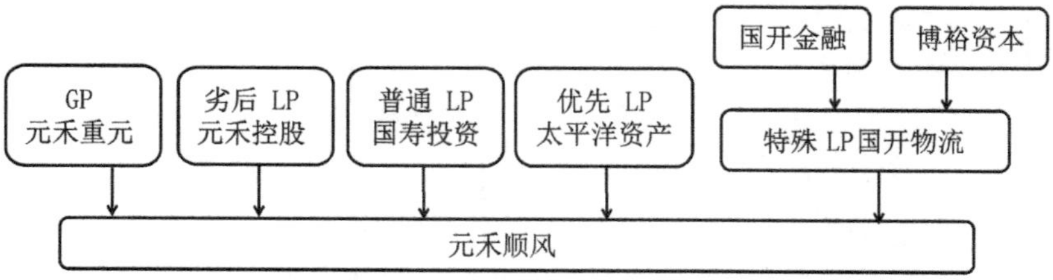

图1.21　元禾顺风合伙人构成

表 1.22　元禾顺风各 LP 的出资金额、收益偏好以及权利义务

类型	投资金额	资金比例	门槛收益率	管理费	年度固定分红	Carrier	备注
特殊 LP	2 亿元	33.33%	不适用	不支付	不适用	不适用	—
普通 LP	2 亿元	33.33%	8%	不支付	不适用	20%	在满足门槛收益率 8% 前提下，向 GP 支付 20% Carrier（业绩提成）
优先 LP	1 亿元	16.67%	8%	支付	6.5%	20%	在满足门槛收益率 8% 前提下，向 GP 支付 20% Carrier，向劣后 LP 支付 35% 劣后补偿
劣后 LP	1 亿元	16.67%	不适用	支付	不适用	不适用	—

第三步：重组国内快递业务。

如果说投资入股只是这场戏的开始，那么顺丰内部的业务整合就是这场引资大戏的高潮和重点。顺丰现有业务缺乏有效的协同和配合，这种野蛮生长的方式势必不会被投资机构所采纳，也不利于后续的上市，因此，非常有必要在顺丰控股这一平台下对顺丰的业务进行有效整合，首先登台亮相的是国内业务整合。

顺丰在境内的业务主要由两部分组成，即快递业务和商业业务。快递业务由各快递营业部、顺丰航空及相应的后台支持系统组成，商业业务主要由传统商业和未来重点发展的电商组成。因此，国内的业务整合有可能围绕这两个核心进行。

一个可能性较大的整合方案是：组建顺丰快递，整合现有顺丰旗下的快递营业部和后台支持系统；以顺丰商业为平台整合电商及第三方支付公司；由于行业的特殊性，继续保留顺丰航空和顺丰物业。由此，顺丰控股将形成顺丰快递、顺丰商业、顺丰航空、顺丰物业四大境内业务板块（图 1.22），而顺丰集团相关资产业务进入顺丰控股的方式则可能会采取顺丰集团以资产（股权）增资，四家投资者以现金增资的方式跟进。同时，为避免评估带来的重复性工作，增资后的股比会依旧保持不变。

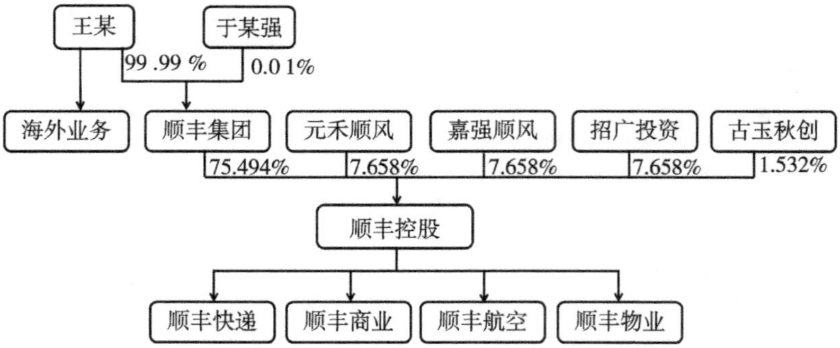

图 1.22 顺丰境内业务整合效果推测

第四步：重组境外快递业务。

相较顺丰境内业务整合而言，顺丰境外的业务整合将要麻烦很多，主要存在三方面的制约因素。

一是除顺丰企业（BVI）99%股权被王某控制外，顺丰其他海外业务单位的股权皆为王某的夫人控制，增加了整合的麻烦程度。

二是以境外企业股权对境内企业增资的案例在我国缺乏先例和相应的操作规程。

根据《关于外国投资者并购境内企业的规定》，境外公司的股东可以其持有的境外公司股权，或者境外公司以其增发的股份，作为支付手段，购买境内公司股东的股权或者境内公司增发的股份。但该规定对境外公司要求比较严格，比如境外公司应合法设立并且其注册地具有完善的公司法律制度，且公司及其管理层最近 3 年未受到监管机构的处罚；同时该境外公司应为上市公司（特殊目的公司除外），其上市所在地应具有完善的证券交易制度。即使有规定，但在实际操作中，笔者印象中也没有通过审批的案例。此外，现行的《股权出资登记管理办法》也仅限于在中国境内设立的有限责任公司或者股份有限公司的股权，且股权（股份）的投向也限于中国境内其他有限责任公司或者股份有限公司。

三是业务主体分散。顺丰在海外有顺丰海外（HK）、顺丰企业（BVI）和翠玉控股（BVI）三个运营平台，业务分散程度较境内更甚。而且不同国家或地区对通信服务（按 WTO 现代服务业分类，快递服务属于通信服务）的准入资格和开放状况不同，给后续的整合带来影响。比如，在此次整合中，顺丰台湾就被剔除在整合范围之外，并为之设立巧顺（HK）作为资产承接平台。

基于上述因素，顺丰控股整合顺丰的海外业务极有可能采取的方式是现金收购，即利用注册资金到位的时间差（《公司法》规定，有限责任公司的注册资本由股东自公司成立之日起两年内缴足），四家投资机构先期对顺丰控股增资，以收购王某及其夫人控制的海外资产，而后王某再以这笔资金通过顺丰集团间接注入顺丰控股，顺丰控股再行收购，如此循环直至收购完成。当然，如果投资人对王某有着足够的信任，可以先借款给王某，双方同比例对顺丰控股增资后收购顺丰的海外业务，由此将顺丰的海外业务整合至顺丰控股旗下，顺丰控股的业务架构得以完成（图 1.23）。

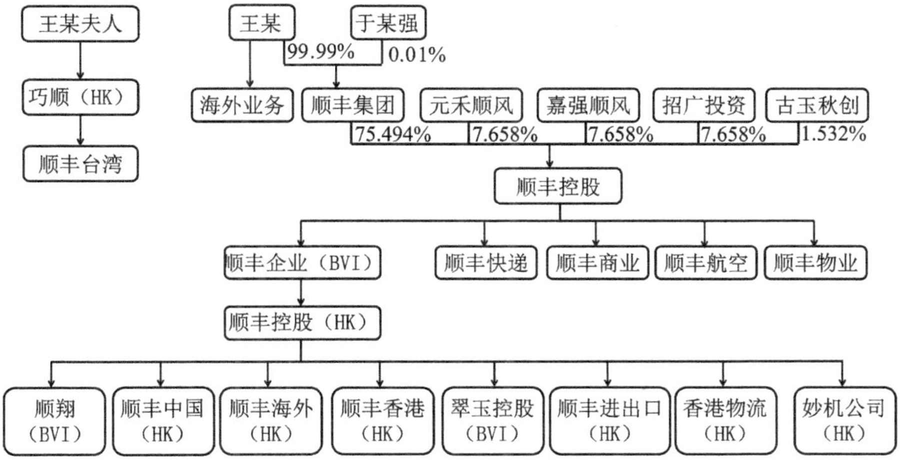

图 1.23　顺丰业务整合预测

如果上述猜想得以成立，那么还需要解决两个问题：

一是于某强在顺丰集团的持股比例会不会发生变化。如果于某强在顺丰控股整合顺丰海外业务的时候不跟进王某的增资行为，其在顺丰集团的股比势必会被摊薄。在顺丰控股上市可期的情况下，放弃这部分收益估计很难。

二是时间因素。顺丰控股收购顺丰海外业务的行为有点类似拆除红筹架构的意思，属关联人之间的并购。尽管如此，其本质上仍属于境外投资，且金额预计会远超 1 亿美元，因此相应的审批程序会上升到国家有关部委，如商务部。这会对其整合完成时间造成影响，并进而影响到顺丰控股以后的上市时间。

更为关键的是，顺丰的业务整合，无论是境内还是境外，都会牵扯到大量的股权转让行为，会触发所得税缴纳的问题。比如，境内业务整合采取股权出资方式，根据其现有持股情况，可能会适用《财政部、国家税务总局关于企业重组业务企业所得税处理若干问题的通知》（财税〔2009〕59 号）规定的特殊税务处理，延迟缴纳股权重组所得；境外股权整合若采取现金交易方式，需按一般性税务处理的方式进行，在重组完成时就要缴纳所得，尤其是对王某本人和顺丰企业（BVI）而言更是如此。因此，如何降低业务重组的税负，也是整合过程中必须要考虑的问题。

第五步：上市退出。

开弓没有回头箭。虽然整合的困难很多，但顺丰控股上市实现的收益会更诱人。

在上市地的选择上，若现行政策不发生重大变化，顺丰控股有很大可能在 A 股上市，因为这是保证顺丰控股内资企业血统纯正性的不二选择。

在上市时间上，根据一次商定入股价格及比例，后续分批出资到位的思路，顺丰有关资产和业务注入顺丰控股的时间应在 2014 年 8 月底之前完成，这是为了确保评估结果 1 年内有效而必须完成工作。在此之后，由于在 A 股上市需要 3 年业绩期以及考虑 IPO 审批等待时间，顺丰控股上市的时间应在 2018 年前后。在这个过程中，顺丰控股的中心工作就是通过增量资金的投入进一步增强顺丰控股的市场控制力，进一步理顺顺丰控股内部管理流程，增强其盈利能力，静候上市时间窗口的到来。

四家投资机构通过分步操作的方式，将顺丰现有业务几乎全部整合到顺丰控股旗下，并持有顺丰控股约 24.5% 股权，第一期出资达到 19.2 亿元。据市场传闻，四家投资机构出资约为 80 亿元。如果属实，顺丰的投后估值为 326.5 亿元，投前估值为 246.5 亿元。根据顺丰模拟的财务报表，其市盈率在 20 倍左右，与 UPS、FedEX 近期的市盈率水平大致相当。由此可见，投资人对顺丰寄予了深厚的期望。但对王某而言，此次引资虽然使其获得了部分安全感，但顺丰的终极难题仍摆在其面前。

终极难题

从顺丰模拟的合并财务报表所反映的数据来看，2010—2012 年，顺丰的毛利率、净利率下降幅度较大，而同期人工、运力、材料、房租等主要成本费用占收入的比重在逐步上升（表 1.23）。

表 1.23　顺丰 2010—2012 年经营情况

	2010	2011	2012
销售毛利率	26.59%	20.35%	20.54%
销售净利率	12.19%	7.5%	5.76%
主要成本费用占营业收入比重	81.32%	89.92%	92.02%

种种迹象表明，顺丰在发展壮大后，对市场的反应速度在放慢，敏感性在变差，这似乎是任何一家公司发展过程中的宿命。在劳动力成本上升趋势不变的情况下，作为劳动力密集行业，其成本控制难度将会更大。并且随着顺丰涉足电商、进入社区零售等陌生领域，未来投资向重型资产倾斜，如何尽快培养出一个高效的团队，重塑顺丰文化，适应并超越快递行业的发展，也许将成为王某的终极难题。

借壳王中王

再大的难题，王某也能“轻松”解决。2013 年引资后，王某对顺丰的股权、业务架构做了一系列的调整。顺丰也得以在 2016 年以 433 亿元的估值登陆资本市场，在当年的资本市场上画下了浓墨重彩的一笔。

顺丰上市采取的方式是借壳上市。因为就其 433 亿元估值的体量来讲，想规避借壳也难，而当时 IPO 需要等待很长时间，投资机构已经投资 4 年，需要尽快变现退出。

顺丰借壳的上市公司是鼎泰新材，方案由三部分组成：

其一，鼎泰新材置出全部资产、债务和人员，将鼎泰新材变成一个净壳，估值 8 亿元。资产的接收方为顺丰的股东。

其二，鼎泰新材收购顺丰 100% 股权，初步作价为 433 亿元。鼎泰新材的对价支付方式包括前述 8 亿元待置换出的资产，以及发行价值约 425 亿元的股份。

其三，鼎泰新材发行股份募集配套资金 80 亿元，用于顺丰的项目投资。

重组完成后，鼎泰新材的控股股东变更为明德控股，明德控股将持有鼎泰新材 55.04% 的股份，王某得以成为鼎泰新材的实际控制人。而鼎泰新材原实际控制人刘某鲁持有的约 1 亿股股份数保持不变，但持股比例下降到 2.04%。按照 5 月 23 日每股 27.7 元收盘价计算，刘某鲁持有股份的价值在 27 亿元以上。顺丰注入后，其价值有望获得进一步的提升。

除刘某鲁个人财富激增外，前期投资顺丰的诸多机构也获利颇丰。以招广投资为例，截至 2020 年 6 月底，招广投资持有顺丰控股 2.67 亿股，市值 145.85 亿元，而其约 25 亿元的投资成本获利甚多。

顺丰借壳有一个细节需要关注。上市前的 2013—2015 年，顺丰的资产规模、营业收入均呈现出较快的增长态势。资产由 2013 年的 210 亿元增加到 347 亿元，营业收入从 274 亿元增加到 481 亿元。不过，由于开拓电商业务，顺丰加大了折扣力度，其盈利状况从 2014 年起出现较大滑坡。

为尽可能地减少上市风险，王某与先期进入顺丰的 4 家机构投资者，按照与在顺丰相同的股权比例受让了顺丰持有商贸控股 100% 股权，并以商贸控股为平台，收购了顺丰持有的顺丰电商、顺丰商业 100% 股权，将顺丰的电商业务从上市业务中剥离出来。

剥离完成后，顺丰 2015 年的营业收入虽然由 481 亿元下降到 473 亿元，但净利润却由 10.9 亿元上升到 19.6 亿元，对估值的改善效果非常显著。

顺丰电商业务现在的发展情况，尚且不得而知，是否符合现在科创板或者是创业板的上市条件？如果可以的话，这也算得上是一场意外之喜。

纵观顺丰发展、上市的全过程可以发现，这其实是一个水到渠成的过程。企业发展得好，上市则会轻轻松松，反之亦然。要获得这样的结果，首先还是要把企业的经营做好、风险管控好，外部力量只是助力。双汇集团、顺丰如此，境外的企业也是一样。世界传播行业巨头 WPP 过往的并购历程，提供了诸多经验和教训。

WPP：资本的逆袭，并购成就公关传播霸主

WPP集团全称为Wire & Plastic Products Group，从字面可直译为“电线与塑料产品集团”。从名称来看，很难让人想象这是一家以公关传播为主营业务的企业，甚至也想象不出其最早期的主营业务是生产超市购物车。

也许国内公众对于WPP集团相对陌生，但是诸如奥美、智威汤逊、传立等品牌，则在广告传播业内大名鼎鼎，这几大品牌皆属WPP集团麾下。很难想象，一家从事购物车生产的企业，可以如此变身为全球最大的公关传播集团。

WPP集团在前掌门人马丁·索罗（Martin Sorrell）的带领下，2017年实现营业收入205.1亿美元，达到历史巅峰，并较2016年增长16.2%，继续保持全球排名第一传播集团的地位。

纵观WPP集团发展史，并购是其发展的主要甚至是唯一的主题，尤其是从1999年开始至2012年，WPP集团及其所属公司累计完成了约412起大大小小的并购项目，平均每年并购数目达到了30余起。一家拥有150余家公司，资产规模达到411亿美元的全球化传播公司就此形成（图1.24）。

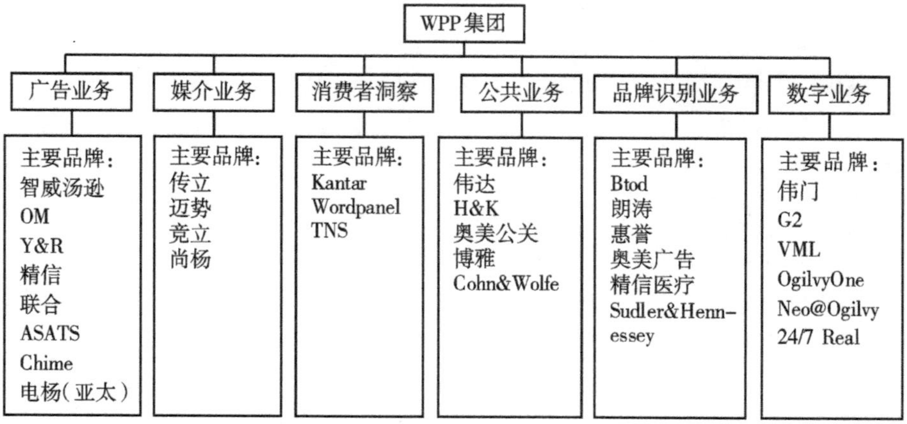

图1.24 WPP集团业务架构

有分析认为，持续的并购为 WPP 集团带来了近乎 7% 的外延增长率。但众所周知，在并购领域，大多数企业的并购并不十分成功或者说并未完全达到收购方的预期目标。WPP 集团不仅完成了如此之高的并购规模，进行了如此之快的并购频率，而且其营业收入和利润都能保持一个较快的增长态势，并在世界传播领域成功登顶，完成了对任何一家企业而言都几乎是一项不可能完成的任务。

WPP 集团的并购手法究竟有什么独到之处呢？其并购又经历了哪些挫折和辉煌呢？对 1999—2012 年 WPP 的收购进行总结，无疑有助于提高对并购风险的认识和把握。

雏鹰腾飞折翅

1986 年，马丁·索罗离开了正处于巅峰时期的盛世（Saatchi）广告公司，离职之时他在该公司任职财务总监已愈八年。之后，他以 67.6 万美元收购了 Wire & Plastic Products Group，即 WPP 集团。此时的 WPP 集团仅仅是一家以生产购物车为主业的上市公司，这对拥有剑桥大学与哈佛大学经济学位的马丁·索罗而言，生产购物车显然与其从业经验和志向是不相吻合的，其收购 WPP 集团的唯一目的就是以并购手段为自己创造出一个不可一世的广告帝国。

在完成对 WPP 集团的收购后，马丁·索罗在 18 个月内累计开展了 15 次并购，使 WPP 集团的股价由原本的每单位 50 便士飙涨 21 倍约到 11 英镑（1 英镑等于 100 便士）。在这些并购项目中，以 1987 年花费 5.66 亿美元的现金代价强制收购百年广告老店智威汤逊（J. Walter Thompson，JWT）最为著名。这次收购令 WPP 集团一炮而红，一举奠定其在世界传播领域的地位，WPP 集团初尝并购甜头。

在此之后，WPP 集团又进行了一系列的收购，如收购 Einson Freeman、Anspach Grossman Portugal Inc、Reese Communications 、Target Systems 等公司。到 1989 年，在完成收购 JWT 仅仅过了 2 年，WPP 集团又发动了一起震惊当时业界的强制收购，以 8.25 亿美元的价格现金强制收购由广告大师奥格威（David Ogilvy）创办的奥美广告（Ogilvy & Mather，OM）。

但此时的 WPP 似乎不再走运，美国经济从 1990 年开始步入衰退阶段，爆发信用危机。作为与经济发展高度相关的行业，WPP 集团几乎在一夜之间就陷入了债务泥淖，此后 4 年一直处于债务重组的阶段，WPP 集团这架并购机器也暂时停止了运转。

回顾 WPP 集团当时债务危机的成因，有两大教训值得总结：

一是并购标的与自身规模匹配性太差。以收购智威汤逊为例，收购时，WPP 集团的营业收入仅为 0.35 亿美元，而智威汤逊的营业收入则高达 6.49 亿美元。到了收购奥美广告时，WPP 集团的营业收入为 9.74 亿美元，虽然较奥美 8.38 亿美元营收高，但当年 WPP 集团仅实现利润 0.38 亿美元，这根本无法与 8.25 亿美元的现金对价进行比较。WPP 集团这种激进，高度依赖债务融资的并购方式，若后期的资金风险控制不当，资金流不能接续，将对整个集团产生灭顶之灾。

二是 WPP 集团激进的收购不受当时会计政策的支持。在 1998 年 1 月 1 日前，包括 WPP 集团当时适用的美国会计准则，以及其他相关国家与国际会计准则（如 IFRS、UKGAAP、USGAAP 等）规定，因并购形成的商誉（并购支出超过被合并企业净资产公允价值的超额部分），需直接冲减股东权益（资本公积及其他）。也就是说，溢价并购形成的商誉将无法成为资产以支撑资产负债表。因而，在其他条件不变的前提下，以现金方式进行并购将会带来资产负债表的恶化，若其中包括杠杆，其恶化的程度将更加严重，债务危机的出现也就不奇怪了。

WPP 集团在收购智威汤逊和奥美广告时，受制于这一政策的影响，其支付的溢价分别是 4.65 亿英镑和 3.3 亿英镑，合计 7.95 亿英镑（约折合 13.1 亿美元），占其 13.91 亿美元收购总对价的 94%。而在这 7.95 亿英镑商誉中，WPP 集团利用会计政策只确认了 3.75 亿英镑的商标价值，其余 4.2 亿英镑则全部冲销股东权益。这一政策规定，即使在 WPP 集团完成债务重组后，仍然对其产生不良影响。截止到 1997 年年底，WPP 集团的净资产为 -0.18 亿英镑，而商誉减值准备仍高达 11.6 亿英镑（在 1994 年完成债务重组后，WPP 集团仍进行了一系列的并购，如收购 MindShare、Batey 广告等）。

陷入债务危机的 WPP 集团犹如一只刚刚起飞的雏鹰，尚未学会翱翔于天，就折翅坠地。经过艰苦谈判，WPP 集团与债权人达成了总计约 10 亿美元的债务重组协议。债务重组的主要内容包括两方面：一是债转股，大约 2.5 亿美元的债务转换为债权人对 WPP 集团的股权；二是剩余的债务进行展期。通过此举，WPP 集团逃过了被托管分拆的噩运，整体得以保留。

WPP 集团静静地舔舐伤口，等待时机一飞冲天。

并购五大利器

正在 WPP 集团休养生息的时候，外部环境正在悄悄发生有利于其发展风格的变化。除了美国经济逐步走上复苏增长的道路之外，相关会计准则的变化也为其并购行为大开方便之门。这其中最重要的变化是，从 1998 年 1 月 1 日起，并购商誉将不再冲销股东权益，而是计为一项长期且不能摊销的资产，商誉资产价值的认定依靠每年至少进行一次减值测试加以确认。这项会计政策的重要变化，令受困于资产负债表的 WPP 集团挣脱了枷锁。1998 年，WPP 集团的资产负债表瞬间得到改善，由年初的资不抵债变成了拥有 1.95 亿英镑净资产，变化的主要原因在于 11.6 亿英镑的商誉减值准备一举清零。得益于此，WPP 集团这台强大的并购机器又重新开始启动，摧城拔寨，销售收入逐年攀升，气势咄咄逼人，终于在 2010 年超越 Omnicom，坐上传播集团的霸主地位（图 1.25、图 1.26）。

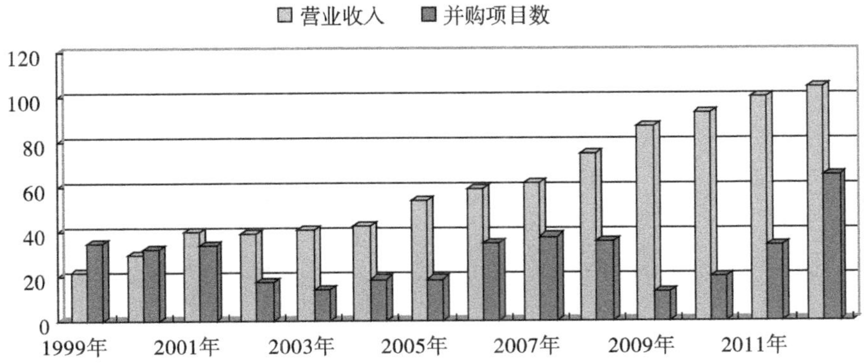

图 1.25　1999—2012 年 WPP 集团收入增长及并购项目数（单位：亿英镑）

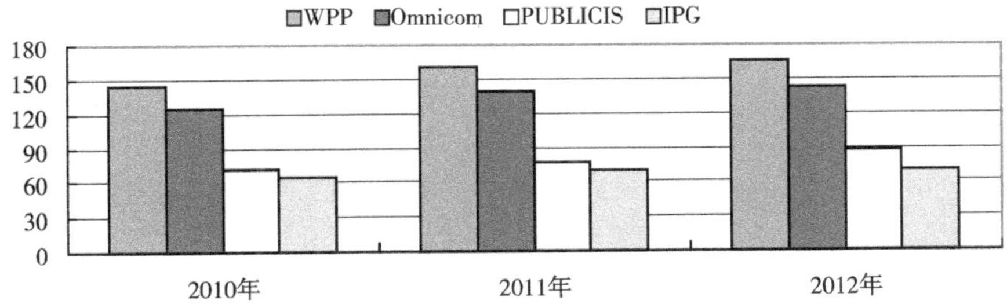

图 1.26　2010—2012 年世界四大传播集团营业收入（单位：亿美元）

但如果就此简单认为 WPP 集团依靠会计政策的红利来实现公司的发展未免片面，从更深层次分析，WPP 集团实现并购式增长，从战略制定到实施，从资产负债表控制到交易结构安排，从债务风险控制到公司资本重构，都反映出 WPP 集团娴熟、深厚的资本游戏功力。

利器 1：并购战略清晰前瞻，聚焦蓝海

早在十几年前，WPP 集团就明晰了其未来的发展战略。对此，马丁·索罗做出了很好的解释和说明："在经济增速放缓的世界中，我们的客户们依旧在亚洲、拉丁美洲、非洲、中东、中欧及东欧等经济快速增长的地区寻求爆炸式增长的机会。当然，从另一个角度来讲，新媒体与新技术同样是快速增长的领域。"有了明晰的战略，接下来最关键的是对战略坚定不移地实施。从结果来看，WPP 集团无疑将这一战略发展指导思想贯彻到了极致。

一是在业务发展地域上，在保证已有地区市场优势和份额的基础上，亚太地区、拉丁美洲、中欧、东欧、非洲以及中东地区的营业收入及利润都取得较快发展，这

些地区的业务收入占集团总收入的比重逐年增加（图 1.27）。在这其中值得关注的一个细节是，为体现对中国市场的关注程度，马丁·索罗起了一个中文名——苏铭天，WPP 集团实施业务区域拓展的决心由此可见一斑。

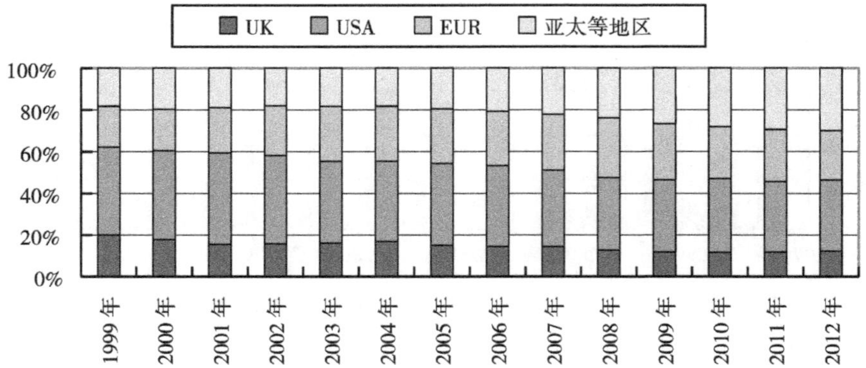

图 1.27 WPP 集团四大区营业收入及利润变化情况（单位：亿英镑）

二是在业务发展方向选择上，WPP 集团提出了“新媒体、新市场”战略。在此 WPP 集团从 2002 年开始加力发展数字业务，并取得迅速发展。数字业务收入从 2002 年的 5.86 亿英镑上升到 2012 年的 34.23 亿英镑，年均增速达到了 48%，而数字收入占总收入的比重也从 2002 年的 15% 提升到了 2012 年的 33% 左右（图 1.28）。

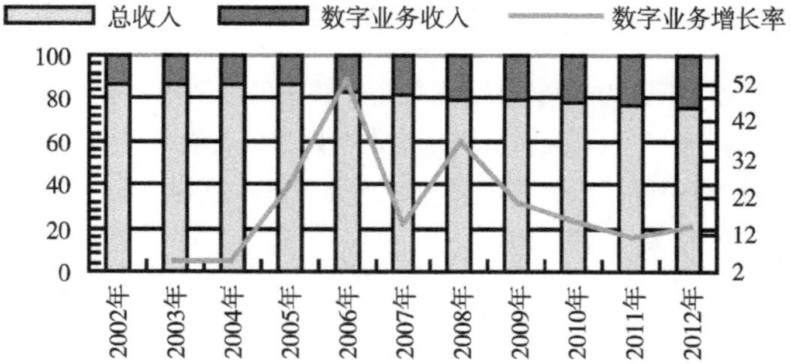

图 1.28 WPP 集团数字业务发展情况（单位：亿英镑）

WPP 集团通过极其清晰、极具前瞻性的发展战略，依靠大量、频繁的并购运作迅速占领了新兴市场以及新媒体的市场份额，将 Omnicom、Publicis 和 IPG 等竞争对手甩在了身后。但频繁的并购使 WPP 集团面临巨大的资金压力，尤其是收购广告传播类公司支付的高额溢价更进一步放大了并购资金压力，这种放大效应在收购大型广告传播公司时表现得尤为突出。WPP 集团需要采取适当的方式解决并购成本问题，缓解资金压力。

利器2：收购估值因标的不同而异

要控制好并购成本，首先要做的是对已确定的并购项目给予合理的估值，不是为了并购而并购。换言之，WPP集团支付的收购对价会依据标的企业的不同而不同，一般对大型项目给予的估值倍数较高，对中小型项目给予的估值倍数则较低。这点与国内走类似扩张模式的蓝色光标的并购估值标准有着明显不同。

根据WPP集团1999—2012年的年报，属于大型并购的项目有6个，分别是收购Y&R（2000年）、Tempus（2001年）、Cordiant（2003年）、Grey（2005年）、24/7 Real Media（2007年）以及TNS（2008年）。WPP集团收购这6家企业的估值倍数平均PE为31倍，平均EV/EBITDA为20倍，平均EV/Sales为3倍；而WPP集团收购的其他中小型的并购估值则相对较低，平均PE为18倍，平均EV/EBITDA为13倍，平均EV/Sales为1.6倍（图1.29）。

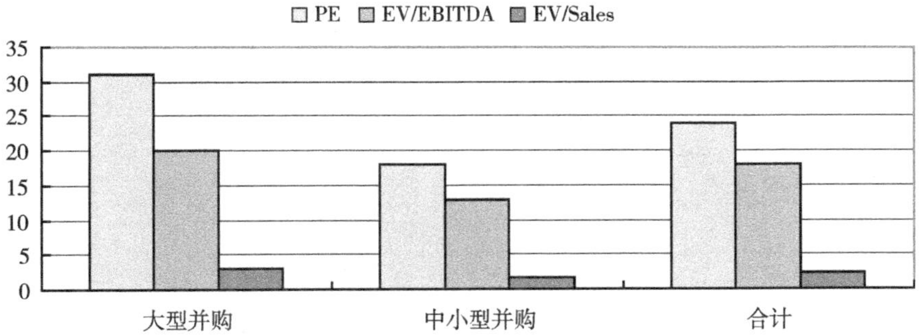

图1.29 WPP集团并购估值倍数

即使对于中小型并购项目，出于风险控制的考虑，WPP集团一般会与目标企业股东签署业绩对赌协议，双方将按照收购后的业绩表现，对收购价款采取分期支付的方式，即在成交日WPP集团支付一部分收购对价，剩余部分则延迟到下一年度或业绩对赌终止年度进行支付。比如在2012年WPP集团应支付收购价款5.02亿英镑，但依据其现金流量表，2012年WPP集团用于并购的现金支出为4.62亿英镑，若考虑到以前年度收购项目的累计影响，WPP集团为当年所发生并购项目而支出的现金比例将进一步减少。考虑到资金的时间价值，这也就意味着WPP集团对中小型项目的并购估值倍数较账面数更低，与大型项目的并购估值倍数差异也相应进一步拉大。

尽管WPP集团为控制并购成本采取了对不同标的企业给予不同估值的方式加以缓解，但由于大型项目对WPP集团收入贡献影响大，同时又往往会出现几大巨头竞标同一公司的情况，WPP集团不得不为大型项目支付相当高的溢价。为此，WPP集团又不得不另辟蹊径。

利器3：多样化的交易结构安排

从1999—2012年WPP集团累计进行了约412起并购项目，支付对价84.93亿英镑（溢价81.02亿英镑），其中6大并购项目支付对价48.57亿英镑（溢价48.12亿英镑），占支付总额的57.2%，平均每个项目支付约8.1亿英镑；其余400余起项目支付对价36.37亿英镑（溢价32.9亿英镑），占支付总额的42.8%，平均每个项目支付约0.09亿英镑（表1.24）。显然，只要WPP集团控制了大型项目的并购成本，也就控制了集团整体并购成本。

表1.24 WPP集团并购项目收购对价及支付情况（单位：亿英镑）

收购标的	公允价值	收购对价	溢价	现金支付	股份支付
6大并购项目收购对价及支付					
Y&R（2000年）	1.59	29.78	28.19	0	29.78
Tempus（2001年）	-1.17	4.00	5.17	3.98	0.02
Cordiant（2003年）	-0.49	2.21	2.70	2.10	0.11
Grey（2005年）	-0.08	9.27	9.35	4.22	5.05
24/7 Real Media（2007年）	0.59	3.30	2.71	3.24	0.06
TNS（2008年）	-1.08	10.25	11.33	7.55	2.70
小计	—	58.81	59.45	21.09	37.72
400余起小型项目收购对价及支付					
1999年	0.24	3.17	2.93	3.17	0
2000年	-0.30	2.44	2.74	2.44	0
2001年	-0.16	4.34	4.50	4.34	0
2002年	0.51	2.06	1.55	2.06	0
2003年	0.73	2.65	1.92	2.65	0
2004年	0.67	2.99	2.32	2.99	0
2005年	0.04	1.79	1.75	1.79	0
2006年	0.13	1.46	1.33	1.46	0
2007年	0.36	2.76	2.40	2.74	0.02
2008年	0.21	1.53	1.32	1.53	0
2009年	0.08	0.21	0.13	0.21	0
2010年	0.03	1.64	1.61	1.64	0

续表

收购标的	公允价值	收购对价	溢价	现金支付	股份支付
2011 年	-0.24	4.31	4.55	4.31	0
2012 年	1.17	5.02	3.85	5.02	0
小计	—	36.37	32.9	36.35	0.02
合计	—	95.18	92.35	57.44	37.74

为控制成本，WPP 集团对大型项目采取了尽可能用股权支付解决收购对价问题的方式。在其 58.81 亿英镑中，股权支付部分为 37.72 亿英镑，占 64.1%。采取股权支付带来的好处显而易见，不仅将减轻集团自身的资金压力，而且可以增厚集团的股本和净资产，做厚资产负债表。至于对集团股权的稀释作用，对于股权已经高度分散的 WPP 集团而言，其影响不会太大。

在 6 大并购项目中，值得一提的是 WPP 集团在 2003 年对 Cordiant 的并购。在这次并购中，WPP 集团并没有采取与其他 5 个项目相似的以“现金 + 股权”的收购方式进行，而是一次“撞大运”式的承债收购。WPP 集团最终以 2.21 亿英镑的价格收购了当时每年有 3 亿英镑营业收入的 Cordiant。

但好运不会一直陪着 WPP 集团，分析从 2000—2008 年的 6 大并购项目，其股权支付占总交易额的比例由最初的 100%（收购 Y&R）到最近的 26%（收购 TNS），占比呈现出不断走低的趋势。这意味着 WPP 集团并购标的企业的原有股东越来越趋向于选择高位现金套现的策略。这种趋势无疑给 WPP 集团的融资造成巨大压力。以 2012 年 WPP 集团的并购项目为例，为完成 2012 年的并购，WPP 集团需支付现金 12.57 亿英镑，而 2012 年 WPP 集团仅实现净利润 8.95 亿英镑。饱尝债务重组之苦的 WPP 集团在用尽各种办法后，还是不得不面对举债融资的问题。

利器 4：债务管理之道

债务危机是任何经济危机的起源，无论是对一国的经济还是对一家公司的发展。曾经历债务之痛的 WPP 对此体会尤为深刻。综观其并购融资过程，WPP 一直在尽最大的可能压缩债务融资规模，即使不得已采取债务融资，也采取了一系列的措施和策略将债务水平控制在可接受的范围之内。

其一，依靠整合提高经营业绩，为后续债务融资打下基础。与广告传播行业的并购不需要整合这一流行说法不同，作为广告传播行业并购机器的 WPP 集团丝毫不敢轻视并购后的整合工作。马丁·索罗在回答为什么 WPP 集团能在竞购中击败其他广告集团时曾说：“WPP 集团的历史与其他集团相比较，不是很长，但我们有在收购方面的经验与整合的能力。”

在具体的整合方式上，WPP 集团会给予子公司绝对的业务管理权，但在财务管理、人员管理、投资管理等重大方面实行的是集中协作管理。与此同时，针对 Top30 核心客户，WPP 集团会组成一个专门团队，由集团指派一名团队领导，成员则来自相关子公司。在业务整合上，WPP 集团则按照合并同类项的原则，相继整合成立了 GroupM、Kantar、Possible Worldwide 等集团。其他类似的整合在 WPP 集团还有很多。

正是由于这种积极有效的整合，WPP 集团的内生增长与外延收购逐步走向平衡发展，这也为 WPP 集团的并购发展打下了坚实的基础，使 WPP 集团基本依靠自身经营结果就能满足众多的中小型项目并购，甚至是大型项目的部分资金需求。在 1999 年到 2012 年的并购交易中，WPP 集团每年用于收购的现金支出，占其每年的经营现金净流量比例平均为 55.53%（图 1.30）。WPP 集团充沛的经营性现金流为其并购债务融资创造出了更大的空间。

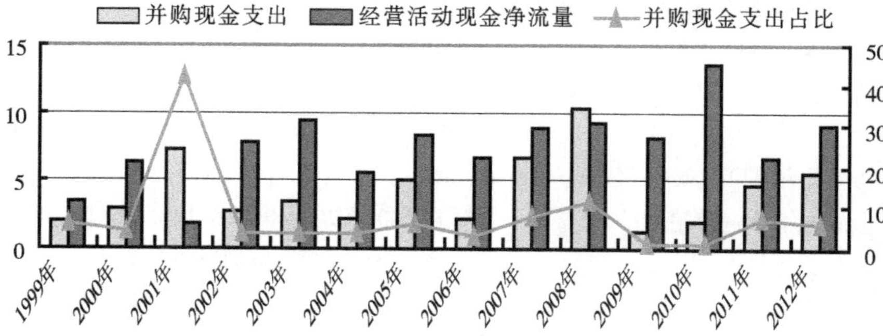

图 1.30 WPP 集团并购现金支出与当年经营现金净流量情况（单位：亿英镑）

其二，债务融资方式多样化，期限结构合理配置，分散债务风险。与其他企业债务融资方式一样，WPP 集团的债务融资可分为直接债务融资和间接债务融资两种。但 WPP 集团充分利用了其全球化公司的背景，具体的债务融资方式丰富多样，如直接债务融资——WPP 集团采取了发行公司债（美元债券、欧元债券、英镑债券）和可转换债券等方式；间接债务融资则采取了循环信用贷款、过桥融资贷款、美元商业票据等。

从二者比例来看，WPP 集团更加偏重于直接债务融资方式，其期限较长，资金使用稳定，资金接续计划能提早确定，有利于及时发现并控制财务风险，而其中的可转债还能增厚集团的股本。截至 2012 年年底，WPP 集团采取直接方式的融资额约为 39 亿英镑，间接方式融资额为 8.71 亿英镑，二者差距明显。但同时也发现，虽然 WPP 集团间接方式融资金额少，但其授信额度却非常大，在 2012 年 WPP 集团循环信用贷款额度高达 10 亿美元（表 1.25）。

表 1.25　截至 2012 年年底 WPP 集团主要债务情况

债务类型		发行额	发行利率	发行日	到期日
直接融资（长期负债）	美元债券（US bonds）	3.69 亿美元	5.875%	2004 年 6 月	2014 年 6 月
		6 亿美元	8%	2009 年 6 月	2014 年 9 月
		8.12 亿美元	4.75%	2011 年 11 月	2021 年 11 月
		5 亿美元	3.625%	2012 年 9 月	2022 年 9 月
		3 亿美元	5.125%		2042 年 9 月
	小计	25.81 亿美元（按 1∶0.67 折算，约 17.29 亿英镑）			
	欧元债券（Eurobonds）	6 亿欧元	4.375%	2006 年 12 月	2013 年 12 月
		5 亿欧元	5.25%	2007 年 11 月	2015 年 1 月
		7.5 亿欧元	6.625%	2008 年 5 月	2016 年 5 月
	小计	18.5 亿欧元（按 1∶0.85 折算，约 15.73 亿英镑）			
	英镑债券（Sterling bonds）	4 亿英镑	6%	2007 年 4 月	2017 年 4 月
		2 亿英镑	6.375%	2007 年 11 月	2020 年 11 月
	小计	6 亿英镑			
	可转换公司债券（Convertible bonds）	4.5 亿英镑	可以每股 5.88 英镑的价格转换成 7653 万股 WPP 集团普通股，利率 5.75%，2014 年 5 月到期		
间接融资（短期负债）	循环信用贷款（Revolving Credit Facilities）	授信额度 10.5 亿美元，2012 年底贷款余额 1.86 亿美元（按 1∶0.67 折算，约 1.25 亿英镑）			
	美元商业票据（US Commercial Paper Program）	2012 年发生 2.39 亿美元贷款（按 1∶0.67 折算，约 1.6 亿英镑），但到 2012 年底已全部结清			
	短期信用（Short - term overdraft）	5.86 亿英镑			

从更广的时间范围来看，WPP 集团也一直是偏重于中长期限的债务融资方式，除 2006—2008 年一年以内债务占比较高外，其他年份都是长期债务占较大比重（表 1.26）。导致短期债务占比较高的原因主要有两个：一是以前年度发行债券的赎回，如在 2006 年就赎回了一笔 2002 年发行的 4.5 亿英镑债务；二是配合当年并购重组行为而发生的融资，如在 2007 年、2008 年 WPP 集团对 24/7 Real Media、TNS 高达 13 亿英镑的收购。

表 1.26 2005—2012 年 WPP 集团债务期限结构 （单位：亿英镑）

期限	2005 年	2006 年	2007 年	2008 年	2009 年	2010 年	2011 年	2012 年
1 年以内	4.58	12.61	15.86	16.41	7.21	2.55	5.18	10.86
1～2 年	4.46	4.86	0	8.46	0	0.94	6.21	10.71
2～3 年	4.64	0	0	2.01	0.76	5.39	10.63	4.08
3～4 年	0.58	0	0	0.54	5.55	12.49	4.55	6.08
4～5 年	0	0	0	5.87	12.19	4.48	6.18	4.33
5 年以上	4.93	7.31	17.4	23.12	17.36	12.67	11.36	11.60
合计	19.19	24.78	33.26	56.41	43.07	38.52	44.11	47.66
现金及等价物	11.15	16.64	20.40	25.73	16.67	19.65	19.47	19.45
净债务	8.04	8.14	12.86	30.69	26.40	18.87	24.64	28.21
经营活动现金净流量	8.38	6.61	8.91	9.23	8.19	13.61	6.65	9.08
利润	3.98	4.83	5.15	5.14	5.07	6.61	9.17	8.95

2006—2008 年短期债务的剧增，使 WPP 集团面临着很大的财务风险，其净债务由 2006 年的 8.14 亿英镑急剧增加到 2008 年的 30.69 亿英镑，与此同时，对应年度的经营活动现金流却增长缓慢。面对剧增的财务风险，WPP 集团很快做出了调整：一是尽快压缩债务规模，利用以前年度的积累，不断降低净债务额度；二是调整债券期限结构，中期债务的规模迅速增加，以置换短期债务。WPP 集团债务调整的成效十分明显，2010 年其净债务由 2008 年的 30.69 亿英镑下降到 18.87 亿英镑，几乎下降了一半。

到了 2012 年，由于 2011 年 6.21 亿英镑 1～2 年期的债务转为 1 年期短期负债，WPP 集团也许又将要进行新的债务置换。所幸的是，此时的 WPP 集团账面现金及等价物仍有 19.45 亿英镑，经营性现金流高达 9.08 亿英镑，具备较大的财务弹性。

总的来说，WPP 集团在债务风险控制上的成功，虽体现出一定的资金运作水平，但更为重要的是其自身经营能力和盈利能力的提高，若无此作为基础，再高的资金运作水平，再强的债务风控能力，一切都会是水中月镜中花。

利器 5：并购加速器——公司资本重构

如果说 WPP 集团以战略为导向的并购、多样化的交易架构安排等是使得这台并购机器顺畅运转的发动机和燃料，那么 WPP 集团在 2005 年和 2008 年开展的公司资本重构则是并购机器的加速器。这是因为，公司资本重构这种行为的直接后果就是放大公司的权益，并将所放大公司的权益对应摊入相应的资产，但与此同时，公司的债务却不会发生变化，由此公司的权益资产得到增加，资产负债率得到降低，后续想象的空间也随之增加。简单理解，就是吸收合并后，按评估值对资产账面价值进行调账。

2005 年，WPP 集团的管理层认为，经过多年的发展，企业大约 5 亿英镑的可供分配储备（distributable reserves），应该在资产负债表上得到体现（should be created），以便满足中长期公司向股东分红以及股份回购的需要。为此，WPP 集团确定其集团授权法定资本（authorised share capital）为 83.13 亿英镑，而此时 WPP 集团已有的法定资本是 1.75 亿英镑，发行股数 17.5 亿股，每股面值 10 便士；实际已到位的资本是 1.257 亿英镑，对应 12.57 亿股。

对于 83.12 亿英镑资本，WPP 集团按优先股和普通股进行了划分：拟发行 5 万股可赎回优先股，面值为 1 英镑；17.5 亿股普通股股数保持不变，扣除优先股股本后，对应每股面值为 4.75 英镑。在确定好股本和面值后，2005 年 8 月，WPP 集团新设了一家全资子公司 WPP 2005，这家公司的授权资本由 2 股普通股（面值 4.75 英镑）和 5 万股优先股组成。随后在 2005 年 10 月，WPP 2005 按照 WPP 已发行的 12.57 亿股数，按 4.75 英镑的面值置换 WPP 集团股东持有 WPP 集团的所有股份，由此，WPP 集团实际到位的注册资本犹如变戏法般由 1.257 亿英镑增加到 59.69 亿英镑。

完成股份置换后，剩下的就是程序性工作。WPP 2005 吸收合并 WPP 集团，并更名为 WPP 集团。WPP 2005 所持原 WPP 集团的股份被注销，原 WPP 集团注入 WPP 2005 的 2 股普通股及 5 万股可赎回优先股分别被注销和赎回。而后，新的 WPP 集团将新股的面值由 4.75 英镑减少到 10 便士，多出的 58.43 亿英镑则进入留存收益。

2008 年，WPP 集团又进行了类似的公司资本重构，整个过程大体相同。所不同的是理由及“创造”资本的金额。在理由上，除体现可供分配储备的需要外，总部由英国迁到爱尔兰以享受更优惠的政策也是之一。在资本创造金额上，此次确定的面值是 3.41 英镑，增加留存收益 41.43 亿英镑（表 1.27）。

表 1.27　2005 年、2008 年 WPP 集团公司资本重构后的资产负债情况

（单位：亿英镑）

项目	第一次重构		第二次重构	
	2004 年	2005 年	2007 年	2008 年
资产	106.89	143.89	172.52	244.63
商誉	43.90	56.75	60.72	90.93
负债	76.23	104.03	131.57	185.03

续表

项目	第一次重构		第二次重构	
	2004 年	2005 年	2007 年	2008 年
流动负债	51.67	74.30	99.05	121.36
净资产	30.66	39.86	40.95	59.60
留存收益	-7.12	52.54	54.82	96.98
资产负债率	71.32%	72.30%	76.26%	75.64%

WPP 集团为何在短短三年时间内就连续进行两次公司资本重构行为，而在此之前及之后都没有进行类似的公司资本重构行为呢？难道真的像 WPP 集团所说的要体现可供分配收益吗？如果成立，难道就意味着 WPP 集团在此前数十年都没有创造价值？WPP 集团进行公司资本重构的真实原因可能在于两个方面：

首先是重构资产负债表。对任何一家企业而言，债务是硬的，资产是软的。2005 年、2008 年 WPP 集团分别收购了 Grey、TNS，由此带来 2005 年、2008 年 WPP 集团债务的激增。若不进行公司资本重构，WPP 集团在 2005 年、2008 年的资产负债率将不会是 72.30%、75.64% 这样比较均衡的水平。简单测算，相应年度的资产负债率将分别达到 97.32%、107.25%，调整资产账面值就显得尤为必要。况且调整后，资产负债率得以下降，也有利于 WPP 集团的后续运作。

其次是商誉核算政策因素的影响。2005 年 WPP 集团在会计准则方面开始采用 IFRS 准则体系，该体系规定：商誉的确认应以并购日的汇率换算，并反映在母公司合并报表内，在并购日后，因并购国外营运机构所产生之商誉，以及对资产、负债之公平价值调整，应被视为国外营运机构之资产与负债，因此必须在每一年度资产负债表日重新换算。这也就是说，WPP 集团应在每个年度的资产负债表日对商誉账面值按新的汇率重新计算，由此 WPP 将面对汇率折算差额对商誉账面值的影响。而恰恰在 2005 年、2008 年这 2 年，WPP 集团商誉账面价值受汇率折算差额影响较大（表 1.28、图 1.31）。

表 1.28　2005 年、2008 年 WPP 集团商誉资产情况（单位：亿英镑）

	2005 年	2008 年
年初原值	47.29	64.87
因并购增加商誉	11.28	13.51
汇率折算差额对商誉影响	2.77	18.02
其他因素	-0.84（变更会计核算体系引起）	0

续表

	2005 年	2008 年
年末原值	60.50	96.40
累计摊销	3.75	5.47
年末净值	56.75	90.93

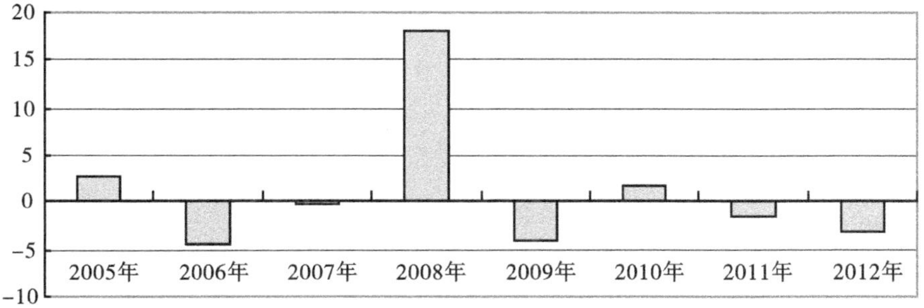

图 1.31　2005—2012 年 WPP 集团汇率折算差额对商誉账面值的影响额（单位：亿英镑）

由此可以推测一种可能性：WPP 集团债务激增的时候，有可能发生债务危机，但恰恰此时因汇率折算的原因导致商誉账面原值出现较大幅度增值，因此，WPP 集团干脆进行公司资本重构，调整资产账面价值，做大资产和权益，从而规避债务风险，进而为其后续的运作创造出更大的想象空间。

商誉的堰塞湖

无论真相到底怎样，大众看到的结果是 WPP 集团每年递交的亮丽财报，营业收入屡创新高，资产负债率一直稳定在 75% 左右，其并购和整合能力都十分令人钦佩。但在华丽的表面下，WPP 集团仍然存在令人担忧的地方，最关键的是商誉到底价值几何？

商誉资产是 WPP 集团的主要资产，约占其资产总额的 40%，到 2012 年年底，WPP 集团的商誉账面值为 94.57 亿美元，此后至今，基本保持在同等水平。但在 WPP 集团高超的管理技术下，WPP 集团在商誉上的累计减值仅为 5.85 亿英镑，尤其是 2011 年的商誉减值额为零（图 1.32）。由于商誉减值测试的“高深莫测”，作为局外人很难去判断商誉价值的合理性。但正如巴菲特所说，考虑到创造这个账户的管理纪律之匮乏，因此在这种条件下这个账户最好标成“no will”。

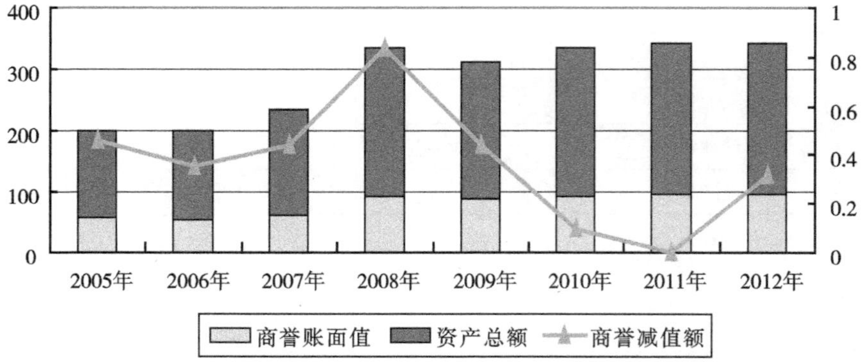

图 1.32　2005—2012 年 WPP 集团商誉资产及减值情况（单位：亿英镑）

WPP 集团的发展史就是一部并购拓疆史，创造了辉煌，也经历过苦痛。WPP 集团在清晰明确的战略指引下，紧紧围绕债务风险控制这一关键环节，辅之以多样化的交易架构设计、激进的公司资本重构等措施，不断开疆拓土。

但同时也应该看到，WPP 集团的成功并不能轻易被复制，更不能简单认为就是并购造就了 WPP 集团。WPP 集团的成长，离不开国外鼓励并购创新的资本市场监管环境，离不开成熟的商业环境及其培育的商业文明和伦理，更离不开 WPP 集团自身对并购的认识和成熟的债务风险管理、商誉管理等能力。

群星闪耀时：半导体产业并购之路

半导体产业可称为中国从制造大国升级为制造强国的一大“命门”，无论是设计、制造，还是封装测试、设备材料，都全面落后于世界先进水平。上至国家，下至企业，为跨过这个“命门”奋斗了半个多世纪。

迄今为止，中国半导体整个奋斗过程可以分成两个阶段，对应两种模式。

第一阶段是从 20 世纪 50 年代至 2014 年，发展模式以内生增长为主，依靠自身的投资和积累追赶世界先进水平，其中的佼佼者有中芯国际、华为海思等。

第二阶段是 2014 年至今，发展模式是内生增长与外延并购相结合，中国半导体行业的并购数量、体量明显增加，大型并购接连发生。

经过两阶段发展，中国半导体产业整体实力显著进步。1999—2018 年，半导体上市公司资产由 76.8 亿元增长至 5212.2 亿元，增长约 68 倍；收入由 31.6 亿元增长至 2575.6 亿元，增长约 82 倍。

这些数据所代表的 110 余家半导体上市公司，以及以华为所代表的诸多未上市公司，犹如闪耀在夜空的群星，见证历史，创造未来。

破题：潮水渐起

半导体是中国极度依赖进口的产业之一。集成电路进口额位列中国进口商品额前列，与原油不相上下，并在2013年突破2000亿美元，行业发展背上了沉重的经济负担（图1.33）。

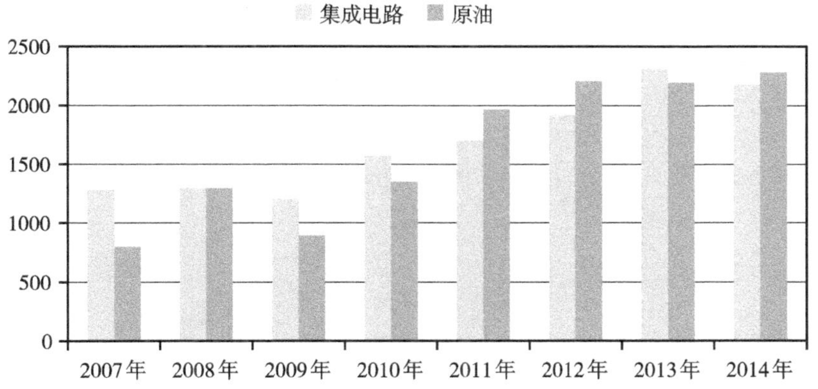

图1.33　2007—2014年集成电路与原油进口额（单位：亿美元）

为摆脱这一困境，政府、企业、个人等各个层面都进行了艰辛的努力和卓越的奋斗，但最终效果差强人意。人才、资金、机制和产业链配套能力四者之间能否实现有效协同，成为半导体行业备受质疑的焦点。

转机发生在2014年。

2014年9月24日，国家集成电路产业投资基金（以下简称大基金）成立。大基金由财政部、国开金融、中国烟草、中国移动等数家实力雄厚的投资人出资成立，规模达千亿元。设立大基金的目的，是以市场化运作、股权投资的方式，扶持行业龙头企业和优秀公司，借助资本市场的力量实现芯片国产破题。

大基金成立后首个大规模投资发生在2015年2月，大基金联合国开行与紫光集团签署合作协议。大基金向紫光集团集成电路等业务板块投资100亿元，国开行提供200亿元授信额度，支持紫光集团在集成电路业务领域的发展。

紫光集团是中国半导体行业大型并购的领先者和弄潮儿。早在2013年，紫光集团就相继以18亿美元和9亿美元的代价，私有化美股上市公司展讯、锐迪科。展讯和锐迪科的主要业务是芯片的研发和设计（IC），分列当时中国IC设计行业的第二、第三位。紫光集团收购两家公司的主要意图是将二者整合成紫光展锐，并以此为基础发力集成电路业务。

除此之外，当时中国半导体行业的其他并购规模不大。大型并购的主要发起方是中国台湾地区半导体公司和外国投资者，如 2010 年，德州仪器以 12 亿元对价收购中芯国际一座 8 寸芯片厂及封装测试厂；联发科技 2012 年以 1150 亿元新台币对价吸收合并开曼晨星半导体公司等。

此时，中国大陆地区半导体公司对资本运作、并购重组尚无清晰的规划。

成势：高潮迭起

进入 2014 年，中国半导体公司的并购重组突然呈现出井喷之势。

2014 年，中国半导体行业的并购交易金额达到创纪录的 506.92 亿元，几乎是 2012 年 258.96 亿元的两倍，更是远超此前年度交易规模。2015 年，中国半导体行业的并购交易规模仍处于高位，并且 2014—2015 年所发生并购交易的余波还持续延伸到 2019 年（图 1.34）。

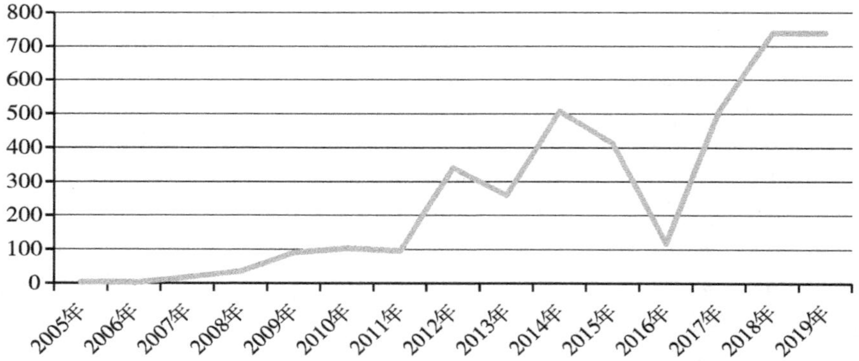

数据来源：Wind（2012 年并购交易金额较高主要是因为联发科技的吸收合并行为）

图 1.34　2005—2020 年 4 月中国半导体行业并购交易金额（单位：亿元）

许多影响巨大的并购也发生在这两个年度，如长电科技要约收购新加坡上市公司星科金朋、华创投资私有化纳斯达克上市的图像传感器巨头豪威科技 OmniVision 等（表 1.29）。

表 1.29　中国半导体行业 10 大跨境并购　　（单位：亿美元）

序号	收购方	收购标的	交易金额	交易时间
1	建广资产	安世半导体 100% 股权	27.6	2017.2
2	紫光集团	Linxens 100% 股权	24.72 亿欧元	2018.2
3	华创投资	OmniVision（豪威）100% 股权	19	2014.8
4	建广资产	AMPLEON 100% 股权	18	2015.5

续表

序号	收购方	收购标的	交易金额	交易时间
5	紫光集团	展讯通讯 100% 股权	17.8	2013.7
6	紫光集团	锐迪科 100% 股权	9.07	2014.7
7	长电科技	星科金朋 100% 股权	7.8	2015.1
8	武岳峰资本	ISSI 100% 股权	7.64	2015.3
9	凯桥资本	Imagination Technologies 100% 股权	7.46	2017.11
10	山海昆仑资本	硅谷数模半导体公司 100% 股权	5	2016.9

这段时期内的并购交易，具有如下特点。

一是交易主体以中国大陆地区半导体公司为主。2014 年以后，与中国半导体产业相关的并购，基本上是中国半导体公司作为收购方主导进行。这些收购主体既有上市公司，也有产业集团、大型基金、地方基金和武岳峰资本等产业基金。

二是跨境并购交易明显增多。2014 年 506.92 亿元并购交易额中，跨境并购交易金额达 184.11 亿元，占比 36.32%，无论是绝对交易额，还是相对占比，都居近 10 年的高位。

三是交易范围进一步拓宽。从并购标的所处的细分行业来看，既有处于封装测试领域的企业，也有从事设计、设备制造业务的公司，几乎涵盖了半导体全产业链。在股权收购比例上，既有控股，也有参股，灵活多样。

四是交易方式进一步丰富，并突出与资本市场的结合。此阶段并购的主流思路是依托资本市场进行资本运作。采取的主要方式，一是上市公司设立并购基金直接进行收购；二是其他资本先设立并购基金收购标的公司，继而将标的公司注入上市公司。采取这种方式便于撬动杠杆资金以及为资金提供退出通道。

半导体行业是资金密集型行业，并购交易规模大，企业“单打独斗”难以形成持续发展局面，因此需要借助各种资本的力量。并购基金就是一种很好的杠杆撬动工具。各类资本出资设立并购基金，既实现了分散投资的目的，也起到了风险共担的作用。完成并购后，并购基金再将并购标的注入上市公司，并购基金各投资主体得以退出。

在助力产业并购的同时，并购基金的财务投资者也录得不菲的收益。以大基金为例，据不完全统计，大基金对外投资约 1380 亿元，累计投资 76 家公司，其中向 22 家上市公司投资近 330 亿元。截至 2020 年 4 月 20 日，大基金持有上市公司股份的市值已上升至 900 亿元，账面投资回报率约为 1.8 倍，其中 IPO 前投资项目（Pre－IPO）回报率最高（表 1.30）。

表 1.30 截至 2020 年 4 月 20 日大基金投资上市公司情况

（单位：亿元）

公司名称	市值	投资方式	投资金额	持股比例	持股市值	回报率
中微公司	861.13	Pre – IPO	0.8 亿美元	17.45%	150.27	2583.34%
瑞芯微	220.32	Pre – IPO	2.88	6.29%	13.86	381.19%
沪硅产业	270.6	Pre – IPO	7	22.86%	61.86	783.7%
安集科技	80.56	Pre – IPO	1	11.57%	9.32	832.08%
国科微	81.15	Pre – IPO	4	14.59%	11.84	195.99%
长川科技	75.17	Pre – IPO + 定增	2	9.85%	7.40	270.21%
中芯国际	800.75	定增	27	15.78%	126.36	367.99%
北方华创	676.87	定增	15.11	10.03%	67.89	349.31%
耐威科技	141.92	定增	10.28	13.77%	19.54	90.10%
雅克科技	160.89	定增	6	5.73%	9.22	53.65%
景嘉微	163.32	定增	9.8	9.14%	14.93	52.32%
华虹半导体	203.73	定增	27.2	18.81%	38.32	40.89%
北斗星通	142.62	定增	15	11.98%	17.09	13.91%
长电科技	360.49	定增 + 转股	46.4	19%	68.49	47.61%
三安光电	877.68	定增 + 协议转让	64.39	11.3%	99.18	54.03%
晶方科技	193.09	协议转让	6.8	9.44%	18.23	168.05%
汇顶科技	1214.93	协议转让	28.3	5.62%	68.28	141.27%
万业企业	154.54	协议转让	6.8	7%	10.82	59.09%
太极实业	225.15	协议转让	9.5	6.17%	13.89	46.23%
通富微电	285.08	协议 + 定增 + 转股	25.52	21.72%	61.92	142.63%
纳思达	324.11	定增	5	3.02%	12.79	155.8%
合计	7514.1		325.58		901.50	

美元兑人民币按照 1:7 计算

五是取得一定的交易成果。在芯片设计领域全球排名前 50 的公司中，2009 年仅有华为海思 1 家。到 2017 年，已有 10 家中国企业进入榜单。呈现快速追赶之势，其中就包括紫光、华大、兆易创新等新势力。

尽管如此，芯片设计领域，中国企业的实力仍待提升，绝非简单借助并购就可以实现弯道超车。

而在封装测试领域，并购重组则能够发挥更大的作用。通过并购缔造了长电科技、通富微电、华天科技等一批全球封测领先企业，3 家公司在细分市场占有率均跻身全球前十，市场占有率合计超过 20%，其中长电科技位列全球第三（表 1.31）。

表 1.31　2018－2019 年全球半导体封测前 10 强　（单位：亿元）

序号	公司名称	地区	2018 年销售收入	2019 年销售收入（预估）	2018 年市场占有率	2019 年市场占有率（预估）
1	日月光	中国台湾	356.99	380.46	18.9%	20%
2	安靠	美国	296.78	278.46	15.7%	14.6%
3	长电科技	中国大陆	238.56	214.66	12.6%	11.3%
4	矽品精密	中国台湾	194.06	199.55	10.3%	10.5%
5	力成科技	中国台湾	151.05	152.23	8%	8%
6	通富微电	中国大陆	72.23	84.05	3.8%	4.4%
7	华天科技	中国大陆	71.21	83.57	3.8%	4.4%
8	京元电子	中国台湾	46.21	58.34	2.4%	3.1%
9	联合科技	新加坡	54.32	48.64	2.9%	2.6%
10	欣邦	中国台湾	41.57	46.92	2.2%	2.5%

数据来源：芯思想研究院

2014 年并购“井喷期”的形成，主要由以下三方面原因促成。

首先是国家政策的支持。2014 年前后，为支持半导体，尤其是集成电路产业的发展，国家相继出台了一系列鼓励政策，在资金、人才、土地、资本市场等方面给予了大力支持。

其次是产业发展规律使然。尽管半导体行业属于资金密集、技术密集型行业，但具体到细分领域，对资金、技术、劳动力要求并不一致。比如封测行业处于半导体产业链的末端，附加值相对较低，劳动密集程度相对较高，进入技术壁垒较低，给中国大陆半导体公司快速进入和成长提供机会。

最后是全球半导体行业巨头之间并购带来的机会。在中国半导体行业并购方兴未艾的同时，全球半导体行业的并购也进入了一个高潮期。调查研究机构 IC insights 数据显示，2015—2016 年全球半导体并购交易金额分别为 1033 亿美元、985 亿美元，合计 2018 亿美元，是 2010—2014 年 5 年并购交易总额 126 亿美元的 16 倍。

这些并购交易中不乏半导体行业巨头之间的合作，由此为满足反垄断审查，行业巨头不得不剥离部分资产，这些剥离资产衍生出相关并购机会。比如建广资产收购 Ampleon 的机会就来自恩智浦（NXP）和飞思卡尔（Freescale）合并之时，为获得监管部门认可，恩智浦剥离射频功率芯片业务而产生。

收紧：潮音回落

中国半导体行业的蓬勃发展，引起了行业领先者的警觉。

2016 年 11 月，时任美国商务部长的普里茨克（Penny Pritzker）在华盛顿智库 Center for Strategic Studies 演讲时称，中国政府对半导体行业的大规模投资计划（即投资 1500 亿美元，到 2025 年前使中国制造的集成电路在国内市场的份额从当前的 9% 扩大至 70%），有可能会扭曲全球集成电路市场，导致破坏性的产能过剩并扼杀创新。

半导体行业领先国家的警觉此前已有端倪，此次普里茨克的演讲，只不过是公开表明态度。

2015 年 7 月，紫光集团向美国存储芯片制造商美光科技提出总额高达 230 亿美元的要约收购，但考虑到美国政府会出于对国家安全问题的“顾虑”阻止这笔交易，美光科技拒绝了紫光集团发出的要约。

类似的情形还发生在华润微电子对美国仙童半导体公司的收购上。仙童半导体公司是美国硅谷发展史的代表，由著名的“硅谷八叛逆”创建，其中就包括英特尔之父戈登·摩尔。2015 年 11 月，美国半导体上市公司安森美（ON. O）向仙童半导体公司发出了每股 20 美元的要约收购。2016 年 1 月，华创投资和华润微电子加入要约收购战局，将收购价格提高至 21.7 美元/股。

尽管如此，仙童半导体公司还是拒绝了价格更高的要约，原因也是担心美国外国投资委员会（CFIUS）可能以国家安全为由拒绝批准交易。

受外部环境变化的影响，从 2016 年开始，中国半导体行业的跨境并购逐渐变得举步维艰，海外扩张之路频频受阻（表 1.32）。2016 年并购交易金额直线下降至 118 亿元，较 2015 年的 413 亿元下降 71.43%。

表 1.32 2016 年至今因涉及国家安全为由终止的半导体并购

（单位：亿美元）

时间	买方	标的公司	金额	备注
2016.2	紫光股份	西部数据	38	
2016.2	华润微电子和华创投资	仙童半导体	26	中标方为出价更低的安森美半导体

续表

时间	买方	标的公司	金额	备注
2016.12	福建宏芯投资基金	爱思强	8.3	CFIUS 担心爱思强可用于军事用途的氮化镓（GaN）材料被中国所掌握
2017.9	凯桥资本（Canyon Bridge）	莱迪斯	13	
2018.2	湖北鑫炎	Xcerra	5.8	CFIUS 认为 Xcerra 设备的芯片制造商属于美国政府和军方供应链的一部分

躁动：潮声再起

2017 年后，半导体行业的跨境并购似乎又重现辉煌。先是建广资产在 2017 年以 27.6 亿美元代价收购安世半导体全部股权；紧接着，紫光集团在 2018 年以 22.66 亿欧元的代价收购法国芯片制造商 Linxens 全部股权。

与此同时，半导体行业的境内并购似乎也开始呈现出方兴未艾的局面。2017—2019 年半导体行业的并购交易金额分别达到 508.69 亿元、739.03 亿元、735.75 亿元，超过 2014 年并购“井喷期”506.9 亿元交易规模。

但并购交易规模的上升，或许更多的是发展重压下的躁动与不安。

首先，这两起大型并购交易是在当时特殊的时间和机遇下达成的，较难复制。高通于 2016 年启动对恩智浦的收购。为通过反垄断审查，恩智浦剥离了安世半导体，建广资产也因此获得收购机会。

这两起相关联的收购，都需要获得政府监管部门，尤其是中美两国政府监管部门的审批同意。从最终情况来看，虽然高通收购恩智浦获得通过的过程充满波折，但两起交易均被成功放行。

紫光集团对 Linxens 的收购，则显得相对简单，只需通过德国和法国相关政府部门审批同意即可，无须获得美国政府审批部门的同意。从政府审批角度来看，这两起交易没有改变中国半导体跨境并购受到半导体技术领先国家阻击的态势。

2017 年跨境并购交易总额为 182.86 亿元，如果剔除建广资产 27.6 亿美元的交易（折合约 179.4 亿元人民币），剩下的交易金额只有 3.46 亿元。2018—2019 年的情况也大体相似。

这种情况表明，此时的跨境并购已不再是主动出击就能获得成功。

其次，是以前年度跨境并购的余波推高交易金额。2017—2019 年，半导体上市公司百亿元规模以上的并购交易有 6 起，除前述 2 起新发生的跨境并购外，其余 3 起均与前年度跨境并购交易的后续收官工作相关：韦尔股份作价 150 亿元收购华创资本持有的北京豪威；闻泰科技作价 331.24 亿元收购建广资产持有的安世半导体以及紫光国微作价 180 亿元收购紫光集团持有的 Linxens。如果将这些“重复”计算的项目剔除，这 3 年的并购交易金额将大幅下降。

这 3 起大型交易的逻辑，还是依托资本市场实现前期并购主体的退出。以重组过程“一波三折”的北京豪威为例，华创投资等投资者在 2014 年以北京豪威为收购平台，私有化因丢失苹果供应商身份，股价快速下跌的美国豪威。在此之后，华创投资便开始寻找国内上市公司的退出通道。

2016 年，北京君正首先披露收购方案，拟以 120 亿元对价收购北京豪威全部股权，但因上市公司非公开发行政策调整，重大资产重组时募集配套资金不能锁价，导致该方案流产。

2017 年 8 月，韦尔股份宣布要收购北京豪威 86.5% 的股权，但因遭到第一大股东，持股 11.78% 的珠海融峰反对而终止，并表示无意放弃对北京豪威股权的优先购买权。珠海融峰最大的投资人是闻泰科技实际控制人。

此后，韦尔股份调整收购策略。2017 年 11 月，经多次协商，珠海融峰将其所持北京豪威 11.78% 的股权以 17.09 亿元的价格转让给青岛融通，较其 10 亿元投资成本溢价近 70% 。与珠海融峰一道退出的还有深圳测度。其所持北京豪威股权来自于珠海融峰，此次也一并转让给青岛融通。青岛融通是青岛市政府设立的一只半导体基金。

与此同时，韦尔股份实际控制人虞仁荣“兵分三路”收购北京豪威股权：设立绍兴韦豪，以 24.61 亿元收购 17.58% 股权、韦尔股份以 19.64 亿元收购 12.53% 股权，及香港韦尔以 0.4 亿美元（折合 2.8 亿元人民币）收购 1.95% 股权。在韦尔股份控制北京豪威前，虞仁荣已合计持有北京豪威 32.06% 股权，成为北京豪威的实际控制人。

至此，韦尔股份控制北京豪威的大局已定，韦尔股份终以 135 亿元对价完成收购。

再次，内部资源整合助推交易金额提升。最后一起超百亿元的收购是天津津智资本以 113.74 亿元对价间接收购中环股份 27.55% 股份。交易规模虽大，但该笔交易实际是天津市国资委推动的中环集团国企混改，达到了“一箭双雕”的效果：津智资本收购天津市国资委持有的中环集团 51% 股权，不仅完成了中环集团的“混改任务”，也实现了津智资本对中环股份的控制。与此相似的，还有华鑫保理以 14.7 亿元对价受让其控股股东协鑫集团所持协鑫集成 5.12% 股份的交易。

最后，跨界并购增多。或是出于强烈的“使命感”，或是出于自身业务发展的需要，国内互联网、房地产、家电等行业龙头企业纷纷开始进军半导体业务。比如以房地产为主业的万业企业收购离子注入设备研发企业凯世通、格力出资 30 亿元介入闻泰科技收购安世半导体等。

2017—2019 年，半导体行业的并购交易数分别是 96 起、113 起、127 起，远超 2014—2015 年的 79 起、82 起。并购数量的上升，一方面体现了交易的“繁荣”，但另一方面又何尝不能理解为跨境并购受阻下，极力寻求半导体产业突破的躁动与不安？

再出发：勇立潮头

2014 年至今的并购浪潮，是中国半导体行业寻求发展突破的一种尝试，借助有利的外部环境取得了一定效果，如长电科技等公司借助产业转移机会，通过兼并跻身封测行业世界领先阵营；韦尔股份、闻泰科技、北京君正等在并购基金协助下，借助行业巨头并购、标的公司市场份额下降、陷入财务困境等机会完成的收购，尤其是闻泰科技收购安世半导体，打通产业链上游和中游，形成从芯片设计、晶圆制造、半导体封装测试到集终端产品研发设计、生产制造于一体的产业平台等。

这些并购不仅丰富和完善了中国半导体产业链，缩小了与世界先进水平的差距，而且对中国半导体行业的技术人才队伍培养、借鉴先进管理流程和模式，都具有积极的意义。

但由于与世界先进水平整体差距较大，中国半导体行业并购的规模偏小、并购标的技术先进程度以及市场竞争力有待进一步提高等问题也比较突出。从这个意义上讲，中国半导体行业的尝试，颇为艰难，长期效果也有待检验。尤其是在“贸易战”持续和外部环境巨变的情形下，中国半导体行业的追赶模式再次受到挑战。毫无疑问，中国半导体行业的发展又一次走到了选择的路口。未来除了关注行业巨头“优化资源配置”所带来的并购机会之外，半导体行业的发展将更加依赖内生增长。

乐观的是，此时的中国大陆地区半导体行业已积蓄了巨大的能量。国家基金、地方配套、资本市场三股力量“加持”，极大解决了半导体行业发展的资金问题；大批海外归国人员和不断壮大的工程师队伍，为半导体产业的发展提供了丰沃的人才储备；2000 年前后成立的一批半导体公司，如华为海思、兆易创新、汇顶科技等，逐渐成长为细分领域的头部企业。如此种种，都为中国半导体产业的再出发奠定了扎实的基础。

关键的问题是，如何把这些蓄能转换为前进的动能。答案在于三个方面：保持战略定力、培养领军人物、上游重点突破。

首先要保持战略定力，穿越周期。半导体行业不仅是周期性行业，而且投资规模巨大、技术更新迭代速度快。投资数百亿元的项目如果没有抓住市场机会，将会产生巨大损失。可以预见的是，半导体行业未来还会出现造成巨额损失的项目或公司。但这些“代价”与发展“命门”被他人握在手中造成的损失相比，孰轻孰重，一目了然。中国半导体行业必须以坚定的勇气、信心和毅力前行，穿越行业周期，避免“531 战略”“908 工程”“909 工程”等追赶工程的失利教训。

其次要尽快培养行业领军人物，从“买资产”转变到“引人才”。国家发改委原副主任张国宝曾撰文指出，影响集成电路发展最关键的因素是行业领军人物。从国外企业来看，台积电、韩国三星之所以能迅速在世界占据一席之地，与张忠谋等领军人物所发挥的作用密切相关。

国内企业如中芯国际的发展历程，也充分体现了张某京、邱某云、梁某松等关键人物发挥的作用。梁某松加入中芯国际前，中芯国际最先进的 28nm 制程工艺是台积电等竞争对手多年前使用的技术。梁某松加入后，中芯国际开始在制程工艺上突飞猛进，先是实现了 14nm 量产，接着开始尝试在 12nm 上突破。尽管此时台积电几乎已经垄断全球 10nm 以上产品，但双方的差距得以缩小。在跨境并购资产受阻的背景下，重点转向引入优秀人才、团队是可选的策略和方式。

最后要保持开放心态，并寻求在半导体产业链上游重点突破，掌握战略“平衡”资本。半导体行业产业链虽然只有设计、制造、封装测试和设备材料四个环节，但拆解开来，实际上会涉及诸多产业，每一个环节都需要大量的国内外专业公司配套。当前半导体产业发展高度成熟，实质是全球产业链开放与协作的成果。

从这个意义上讲，中国的半导体行业须继续保持开放和融入全球产业链的心态，并积极发展产业链上游等附加值高的环节，如设计、制造以及相关的设备等，精选细分赛道。通过产业链上下游配合，加大市场推广应用和产品迭代改进力度，掌握若干关键工艺、技术或设备，最终拥有核心竞争力和制衡力，达到相互依赖的战略平衡。

贰

择时：
并购时机的把握

导 读： 当一家企业选择并购作为成长的方式之后，何时启动并购，就成了首先要考量的问题。时机掌握得好，对买方是极为有利的，不仅有助于降低收购成本，提高收益安全边际，而且还有助于抓住发展机遇，打开发展的局面。比如对于周期性行业，在行业低谷期实施并购，是一个非常不错的选择。此时进行收购，不仅收购机会多，收购价格不会太高，而且在行业进入景气期后，能获得不菲的投资收益。

判断是否是好的时机，需要综合考虑宏观经济环境、监管政策导向、行业发展情况，以及企业所处境况等因素。既不能冲动，也不能僵化。而评判标准的建立，离不开长期经验的积累和不断提高的认知水平。

值得关注的是，当时机出现时，还要确保自己有实力抓住。检视自身是否有足够的现金、是否有灵活的支付方式、是否有强有力的并购团队、是否有灵敏的决策响应机制等。这些都要求我们在平时做足功课，打好基础。

以汽车零部件生产商继峰股份为例，为收购同行业龙头企业格拉默，继峰股份提前布局，充分运用定向可转债等支付工具，平衡资金，达成交易，不失为跨境并购资产注入上市公司的又一样板。兖州煤业作为一家国企，在境外并购中，展现出类似的风格，通过并购力拓的优质资产，使得自己从一家资不抵债，长期亏损，深陷海外资源并购泥潭的“僵尸企业”脱胎重生。

作为 PE 机构“明星”的高瓴，近几年频频出手，最为引人注目的是参与格力电器混改。仔细分析其运作手法，不得不佩服高瓴对混改政策的敏感。相较而言，紫光学大坎坷的命运，则给人以警醒，一场被奉为经典的中概股私有化及 A 股同步上市，因错过时间窗口，导致交易无法实现闭环，折戟中场，给并购的参与方带来无尽的烦恼和折磨。

继峰股份：抓住行业低谷，勇立行业潮头

在浙江宁波，有一个颇具特色的汽车产业集群。这个产业集群集合了整车制造、汽车零部件和汽车后市场三大类企业，集结了上汽大众、均胜电子（600699）、宁波华翔（002048）等优势企业。龙头企业的聚集带来了新的发展方式，特点之一是上市公司较多。截至2019年5月底，宁波辖区内的上市公司有77家，从事汽车零部件业务的上市公司达10家。

以均胜电子并购德国普瑞为标志，这10家宁波上市公司掀起了一波海外并购热潮。继峰股份（603997）近期完成收购德国Grammer（以下简称格拉默），就是这波浪潮中一朵金色的浪花。

继峰股份是国内领先的汽车零部件生产商，主要生产乘用车座椅头枕、座椅扶手等产品，成立时间仅20余年。格拉默成立于1880年，至今已有近140年的历史，在法兰克福证券交易所及慕尼黑证券交易所上市，并被纳入SDAX指数，业务范围覆盖19个国家和地区。无论是成立时间，还是业务范围，继峰股份都远逊于行业领先者格拉默。2017年，继峰股份营业收入仅为19亿元，格拉默的营业收入则达到158亿元，前者仅为后者的12%。

即便如此，小小的继峰股份却一直有着一个大大的梦想。

“野蛮人”VS“白衣骑士”

2016年，格拉默的大门被“野蛮人”尼亚兹·哈斯托（Nijaz Hastor）家族敲响。Nijaz Hastor家族通过旗下两家子公司在二级市场不断收购格拉默股份。截至2016年年底，这两家公司合计持有格拉默20.22%的股份，成为当时格拉默的第一大股东。

这一家族是波斯尼亚的富豪，灵魂人物是波斯尼亚商人兼工程师Nijaz Hastor。Nijaz Hastor曾就职于萨拉热窝的一个汽车厂，参与生产了1972年到1992年的大众车型，从甲壳虫到之后的高尔夫、捷达以及开迪，并由此与大众集团结缘。波斯尼亚战争结束之后，借着经济私有化的机会，Nijaz Hastor收购了当地多家小型汽配厂并迅速扩大其规模，形成Prevent集团。除汽车制造业外，Prevent集团还涉足了防护服、室内装潢、家居、时尚纺织品等领域。Nijaz Hastor一家也成为当地最富有的家

族之一。

凭借与大众集团多年积累的资源，Prevent 集团将汽车产业发展的重点放在了德国，在德国下萨克森州、北莱茵 - 威斯特法伦州、萨克森 - 安哈尔特州等地建有 8 座工厂，包括陆续并购了 Car Trim、ES Automobilguss 等公司，招募了约 3400 名员工。Prevent 集团一直为大众集团提供座椅组装服务，并供应变速箱、发动机、刹车盘、座椅套等零部件，其中 ES Automobilguss 还是大众集团畅销车 Golf 的变速箱唯一供应商。双方良好的合作关系一直维持到 2016 年。

2016 年，深陷“排放门”丑闻的大众集团为压缩开支，取消了之前与 Car Trim 达成的金额高达 5 亿欧元的交易，并拒绝赔偿 Car Trim 已投入的 5800 万欧元，双方关系随即恶化。

在获得格拉默相对控制权后，Nijaz Hastor 家族严厉批评其管理层，认为格拉默在销售收入增长的同时，利润却有所下降，是因为管理层未能尽到职责，格拉默的治理结构需要进行调整，并要求改选监事会。但 Nijaz Hastor 的要求遭到了格拉默管理层的抵制，在 2017 年 5 月格拉默年度股东大会上，Nijaz Hastor 家族派出的 3 名代表均未能成功当选监事会委员。

在这个资本决定公司未来的时代，格拉默的管理层除“尽力”号召现有股东抵制 Nijaz Hastor 外，也在积极主动寻找“白衣骑士”。

2017 年 2 月，格拉默与继峰股份签署谅解备忘录，寻求在业务和资本层面进行合作。继峰股份之所以愿意充当“白衣骑士”，笔者分析，主要有两个方面的原因。

首先，二者的业务有着高度相关性，不仅可以实现业务协调和互补，而且继峰股份还可借此机会完成蝶变和“阶层跃升”。

格拉默主营业务为头枕、扶手、中控和商用车座椅总成，在座舱系统领域布局完善，商用车座椅在欧洲市场份额超 90%，头枕在欧洲市场占有率第一、中国市场占有率第三。继峰股份的产品涵盖汽车座椅头枕总成、中间扶手总成、门扶手总成及头枕支杆 4 大系列，头枕在中国市场占有率第一、欧洲市场占有率第三。继峰股份收购格拉默后，将成为全球头枕绝对龙头。

此外，格拉默商用车座椅、中控均处全球龙头地位，继峰股份有望借此直接进入这两个领域，实现从座椅部件供应商到价值量更高的商用车座椅总成供应商，再到座舱系统集成商和供应商的蝶变。

同时，继峰股份收购格拉默有助于快速实现国际化。继峰股份 2017 年实现营收 19 亿元，87% 以上来自国内，仅在德国和捷克设立了公司；格拉默同期实现营收约合 158 亿元，主要来自欧洲、中东和非洲地区，其在 18 个国家设立了 30 余家公司。继峰股份控制格拉默，可以快速将自身业务拓展至海外，具有显著的战略意义。

其次，收购控制格拉默具有可行性。

继峰股份的营收规模虽然小于格拉默，但盈利却与格拉默相差不大。2017 年继峰股份实现净利润约 3 亿元，格拉默实现净利润仅为 3.5 亿元。从市值来看，2017 年年初，继峰股份市值在 70 亿元左右，实际控制人王某平家族持有 72.85% 的股权（图 2.1），持股市值约合 51 亿元。

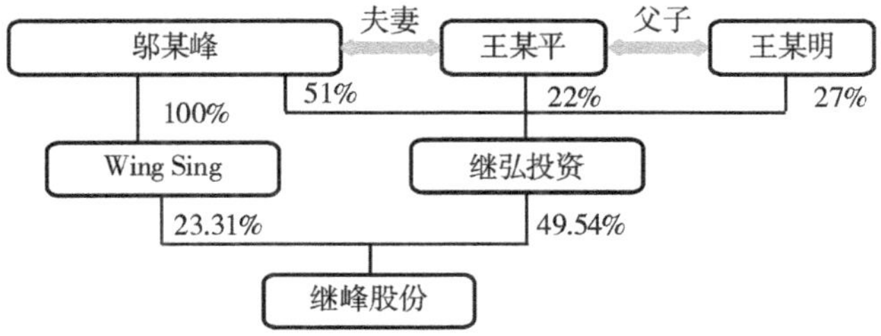

图 2.1　2016 年年底继峰股份股权架构

格拉默此时的市值仅 40 亿元左右，并且其股权高度分散，第一大股东 Nijaz Hastor 持有其 20.22% 股份（233.42 万股），持股市值仅 8 亿元；第三大至第五大股东合计持有其 13.23% 股份，其余为库存股和其他小股东持股（图 2.2）。

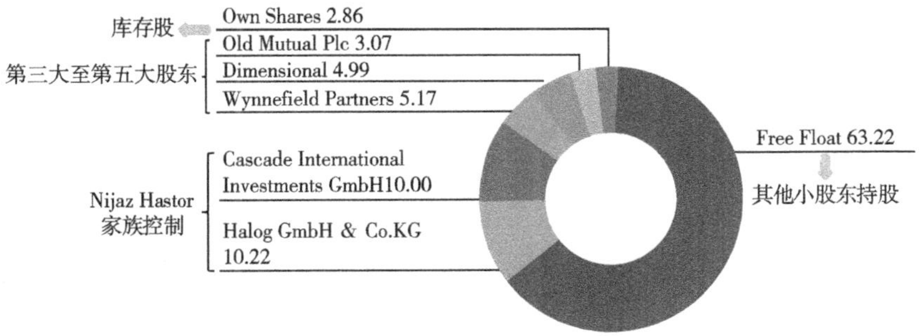

图 2.2　2016 年年底格拉默股权架构（%）

这也就意味着，王氏家族可以通过质押继峰股份融资、引入合作投资机构以及银行融资等手段，完成对格拉默的收购和控制。

一场抵御“野蛮人”入侵的战斗即将展开。

“进攻”VS“防御”

尽管继峰股份控制格拉默胜算较大，但从 Nijaz Hastor 家族对大众集团所采取的“彪悍”态度和激进策略来看，继峰股份这次的对手实力也不容小觑。王某平家族与格拉默管理层采取了“三管齐下”的策略。

第一招是设立德国子公司，认购格拉默强制性可转债。

王某平的妻子邬某峰通过 Wing Sing（注册地位于萨摩亚）在德国设立子公司 JAP GmbH（JAP，图 2.3），后者于 2017 年 2 月认购了格拉默发行的 6000 万欧元强制性可转债。这部分可转债转股数为 106.26 万股（折合每股 56.6 欧元，与格拉默当时的市价相当）。

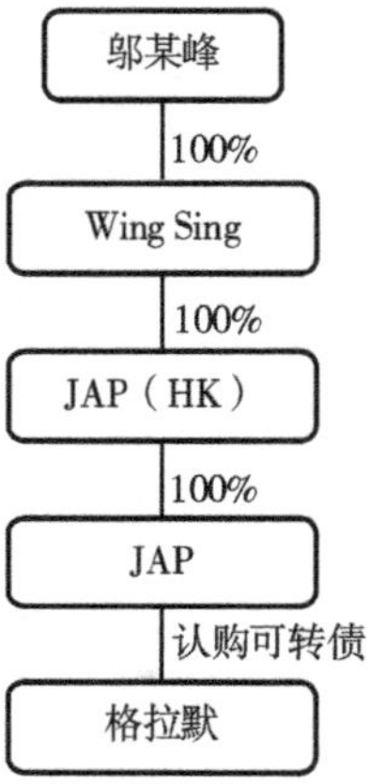

图 2.3　JAP 股权架构

JAP 之所以采取认购格拉默强制性可转债的方式，笔者分析，原因可能出于三方面。

其一，充分利用授权。2014 年 5 月，格拉默的董事会获得股东大会授权，在 2019 年 5 月 27 日前，有权向外部投资机构发行 577 万股股票，或者相当于 577 万股的可转换债券、有选择权的债券等，以满足格拉默的应急资本需求。格拉默的现有股东不享有优先购买权。JAP 认购的可转债额度恰好在其授权额度之内。格拉默此次发行可转债无须获得股东大会同意，“完美”规避第一大股东 Nijaz Hastor 家族的干扰。

其二，“一石二鸟”，此升彼降。2017 年 5 月，JAP 实施转股。转股前，格拉默总股本 1154.45 万股，转股后股本增至 1260.71 万股，JAP 持有其 8.43% 的股权。与此同时，Nijaz Hastor 持股比例由 20.22% 下降至 18.52%。

其三，引而不发，伺机而为。更为高明的是，格拉默董事会手中还握有约 470 万股的股票发行额度。这犹如一把达摩克利斯之剑，让持有格拉默 233 万股的 Nijaz Hastor 家族需要再三斟酌自己的下一步行动，如果其再继续增持，格拉默的董事会则可通过发行新的股份或债券继续摊薄其股比，双方将陷入一场“消耗战”。

第二招是通过二级市场增持格拉默股份。

为进一步加强自己的优势，达到“不战而屈人之兵”的目的，JAP 在认购格拉默强制性可转债前后，还在二级市场不断增持格拉默股权。2017 年 5 月，JAP 收购格拉默 6. 64% 股份，可转债转股后其合计持有格拉默 15. 07% 的股权；2017 年 7 月，JAP 继续增持格拉默股权至 20. 01%，超过 Nijaz Hastor 家族，成为格拉默第一大股东；2017 年 10 月，JAP 进一步增加持股至 25. 56%。至此，JAP 合计持有格拉默 322. 3 万股股份，其中通过二级市场累计增持约 216 万股，可转债转股约 106 万股。

非常有意思的是，在 JAP 增持过程中，反而出现"V"字形走势，可见 JAP 增持的时间段主要是 2017 年 4 月至 10 月，在这半年里，格拉默的每股价格从 4 月的 60 欧元走低至 40 欧元，随后反弹至 10 月的 55 欧元。

面对步步紧逼的王氏家族，Nijaz Hastor 家族仅微量增持至 19. 18%，一直蛰伏不动，直至前者发出最后一击。

第三招是要约收购。

扫清外围，打下基础后，王氏家族的总攻开始了。

2018 年 5 月 29 日，王氏家族向格拉默发起了要约收购，提出以每股 60 欧元的价格收购格拉默 50% 股份（格拉默总股本为 1260. 71 万股，50% 股份约 630. 4 万股）加 1 股，意图获得绝对控股权。至此，这场从 2016 年开始，长达两年半的格拉默股权之争进入最后阶段。此时，JAP 已经持有 322. 3 万股，王氏家族要实现要约目标，还需从市场上收购 308. 1 万股。

就要约收购价格而言，王氏家族 60 欧元/股的出价具有一定的吸引力，较格拉默前一日停牌价溢价 19. 4%，较分析师前一日发出的格拉默公允价溢价 11. 7%。因此，即使 Nijaz Hastor 家族不接受要约，其他股东所持的 653 万股应能满足收购需求（格拉默 33 万股库存股不参与要约）。

面对最后的决战，Nijaz Hastor 家族发起了反击，对王氏家族的交易提出三点质疑：

1. 交易价格低估，Nijaz Hastor 家族认为格拉默的股价至少在 85 欧元/股以上；

2. 交易不透明，且不确定性较大，王氏家族提出的收购方案缺失"重要信息"，包括缺少谁将获得格拉默的技术、交易是否具有中国政府背景等；

3. 完成交易的确定性不高，营收仅有 2. 5 亿欧元的小规模公司如何能够完成此次大规模交易等。

在质疑的同时，Nijaz Hastor 家族也发出威胁，声称尽管其对格拉默目前的表现并不是很满意，但依然认为格拉默有巨大的潜力，会衡量所有的可能性，包括进一步增持股份。

在 Nijaz Hastor 家族拒绝此次交易之后，格拉默股价上涨至 65. 5 欧元/股。

面对质疑，王氏家族予以回应：对于要约价格，已是其最终报价，不再有提高的可能，从而打消市场幻想；对于交易背景及目的也做了进一步的说明，此次收购完全是股东个人行为，中国政府没有施加任何影响。对于资金能力，王氏家族则做出了更加详细的说明和安排，让格拉默的股东吃下“定心丸”。

“得意”VS“失意”

尽管王氏家族只需额外收购 308.1 万股就可完成目标，但根据要约收购规则，王氏家族须按收购格拉默 1260.71 万股总股本准备资金，合计约 7.56 亿欧元。由于 JAP 已持有格拉默 322.3 万股且格拉默 33 万股库存股明确不参与要约收购，王氏家族仅需就剩余的 905.41 万股，准备增量收购资金 5.43 亿欧元，加上 0.37 亿欧元的交易费用，王氏家族总需准备增量收购资金 5.8 亿欧元。为此，王氏家族搭建了经典的“金字塔”融资结构。

根据格拉默公开的要约收购信息，王氏家族搭建的“金字塔”共有 4 层。

第一层是东证继涵投资（有限合伙），由继弘投资、继恒投资、东北证券、浦发银行所发行资管产品等 6 名投资人组成，6 名投资人合计出资 3.52 亿欧元，其中，继弘投资、继恒投资（这两家公司被王氏家族全资控制）合计出资 1.4 亿欧元。同时，东证继涵投资还获得浦发银行北仑支行 2.71 亿欧元的银行授信，年限 7 年，年利率 5.8%。由此，东证继涵投资可动用的资金规模达 6.23 亿欧元。

第二层由东证继涵投资和海通证券控制的上海并购基金共同出资设立继烨投资。双方合计出资 7.53 亿欧元，其中，东证继涵投资 6.23 亿欧元，上海并购基金投资 1.3 亿欧元。这些资金都将注入继烨投资设立的下一层企业。

第三层是继烨投资在卢森堡设立的继烨（卢森堡），获得继烨投资提供的 7.53 亿欧元资金。除此之外，继烨（卢森堡）还获得了浦发银行 0.23 亿欧元的银行授信，年限 5 年，年利率 5.8%。继烨（卢森堡）合计可动用的资金规模达 7.76 亿欧元。这笔资金也被注入继烨（卢森堡）设立的下一层企业。

第四层则是继烨（卢森堡）在德国设立的继烨（德国），这家公司是王氏家族要约收购格拉默的主体。通过前述融资，继烨（德国）共获得了 7.76 亿欧元的资金支持。由于格拉默的股东全部接受要约的可能性不大，继烨（德国）所筹集的资金已能满足要约收购所需（图 2.4）。

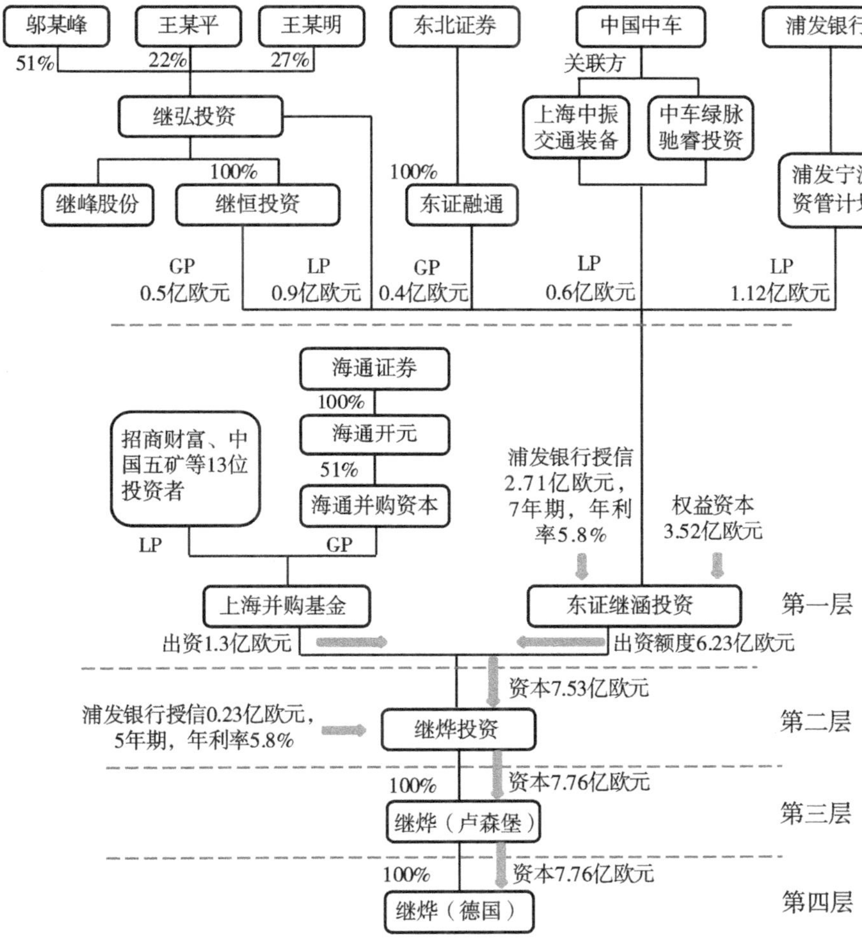

图 2.4　继烨（德国）要约收购融资架构

从资金来源和构成可以看出，王氏家族拟以 1.4 亿欧元（折合人民币 11 亿元）的出资，撬动 6.36 亿欧元的资金，杠杆比例相当于 1∶4.5。

资金准备完成后，继烨（德国）于 2018 年 6 月 25 日正式发出要约文件。有点意外的是，7 月 18 日，继烨（德国）将要约收购股份由之前的 50%（约 630.4 万股）加 1 股调整为 36%（约 453.9 万股）加 1 股。调整原因可能在于延长要约期，同时降低收购成本。

经此调整，继烨（德国）要约期延长 2 周，由之前的 7 月 23 日延长至 8 月 6 日，额外要约期由 8 月 9 日延长至 8 月 23 日。要约股份则减少了 176.5 万股，理论上可降低 1.06 亿欧元收购成本。继烨（德国）调整要约条件的另一个原因，也有可能是在第一份要约的要约期，接受要约的股东较少，为增加胜算而采取该措施。

截至8月6日要约期满，格拉默有610.8万股接受了要约，继烨（德国）持有格拉默48.45%股份，加上JAP转让给继烨（德国）的25.56%股份，继烨（德国）合计持有格拉默74%股份。截至8月23日额外要约期满，接受要约的股份进一步增加128.8万股，继烨（德国）持股比例提升至84.23%。

从接受要约股份的情况来看，Nijaz Hastor家族所持有的233.42万股，至少有一部分在要约期就已经转让给继烨（德国）。Nijaz Hastor家族的投资基金Cascade也在8月8日宣布，接受继烨（德国）的要约收购条件，除保留极少数的股权外，将其所持格拉默股权全部转让。至此，继烨（德国）以6.37亿欧元的代价累计获得格拉默1061.9万股，取得84.23%的绝对控股地位，要约收购圆满收官。

继烨（德国）合计耗费6.37亿欧元，其中收购第三方股份支付4.44亿欧元，受让JAP前期持有的格拉默股份支付1.93亿欧元。因为要约价格为每股60欧元，而JAP认购可转债的成本为每股56.6欧元，以及在二级市场增持股份时，格拉默股价基本低于60欧元/股，JAP通过向继烨（德国）转让股份，预计还获得一定的收益。

但是，根据后续公开的信息，配合王氏家族完成要约收购的投资者并非前述几家机构，而是变更为力鼎凯得、固信君瀛、润信格峰、绿脉程锦等合作者，并且投资入股层面从东证继涵投资层面变更到继烨投资层面，资金安排上也出现了变化（图2.5）。最终的方案中，王氏家族为此次收购共支出52亿元。在资金的来源上，股东投入35.11亿元，其中王氏家族出资15.01亿元，其他投资者出资20.1亿元；银行借款16.89亿元，其中境内借款3.29亿元，境外借款13.6亿元。

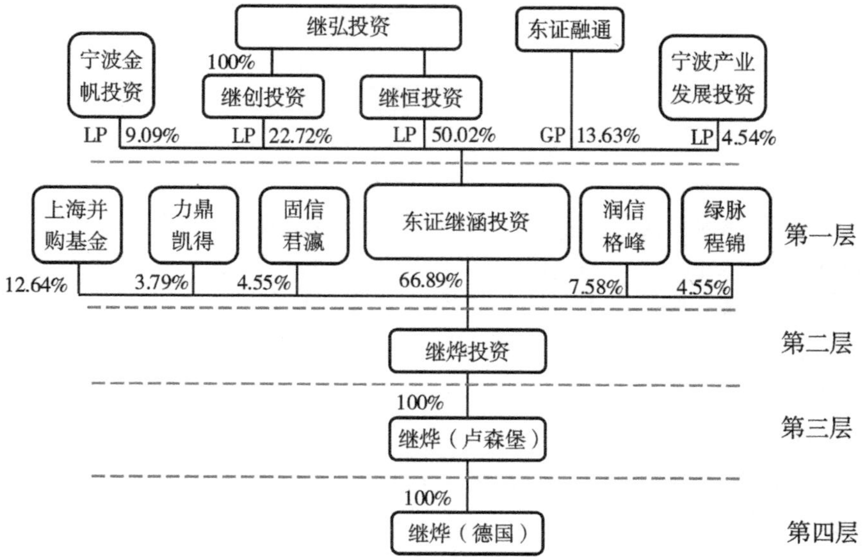

图2.5 继烨（德国）要约收购架构

与王氏家族的“志得意满”相比，Nijaz Hastor 家族则稍显“落寞”，不仅在格拉默控制权的争夺中失利，而且与大众集团又起纷争。2016 年双方的供货争议，以大众集团最终同意向 Prevent 集团赔偿 1300 万欧元，同时达成继续合作 6 年，直到 2022 年为止的合作协议才予以了结。但在 2018 年 3 月，经过充分准备的大众集团“卷土重来”，提出全面终止和 Prevent 集团的供货合同。为此，Prevent 集团起诉大众集团违约，涉及金额 20 亿欧元。在此期间，Prevent 集团又接管了一家大众集团的供货商 Neue Halberg – Guss GmbH。双方的纷争还在继续。

综观王氏家族对格拉默的收购，总结起来，有以下三大特点。

一是准备充分，结硬寨，打呆仗，确保交易的确定性。无论是资金准备，还是并购策略设计，王氏家族显然进行了充分的谋划和准备，比如没有直接要约收购，而是先认购可转债、二级市场增持再进行要约等。在实施过程中，稳扎稳打，实现一个目标后，再实施下一步计划，并依据市场情况适时调整，最终取得成功。另外，格拉默管理层的大力支持，也是要约收购获得成功的关键因素。

二是节奏控制得当，增强交易的主动性。从 2017 年 2 月开始充当“白衣骑士”，到 2018 年 8 月全面完成收购，王氏家族花了 1 年半的时间，所耗费的时间远多于当前众多所谓的闪电式跨境并购。比如在“三管齐下”的收购策略中，王氏家族并没有步步紧逼，而是根据外部情况、资金情况进行合理安排，格拉默的股价也没有出现强烈波动；延长要约期，给对手充分的沟通讨论时间等，整体节奏把握得十分娴熟、稳健。

三是工具运用得当，提高交易的灵活性。王氏家族采取了多种方式获得格拉默股份，股债并举，并没有拘泥于某一种方式。最为精彩的莫过于 JAP 认购了格拉默的可转债，并以此成为第一大股东，为自己在后续的决战中占据主动地位，奠定胜局基础。

在要约收购的时候，王氏家族就曾明确表示，收购完成后将把格拉默注入继峰股份。新的征途就此展开，股债并举、灵活稳健的风格再次彰显。

“股”VS“债”

王氏家族在完成要约收购后，立即启动了将格拉默注入继峰股份的工作，其采取的做法是继峰股份收购继烨投资 6 家股东所持股权，从而实现继峰股份对格拉默的间接收购。但相较实施要约收购时的平稳，王氏家族将格拉默注入继峰股份的过程就比较“坎坷”，其资产注入方案多次变更，收购对价支付方式历经了从收购股份到股债并举的转变，与监管层之间的“博弈”也贯穿始终。

版本 1.0：继峰股份采用发行股份及支付现金的方式，收购继烨投资 6 家股东持有的格拉默全部股权。

这版方案的关键之处在于，继烨投资股权估值 31.25 亿元，继峰股份采取发行股份和现金结合的方式支付对价，其中以股份支付 30.55 亿元，现金支付 0.7 亿元。股份发行定价为 10.19 元/股，发行 3 亿股。继峰股份支付的 0.7 亿元现金，全部给上海并购基金，其他 5 位股东只能获得股份对价。重组完成后，王氏家族在继峰股份的持股比例由 71.97% 被稀释下降至 48.96%。

版本 2.0：在版本 1.0 的基础上，引入定向可转债的支付方式，并调整继烨投资估值、发行股份定价等关键要素。

要约收购完成后，王氏家族对继烨投资的股东构成以及资金投入构成上做了重大调整，引入新股东，并以新股东投入资金偿还银行借款。因此，继烨投资整体债务压力得以减轻，利润得以增厚，继烨投资的股权估值也由之前的 31.25 亿元上升至 39.56 亿元。但由于新的股东可能也存在“退出”时限的要求，以及为继续偿还继烨投资剩余 4.95 亿元的银行借款，王氏家族在交易方案中增加了募集配套资金的安排，继峰股份的股份发行规模也随之扩大。

版本 1.0 的方案公布后，继峰股份股价并未如预期上涨，反而一路走低，其间还两度一字跌停，成交量也比较低迷，王氏家族意图锁价失败，需要调整发行股份的定价，否则将无法获得继烨投资股东的认可。但若以低价重新锁价，并采取发行股份的方式支付对价以及募集配套资金，将导致继峰股份的发行规模剧增，彼时将大幅稀释王氏家族在继峰股份的股权。股份发行价格调整与否，成为横亘在王氏家族面前的一个难题。

在两方面因素的“挤压”下，继峰股份对收购继烨投资的方案作出如下调整。

继烨投资的估值为 39.56 亿元，采取发行股份、发行定向可转债以及现金相结合的方式支付，其中，股份支付 29.16 亿元、定向可转债支付 4 亿元、现金支付 6.4 亿元。由于现金支付部分超过继峰股份承受能力，继峰股份采取同步发行定向可转债的方式配套融资 10 亿元，其中 6.4 亿元支付收购现金对价，3.6 亿元用于偿还银行借款。

股份发行定价及定向可转债的转股价均为 7.9 元/股（后因为发放股息，价格调整为 7.59 元/股），发行股份 3.69 亿股，发行可转债 400 万张（不含配套募资部分），票面利率不超过 3%。继峰股份支付的定向可转债，全部支付给东证继涵投资，以让王氏家族为主承担交易的不确定性；现金分别给东证继涵投资和上海并购基金，用于其调整资金构成，偿还银行债务；其他股东获得股份对价，实现其预期。

重组及配套融资完成后，王氏家族在继峰股份的持股比例下降至 45.26%，持股比例虽较版本 1.0 有所下降，但东证继涵投资还持有 400 万张定向可转债，转股后将会进一步提升王氏家族在继峰股份的持股比例。如果转股时继峰股份市价高于 7.9 元/股，王氏家族还会获得更大的收益。在此期间，王氏家族还可享受可转债的利息收益。对上海并购基金、固信君瀛等投资者而言，其在继峰股份的持股数增加，持股提高。

比较两个版本的证券发行额度，版本 2.0 比 1.0 增加了 11.91 亿元，增加约 40%；转股价由 10.19 元/股下降至 7.9 元/股，下降约 23%。若采取全部发行股份的支付方式，王氏家族在继峰股份的持股比例将降低至 40.4%。但引入定向可转债后，王氏家族的持股比例仅从 48.96%下降至 45.26%。值得一提的是，发行定向可转债还给王氏家族预留了增持股份的机会，从而可保持对上市公司的控制力。近年来，颇多 A 股上市公司在资产重组中运用了定向可转债工具，大大增强了交易方案的灵活性。

版本 3.0：调整继烨投资估值，引入对赌机制。

继峰股份对继烨投资股权给予 39.56 亿元估值，最关键的基础是格拉默 60 欧元/股的要约收购价格。但在要约收购完成后，格拉默的股价一路走低，到继峰股份重组时，已下跌到 37 欧元/股左右。

面对这一情况，继峰股份从格拉默实际价值、历史股价表现等方面“据理力争”，从收购的行业意义、对企业的长远影响等方面进行解释和说明。同时，王氏家族将继烨投资股权价值下调 2.02 亿元至 37.54 亿元，但是只下调东证继涵投资所持股权的估值，由 26.46 亿元下调至 24.44 亿元，继烨投资其余 5 家股东所持股权的 13.1 亿元估值不做调整。王氏家族以此确保了合作伙伴的利益不受损失。

最终，监管审核通过了这一版本的交易方案。放行的原因，除了王氏家族主动降低估值、项目参与各方没有博取一二级市场差价，均按投资成本确定估值之外，助力中国企业跨境并购世界优势企业的考量，也是重要因素。

继烨投资估值做出调整后，交易方案也就随之发生变化，主要体现在两个方面：一是同步调整现金支付金额和配套资金募集规模，现金支付金额由之前的 6.4 亿元调减至 4.38 亿元，配套资金募集规模由 10 亿元调减至 7.98 亿元；二是东证继涵投资与继峰股份进行对赌，双方约定，如果格拉默在重组完成后 3 年内的 EBITDA（税息折旧及摊销前利润）累计数达到 38.91 亿元，继峰股份将向东证继涵投资支付补偿性现金对价 2.02 亿元。与此同时，东证继涵投资独家承担继烨投资股权减值的补偿义务。

虽然版本 3.0 比 2.0 的设计更为复杂，不确定性也有所增加，但这个不确定性主要由王氏家族和东证继涵投资承担，避免给其他合作方带来额外的压力，这其中的利益博弈和平衡之术，值得玩味。至此，王氏家族要约收购格拉默，继而注入继峰股份的战略得以收官。

“繁华”VS“隐忧”

王氏家族收购格拉默，令人不由得想起数年前吉利收购沃尔沃，二者有着异曲同工之处。

2010年，吉利花费18亿美元收购了沃尔沃轿车业务。当时沃尔沃轿车陷入了发展困境，处在破产清算的边缘。同处瑞典的萨博汽车更是回天乏力。远在中国，名不见经传的吉利，在国际经济危机的大背景下，以“蛇吞象”的勇气一举拿下沃尔沃。当时的吉利也面临着诸多质疑，如是否有能力挽救沃尔沃、是否有能力消化并购产生的巨额债务、是否能实现境内外业务的有效协同等。8年多时间过去了，吉利不仅令沃尔沃重新焕发了生机，开发出S60、XC90等全球热销新款车型，沃尔沃的市值也增长到180亿美元左右，吉利自身也成为全球汽车业界的一大翘楚，在世界车坛占据举足轻重的地位。

近几年，格拉默的业务也遇到发展瓶颈。2017年至2018年，其乘用车内饰业务的毛利率分别为13.9%、13.21%，商用车座椅系统的毛利率分别为17.22%、16.73%，均呈下降趋势，且显著低于继峰股份乘用车内饰业务同期的毛利率33.99%、33.89%。2017年至2018年，格拉默的营业收入虽然高达158.29亿元、164.14亿元，但归母净利润只有3.17亿元、3.47亿元，继峰股份同期的营业收入虽只有19.02亿元、21.51亿元，但归母净利润达到2.93亿元、3.02亿元。格拉默较差的盈利能力将对重组完成后的继峰股份产生重大影响。经测算，重组完成后，继峰股份销售毛利率将下降到16.48%，销售净利率将下降到3.53%。

2017年至2018年，格拉默的资产负债率分别是96.35%、94.98%；剔除商誉资产后，资产负债率将超过100%，几乎资不抵债；而继峰股份同期的资产负债率仅为19.69%、24.57%。由于在此次收购中增加了近20亿元债务，重组完成后，继峰股份的资产负债率将上升至69.8%，债务压力陡然上升。

格拉默堪忧的资产质量和盈利能力，都与2010年的沃尔沃高度相似，其主要的优势在于技术积累和海外营销网络。

对继峰股份而言，未来还有很长的路要走。依靠娴熟的技艺，抓住机会收购困难期的格拉默，使得自己成为行业的龙头，在行业地位上取得长足的进步，在产业发展上得以展开想象的翅膀。与之相似，兖州煤业也抓住世界矿业巨头力拓剥离非主业资产的机会，一举摆脱亏损，成为另一个抓住时机实施并购的样板。

兖州煤业："僵尸企业"脱胎重生

兖煤澳洲是山东大型煤炭企业兖州煤业（600188）在澳大利亚上市的控股子公司，也是兖州煤业海外资源开发的重要平台。从2004年开始，兖煤澳洲就开始了一系列的收购：澳思达煤矿、澳大利亚菲利克斯公司100%股权、格罗斯特煤矿等。截至2016年年底，兖煤澳洲在澳大利亚一共运营了8座矿山，煤炭权益资源量达28.79亿吨，可采权益储量约5.55亿吨，年生产原煤约0.2亿吨。兖煤澳洲的煤炭资源储量水平大体居澳大利亚煤矿生产商的中游水平。

在资源版图逐渐扩大的同时，兖煤澳洲却连年亏损，财务状况日益恶化，其深陷困境的原因之一是资本金不足。兖州煤业在设立兖煤澳洲时，仅向其投入0.64亿澳元的注册资本，主要用来收购澳斯达煤矿。在后续的收购中，兖煤澳洲主要是依靠贷款方式解决资金问题，比如收购菲利克斯的对价为33.33亿澳元，贷款额就达25亿澳元。兖煤澳洲举债扩张的直接后果是其资产负债率居高不下，截至2016年年底高达82.4%。受此影响，兖煤澳洲虽然在2012年通过借壳格罗斯特登陆澳交所，但股价长期在低位徘徊，资本市场平台的作用发挥十分有限。

就在兖煤澳洲举步维艰的时候，一个并购机会出现在其眼前，力拓集团在2017年年初拟转让其所控制的联合煤炭公司（以下简称C&A）100%股权。这家公司煤炭资源量约31.19亿吨，可采储量约11.98亿吨。C&A不仅资源储量规模大，盈利能力也非常强，在过去几年煤炭行业整体处于低谷的行情下，依旧保持了很好的盈利水平。

资产质量不错意味着价格的不菲。从最终26.9亿美元（折合34.3亿澳元）的成交价来看，兖煤澳洲要吞下这块优质资产存在相当的难度。兖煤澳洲为何非要买下这块资产？采取了怎样的策略进行交易呢？

兖煤沦陷

兖煤澳洲虽然已在澳大利亚煤矿行业耕耘十多年，并已获得相当的资源量，但其从上市第二年开始，就陷入亏损的泥潭，近5年亏损将近100亿元（表2.1）。

表 2.1　2012—2016 年兖煤澳洲经营情况

项目	2012 年	2013 年	2014 年	2015 年	2016 年
原煤产量（亿吨）	0.21	0.23	0.23	0.21	0.21
原煤销量（亿吨）	0.15	0.17	0.18	0.18	0.19
原煤单位销售价格（澳元/吨）	111	96	87	84	82
原煤单位生产成本（澳元/吨）	96	85	84	84	75
营业收入（亿澳元）	13.66	15.3	14.32	13.19	12.38
利润（亿澳元）	3.75	-8.32	-3.54	-2.91	-2.27

从表 2.1 可知，就主营业务而言，尽管近几年煤价走低，但兖煤澳洲的生产成本基本还是低于市价，还有一定的毛利。也就是说，兖煤澳洲陷入长期亏损除了生产经营不善之外，还另有他因，其中最主要的就是财务费用。

2012 年兖煤澳洲发生了 0.58 亿澳元的财务费用和 0.26 亿澳元的银行手续费，由于当年煤价比较好，兖煤澳洲的生产经营还能消化这部分费用。但在此之后，随着规模的扩大，兖煤澳洲的财务费用和银行手续费等融资成本越来越高，企业的负担也越来越重。到了 2016 年，兖煤澳洲融资成本达到了 3.23 亿澳元的历史最高水平，与当年 2.27 亿澳元亏损额相比，意味着财务费用已经吞噬了其所有的经营成果，显然已不堪重负（表 2.2）。

表 2.2　2012—2016 年兖煤澳洲财务费用及汇兑损失情况

（单位：亿澳元）

项目	2012 年	2013 年	2014 年	2015 年	2016 年
财务费用	0.58	1.25	1.65	1.62	2.09
银行手续费及其他费用	0.26	0.81	1.29	1.16	1.14
汇兑损失	0	3.7	0	0	0
小计	0.84	5.76	2.94	2.78	3.23
利润	3.75	-8.32	-3.54	-2.91	-2.27

从资产负债率指标来看，2012 年兖煤澳洲资产 75.85 亿澳元，负债 57.93 亿澳元（其中带息债务近 36 亿澳元），资产负债率为 76.37%，已处于高位；2016 年兖煤澳洲资产 76.6 亿澳元，负债 63.1 亿澳元（其中带息债务近 50 亿澳元），资产负债率攀升到 82.38%。

兖煤澳洲的资产中，有一笔金额为 13.4 亿澳元的递延所得税资产。如果这笔当期不存在，只是体现未来预期收益的资产剔除，兖煤澳洲的资产将只有 63.2 亿澳元，基本与债务相当。

兖煤澳洲之所以会形成这样的局面，主要原因在于以下几点，这些原因几乎是我国企业在海外并购中经常遇到的问题。

其一，收购资产质量不佳。

兖煤澳洲现在运营的资产大部分是依靠并购重组方式取得的，在这些资产中，除了莫拉本煤矿之外，其他资产质量一般，抗市场风险能力较弱。为此，兖煤澳洲在2013年计提了2.27亿澳元的资产减值损失。

其二，收购步子迈得太快，收购时间点欠佳。

兖煤澳洲在2004年成立之后就开始了一系列的收购工作。从出资3200万澳元收购因自燃发火九易其主而关闭的澳思达煤矿为发端，2009年至2012年，兖煤澳洲连续出击：2009年年底出资33.33亿澳元并购菲利克斯公司，一举成为中国最大的海外煤炭企业；2011年分别出资2.025亿澳元并购新泰克控股公司与新泰克Ⅱ控股公司、出资2.968亿澳元收购西农普力马煤矿有限公司和西农木炭公司；2012年收购格洛斯特并实现借壳上市。

兖煤澳洲集中发起并购的2009年至2011年恰好是煤炭行业处于景气高位的时间，由此导致其收购成本较高，付出了较高的溢价水平，比如收购格洛斯特时溢价水平高达40%。

其三，长期以来举债扩张的结果。

在兖煤澳洲海外扩张的过程中，股东兖州煤业对其资本金的支持，可见部分只有在其2004年设立时出资0.64亿澳元和2010年增资9.09亿澳元。初步统计，截至2013年年底，兖煤澳洲在澳大利亚总投资达到440亿元，但股东出资仅有66亿元，兖煤澳洲海外投资的资金来源大部分依靠借款方式予以解决。

其四，受行业处于周期性低谷、价格不断下跌的影响。

为了应对行业的周期性变化，兖煤澳洲做了大量工作，比如加大对资源禀赋较好的莫拉本煤矿二期项目的投入。不过，单位生产成本下降体现的效果并不明显。2013年至2016年兖煤澳洲累计亏损13.3亿澳元，同期带息债务增加约14亿澳元，二者基本相当，这意味着兖煤澳洲长期亏损导致企业现金流缺乏，主要依靠股东借款或担保来解决生存问题（表2.3、表2.4）。

表2.3　2012—2016年兖煤澳洲现金流情况　（单位：亿澳元）

项目	2012年	2013年	2014年	2015年	2016年
经营活动现金净流量	1.54	-1.61	-2.48	-1.08	-0.17
投资活动现金净流量	-3.5	-2.02	-2.11	-3.14	-4.73

续表

项目	2012 年	2013 年	2014 年	2015 年	2016 年
筹资活动现金净流量	2. 53	2. 95	3. 41	3. 66	5. 25
关联方（股东）借款	6. 93	13. 44	4. 6	4. 02	2. 51
资本性支出	3. 14	1. 72	1. 47	2. 11	2. 6

表 2.4　兖州煤业对兖煤澳洲的担保情况

担保金额	担保起始日	担保到期日
8. 7 亿美元	2012. 12. 16	2017. 12. 16
0. 45 亿美元		
62. 2 亿元人民币	2013. 12. 16	2018. 12. 16
3. 25 亿元人民币		
8. 61 亿美元	2014. 12. 16	2019. 12. 16
0. 5 亿美元		
1. 14 亿澳元	N/A	N/A
3. 3 亿澳元		
1 亿澳元		

此外，澳大利亚政府对并购澳洲煤炭资源的限制、澳洲用工政策对生产成本的影响等都对兖煤澳洲生产经营造成“困扰”。在诸多内外因素的共同影响下，兖煤澳洲陷入进退维谷的境地也就不难理解了。煤炭市场行情好的时候，兖煤澳洲的业绩还能掩盖这一问题，但遇到市场行情逆转时，急剧扩张的恶果就显露出来，并且呈负向增强反馈的态势，企业经营举步维艰。

面对高企的资产负债率，兖煤澳洲除了依靠股东输血之外，为何不利用自己身为上市公司的优势进行融资呢？是不想，还是不能？

财技粉饰

兖煤澳洲是在 2012 年通过借壳格洛斯特得以登陆澳交所。兖煤澳洲上市主要是基于两个方面的原因：一是自身发展的需要，兖煤澳洲需要一个上市平台发展后续业务；二是 2009 年时任澳大利亚财长的韦恩·斯旺要求兖州煤业将其持有兖煤澳洲的股权从 100% 调整到 70% 以下（后经过努力，澳大利亚政府部门取消了这一要求，同时取消的还有对兖煤澳洲拥有煤矿资产股份比例的限制）。

兖煤澳洲借壳上市的具体方式是：兖煤澳洲发行股份收购格洛斯特全部股东的

股权，由此取代格洛斯特在澳交所的上市公司地位。完成交易后，兖煤澳洲摇身成为澳交所上市公司，兖州煤业持有兖煤澳洲78%股权。

由于股权的高度集中、经营业绩不佳，兖煤澳洲上市后，市场关注度较差，上市之后股价一路走低。2015年3月，兖煤澳洲的股价达到0.051澳元/股的历史最低点。按照9.94亿股股本计算，兖煤澳洲当时的市值只有0.51亿澳元，兖州煤业所持78%股份市值仅为0.4亿澳元，前期投入的近10亿澳元资本金大幅减值。

一方面股权高度集中引发市场对其公司治理的担忧，另一方面股价大幅走低，进行增发会大幅稀释股东权益。因而，兖煤澳洲要发挥上市公司融资平台的作用有些"力不从心"。在股权融资受阻，股东继续借款又会进一步推高公司的资产负债率的情况下，兖煤澳洲该如何解决发展的资金问题呢？兖煤澳洲亮出了两大招数。

一是发行可转债。

2014年年底，兖煤澳洲拟按每100股股份发行2.32份可转债，总计发行0.23亿份可转债的方式募资23.1亿美元。这笔可转债年利率为5%，面值100美元。债券持有人可在完成发行之日起30年内，随时按0.1美元/股的价格将持有的债权转为股份。也就是说，1份面值为100美元的债券可以在未来30年内的任何时间转换成1000股兖煤澳洲的股份，23.1亿美元也就可以转换为231亿股。兖煤澳洲设定的转换价格为当时加权平均股价的50%。

即便兖煤澳洲开出如此"优厚"的条件，市场的反应并不积极，最终只有兖州煤业认购了0.18亿份可转债，认购额18.01亿美元（折合约21.95亿澳元），控股股东之外的其他股东基本没有参加认购。由于这笔可转债条款设计的原因，兖煤澳洲在完成发行后，将所募集的资金计入权益类科目，没有计为负债。如此一来，兖煤澳洲顺利地将股东借款转换为"资本金"，有效地控制了资产负债率水平。

不过对于兖州煤业来讲，这笔可转债实际上基本就没有转为股份的机会，主要是因为兖州煤业在兖煤澳洲的持股比例已经高达78%，如果再进行债转股，按转股股数计算，其所持股比接近99%，兖煤澳洲将无法保持上市公司地位。并且因为转股价格非常低，兖州煤业实施转股也将会遭到其他股东的强烈反对。

二是经营权的资产证券化。

2016年兖煤澳洲发起了一项名为"凤凰项目"的融资计划，这项计划的核心是将Austar（澳思达）、Ashton、Donaldson 3家亏损比较严重的煤矿资产的经营权打包转让给一个特殊目的公司（SPV，Watagan），Watagan再以经营权资产证券化的方式对外进行融资，在这个过程中，3项资产的所有权未发生变化。此项资产证券化计划融资额为13.64亿澳元，存续期为9年，兖州煤业对证券付息及赎回提供担保。

从交易性质来看，是一个简单的售后回购，只不过出售的不是资产所有权而是经营权。而且，从兖州煤业提供担保的约定来看，实际上是将股东借款通过第三方通道变相给兖煤澳洲使用。从会计处理来看，3 项资产的经营权实施证券化后，兖煤澳洲将不再对其拥有经营控制权（类似我国土地所有权和使用权的分离），从而可以实现“出表”。

兖煤澳洲这样处理的最大效果是美化了兖煤澳洲的财务报表：溢价出售降低资产负债率；减少 2016 年的亏损额；在 SPV 公司向其支付资金时，可以在现金流量表上体现一笔现金流入，改善现金流量表等。这是兖州煤业为控制兖煤澳洲资产负债率而采取的又一项措施，为此还不惜采取增加资金成本的第三方通道方式。

兖州煤业通过上述两次运作，顺利将本质为股东借款的 35.6 亿澳元变相注入兖煤澳洲，不仅降低了其资产负债率，还顺带“美化”了其他财务指标。

当然，会计上的处理只是数字游戏，不能解决企业发展的根本问题。

兖煤澳洲长期以来经营不善，亏损严重；上市公司平台融资作用得不到发挥，主要依靠股东“输血”生存；资产负债率处于高位，并且实质上已经处于资不抵债的状态。兖煤澳洲的情况很符合当前国有企业中“僵尸企业”的判断标准，兖煤澳洲未来将何去何从是兖州煤业必须要回答的问题。

兖州煤业一度计划以 1.82 亿美元收购兖煤澳洲剩余 22% 的股权，将其从澳交所私有化退市，意图以退为进，但无果而终。兖煤澳洲如何发展，如何脱困似乎成为一个无解的难题，直到 2017 年年初一个机会的出现。

放手一搏

出于自身业务发展的需要，世界矿业巨头力拓集团在 2016 年决定将其全资所有的 C&A 予以出售。C&A 旗下拥有 HVO（猎人谷）、Warkworth、MountThorley（MT）3 座矿山以及沃勒塔港煤炭服务公司（图 2.6）。截至 2016 年年底，C&A 资产 19.27 亿澳元，负债 6.15 亿澳元，净资产 13.12 亿澳元，资产负债率仅为 32%。

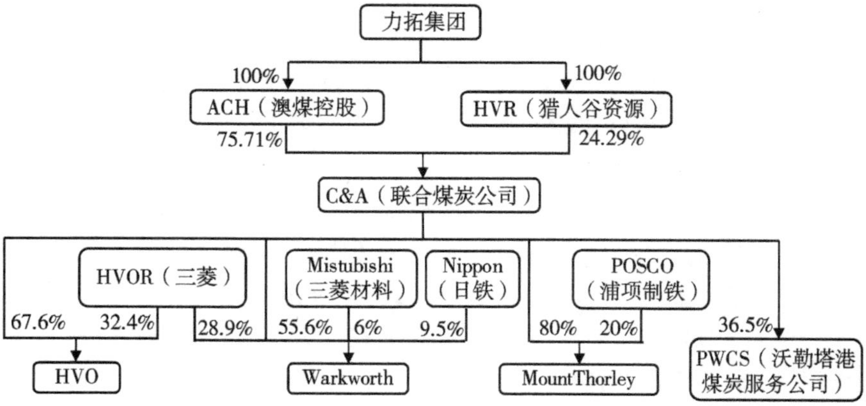

图 2.6　C&A 股权架构图

HVO 是 C&A 最核心的资产。HVO 矿山的生命周期从 2017 年算起长达 46 年，Warkworth 和 MT 只有 19 年，且 HVO 矿山的产品品质要优于另 2 座矿山。此外，HVO 的生产成本比另 2 座矿山要低 6 ~ 7 美元/吨（表 2.5）。

表 2.5　C&A 三座矿山资产储量情况　（单位：亿吨）

储量类型	项目名称	测量的	表明的	推断的	合计
资源量	HVO	3.48	5.71	9.12	18.31
	MT	0.39	2.26	0.57	3.22
	Warkworth	1.41	3.07	5.17	9.65
	小计	5.28	11.04	14.86	31.18
	兖煤澳洲	13.69	11.21	6.93	31.83（权益量为 28.79 亿吨）
可采储量	HVO	8.71			
	MT	0.19			
	Warkworth	3.08			
	小计	11.98			
	兖煤澳洲	6.44（权益量为 5.55 亿吨）			
可售储量	HVO	6.16			
	MT	0.12			
	Warkworth	2.06			
	小计	8.34			
	兖煤澳洲	4.74（权益量为 4.02 亿吨）			

C&A 的煤炭资源量约 31.19 亿吨、可采储量 11.98 亿吨、可售储量 8.34 亿吨，三者高于或相当于兖煤澳洲的储量水平。C&A 每年的煤炭产量在 2500 万吨左右，盈利能力非常强，在近几年煤炭行业整体处于低谷的行情下，依旧保持了很好的盈利水平（表 2.6）。

表 2.6　2014—2016 年 C&A 经营情况　（单位：亿澳元）

项目	2014 年	2015 年	2016 年
营业收入	21.87	21.55	35.66
利润	1.77	2.41	7.23
净利润	0.89	2.84	3.97

面对这样的机会，兖煤澳洲果断出手收购。笔者分析，其主要的理由可能在于以下两点。

第一，C&A 资产质量好，盈利能力强。若简单将兖煤澳洲和 C&A 合并计算，兖煤澳洲不仅可以实现 1. 2 亿澳元的利润，还可以由此释放 13. 4 亿澳元递延所得税资产的价值。

第二，收购 C&A 后，兖煤澳洲将拥有 12 亿吨左右的可售储量，跃居澳洲第三大煤炭生产商，位居必和必拓和嘉能可之后，也同时成为澳洲最大的专业化煤炭生产商（必和必拓和嘉能可还从事其他矿业投资）。兖煤澳洲的资源禀赋、资产组合将得到进一步的提升和优化。

简言之，兖煤澳洲收购 C&A 的根本目的在于引入优质增量资产盘活现有的存量资产。经过长期的脱困，兖州煤业显然已经意识到，单凭兖州煤业现有的资产质量将很难走出困境。加强管理虽然对脱困工作意义重大，但若无外部优质资源的引入，将很难“激活”兖煤澳洲这摊“死水”，最终的结局极有可能是认栽退出。如果通过引入优质外部资源，反而还有可能减少损失，打开后续发展的空间。

激烈对决

2017 年年初，力拓集团宣布与兖煤澳洲就 C&A 交易达成一致，兖煤澳洲将以现金方式收购 C&A 100% 股权。兖煤澳洲可采取两种方式进行支付：一次性支付 23. 5 亿美元，或者首期支付 19. 5 亿美元外加交割后 5 年每年支付 1 亿美元，合计 24. 5 亿美元。另外，兖煤澳洲还将向力拓集团支付不高于 6. 5 亿美元的与煤价挂钩的或然特许权使用费。

因为力拓集团与 HVO、Warkworth 的另一名股东 HVOR（日本三菱）签署了随售权条款，力拓集团退出 HVO、Warkworth 时三菱也随之退出。为此，兖煤澳洲还需向三菱支付 7. 1 亿美元收购其所持 HVO 32. 4% 股权，支付 2. 3 亿美元收购其所持 Warkworth 28. 9% 股权，合计 9. 4 亿美元。这意味着，为完成 C&A 的收购，兖煤澳洲至少需要支付 32. 9 亿美元。

双方还约定，如果兖煤澳洲未能融到完成交易所需的资金，需向力拓集团支付 2350 万美元反向分手费。

兖煤澳洲在与力拓集团达成一致后，双方就开始各自开展工作，以便尽快签署协议，完成交割。兖煤澳洲主要是启动融资工作、向各国政府申请各种审批；力拓集团董事会主要是准备向股东会提出出售建议，并且按惯例“被动”等待第三方的“更优报价”。没想到，真的等来了一个竞争者。

6 月 9 日，在力拓集团股东会召开前夕，全球矿业巨头嘉能可向力拓集团发出了一份“更优报价”，嘉能可主要的收购条款是：首期支付 20. 5 亿美元外加交割后 5

年每年支付1亿美元，合计25.5亿美元（比兖煤澳洲多1亿～2亿美元）；以9.2亿美元价格收购三菱持有HVO、Warkworth的股权（稍低于兖煤澳洲报价），首期支付5.2亿美元外加交割后4年每年支付1亿美元。嘉能可收购对价合计34.7亿美元。

嘉能可同时表示，自己已经准备好全部的收购资金，无须像兖煤澳洲还要去开展融资。此外，兖煤澳洲当时已通过了大部分的政府审批，嘉能可也就有充分的理由相信自己在签署交易文件后同样能获得政府审批同意。因此，嘉能可声称，力拓集团与自己交易不仅可以获得更高的收益，而且交易的确定性也比兖煤澳洲高。嘉能可的报价方案可谓处处戳中兖煤澳洲的“痛点”。

虽然此时兖煤澳洲还有机会提出“更优报价”，但考虑到力拓集团股东会召开在际，留给自己运作的时间并不太多，更何况，兖煤澳洲面对的是一个“来势汹汹”的世界级矿业巨头。

在沉静十天后，兖煤澳洲吹响了反击的号角。

6月20日，兖煤澳洲修正了自己的报价方案，将一次性支付24.5亿美元收购C&A 100%股权，收购三菱所持HVO、Warkworth两家公司股权的方案保持不变，收购对价增加到33.9亿美元。同时，兖煤澳洲的实际控制人兖矿集团出具不可撤销的融资保证函，确保兖煤澳洲收购资金到位。

细细琢磨这份报价，兖煤澳洲和嘉能可的差异就在于力拓集团究竟是愿意现在多收到4亿美元，还是愿意以后5年每年收到1亿美元。力拓集团董事会经过对比，最终认为兖煤澳洲的报价和嘉能可报价相同，但考虑到兖煤澳洲已经完成了大部分政府审批事项，交割时间将早于嘉能可，力拓集团董事会将按既定时间向股东会推荐兖煤澳洲的收购方案。

对此，嘉能可岂能善罢甘休。6月23日，嘉能可修正了自己的报价方案，进一步提高了出价：一次性支付现金26.75亿美元收购C&A 100%股权，收购三菱所持HVO、Warkworth两家公司股权的方案保持不变，收购总对价提高到35.95亿美元。

针对力拓集团担忧的政府审批时间，嘉能可将支付给力拓集团一笔补偿金，金额取2017年9月1日至交易交割日之间C&A的净利润和2500万美元二者较高者。出人意料的是，嘉能可在此次报价时还主动提出在交易完成后出售C&A 50%股权，目的是控制自身的负债水平。

此时离力拓集团召开股东会已不到1周的时间，兖煤澳洲以非常快的速度再次修正了自己的报价方案：保持收购33.9亿美元对价不变，但增加2.4亿美元非或然特许使用权费，兖煤澳洲将分5年向力拓集团进行支付。同时将继续支付不高于4.1亿美元的与煤价挂钩的或然特许使用权费。

兖煤澳洲的方案实际上是将之前的6.5亿美元或然特许权使用费进行了分割处理，将2.4亿美元调整为确定性支付资金，剩余4.1亿美元仍作为或有支付资金，等于是将收购对价从 33.9 亿美元提高到了 36.3 亿美元，稍高于嘉能可 35.95 亿美元的报价。

对于兖煤澳洲的新方案，力拓集团董事会基于多方面的原因认为该方案更具有确定性，比如已通过大部分政府的审批、收购资金有保证、提供了 2.25 亿美元履约保证金等，将继续推荐兖煤澳洲的收购方案。

就在市场等待嘉能可再次反击时，嘉能可却沉默了。6 月 27 日、29 日在 RioTintoPlc 及 RioTintoLimited 股东大会上，力拓集团 97.2% 的股东通过了兖煤澳洲的收购方案。

从双方的博弈过程（图 2.7）来看，嘉能可的风格可谓老练。在兖煤澳洲与力拓集团达成交易后，嘉能可一直按兵不动，足足忍了半年时间。到离力拓集团股东会召开不到 20 天的时间内，突然提出竞价要约，打了兖煤澳洲一个措手不及。好在兖煤澳洲经过多年历练积累了丰富的收购经验，以非常快的速度进行了反击。

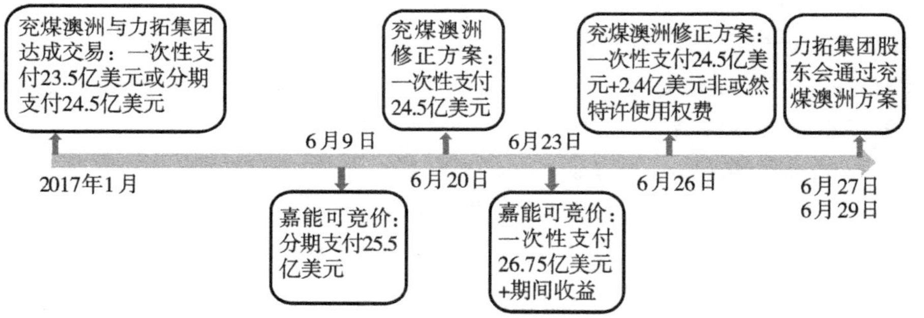

图 2.7　收购力拓集团所持股权博弈过程

双方在竞价过程中虽然对收购方案进行了多次调整，但核心还是在于两方面：交易价格和交易的确定性。二者竞价采取的策略均是小幅加价或者在支付进度安排、支付名目等方面进行调整，有着异曲同工之妙。

在交易的确定性方面，双方也是针对力拓集团的担忧有针对性地提出解决方案，证明自己完成交易的诚意和能力，比如提供收购资金来源的保证文件、证明已获得政府审批或为获得政府审批提供保证金、承诺支付反向分手费等，二者大体旗鼓相当。

经过多轮竞价，兖煤澳洲的报价由 32.9 亿美元提高到了 36.3 亿美元，最终得以胜出。兖煤澳洲在此役的取胜关键看起来还是价格稍具优势以及前期通过了大部分的政府审批，能以较快的速度完成交割。

这起收购，表面上看起来兖煤澳洲最终得以获胜，但令人不解的是，作为世界级矿业巨头的嘉能可怎么表现得有些“虎头蛇尾”？嘉能可为什么不继续采取小幅度加价的方式参与竞价呢？论资金实力，嘉能可要远强于兖煤澳洲。并且 HVO 与其主力矿山处于同一区域，嘉能可收购后可以对资源开发进行统一规划和管理运营，协同效应更加明显。这里面会不会另有安排呢？

峰回路转

前文已经提到，在收购竞价期，因为三菱和力拓集团签署了随售权协议，兖煤澳洲在支付给力拓集团 26.9 亿美元现金之外，还需要向三菱支付 7.1 亿美元收购其所持 HVO 合资公司 32.4% 股权，支付 2.3 亿美元收购 Wark worth 28.9% 股权，兖煤澳洲实际需要支付 36.3 亿美元现金。但在完成对 C&A 的收购后，兖煤澳洲的收购方案发生了调整，主要是 HVO 股权处置方案发生了变化，并由此带来了一系列的连锁反应。

经过协商，三菱不再向兖煤澳洲出售所持 HVO 股权，而是将其所持 HVO 32.4% 股权以 7.1 亿美元价格转让给嘉能可。与此同时，C&A 也将所持 HVO 16.6% 股权以 4.29 亿美元价格一并转让给嘉能可，嘉能可支付 11.39 亿美元获得 HVO 49% 股权，形成 C&A、嘉能可分别持有 HVO 51%、49% 股权的架构。由于兖煤澳洲持有 C&A 100% 股权，这样的安排实际上是相当于兖煤澳洲和嘉能可共同控制了 C&A 最核心的资产 HVO。

通过这样的设计，兖煤澳洲的收购资金压力得以大大减轻，兖煤澳洲无须再就收购三菱所持 HVO、Wark worth 股权募资近 10 亿美元；通过出售 HVO 16.6% 股权，C&A 获得了 4.29 亿美元现金，C&A 就可利用这部分资金来收购三菱持有的 Wark-worth 28.9% 股权。

此外，嘉能可还同意按 27.9% 的比例分担兖煤澳洲为收购 C&A 所支付的 2.4 亿美元非或然特许使用权费，减少了兖煤澳洲 0.67 亿美元收购成本；分担 HVO 合资公司或然特许使用权费的 49%，同样减轻了兖煤澳洲 4.1 亿美元的或然费用支出压力。这样一来，兖煤澳洲为完成对 C&A 的收购只需支付力拓集团 26.23 亿美元。

在这 26.23 亿美元的资金需求中，兖煤澳洲首先要解决的是当期支付的 24.5 亿美元，解决的主要方式是配股加定增，其中配股方式募资 23.5 亿美元，定增方式募资 1.5 亿美元，兖州煤业对认购兜底，但最高不超过 10 亿美元。

对于配股，兖煤澳洲将按 1 股老股配售 23.6 股新股的比例进行，配股价格为每股 0.1 美元，相当于兖煤澳洲最近一个交易日收盘价的 7 折。按照当前 9.94 亿股的股本，兖煤澳洲可配发约 234.58 亿股，融资额约 23.5 亿美元。从最终认购情况来看，兖州煤业认购了 10 亿美元，信达资产认购了 7.5 亿美元，嘉能可认购了 3 亿美元，山东鲁信认购了 2.5 亿美元。

按照持股比例，兖州煤业应当认购78%的配股额，相当于182.96亿股，金额约18.3亿美元，但从最终认购的情况来看，兖州煤业相当于把自己份额的一半让渡给了信达资产、嘉能可、山东鲁信等合作伙伴。

至于定增，兖煤澳洲也得以顺利完成，其两家贸易商山东泰中能源、香港俊安集团分别认购1亿美元、0.5亿美元，每股的认购金额同样是0.1美元。

兖煤澳洲在完成配股和定增后，又加上了一个动作，犹如神来之笔。前文提及，2014年兖煤澳洲曾经发行了一次可转债，当时设想募资23.1亿美元，但市场参与热情并不高（与此次的火爆认购形成鲜明对比），最终只能由兖州煤业认购18亿美元。

受制于股价长期低迷、兖州煤业持股比例过高等因素影响，兖州煤业一直未能有机会实施转股。此次，兖州煤业终于得以按照原定0.1美元的转股价格将自己所持有的18亿美元可转债全部转为兖煤澳洲的股份。

经过这么设计，兖煤澳洲不仅股本得到极大的扩充，从原来的9.94亿股迅猛增加到近440亿股，而且股东结构也有所优化，弱化了之前一股独大的局面（表2.7），并且随着18亿美元的债转股，兖煤澳洲在盘活前期投资的同时，也得以每年节省约0.9亿美元的财务费用。

表2.7　兖煤澳洲增资扩股后的股权架构

股东名称	持股比例
兖煤澳洲	65.46%
信达资产	17.06%
嘉能可	6.82%
山东鲁信	5.69%
山东泰中能源	2.27%
香港俊安集团	1.14%
其他投资者	1.56%

在兖煤澳洲的诸多战略投资者中，嘉能可无疑最值得关注。嘉能可不仅在HVO持有49%股权，还在兖煤澳洲持有6.82%股份（图2.8）。为实现在兖煤澳洲母子公司两个层面持股，嘉能可动用的资金达15.06亿美元（包括收购HVO 49%股权耗资约11.39亿美元和承担的0.67亿美元非或然特许使用权费以及3亿美元参与兖煤澳洲配股）。

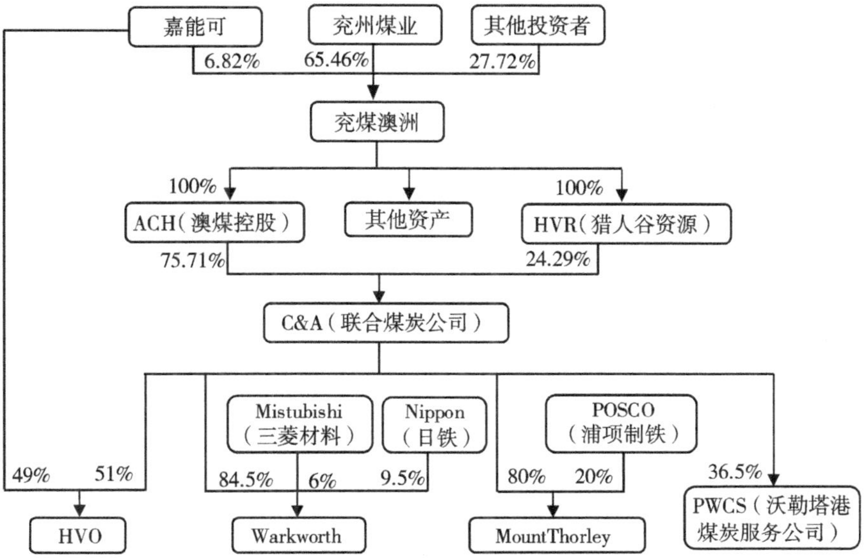

图 2.8　收购完成后 C&A 股权架构

在收购 HVO 49% 股权时，嘉能可分别向三菱和 C&A 支付了 7.1 亿美元和 4.29 亿美元，分摊到二者各自所转让的股比，C&A 获得了更高的溢价，并且嘉能可还额外掏出 3 亿美元参与兖煤澳洲的配股，嘉能可似乎做了一笔并不划算的买卖。事实果真如此吗?

从收购成本分析，嘉能可花费 12.06 亿美元获得 HVO 49% 股权后，相当于得到 3.02 亿吨煤炭可售权益储量。根据兖煤澳洲的竞标方案，兖煤澳洲在支付 26.9 亿美元后可获得 C&A 可售权益储量 5.41 亿吨，兖煤澳洲的单位储量收购成本要高于嘉能可（表 2.8），并且嘉能可收购的是 C&A 最核心、最优质的资产。

表 2.8　兖煤澳洲和兖煤澳洲收购成本对比（按可售储量计算）

	收购对象	收购对价	可售权益储量	单位储量收购成本
嘉能可	HVO 49% 股权	12.06 亿美元	3.02 亿吨	3.99 美元/吨
兖煤澳洲	HVO 67.6% 股权 Warkworth 55.6% 股权 MT 80% 股权	26.9 亿美元	5.41 亿吨	4.97 美元/吨

进一步分析兖煤澳洲现在的股权架构，还可以发现奥妙所在。嘉能可持有兖煤澳洲 6.82% 的股权，兖煤澳洲持有 HVO 51% 的股权，这也就意味着嘉能可通过兖煤澳洲间接持有了 HVO 3.48% 的权益，加上其直接持有 HVO 49% 股权，嘉能可实际

控制了 HVO 52.48%的权益资源量。

此外，根据兖煤澳洲和嘉能可的约定，双方将共同成立一个管理委员会负责管理运营 HVO 相关煤矿资产的运营，嘉能可对此给予全面的支持。在人员安排上，嘉能可负责提名管理负责人，兖煤澳洲负责提名财务负责人。二者还对 HVO 的市场进行了划分，兖煤澳洲负责中国内地、中国台湾、泰国和马来西亚的销售，嘉能可将负责其他国家或地区的市场销售。

从嘉能可控制的 HVO 权益资源量，以及双方对管理运营合作的安排可以推知，嘉能可实际上对 HVO 行使了全面的控制权，兖煤澳洲更多的是起到配合作用。或许，这是嘉能可放弃继续与兖煤澳洲竞价的原因所在。

他山之石

不论兖煤澳洲和嘉能可之间是否还有其他约定，对兖煤澳洲而言，此次收购 C&A 算得上绝路逢生。兖煤澳洲从一家一股独大，实际资不抵债，长期亏损的僵尸企业，摇身变为一家资产财务状况优良，企业发展前景较好的澳大利亚最大的专业化煤炭生产企业，同时还引入了世界矿业巨头进行合作，顺带完成了混合所有制改制，市场形象得以改观。

尽管此时兖州煤业还持有兖煤澳洲比较高的股份，但兖煤澳洲的成长空间已经打开，较高的持股比例反而为其后续的资本运作奠定了厚实的股本基础。2018 年 12 月，兖煤澳洲在香港联交所挂牌上市，成为首家在澳洲和香港两地主板上市的国有控股上市公司。

按照兖煤澳洲的预期，在完成对 C&A 的收购后，其将拥有三个澳洲前十大低成本、大规模的动力煤矿井（排名分别为第 2、第 5 和第 9）；动力煤品质和产量将完全匹配亚洲现代化超临界和超超临界电厂的需要；企业的资产负债率将下降到 41%；原煤产量增长 1 倍，产品的现金成本及现金流状况大幅改善，盈利能力大大增强。

表面上看，兖煤澳洲取得现在成果最直接的原因是收购了 C&A，但仔细分析，其实还有更深层次的原因，值得他人借鉴。

其一，大股东持续且强有力的支持，以及对实施海外资源开发战略的执着。兖煤澳洲 13 年的海外资源开发史，是一部从无到有、从弱到强、从小到大的奋斗史，其间更多的是挫折和失败，犯过我国企业海外并购的“通病”。虽然兖州煤业有过动摇，想将兖煤澳洲私有化退市，但从最终情况来看还是采取了继续坚持的态度。

兖州煤业为支持兖煤澳洲的发展，前前后后投入了至少 40 亿美元的资本金支持，并且还提供了大量的担保、借道第三方资助等。比如这次兖矿集团为筹集 10 亿美元配股资金，将原本的非公开发行方案快速切换为发行可交换债，以自身加杠杆的方式推动海外资源的开发。这对一家地方国有企业而言，或已竭尽全力。也许正是有这一份坚守，不轻言放弃的执着，兖煤澳洲才能得到收购 C&A 这一优质资产的机会，并将其牢牢抓在手中。

其二，用发展的思路盘活存量资产。收购 C&A 之前，兖煤澳洲比较好的资产只有莫拉本煤矿。但莫拉本煤矿储量仅为 2.78 亿吨，年产量仅为 990 万吨，如此单薄的资产是难以支撑兖煤澳洲庞大的体量和资金需求的，即使通过一系列加强管理工作，也难以获得令人满意的效果。在这种情况下，就必须引入一个体量相当的优质资源来盘活、带动存量资产。这种资源，不仅是煤炭资源，还包括外部的管理资源、市场资源，嘉能可无疑是恰当的人选。兖州煤业通过并购 C&A，引入增量资源盘活了自己前期的投入，比如 18 亿美元可转债、13.4 亿澳元递延所得税资产、所持兖煤澳洲 78% 股权价值等，效益可观。

这种思路如果套用在物理上，就是典型的“熵”理论。“熵”在物理学上描述的是如果一个系统处于封闭状态，将会越来越混沌。比如，一个封闭的房间，不可能越来越干净（有序化），只可能越来越乱（无序化）。如果要让一个系统变得更有序，就必须有外部能量的输入。这种理论套用在企业发展上，就是企业必须对自身的资产组合进行不断地调整优化，吐故纳新，否则只有消失、灭亡。

其三，要形成强有力的并购交易管理能力。综观兖煤澳洲收购 C&A 全过程，从原本的信心满满，以为无人搅局，到后来嘉能可的“突袭”，兖煤澳洲也经历了一个从惊慌失措到沉着应对的过程。嘉能可第一次提出竞价时，兖煤澳洲花了 10 天时间做出回应，但到了第二次竞价时，兖煤澳洲的反应速度大大加快，这意味着兖煤澳洲在面对第一次竞价时就已经充分考虑了后续的应对策略。

在竞价过程中，兖煤澳洲还能够及时捕捉并琢磨嘉能可在交易完成后出售 C&A 50% 股权方案所释放出来的信息内涵，为双方积极协商解决办法、避免进一步恶性竞价铺平了道路。兖煤澳洲和嘉能可通过合作，降低了交易成本，减少了交易的不确定性。双方以完成交易而非以高成本完成交易为合作起点，各取所需，体现出较强的交易管理能力。兖煤澳洲的脱困之路或许能为其他企业提供参考。

总的来看，兖煤澳洲的脱困之路，既是自我救赎脱困的范例，也是国企混改的样板。随着国企混改的逐渐深入，涌现出越来越多的案例，投身于这场改革的人，也越来越多。除传统的产业投资者外，不乏一些新兴的投资者，比如 PE 投资机构等。而高瓴则通过参与格力电器混改得以在其中拔得头筹。

高瓴的资本阳谋："暗度陈仓"的格力电器 MBO

从 2019 年 10 月 29 日达成合作意向，到 2019 年 12 月 2 日签署正式合作协议，格力集团向高瓴资本领衔的珠海明骏投资合伙企业（以下简称珠海明骏）转让格力电器（000651）15% 股权一事，终于尘埃落定。

合作完成后，珠海明骏将成为格力电器第一大股东，格力集团在收获 416.62 亿元对价后，持股降至 3.22%，退位为小股东。

无论是从交易规模，还是行业影响力上看，格力电器无疑是近几年最为引人注目的国企混改项目，其成败得失，也将为国企混改提供更多参照。

前奏：与管理层无关的股权安排

2019 年 10 月 29 日，高瓴资本领衔的珠海明骏与格力集团达成合作意向，珠海明骏拟以现金方式受让格力集团所持格力电器 15% 股权。此时，珠海明骏直接的投资者只有两个：珠海贤盈股权投资合伙企业（以下简称珠海贤盈）和深圳高瓴瀚盈投资咨询中心（以下简称高瓴瀚盈），前者为珠海明骏 GP（普通合伙人），后者为其 LP（有限合伙人）。

这两家公司的股权向上穿透，珠海贤盈由高瓴资本首席营运官马某芳等人投资的珠海高瓴股权投资管理公司（以下简称珠海高瓴）及其一致行动人 YI QINGQING 间接全资持有的 HH Mansion（HK）所控制；高瓴瀚盈则由张某燕、马某芳等人投资的珠海高瓴天成二期投资管理公司（以下简称高瓴天成二期）控制。高瓴资本引入的其他投资者，比如兴业银行、太平洋人保、上汽集团等，主要集中在高瓴瀚盈的有限合伙人层面。高瓴资本牢牢掌握着控制权（图 2.9）。

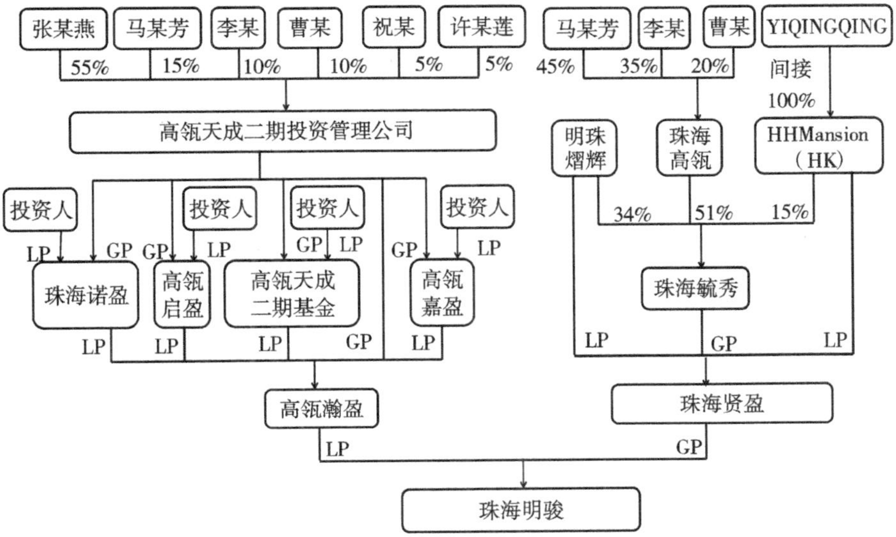

图 2.9　首次披露时高瓴资本收购主体架构

根据这样的收购主体架构和投资机构安排，市场很容易认为，高瓴资本受让格力电器 15% 股份所需的 400 多亿元资金，将主要从独立第三方获得，这一交易更多是高瓴资本与格力集团的合作，尚未显露出格力电器管理层参与的迹象。

间奏：异军突起的收购军团

一个多月后，格力电器公布的最终交易方案，却让不少人大感“意外”——站在前端的收购主体虽然仍是珠海明骏，但其实际出资人却发生了变化。

珠海明骏股权向上逐级穿透，其收购主体投资架构的“变化”发生在三个层面。

首先，珠海明骏的投资者发生了变化。

珠海明骏原本只有高瓴翰盈、珠海贤盈两家直接投资者，此时新增了 3 家投资机构，分别是珠海格臻投资管理合伙企业（以下简称格臻投资）、珠海熠辉投资管理合伙企业（以下简称珠海熠辉）、珠海博韬至恒企业管理咨询中心（以下简称珠海博韬）。这 3 家机构均来头不小，且在珠海明骏持有不可忽视的份额（表 2.9）。

表 2.9　珠海明骏投资者情况　　（单位：亿元）

序号	合伙人名称	性质	认缴出资	出资比例
1	珠海贤盈	GP	0.12	0.05%
2	高瓴瀚盈	LP	28.05	12.84%

续表

序号	合伙人名称	性质	认缴出资	出资比例
3	格臻投资	LP	13.94	6.38%
4	珠海熠辉	LP	7.98	3.65%
5	珠海博韬	LP	168.41	77.08%
合计			218.5	100%

格臻投资是由格力电器董事长、总裁董某珠牵头成立的投资机构。董某珠持有格臻投资95.482%的份额，格力电器另外17名高管合计持有剩余4.518%的份额。格臻投资出资13.94亿元，持有珠海明骏6.38%份额。

珠海熠辉是明珠熠辉的关联公司，持有珠海明骏3.65%的份额。明珠熠辉的实际控制人曹某生，曾担任河南双汇投资发展股份公司的董事。

珠海博韬则是新增3家投资机构中最为"显赫"的一家，出资额接近170亿元，持有珠海明骏的份额高达77.08%。根据其股东构成分析，珠海博韬的出资应大部分来自一家名为RSV的香港公司。

其次，珠海明骏的GP珠海贤盈的投资者发生了变化。

珠海贤盈的投资者原本有3家，珠海毓秀、HH Mansion（HK）和明珠熠辉。珠海贤盈在珠海明骏的投资额不高，只有1200余万元，按常理，在大型收购中，GP的投资者很少会发生重大变化。但实际上，珠海贤盈的投资者阵营中新加入了格臻投资。格臻投资平价受让HH Mansion（HK）和明珠熠辉持有的部分出资份额，由此，珠海贤盈的投资机构增加到4个。珠海贤盈的GP珠海毓秀持有其50.5%的份额，3家LP，HH Mansion（HK）、明珠熠辉、格臻投资分别持有其24.26%、4.99%、20.3%的份额，3家LP出资份额之比为49:10:41。

最后，珠海毓秀的投资者也发生了变化。

珠海毓秀原有的3家股东，珠海高瓴、HH Mansion（HK）和明珠熠辉按出资价格，分别向格臻投资转让部分股权，转让比例合计41%，对价约430万元。转让完成后，格臻投资成为珠海毓秀的第一大股东，高瓴资本［含HH Mansion（HK）］、明珠熠辉、格臻投资在珠海毓秀的投资比例变为49:10:41，与珠海贤盈LP的出资份额之比一致（图2.10）。

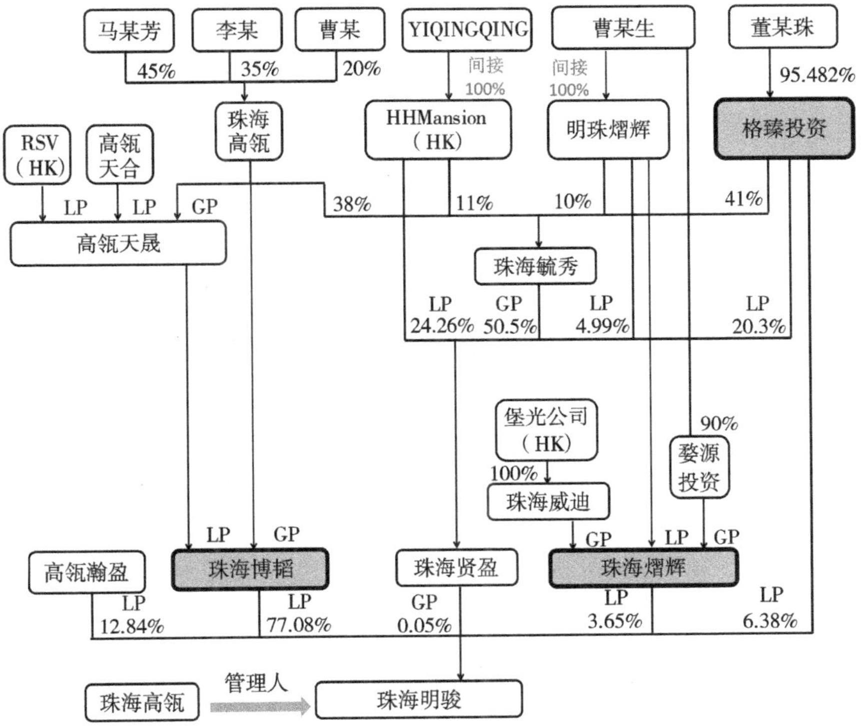

图 2.10　高瓴资本最终的收购主体架构

上述三个层面的变化，看似复杂，但实际上只引入了两家新的投资机构——关键出资人珠海博韬和格力电器管理层持股平台格臻投资。前者是由高瓴资本牵头设立且拥有控制权的资金募集平台，其加入不影响收购主体高瓴资本在珠海明骏的出资主体地位。但格臻投资的加入，则让这个出资框架发生了“质”的变化。

从格臻投资入股的层面来看，格臻投资不仅以 LP 的身份直接投资珠海明骏，而且还向上投资了珠海贤盈、珠海毓秀两家 GP。尤其是在顶层 GP 珠海毓秀，格臻投资的持股比例达到 41%，成为其第一大股东，持股比例仅略少于高瓴资本及其一致行动人 HH Mansion（HK）合计持有的 49% 股权。

这一出资安排显示，格臻投资全级次、全面介入珠海明骏，既有 LP 身份，也有 GP 身份。由此看来，格臻投资，或者说其实际控制人董某珠的目的或许非常明显，就是尽最大可能掌握格力电器的话语权。这样的安排，使其在此次备受市场瞩目的“国企混改”中异军突起。

尽管掌握了较大的话语权，但格臻投资在珠海明骏的投资份额仅为 13.94 亿元，远低于高瓴资本控制的 196.58 亿元投资份额。或为稳妥起见，格臻投资与高瓴资本达成了诸多约定。而正是这些约定，令谁是这场混改的主角蒙上了一层面纱。

制衡：共同控制背后的博弈

珠海明骏的投资架构中，最核心的决策机构是终极 GP 珠海毓秀的董事会。珠海毓秀的公司治理安排，在很大程度上决定了珠海明骏控制权的最终归属。

珠海毓秀的董事会由 3 名董事组成，高瓴资本及其一致行动人 HH Mansion（HK）推荐 1 名董事，明珠熠辉和格臻投资各推荐 1 名董事。在表决事项及机制安排上，分为普通事项和特定事项两类，普通事项需董事会全票通过，特定事项需董事会 2/3 及以上董事通过。

普通事项主要是珠海毓秀自身的事情，比如注册资本的增加或减少、对珠海贤盈的管理等。特定事项主要是珠海明骏作为格力电器股东，在行使股东权利时涉及的事情，比如提名格力电器董事人选、在股东大会上进行表决等。从这些安排可以看出，珠海毓秀被三方共同控制。

类似的共同控制也可以在珠海明骏合伙人进退上找到依据。珠海明骏各合伙人约定，只有在征得持有 98% 以上合伙权益的有限合伙人同意后，方能对普通合伙人进行除名或者更换。格臻投资持有珠海明骏 6. 38% 份额，其他 3 家有限合伙人均持有较高比例份额，珠海明骏要将普通合伙人除名，需征得 4 家有限合伙人的全部同意，这 4 家有限合伙人也形成共同控制。

这也就意味着，虽然高瓴资本募集了绝大部分的收购资金，但并未实现对珠海明骏的绝对控制。高瓴资本要想在格力电器有所动作，必须事先获得格臻投资，否则将寸步难行。

持有份额较小的格臻投资，似乎也不能被认定为此次收购的主导方或者共同主导方。而且，如果坚持这样的认定，还将引发另一个重大问题。

格力集团是珠海市国资委全资控制的国有企业，其转让格力电器 15% 股份，并让出实际控制人地位的行为，应严格履行相关的国有资产监督管理规定，最重要的是两部规定：《国有股东转让所持上市公司股份管理暂行办法》（简称《19 号令》）和《企业国有资产交易监督管理办法》（简称《32 号令》）。这两个规定里面，与本次转让最为紧密相关的是，格力集团在公开转让信息、征求意向受让方时，需要披露格力电器管理层是否参与受让。并且，市场也在密切关注格力电器的管理层是否参与竞购。

但 2019 年 8 月 13 日格力电器披露的《关于控股股东拟协议转让公司部分股份公开征集受让方的公告》，并未透露出格力电器管理层是否参与受让。在此份公告中，格力集团只是要求意向受让方在受让意向书中写明，在完成股份转让后，其对上市公司现有董事会构成的改选计划或要求，提出的维护管理层稳定的具体措施及未来与管理层合作的具体方案。

从字面上理解，此份公告似乎并未显示格力电器管理层会参与收购，否则就不会提及如何维护管理层稳定，以及如何与管理层合作等内容。这也符合意向受让方明确后的市场预期。但从实施情况来看，格力电器管理层最终还是加入了收购，并且拥有了较大的主导权。对此如何解读，有待专业人士分析。

联系到高瓴资本私有化百丽国际案例。高瓴资本将百丽国际控制权转回给后者的管理层时，其私有化百丽国际的动作已经完成，百丽国际已经成为一家私人公司。此时如何调整百丽国际股权，属于股东自己决定的事情，与他人无关。但如果在发出私有化公告后，尚未完成私有化前，高瓴资本就将私有化主体的控制权转让给百丽国际管理层，其私有化将会面临怎样的局面，又将是怎样的结果？毕竟，内部人是否参与收购、何时参与收购，不同的安排，存在云泥之别。

值得注意的是，格臻投资、高瓴资本等共同控制珠海明骏，并不是导致格力电器无实际控制人的根本原因。格力电器之所以无实际控制人，主要原因在于珠海明骏持有格力电器15%股份，仅比持股8.91%的第二大股东河北京海担保投资有限公司高出6.09%；以及根据合作协议，在格力电器9名董事中，珠海明骏只有权提名3名，没有超过董事会半数。在合作协议的约束下，珠海明骏并不能实际控制格力电器。

赢家：共赢背后的利益安排

格力集团将其所持格力电器15%股份（折合9.02亿股）转让给珠海明骏，转让价格是46.17元/股，转让总价416.62亿元。截至2019年12月2日双方签署股权转让协议时，格力电器的股价已上涨到60.8元/股，珠海明骏的账面浮盈约132亿元，收益率约32%。如果考虑到高瓴资本收购时使用杠杆资金，其收益率将会更高。

在416.62亿元的对价中，珠海明骏的5家合伙人合计出资218.5亿元，剩余198.12亿元将由招商银行给予全额贷款，高瓴资本收购资金的杠杆比例接近50%，实际收益率几乎翻倍。

为偿还贷款，珠海明骏还承诺促使格力电器每年净利润的分红比例不低于50%。格力电器2018年年底实现归母净利润262.03亿元，按照50%分红比例，珠海明骏可分得约20亿元红利。在资金支出方面，按照5%贷款利率计算，珠海明骏每年需支付利息约10亿元。如此一来，珠海明骏分红所得在用于支付利息后，还有不菲的剩余。这部分剩余，既可以用来偿还本金，也可以逐步赎回部分投资人的投资。

2019年前三季度，格力电器实现归母净利润221.17亿元，累计未分配利润914.24亿元，经营活动产生的现金净流量为327.3亿元，账面上拥有货币资金

1362.33 亿元。2019 年度格力电器将如何分红，值得期待。

从投资成本、未来分红安排，以及格力电器竞争力来看，高瓴资本当属此次收购的赢家。但进一步分析，这起收购最大的赢家，或许是董某珠及其控制的格臻投资，主要原因在于以下四个方面。

其一，以极小的代价获得了珠海明骏的共同控制权。

珠海明骏投资者投入的资金合计 218.5 亿元，其中高瓴资本引入的资金在 196.58 亿元以上，董某珠领衔的格臻投资只投入了 13.94 亿元，二者的资金规模悬殊。即便如此，董某珠还是通过格臻投资获得了非常强的话语权。

其二，最低限度降低格臻投资的投资成本。

高瓴资本同意，格臻投资无须承担珠海明骏执行事务合伙人（珠海贤盈）的服务费用、无须向珠海明骏的普通合伙人（珠海贤盈）支付超额收益、无须向珠海明骏的基金管理人（珠海高瓴）承担管理费等。这样的安排，进一步提高了格臻投资的投资回报水平。

各方还进一步同意，格臻投资在无须向珠海贤盈支付超额收益等费用的同时，对珠海贤盈向其他 LP 收取的超额收益、服务费等形成的收益，格臻投资却享有分配权，分配比例不是其所持份额的 20.3%，而是 41%。也就是说，在珠海贤盈层面，珠海毓秀基本不参与分配。根据珠海明骏的募资规模，这部分收益应当不少。

其三，兼顾了对格力电器的未来控制。这主要体现在两个方面。

一是高瓴资本与格臻投资达成协议，双方共同制定格力电器的竞争对手清单，并不时予以更新。竞争对手清单确定后，任何珠海明骏有限合伙人所持珠海明骏份额，以及珠海明骏所持格力电器股份不得转让给清单内的公司。

二是对格力电器的管理层和骨干员工实施总额不超过格力电器 4% 股份的股权激励计划。这部分股份持有人如何行使股东权力，应当会考虑董某珠在格力电器的影响力。可以预见的是，在未来，格力电器也许会“频繁”地使用各种股权激励计划。

此外，格臻投资与珠海博韬达成协议，格臻投资将择机受让后者所持珠海明骏 4.73% 的份额，对价 10.32 亿元。转让完成后，格臻投资将在珠海明骏持有 11.11% 份额。

其四，高瓴资本和明珠熠辉提名的格力电器董事人选，需要事先征求格臻投资的意见。

高瓴资本与格臻投资约定，当珠海明骏有权提名格力电器 3 名董事时，高瓴资本、明珠熠辉、格臻投资有权各提名 1 名，但高瓴资本和明珠熠辉提名的 2 名人选，必须有 1 名获得格臻投资的同意，高瓴资本、明珠熠辉应无条件同意这一安排。

从这些主要安排可以看出，高瓴资本和其他相关方不无倾斜。或许，其更多地寄希望于顺利完成本次混改，未来多方共赢。

尾声：自律者自由

格力电器的混改是2019年度的大事件，备受瞩目。从2019年10月29日达成合作意向，到2019年12月2日签署正式协议，历时1个多月，估计合作各方就交易条款进行了不少“切磋”。2019年11月12日，格力电器发布公告，提示珠海明骏和格力集团仍在继续协商股权转让协议，原定的股份转让协议计划签约日期延后。

作为回应，珠海明骏也承诺：在其直接或间接持有格力电器股份期间，不主动提出关于格力电器总部和注册地迁离珠海市的任何建议，并积极促使各方确保格力电器总部和注册地不迁离珠海市；如果格力电器其他股东提出迁离珠海市的任何建议和议案，将保证对此类议案投反对票。珠海明骏还承诺：将尽最大努力和能力为珠海市经济发展进行有效的产业投资和战略资源导入，并促使格力电器为珠海市经济持续健康发展作出新的贡献。从二者遥相呼应，达成契约来看，“蜜月期”似乎即将来临。

只不过，遵守规则也好，信守契约精神也罢，要实现多方共赢，归根结底是要摆脱个人欲望和利益的纠缠，从理性的角度去思考“合作各方应该做什么”这个问题，唯有自律才能自由。

复盘高瓴参与格力电器混改，除积极“配合”格力电器管理层外，国企实施混改也是其入主成功的主要原因。犹可凭借东风力，扶摇直上青云端！相比之下，同为国企的紫光集团，就没有这么好的运气。

紫光学大：折戟的经典

2017 年 5 月 19 日，＊ST 紫学（000526）抛出了一则出售学大教育资产的消息。消息一经公布，立即引起不小的争论，这起一度被奉为中概股私有化及 A 股同步上市的经典案例就这样夭折了。令人扼腕的同时，人们不禁要问，导致如此结局，背后究竟发生了什么？自此之后，紫光学大又经历了哪些坎坷的命运？问题的答案，需要回溯到 2 年前的那起被奉为经典的跨境私有化。

经典的私有化

紫光集团私有化学大教育（XUE. NYSE），并同步在 A 股上市的方案，一度成为中概股回归的运作经典。

2010 年 10 月，经过一系列的重组，学大教育登陆纽约证券交易所，发行 3088.9 万股普通股，募集资金 1.364 亿美元。2015 年前后，资本市场掀起一股中概股回归浪潮，越来越多在美国上市的中国公司，尤其是网络公司纷纷宣布了私有化计划，以期回归 A 股资本市场。这其中既有回归后在 A 股市场上连拉 29 个涨停板的暴风科技，也不乏奇虎 360、当当、易居中国、如家等比较知名的企业。

受此影响，学大教育也启动了私有化回归。在紫光集团的运作下，选定了银润投资（000526）这家“卖壳”许久的公司。紫光集团运作的大致思路是，先期通过其全资子公司西藏紫光卓远，耗资 6 亿元受让椰林湾所持银润投资的 15.59% 股权，一举成为其第一大股东。在此之后，紫光集团随即实施银润投资规模达 55 亿元的非公开发行和发起耗资 23 亿元的学大教育私有化两项工作。如此安排的目的是紫光集团希望用非公开发行融得的资金来完成学大教育的私有化。在具体操作上，大体分为三步走。

第一步：椰林湾将其所持银润投资 1500 万股，折合 15.59% 股权转让给紫光卓远，转让后，椰林湾成为银润投资的二股东，持股比例下降到 12.93%。紫光卓远是紫光集团的全资子公司，紫光卓远为受让这部分股权，给出的对价是 6 亿元，折合每股 40 元（图 2.11）。

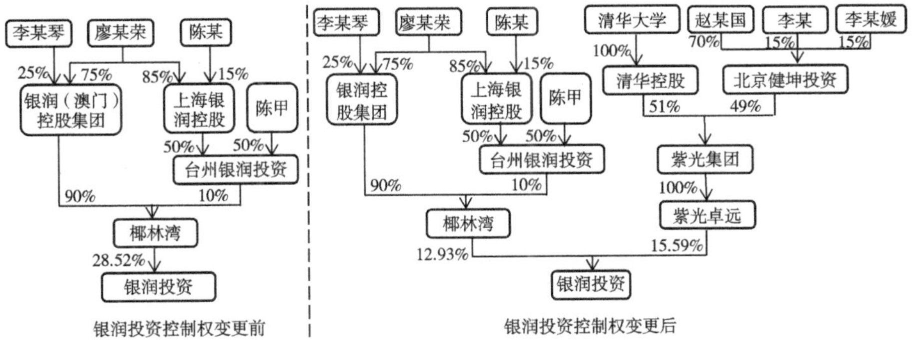

图 2.11　椰林湾让渡银润投资控制权

第二步：银润投资向包括紫光育才、银润投资首期 1 号员工持股计划在内的 10 名投资者进行非公开发行，发行股价为 19.13 元/股，募集金额高达 55 亿元。

这一步是学大教育私有化的关键一步，相当于募资私有化学大教育的资金。根据披露的方案，在银润投资所募集的 55 亿元资金中，银润投资拟耗资 23 亿元收购学大教育全部股份。按照学大教育创始人及管理团队持股 61.3%、蒋宇飞持股 8.1%、公众持股 30.6% 考虑，三类投资者分别可获得资金 14.1 亿元、1.86 亿元、7.04 亿元。

进一步分析银润投资非公开发行的 10 个认购对象，大体由紫光系、学大教育主要股东及核心员工以及财务投资者三类组成（表 2.10）：

表 2.10　银润投资非公开发行认购情况　　（单位：亿元）

序号	认购对象	认购金额	认购后持股比例	类型
第一类：紫光系				
1	紫光育才	20.4	27.79%	紫光集团全资孙公司
2	健坤长青	0.3	0.41%	紫光集团参股股东北京健坤投资全资子公司
小计		20.7	28.2%	
第二类：学大教育主要股东及核心员工				
3	乐耘投资	14.3	19.48%	金某设立的一人独资公司
4	谷多投资	2.7	3.68%	李某冰设立的一人独资公司
5	科劲投资	2.7	3.68%	姚某波设立的一人独资公司
6	乐金兄弟	1.3	1.77%	蒋某飞设立的控股公司
7	员工持股计划	2.0	2.72%	为学成世纪、学大信息及其子公司的核心员工设立的资产管理计划
小计		23.0	31.33%	

续表

序号	认购对象	认购金额	认购后持股比例	类型
第三类：财务投资者				
8	长城嘉信	5.45	7.42%	华能集团控股子公司
9	学思投资	3.85	5.25%	陈某忠、鲍某于 2015 年 6 月新设的合伙企业
10	国研宝业	2.0	2.72%	国务院发展研究中心控股四级子公司
小计		11.3	15.39%	

仔细分析这三类投资者的投资金额及非公开发行后所占股比，可以发现几个有意思的现象：

一是在非公开发行后，紫光集团旗下紫光卓远和紫光育才两家投资主体的持股比例合计为 31.7%，为银润投资第一大股东。并且由于另一个参加非公开发行的健坤长青，其实际控制人赵某国同时担任了紫光集团的总裁，如果将这 3 家视为关联方，紫光系在银润投资的持股比例则为 32.11%。

二是学大教育主要股东及核心员工的认购金额恰恰是 23 亿元，不多不少，正好与银润投资私有化学大教育拟投入的金额完全一致。相当于由学大教育的股东自筹资金完成了整个私有化。从私有化价格来看，银润投资给出的报价是 5.5 美元/ADS（相当于 2.75 美元/股），这一价格水平较学大教育当前 5.1 美元/ADS 的股价溢价并不是太多。

三是非公开发行后，学大教育主要股东 31.33% 的持股比例与紫光系 32.11% 的持股比例相差 0.78%，不到 1 个的点。这或许是整个方案设计和控制得最为“精妙”的地方，也是规避借壳审批的关键之处。

如果紫光系不先受让椰树湾 1500 万股，即使其按现在的规模参与非公开发行，其持股比例也仅为 28.2%，将低于学大教育现有股东的持股比例。考虑到学大教育主要股东有可能被认定为一致行动人，从而顺理成章会被认定为银润投资新的实际控制人。加上截至 2014 年年底学大教育的资产规模为 2.79 亿美元，远超同期银润投资 2 亿元资产规模，银润投资私有化收购学大教育的行为将会被认定为借壳上市。

一旦被认定为借壳上市，监管部门将按照 IPO 的标准对银润投资非公开发行并收购学大教育的事项进行审核。但学大教育 2014 年大约亏损 1000 万美元，不符合 IPO 的业绩要求，成为“硬伤”，整个运作将无法实施。因此，要实现上市，就必须规避被认定为借壳上市。由此也不难理解引入紫光系的原因和奥妙所在。

另外，借壳是要付出壳费的。这笔费用在紫光卓远受让 1500 万股银润投资股份时就已经体现。这笔股份的转让价为 40 元/股，几乎是 19.13 元/股非公开发行价格的2倍，也几乎相当于停牌前银润投资22.3元/股收盘价的2倍。学大教育上市决心之大，不同一般。

由此，整个事件运作的脉络可能在于：学大教育为了尽快实现回归A股，引入紫光系作为控制方，并独自承担了私有化学大教育所需的资金。而学大教育与紫光系之间不到1个百分点的差别，完全可以在适当时候，通过在二级市场增持或减持的方式实现，学大教育的现有股东从而获得对银润投资的控制权。

在完成关键的第二步后，第三步就显得相对简单，即银润投资以境外投资的方式收购学大教育的全部股份。同时，收购境内的学大信息，将关联交易非关联化，解除VIE下的控制协议，接着拆SPV，由银润投资公司直接持有学成世纪和学大信息100%股权（图2.12）。

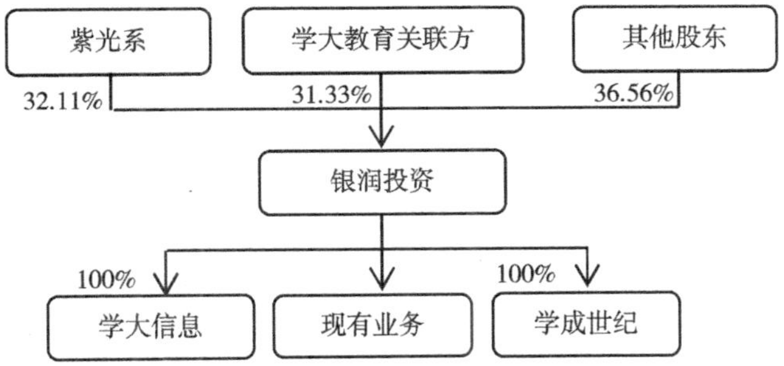

图2.12　学大教育私有化最终架构

从这盘颇具“匠心独运”的棋局来看，棋眼有两处：一是紫光卓远首先成为银润投资的第一大股东，为后续操作奠定基础；二是之后银润投资的非公开发行能成功。紫光集团如能顺利将方案实施下去，又将为其商业版图增加一枚棋子。考虑到紫光集团的股东清华控股还控制着启迪教育集团，银润投资转型教育、培训服务产业无疑值得期待。

折戟沉沙

就在学大教育在境外的私有化如火如荼地进行时，银润投资在国内的非公开发行却遇到了意想不到的困难。从2015年8月开始申请，到正式实施私有化学大教育前，非公开发行事宜始终未能获得监管部门的认可。

为完成私有化，紫光不得不启动备选方案，在2016年2月向银润投资提供了3.7亿美元的借款。这笔美元借款的利率为4.35%，期限为1年。优惠的利率从侧面反映出紫光集团对私有化学大教育的支持力度。

有了这笔股东贷款的支持，银润投资比较顺利地完成了对学大教育的私有化，紫光集团也顺势将银润投资更名为紫光学大，一颗教育培训产业的新星冉冉升起。

唯一与初始想法不同的是，紫光并未获得预期的股权，学大教育的主要股东及核心员工也未在紫光学大持有股份，但这并不妨碍学大教育的控股股东金某成为紫光学大的副董事长和总经理。

从紫光贷款的时间安排和紫光学大的人事布局来看，截至当时，紫光集团还是有信心在 1 年内促成紫光学大完成非公开发行，并用募集资金偿还股东借款来实现整个交易的闭环的。但事与愿违，在对非公开发行方案再三修改，也始终未能获得监管部门的认可，不得已在 2016 年年底终止发行，紫光收购学大教育的一个棋眼由此被破，整盘棋局也就成了一个残局。

出现这样的局面，是非公开发行方案的问题吗？

紫光学大前后对非公开发行方案进行了三次修订，从主要的发行条款来看，发行价格、发行规模、认购对象及金额、募集资金投向等均未发生重大变化。因此，很难认为是由于方案本身设计的原因导致发行工作的失败。对于终止发行的原因，紫光学大给出的解释是经营情况、融资环境、监管政策要求和认购对象意愿等因素发生了变化。

艰难前行，剥离学大教育

紫光集团在完成对银润投资的收购后，陆续将银润投资原有的资产出租给原控股股东经营，由此变相实现了对壳公司资产的剥离；在完成对学大教育的收购后，则拥有了教培服务收入。因此，紫光学大的收入，由经营性租赁业务收入和教育培训业务收入两部分组成。受收购因素刺激，紫光学大的营收规模也由 2015 年的 0.25 亿元猛增到 13.07 亿元，同比增长约 50 倍。其中，教培业务收入达 12.7 亿元，占比为 97.24%。

但紫光学大在营收增长的同时，利润却出现大幅下滑，2015 年亏损 0.1 亿元，2016 年扩大到 1.14 亿元，紫光学大也因连续两年亏损被“*ST”。

简要分析紫光学大的财报，其亏损原因大致在于以下两个方面。

一是巨额股东借款产生的财务费用。紫光学大在 2016 年 2 月与紫光签署了 3.7 亿美元的借款合同，2016 年 5 月实际到账 23.5 亿元人民币。此后，紫光学大偿还了 5 亿元本金，相当于紫光学大向紫光借款约 18.5 亿元，期限大约为半年。按照 4.35% 的年利率，紫光学大需承担 4000 万元的利息。加上其他融资费用，其 2016 年全年财务费用达 5300 余万元，远超 2015 年 18 万元的金额。

二是销售及管理费用金额较大。紫光学大两大业务在 2016 年实现了毛利 3.3 亿元，毛利率为 25.1%，其中教培业务收入贡献了 3 亿元毛利，毛利率为 23.69%（表 2.11）。

表 2.11　紫光学大主营业务毛利情况　　（单位：亿元）

	营业收入	营业成本	营业利润	毛利率
房屋租赁收入	0.06	0.02	0.04	69.54%
设备租赁收入	0.19	0.07	0.12	62.17%
教育培训服务费	12.71	9.7	3.01	23.69%

从毛利水平来看，紫光学大消化 18.5 亿元借款的财务费用似乎问题不大，但其 2016 年的销售费用达 1.2 亿元、管理费用达 2.5 亿元，二者合计 3.7 亿元，一举将 2016 年的全部毛利吞噬，并还有亏空。也就是说，即便紫光学大没有这 18.5 亿元的借款，即便其完成了 55 亿元的非公开发行，实现交易的闭环，但由于其毛利不能覆盖其销售和管理费用支出，也将会是一个亏损的局面。由此，也不难理解为何监管部门对紫光学大非公开发行未予放行了。

那么，学大教育的经营情况是一直如此，还是被私有化收购后才变得如此？学大教育的成本费用有没有进一步压缩的空间？

学大教育是较早登陆美国资本市场的国内教育培训机构，一度得到投资者的认可和追捧。但从学大教育私有化前 3 年的业绩来看，其主营业务盈利能力整体偏弱，要么微利，要么亏损。

2013 年至 2015 年，学大教育在营业收入上虽然有所增长，但每年的毛利在扣除管理和销售费用后基本所剩无几（表 2.12）。这也就意味着，学大教育虽然能够实现较好的毛利，但由于一直居高不下的销售及管理费用，导致其出现亏损或者微利。更进一步来看，这是否意味着学大教育在费用压缩上的空间并不是不大？

表 2.12　学大教育 2013—2015 年经营业绩

项目	2013 年（亿美元）	2014 年（亿美元）	2015 年（亿美元）
营业收入	3.47	3.38	22.83
营业利润	1.07	0.84	6.73
管理及销售费用	0.92	0.96	6.43
营业利润与管理及销售费用之差	0.15	-0.12	0.2
净利润	0.15	-0.1	-0.29
毛利率	30.84%	24.85%	29.43%

此外，收购前，学大教育尚能实现 29.43% 毛利率，收购后则下降到了 23.69%，其盈利能力似乎减弱。有意思的是，根据紫光学大收购时对学大教育所做的盈利预测，2016 年学大教育预计会实现 25.48 亿元收入，7.4 亿元毛利和 1.17 亿元利润。

显然，现实情况并非如预期乐观。

未来，随着国内教育政策的放开，将有越来越多的机构投身于教培市场，也将有越来越多的教育资产通过各种方式在A股实现证券化。行业发展的同时，学大教育也将面临越来越激烈的竞争。学大教育与竞争对手、行业平均水平的差距似乎越来越大（表2.13、表2.14）。

表2.13　学大教育收入增长情况同行业比较

	2014年	2015年	增长率
新东方	11.39	12.48	9.47%
好未来	3.14	4.34	38.25%
平均值	7.26	8.4	15.69%
学大教育	21.62	22.83	5.58%

表2.14　学大教育毛利率情况同行业比较

	2014年	2015年
新东方	60.34%	57.79%
好未来	51.72%	53.21%
平均值	56.03%	55.50%
学大教育	24.85%	29.45%

在主业盈利能力改善空间不大、行业竞争越来越激烈、行业地位不断下降的情况下，紫光学大面临十分巨大的压力。

压力之一是保壳。紫光学大已经连续两年亏损，如果再亏损1年就会被暂停交易。停牌后第一个半年如果还没有扭亏，就会被终止上市，降至三板自生自灭。

压力之二是商誉。紫光学大在收购学大教育后形成了15.21亿元的商誉，如果学大教育还不能实现扭亏为盈，势必要对此商誉进行减值测试。结合学大教育历史经营情况，商誉减值的可能性会很大。一旦如此，会进一步加大紫光学大的亏损，由此又会进一步增加其保壳的压力。

压力之三则是来自18.5亿元的股东借款。这笔股东借款很有可能是紫光通过自身融资渠道筹集得到的，也会承担一定的融资成本。如果紫光学大不能尽快予以清偿，借款所产生的利息不仅将进一步吞噬其利润，而且也会给紫光集团自身带来相当大的还款压力。

在诸多压力之下，也就不难理解紫光为何非公开发行搁浅后决定出售学大教育资产了。非公开发行不能成行，一是不能解决18.5亿元股东借款的问题，二是不能投资建设新的项目来提高学大教育的竞争力和盈利能力。此外，学大教育自身较弱的经营能力会给紫光学大带来越来越大的商誉减值压力。如果此时不当机立断，紫光学大一旦停牌，紫光集团为收购学大教育前前后后投入的 20 多亿元资本将有可能打水漂。

随着资产剥离计划的推出，学大教育创始人金某也辞去了紫光学大副董事长、总裁职务。双方的分手，似乎已成定局。

频繁重组，彰显窘境

就在市场猜测紫光学大将会向上市公司注入何种资产时，紫光学大却宣布停止出售资产。4 个月后，紫光学大在 2017 年 10 月停牌启动重组，拟购买另一家中概股软通动力 100% 股权，但 2018 年 1 月以失败而告终。终止理由是软通动力需要进行内部整合，涉及的法律、审计及评估等尽职调查工作程序复杂、工作量大，预计难以在较短时间内完成。

到了 2018 年年初，紫光学大再次准备进行重组，拟以 236 亿元价格收购天山铝业 100% 股权，同时剥离学大教育资产，从曾经的买壳方变成卖壳方。

但市场对这起重组似乎并不看好。2018 年 10 月，停牌近半年的紫光学大复牌后，股价连续 4 个跌停，股价接近夭折。此次重组也因各种原因在 2019 年年初终止。重组失败后，紫光学大的股价则出现连续三日的上涨，2 月 18 日至 20 日的涨幅为 19.2%。股价虽然涨势喜人，但紫光学大依旧背负沉重的包袱前行。截至 2018 年年底，紫光学大实现净利润 1026 万元，还不到 2017 年 2258 万元净利润的一半。

紫光学大这 3 次重组，指导思想还是剥离学大教育，置入新的资产。从最终结果来看，效果似乎并不明显。在这样的情况下，紫光集团萌生退意，金某开始接手。从 2019 年年底开始，金某与银润控股大股东廖春荣，通过天津安特、椰林湾增持紫光学大股份。截至 2020 年 7 月，天津安特持有紫光学大 11.01% 股份，椰林湾持有 12.93% 股份，合计 23.94%，跃升为第一大股东。金某也重新担任紫光学大总经理。

与此同时，紫光学大重新启动非公开发行，拟向受金某控制的天津晋丰文化在内的 35 名投资者发行股份，募集 11 亿元资金，主要用于偿还紫光系借款（截至 2020 年 4 月，紫光学大剩余借款本金为 15.45 亿元）。发行完成后，金某通过晋丰文化将持有紫光学大 2.31% ~ 10.38% 的股份，通过天津安特、椰林湾分别持有 8.47%、9.95% 的股份，合计持有紫光学大 20.73% ~ 28.80% 的股份，将成为紫光学大的控股股东。经过 5 年的兜转，紫光学大才得以初步回归刚开始的构想，个中滋味，只有自知。

复盘棋局

回溯学大教育的收购，这起留下一地鸡毛的并购应该给紫光留下不少经验与教训。从最初的信心满满，到最后的仓促收场，紫光的体会想必深刻。紫光收购学大教育的规模仅为23亿元，相较于当前动辄百亿元以上的收购，完全不在一个量级。成功的收购都是相似的，不成功的收购各有各的“不幸”。

紫光收购学大教育的“不幸”之一，就是标的资产质量差强人意，无法给收购提供强有力的支撑，无法通过非公开发行实现交易的闭环。与之相比，几乎与紫光收购学大教育同时进行的洛阳钼业270亿元境外并购及配套的180亿元非公开发行就顺利完成交易，关键之处还是在于洛阳钼业收购的资产都是世界级的优质资产。

紫光收购学大教育的“不幸”之二，在于项目拖延时间太长，丧失了最有利的时间窗口。在紫光学大实施非公开发行的2015年，整个A股市场的并购潮流涌动，非公开发行的规模一个比一个高，此时抓紧做完的项目都得以“修成正果”。但随着时间的推移，审核标准和口径日益严格，在标的资产质量欠佳的情形下，如愿获得通过的难度大大增加。还是那句话，打铁还需自身硬。

叁

融资：

如何筹集并购资金

导 读：融资是并购的生命线，重要性不言而喻。并购中的融资，一般会涉及融资来源、融资方式、融资成本、融资架构安排以及相应的增信措施。

就融资来源来看，可分为内部自有资金和外部资金。内部自有资金主要是历年经营结余和股东注资，外部资金来源则比较多元，不同的来源决定了相应的融资方式和成本。

现今发达的金融市场，为并购融资方式提供了诸多方式和工具，但归根结底，可分为三种：债务融资、股权融资和夹层融资，典型的夹层融资有优先股、可转债、可交换债等。三种方式的融资成本，应该是债务融资最低，股权融资最高，主要是因为两者的收益稳定性和预期不同，债务融资要优于股权融资，因此融资成本较低。夹层融资因为包含一项转股或转债的选择权（期权），融资成本位于两者之间。

夹层融资在资本市场的并购中的应用越来越广泛，比如在纳思达收购利盟时，其股东通过发行可交换债解决了大部分收购资金需求。除此之外，定向可转债这一工具，也被诸多A股上市公司所运用。

明确融资方式和成本后，还需要根据并购需要，搭建相应的融资架构，比如是沿用现有公司作为融资平台，还是新搭建一个融资平台。如果新搭建，怎么去搭建等；这又与并购交易主体架构设计密切相关。比如，长电科技在2015年收购星科金朋时，通过搭建三层“金字塔式”的融资架构，仅以2.6亿美元自身出资，完成了近8亿美元收购。

不可掉以轻心的是，设计融资方案必须要关注交易资金如何实现闭环，尤其对债务性融资占较大比重的交易，这点更为重要，否则将有可能导致买方因背负沉重的债务而陷入收购后的困境。中国天楹的交易闭环，完成得惊心动魄。

长电科技：跨境并购的融资架构安排

这是一场足以搅动全球半导体行业格局的并购。

2015年新年伊始，长电科技（600584）宣布对全球排名第四的STATS ChipPAC Ltd（S24. SG，以下简称星科金朋）进行要约收购。虽然之前已有各种消息甚嚣尘上，但一经正式公布，还是引起巨大反响，因为这场并购着实有太多亮点。

这是一个“蛇吞象”式跨境要约收购。并购对象星科金朋是新加坡上市公司，2013年资产总额143.94亿元，实现营收98.27亿元，而长电科技同期资产仅为75.83亿元，营收51.02亿元。星科金朋的规模大致是长电科技的2倍。长电科技花费47.8亿元（折合7.8亿美元或10亿新元）收购星科金朋无异于“蛇吞象”式并购。

这是一个全现金并购交易。证监会在2014年对上市公司并购重组相关管理办法做了大幅修改，要义是放松审批、加强监管。总体而言，证监会只对借壳上市和发行股份购买资产两大行为进行审批，其余行为则交由交易所和上市公司股东进行监督和管理。在此背景下，上市公司越来越多地倾向于采用全现金方式进行并购，长电科技是代表之一。

这又是一个操作异常繁杂，交易架构设计比较复杂的并购。星科金朋的业务横跨新加坡、韩国、中国台湾、美国等数个国家和地区，这意味着长电科技的收购须符合中国大陆、新加坡、中国台湾、美国、韩国等数个国家和地区关于外资并购的政策法规，操作程序异常复杂。

从收购主体来看，此次收购并非由长电科技直接出手，而是与国家集成电路产业投资基金股份公司（以下简称大基金）、芯电半导体（上海）公司（以下简称芯电半导体）联合成立了三层投资主体的架构进行收购，在投资主体设计上异常复杂。不过，正是这种表面上的复杂，将三家联合投资者之间的博弈也充分体现了出来。长电科技此番收购，或许埋下了未来公司易主的种子。

临阵结盟

长电科技是一家从事半导体业务的公司，而星科金朋主要从事半导体封装测试。从业务类型和收购的战略协同效应来看，与长电科技有着较高的吻合度。长电科技将其收购后，可以提升自己在全球半导体封装测试行业的领导地位，并能借助星科金朋的渠道开拓国际业务。这也是长电科技决心收购星科金朋的重要原因。

但由于双方在资产规模、营业收入等方面存在显著差异，而且星科金朋业务覆盖范围非常广，使得长电科技单凭一己之力难以完成此次收购。

截至2014年年末，星科金朋的股价在0.435新元/股徘徊，市值约为9.58亿新元，折合约45亿元人民币。这意味着如果长电科技对星科金朋发起全面要约收购，即使不考虑收购溢价，也要支付约45亿元现金。但长电科技并无这样的实力，体现在以下两个方面。

一是长电科技股权结构分散，实际控制人持股比例小，通过非公开发行融资的空间有限。截至目前，长电科技总股本9.85亿股，其实际控制人江苏新潮集团仅持有14.11%股权。而长电科技目前股价在13.5元/股徘徊，长电科技市值不过133亿元左右。并且自2003年长电科技A股上市以来，新潮集团持有的股比整体呈下降趋势，从上市之初的23.94%下降到目前不足15%。如果采取非公开发行募资45亿元现金用于收购星科金朋，新潮集团恐无力参与认购，其所持长电科技的持股比例无疑将会下降，进而影响其控制权。这当然非新潮集团所乐见。

二是长电科技自身的状况无法支撑这笔巨额收购。截至2014年6月，长电科技资产83.6亿元，负债56.6亿元，资产负债率高达68%，实现净利润不过7300余万元，经营活动产生的现金净流量仅有2亿元左右，投资活动现金净流出近5亿元，企业主要依靠外部融资开展投资行为。此时如果进行债务融资，以支撑45亿元以上的收购行为，所产生的巨额财务费用无疑将侵蚀现有7300万元利润。对长电科技而言，开展债务融资实在是勉为其难。

难题就这样摆在长电科技控制人面前：一方面不能开展股权性融资，以避免对实际控制人的影响；另一方面又不能开展巨额债务融资以避免对经营状况造成不良影响，并产生财务风险。那是不是可以对45亿元收购款进行拆分，比如一半进行股权融资，一半进行债权融资？但这种可能性非常小，因为就在此前的2014年9月，长电科技已完成一次非公开发行，募资12.5亿元用于年产9.5亿块FC（倒装）集成电路封装测试项目建设及补充流动资金。短时间内再进行非公开发行募资，时机显然不成熟。而且从长电科技的财务状况考虑，债务融资的额度不能过大，不能对利润产生较大负面影响（7300万元净利润，按6%贷款利息计算，只能支撑12亿元左右的银行借款）。

为实现收购目的，在投资主体设计上，长电科技施展了一系列眼花缭乱的动作。首先是借助外力，引入两家颇具实力的战略投资者：大基金和芯电半导体。

大基金是一家新近成立，具备雄厚背景，专职从事集成电路产业投资的公司，其股东主要有上海国盛（集团）有限公司、中国烟草总公司、中国移动通信集团公司、中国电子科技集团公司、财政部、国开金融有限责任公司等9家单位。据有关媒体报道，大基金的募资总额在1250亿元以上。经查询工商信息，大基金的注册资本已达987.2亿元，法人代表是王占甫，曾出任工信部财务司司长一职。

另一家投资者芯电半导体则是中芯国际（00981.HK，SMI.NYSE）设立的全资子公司，其最终股东则是大唐电信科技产业控股公司（以下简称大唐电信）和中国投资公司（以下简称中投公司）。无疑，这也是一家颇具实力，且久在半导体行业发展的公司。

在确定引入两家投资者后，长电科技便开始搭建收购主体，搭建的核心指导思想是确保对收购标的的控制权。

三层主体

首先三家分别出资设立第一层合作公司——苏州长电新科投资公司（以下简称长电新科）。在出资额上，长电科技出资2.6亿美元（来源于2014年9月所募集的12.5亿元资金）、大基金出资1.5亿美元、芯电半导体出资1亿美元，合计5.1亿美元。三家持股比例分别是50.98%、29.41%、19.61%。长电科技的持股比例恰恰超过50%。

紧接着长电新科又与大基金成立第二层合作公司——长电新朋。长电新科以5.1亿美元出资，而大基金则出资0.1亿美元，合计5.2亿美元。长电新科的出资额来源于长电科技等3家股东的出资。在持股比例上，长电新科持有长电新朋98.08%股权，大基金则持有剩下的1.92%。

在这一层，还有一个重要环节是，大基金还向长电新朋提供总额高达1.4亿美元的贷款，并约定可以在合适时机实施债转股。

最后一层是长电新朋将所有5.2亿美元股东出资及1.4亿美元股东借款，合计6.6亿美元出资到在新加坡设立的收购主体公司JCET－SC（Singapore）Pte. Ltd.（JCET－SC）。同时，在股东各方协调下，中国银行出具了1.2亿美元的贷款承诺函，为JCET－SC的收购行为提供融资安排。这样，JCET－SC可用于收购的资金合计达7.8亿美元（图3.1）。

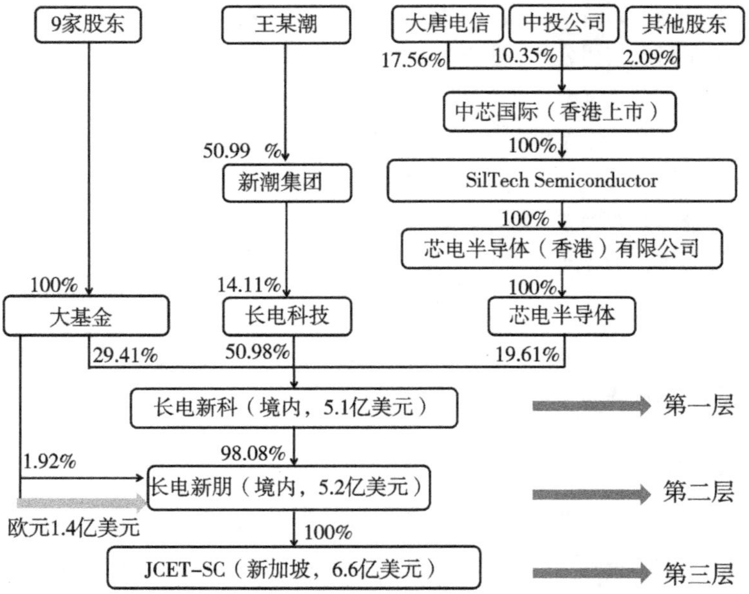

图 3.1　长电科技三层收购主体架构

在 7.8 亿美元收购资金中，三家股东出资了 6.6 亿美元，但长电科技仅出资了 2.6 亿美元，主要是大基金出资了 3 亿美元。按照常理，应该是大基金在收购中占据控制地位，但从实际效果来看，是长电科技拥有控制权。长电科技不仅控制了长电新科，而且通过长电新科控制了长电新朋，进而控制了 JCET - SC。在此基础上，长电科技也控制了长电新科、长电新朋、JCET - SC 三家公司的董事会。这三家公司董事会均由 7 名董事组成，长电科技均委派 4 名，大基金均委派 2 名，芯电半导体则委派 1 名。

分析其投资架构，长电科技实现这一效果的关键之处在于以下两点。

一是拆分股东资金来源，将大基金提供的 3 亿美元资金支持拆分成 1.6 亿美元出资和 1.4 亿美元借款两部分，以降低大基金的话语权。

二是进一步拆分大基金的出资分布，将大基金 1.6 亿美元出资分在长电新科和长电新朋两个层面出资，避免形成股权均衡的尴尬局面。大基金 1.6 亿美元出资加上芯电半导体 1 亿美元出资，合计出资额与长电科技 2.6 亿美元相当。考虑到这两家战略投资者共同的背景，如果将出资额集中在一个公司，长电科技将会面临很尴尬的局面，也无法在董事会占据简单多数。

“囊中羞涩”的长电科技最终实施三层收购主体架构，颇有点走钢丝之感，尽最大可能在实现自己战略目的和降低收购成本之间取得平衡。但付出较多的大基金自然不会轻易答应，甘为他人作嫁。

利益博弈

为了在三家联合投资人之间取得利益平衡，实现资金的“以小博大”，长电科技不得不与大基金和芯电半导体签署《共同投资协议》《投资退出协议》《售股权协议》及《债转股协议》等一系列合作协议。这些协议主要是通过设计相应的投资回报、退出机制等条款来平衡大基金和芯电半导体这两家战略投资者的利益诉求，以确保长电科技实现收购星科金朋的目的（表 3.1）。

表 3.1　长电科技等三家联合投资人签署协议一览表

协议名称	协议签署方	主要内容
《共同投资协议》	长电科技、大基金、芯电半导体	1. 明确成立三层收购主体及各自出资方式。 2. 债转股： 大基金对长电新朋的 1.4 亿美元借款，在完成收购 3 年后，有权将债务本金部分转为对长电新朋的出资。按双方约定的转股比例，若实施债转股，大基金将持有长电新朋约 23% 股权。 3. 若大基金在收购完成 5 年后未实施转股，长电新朋应按 10% 年利率支付利息。但在此期间，长电新朋不需即期支付，在 5 年期满时一次性支付利息。并在此 2 年后偿还全部本息。 4. 1.4 亿美元借款的惩罚性利率为 15%。 5. 长电科技、新潮集团承担连带保证责任。 6. 其他关于股权转让方面的约定，如共同出售权等
《投资退出协议》	长电科技、芯电半导体、新潮集团	1. 退出通道： （1）首选长电科技以发行证券或现金方式收购芯电半导体所持长电新科股权方式进行，芯电半导体转而持有长电科技股份。 （2）若不能注入上市公司，芯电半导体有权不经长电科技同意向无关第三方（包括长电科技的竞争对手）出售股权，或由新潮集团无条件以现金方式收购。 2. 退出成本： （1）选择注入上市公司时，芯电半导体的投资年收益率不得低于 10%，但不得高于 12%。 （2）新潮集团现金收购时，芯电半导体的投资年收益率不得低于 15%，且需支付相当于出资额 5% 的赔偿金。 3. 退出时间： 完成收购星科金朋后即可。 4. 约定了长电新科的反稀释条款

续表

协议名称	协议签署方	主要内容
《售股权协议》	长电科技、大基金、新潮集团	1. 退出通道： (1) 长电科技以发行证券或现金方式收购大基金所持长电新科、长电新朋股权方式进行，大基金转持长电科技股份。 (2) 新潮集团对长电科技的义务和责任承担连带保证责任。 2. 退出成本： 与芯电半导体一致。 3. 退出时间： (1) 对于在长电新科的股份，为完成收购星科金朋1年后或与芯电半导体退出同步。 (2) 对于在长电新朋的股份，为完成收购星科金朋3年后进行。 4. 派出董事： 在完成投资主体设立后，大基金即可向长电科技派驻1名董事；在完成股权注入上市公司且大基金持有长电科技股比达到3%以上时，可加派1名董事。 5. 一致行动： 大基金要确保相关行为不对新潮集团在长电科技的实际控制人地位产生不利影响。并承诺在涉及长电科技日常经营管理事项时，与新潮集团保持一致行动
《债转股协议》	大基金、长电新科、长电新朋	1. 转股时间、偿还安排等主要条款与《共同投资协议》一致。 2. 若债转股形成的股权不能注入上市公司，贷款利率由10%上升到15%

综合分析四份协议的主要内容，除了明确协力收购星科金朋之外，新潮集团、大基金、芯电半导体在长电科技控制权争夺上角力最多，设计的机制也最为复杂。

对大基金和芯电半导体而言，其理想的退出模式是将各自所持长电新科、长电新朋的股份注入长电科技。对于新潮集团而言，底线是不能丧失对长电科技的控制权。但按照长电科技现在133亿元市值，新潮集团仅持有14.11%股比计算，新潮集团持有的市值仅有18.8亿元，相当于3亿美元。而大基金和芯电半导体在此次并购中投入的本金就达4亿美元。并且按三方相关协议约定最低10%的投资收益率计算，每年产生的收益就高达0.4亿美元。因此，若这两家战略投资者实现退出，并进入上市公司，新潮集团对长电科技的控制地位将变得岌岌可危。

为此，新潮集团采取了一系列反制措施，尽最大可能寻求平衡。

一是为获得大基金和芯电半导体的资金支持，同意确保二者最低的投资收益率为 10%。

二是在换股进入上市公司的时间上做出区别对待。

对于大基金和芯电半导体所持长电新科的股份（这部分原始出资 2.5 亿美元），在进入时间上要求尽可能提前安排，最快可在完成对星科金朋的收购后即刻进行。这就限制了大基金和芯电半导体的投资收益水平，便于新潮集团在换股后仍可保留一定控制权。

但对于大基金所持长电新朋的股份，新潮集团则要求在收购完成后三年方能进行换股，大基金对长电新朋 1.4 亿美元借款也只能在完成收购后三年方能实施债转股，并且只能对借款本金部分进行转股，利息在转股前不予以支付，也不予以转股，在转股时采取一次性现金支付方式予以解决。这样操作，一方面，限制了大基金最终的换股额。如果能在收购完成后立即完成长电新科的换股，大基金最终注入长电科技的股本将不会超过 3 亿美元，与新潮集团现持有长电科技股份市值相当。另一方面，更重要的是，给了新潮集团三年的缓冲时间用于积累实力，也给了长电科技三年的成长时间。如果届时长电科技市值有了大幅增长，即使大基金换股，也不会对新潮集团的控股地位产生重大不利影响。

前文曾提及为收购星科金朋，收购主体 JCET - SC 除获得 6.6 亿美元股东资金支持外，还获得了 1.2 亿美元银行贷款支持。其实这笔 1.2 亿美元资金相对于大基金和芯电半导体的体量而言，犹如九牛一毛。或许把大基金和芯电半导体出资额控制在 4 亿美元以内，尤其是大基金的出资额控制在 3 亿美元以下，也是新潮集团的重要诉求之一。

三是允许大基金向长电科技派出董事，但要求最多只能派出 2 名，并且要求大基金最终在长电科技的持股比例不得超过新潮集团，并与新潮集团就长电科技的日常经营管理事项签署一致行动协议等。

对于新潮集团的反制措施，大基金和芯电半导体的反应既有相同之处，又有不同之处。正是二者的不同之处，揭示出大基金的下一步图谋。

二者的相同之处在于，若能通过换股方式进入上市公司，二者皆同意投资收益率按 10% 计算。若不能进入，则二者有权不经长电科技同意，向无关第三方（包括长电科技的竞争对手）出售相关企业股权，或由新潮集团无条件以现金方式收购。新潮集团现金收购时，需按 15% 投资收益率考虑，并且要获得相当于出资额 5% 的赔偿金（实质上是 20% 的投资收益率）。在换股时间上，则同意新潮集团的时间安排等。

不同之处在于，大基金进入长电科技的决心更加坚定。最主要体现在两个方面：

一是在长电科技董事会构成上，大基金在完成投资主体公司设立后即向长电科技派驻 1 名董事，并最高可加派至 2 名。芯电半导体则无此要求。二是同意与新潮集团就上市公司相关事项签署一致行动协议。这两个细节上的差异，充分彰显出大基金介入长电科技的决心。而在 2014 年 12 月底长电科技副董事长、总经理 2 名董事辞职无疑就是体现这种决心的前奏。

值得注意的是，大基金同意签署一致行动协议的范围仅是长电科技的日常经营事项。通常理解，企业的日常经营事项就是采购、生产和销售。而真正决定企业发展归属的，大都是非日常经营事项，如投资合作、增减股份等。从这个角度理解，如果大基金和芯电半导体都进入长电科技，万一三方在若干非日常经营事项上产生分歧，三者对决的局面又将会是如何呢？在股东结构非常分散的情况下，新潮集团尚能对长电科技保持绝对控制权。但在引入大基金、芯电半导体这两家具有相似背景的强势投资者后，新潮集团还能像以前一样得心应手吗？大基金是不是秉承着“小不忍则乱大谋”的理念来进行合作的呢？新潮集团为确保控制权不旁落的煞费苦心之举究竟是不是“螳臂当车，白费工夫”呢？或许，长电科技的控制权争夺之战，只是刚刚拉开帷幕而已。不过，现在可以预见的是，新潮集团也许会在完成对星科金朋的收购后尽快启动长电科技对大基金、芯电半导体两家投资者所持长电新科股权的收购动作，尽可能缩短注入时间，降低控制权争夺成本。

在经过你来我往，互相博弈后，合作各方取得暂时的平衡，对星科金朋的收购大战一触即发。

狼烟四起

星科金朋规模较大、业务区域广，长电科技对其进行收购需要获得各自股东的同意，涉及新加坡、中国台湾等地的重组审批，需要通过中国、美国、韩国等国家的反垄断审查。长电科技不得不在多条战线上同时展开行动。一时之间，狼烟四起。长电科技主攻的方向则指向了星科金朋及其股东。

第一步：星科金朋重组分立。

星科金朋总部位于新加坡，其控股股东是淡马锡的全资子公司 Singapore Technologies Semiconductors Pte Ltd（STSPL），持有 83.8% 股权。星科金朋在新加坡、韩国、中国上海和中国台湾经营四个半导体封装制造及测试工厂和两个研发中心，这些业务由 11 家公司承担运行（图 3.2）。

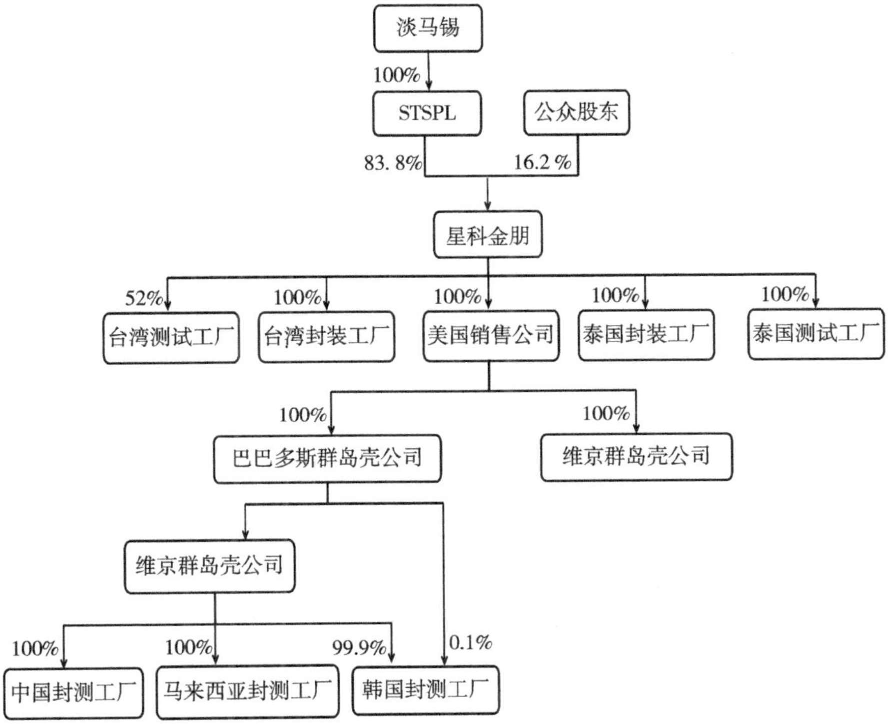

图 3.2　星科金朋股权架构

星科金朋对其所属的 11 家公司绝大部分持有 100% 股权。在这 11 家公司中，扣除 3 家壳公司，实际开展业务的只有 8 家，而 8 家公司中，泰国的 2 家公司、马来西亚的 1 家公司处于待关闭状态，只有 5 家处于正常经营。但就是这 5 家，又有 2 家位于中国台湾。正是这 2 家中国台湾公司的存在，使得长电科技在收购星科金朋时颇费一番周折。

按照我国台湾地区的要求，陆资企业不得以直接或间接方式投资控制我国台湾地区半导体相关行业企业。如果长电科技最终完成对星科金朋的收购，将会违反这一规定，因此不得不在收购完成前对这 2 家中国台湾公司予以剥离。长电科技采取的剥离方式是整合加分立（图 3.3）。

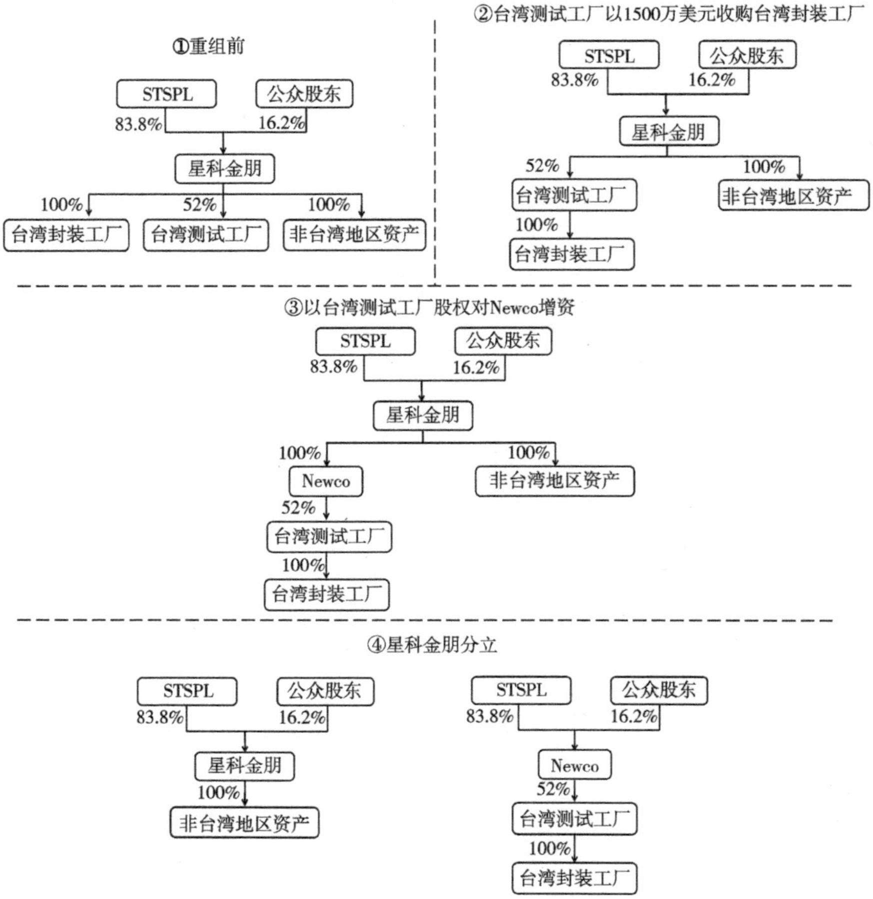

图 3.3　星科金朋整合分立过程

首先由持股 52% 的台湾测试工厂以现金方式收购持股 100% 的台湾封装工厂，收购对价为 1500 万美元。

其次星科金朋在新加坡设立一全资子公司 Newco，并将其所持 52% 台湾测试工厂的股权以增资扩股的方式注入 Newco，对价为 7412 万美元。

最后星科金朋以减资方式完成分立，即星科金朋向其现有股东按各自所持股比分配所持 Newco 股份，并辅之以 1500 万美元的现金选择权。星科金朋的股东既可以接受 Newco 股份，也可以选择以现金方式退出 Newco。与此同时，台湾封装工厂归还所欠星科金朋 1.27 亿美元债务。

通过上述操作，星科金朋被分成两家股东结构基本一致的公司。

星科金朋采取上述方式进行分立，应该是经过多方平衡之后做出的最优选择。

以台湾测试工厂收购台湾封装工厂股权，而不是采取相反路径，其主要目的是减少当期现金支出。台湾测试工厂的收购价为 1500 万美元，而在收购完台湾封装工厂装入 Newco 时台湾测试工厂估值为 7412 万美元，意味着星科金朋所持的 52% 股权价值在 6000 万美元左右。如果用台湾封装工厂收购，将会增加重组的现金成本。

更进一步来看，台湾测试工厂向星科金朋支付的 1500 万美元正好用于星科金朋分立时，向其股东提供现金选择权的资金来源。这一金额已能确保星科金朋分立成功。这是因为星科金朋大股东 STSPL 已承诺将选择接受 Newco 的股票。按照 7412 万美元估值，即使星科金朋其余 16.2% 的股东全部选择现金，也只需支付 1200 万美元。或许，这也是台湾测试工厂要现金收购台湾封装工厂的原因所在。

综观整个分立过程，星科金朋及其股东没有发生额外的现金支出，分立所需的现金由被分立的企业提供，但额度也控制得比较恰当，在其承受范围之内。并且通过分立，星科金朋还回收了 1.27 亿美元借款，变现了台湾工厂部分股权，现金流状况得以进一步改善，可谓一举多得。毫无疑问，星科金朋分立之所以能取得这样的效果，与持有其 83.8% 股权大股东的大力支持是分不开的。

第二步：获得星科金朋主要股东支持，发起全面要约。

在星科金朋内部重组如火如荼开展的同时，长电科技控制的 JCET - SC 向星科金朋的所有股东发出了要约（图 3.4）。要约的总交易对价为 7.8 亿美元，约合 10.26 亿新元，折合每股约 0.466 新元。若考虑星科金朋分立时向股东分配的台湾工厂股份，星科金朋股东获得的总收购对价为 0.519 新元/股。

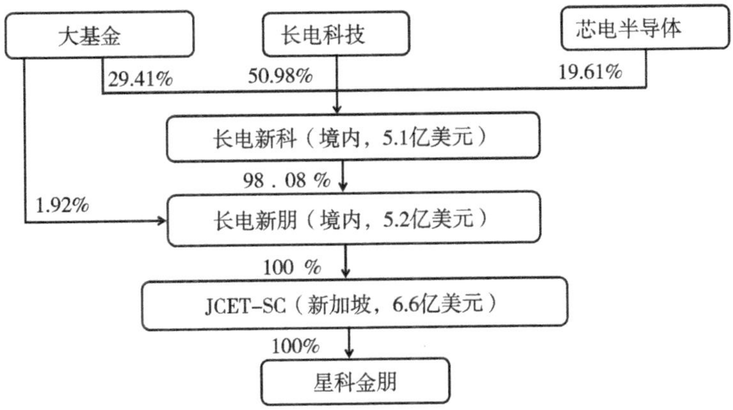

图 3.4　长电科技要约收购结果

同口径比较，截至 2014 年 12 月 19 日，星科金朋的收盘价为 0.435 新元/股，这意味着长电科技的要约收购溢价率为 19.3%，不到 20%；而 2014 年全年星科金朋的平均股价约为 0.571 新元/股，高于要约价。长电科技要约收购的溢价水平，与其他要约收购动辄 40%、50% 的溢价水平相比，溢价幅度显得相对较低。究竟是什么原因让长电科技有底气做出如此报价？

答案或许在星科金朋唯一大股东STSPL。STSPL持有星科金朋83.8%的股份，并且已经承诺接受长电科技的要约。而按照新加坡资本市场的规定，当长电科技通过要约获得星科金朋90%以上股份时，长电科技可行使强制购买权，即剩余10%股东即使不同意长电科技给出的要约价格，也不得不接受。这就意味着长电科技只需要再获得6.2%星科金朋股东的同意就可以完成要约收购，难度大大降低。

在长电科技完成对星科金朋的收购后，长电科技将成为星科金朋的唯一股东，星科金朋被私有化，并从新加坡资本市场退市。

第三步：债务重组。

在完成对星科金朋的收购后，长电科技紧接着准备对星科金朋进行债务重组，主要目的还是减轻星科金朋的债务利息支出。

从2012年到2014年9月，由于项目投资较多，星科金朋的资产负债率大幅攀升，从2012年的不足55%急剧上升到2014年9月底的64.14%，上升近10个百分点，并且在星科金朋26.32亿美元资产中，还有将近3.81亿美元的商誉。若将这部分金额不确定性较大的资产予以剔除，星科金朋的资产负债率将会上升到75%。在资产负债率弱化的同时，星科金朋的流动比率和速动比率也呈现不断走低的趋势。在债务绝对额上，截至2014年9月底，星科金朋长短期借款总额近11亿美元，较2012年净增约3亿美元，债务负担日益沉重，财务风险逐步扩大（表3.2）。

表3.2　2012—2014年9月底星科金朋资产债务情况

（单位：亿美元）

	2012年	2013年	2014年9月底
资产	22.69	23.78	26.32
负债	12.46	14.07	16.88
短期借款	0.51	0.38	0.73
长期借款	7.93	8.74	10.64
借款合计	8.44	9.12	11.37
资产负债率	54.91%	59.17%	64.13%
流动比率	1.57	1.12	0.97
速动比率	1.34	0.96	0.83

在债务负担加重的同时，星科金朋又遇到了行业技术进步带来的不利影响。为适应技术发展需要，星科金朋开展了工厂搬迁、新厂建设等大量资本性支出项目，并关停部分厂房，由此导致营业收入逐年下降、产能利用率下降致使折旧摊销等固定

成本较高情况的发生，其经营状况也逐步陷入困境，毛利率直线下降，净利润也从2012年盈利2000余万美元到2013年亏损近4000万美元（表3.3）。

表3.3　2012—2014年9月底星科金朋经营情况（单位：亿美元）

	2012年	2013年	2014年9月底
营业收入	17.02	15.99	11.79
毛利	2.88	2.18	1.34
净利润	0.24	-0.39	-0.19
毛利率	16.93%	13.63%	11.37%
产能利用率	75%	66%	—

按照长电科技的计划，在完成对星科金朋的收购后，将对两家公司的资源进行整合，比如将部分生产车间搬迁到大陆地区等，以图将星科金朋的技术积累和海外营销渠道两大优势与其自身的成本优势结合起来参与市场竞争。在做好战略谋划的同时，长电科技也对星科金朋开展了实实在在的整合工作，重点就是债务重组，主要包括以下两方面的动作。

一是向星科金朋控股股东STSPL发行永续证券，规模为2亿美元。在利率设计上，前三年每年单利4%，第四年起上升到8%，此后每年上升1%，最高12%。若星科金朋在第四年年初仍未偿还该永续证券，则该笔永续证券将转为复利计息。在长电科技对这笔2亿美元永续证券出具担保承诺的同时，星科金朋可将该证券作为权益类资产在其资产负债表中反映。

前三年每年4%的利率是什么水平呢？这个可与星科金朋之前发行的8.11亿美元优先票据利率进行比较得出结论。星科金朋在2011年发行了2016年到期的2亿美元五年期票据，票面利率为5.375%；在2013年发行了2018年到期的6.11亿美元五年期票据，票面利率为4.5%。此次STSPL接受的永续证券前三年的利率仅为4%，条件比较优惠。并且还能作为权益类资产反映在星科金朋资产负债表中，从而降低其资产负债率，有助于其信用评级。

二是通过新加坡星展银行进行债务重组。这又分成两个阶段：第一阶段是由星展银行提供总额8.9亿美元、为期半年的过桥贷款，用以置换星科金朋现有债务。截至2014年9月底，星科金朋计息债务总额在10.64亿美元左右，在STSPL解决2亿美元后，还有8.64亿美元左右的缺口，而星展银行提供的过桥贷款恰好可以弥补。根据双方签署的过桥贷款协议，星展银行的贷款利率为相应的美元LIBOR（伦敦同业拆借利率）加适用年利差。近期6个月的美元LIBOR不过才0.36%，加上同期适用年利差1.5%，过桥贷款利率也不高于2%，再加上安排费，8.9亿美元的资金成本也仅有3.35%。第二阶段则是在过桥贷款到期后，由星展银行出面协调组织银团贷款用以置换过桥贷款，星展银行则承诺将提供最高5亿美元的贷款。这笔贷款为期5年，不仅期限长，而且利率也采取相应的美元LIBOR+适用年利差3.7%加以确定（表3.4）。

表3.4　银团贷款利率情况

星科金朋评级	适用年利差	安排费（一次性支付）
Ba2/BB+	3.7%	贷款金额的1.2%
Ba3/BB		贷款金额的2.2%
B1/BB-		贷款金额的3.2%

从表3.4还可以看出STSPL所认购2亿美元永续证券计入权益类资产的意义所在。如果按8.9亿美元融资总额计算，在安排费支出上，星科金朋最高评级和最低评级相差2个百分点，而这个评级与资产负债率密切相关，降低资产负债率可能实现近1800万美元的成本压缩空间。而星科金朋2012年盈利时，净利润也不过才2400万美元。

综观长电科技收购星科金朋的全过程，从要约报价，到剥离中国台湾资产，再到债务重组，都离不开星科金朋控股股东STSPL的大力支持与配合。从某种意义上讲，STSPL在这场并购游戏中起着定海神针的作用，离开了STSPL的支持，长电科技将无法顺利实现并购的战略目的。至于STSPL为何会积极主动地配合协调，除了其自身战略上的考量之外，中国政府背景的大基金介入与淡马锡协调相关关系，或许在一定程度上也起着某些关键的作用。

至此，长电科技要约收购星科金朋的故事已接近尾声。中国排名第一，全球排名第六的长电科技一举将全球行业排名第四的星科金朋纳入囊中，长电科技在全球半导体行业的排名也进入前三，是一场扎扎实实的战略并购。

在这起并购案中，有许多地方仍然值得后来者继续研磨、推敲。比如，如何选取战略同盟、如何在联合投资者之间取得利益平衡等。此外，从并购技术层面而言，长电科技的收购项目还有两个地方比较独特，值得后来者借鉴。

一是在长电科技的收购报告书中，并没有已被A股投资者所熟知的业绩承诺及补偿措施条款。估计是星科金朋的原股东不愿意，也无法做出类似的承诺。不过，这或许是一个正常战略性并购行为应该具备的特点。

二是对星科金朋的估值并没有资产评估报告，而是以一份估值报告替代。虽然这份估值报告还显得比较“稚嫩”，但也暗含了未来A股并购市场的走向和趋势。估值理念、方式的转变将会成为以后并购交易趋势之一。

收购后消化不良，压力凸显

星科金朋经营能力较弱的现实，在长电科技收购时就已经体现出来。收购之后，似乎也没有得到改善。

其一，经营业绩趋于下滑，亏损额逐步扩大。2014 年年底星科金朋实现营业收入 88.52 亿元，亏损 2.14 亿元；到了 2016 年上半年，星科金朋实现营业收入 33.92 亿元，亏损 4.57 亿元。其同期毛利率也由 10.98% 急剧下降到 1.86%，盈利能力显著减弱（表 3.5）。

表 3.5　2014－2016 年 6 月星科金朋经营情况　（单位：亿元）

	2014 年	2015 年	2016 年 6 月底
营业收入	88.52	78.62	33.92
营业成本	78.8	71.61	33.29
营业利润	9.72	7.01	0.63
毛利率	10.98%	8.92%	1.86%
利润	－2.14	－13.0	－4.56

其二，现金流状况不断恶化，甚至可能断裂。从这几年的情况来看，星科金朋经营活动产生的现金流基本保持在每年 13 亿元左右，但已不能覆盖其投资、偿还借款等资金需求。目前维持经营的主要资金来源之一还是 2014 年所募集的 25.53 亿元借款，这些现金都在不断地被后续的还款、投资行为及经营亏损所吞噬。截至 2016 年 6 月底，星科金朋只有不到 3.3 亿元的现金余额，而在上半年就已流失现金 4.03 亿元。照此速度，仅依靠自身力量，星科金朋的现金流很有可能支撑不到年底（表 3.6）。

表 3.6　2014—2016 年 6 月星科金朋现金流情况　（单位：亿元）

	2014 年	2015 年	2016 年 6 月底
经营活动产生的现金净流量	14.2	12.76	5.93
投资活动产生的现金净流量	－28.89	－11.8	－6.26
筹资活动产生的现金净流量	14.66	－6.82	－3.85
现金净增加额	0.18	－5.95	－4.03
期末现金余额	13.29	7.33	3.3

其三，星科金朋的资产负债率实际已处于高位。从账面上看，截至2016年6月底，星科金朋资产负债率为63.54%，与2014年年底66.58%的资产负债率相比有所下降。但实际上，星科金朋被收购时有一笔向老股东发行的价值2亿美元（折合13.26亿元）的永续债。该笔永续债因其条款设计被列入星科金朋的权益类科目。如果将这笔必须偿还的永续债调整为负债，星科金朋的资产负债率将上升到73.13%，已经处于比较高的位置。

无论是从盈利情况还是从现金流情况来看，星科金朋都处于较为严峻的局面，其大部分盈利指标都没有得到显著改善。加上高资产负债率的约束，星科金朋自身融资能力也偏弱。尽管长电科技管理层认为，星科金朋亏损的原因有行业周期、大客户订单下滑及工厂搬迁等诸多因素，还需要进一步整合才能发挥出效益。但问题是，星科金朋的现金流能否支撑到那个“理想”的时刻？毫无疑问，星科金朋只有获得外部的支持方能渡过难关。

就在星科金朋急需股东支持的时候，长电科技过得也并不轻松，似乎也陷入了财务危机。

收购星科金朋时，为获得中国银行1.2亿美元贷款，长电科技几乎抵押了全部家当和优质资产（表3.7）。从这个角度来看，长电科技要为星科金朋提供新的贷款担保支持，空间或许已经不够。

表3.7　长电科技担保资产情况

序号	担保资产
1	不低于8亿元价值的机器设备抵押担保
2	以名下约18.8万平方米国有土地使用权抵押担保
3	4家核心子公司作为联合担保人
4	以7家子公司股权作为质押担保
5	长电科技至星科金朋控制链上涉及的中间层控股公司股权质押担保

收购完成后，长电科技的经营业绩更有可能使其难以获得利率优惠的贷款。

2016年6月底，长电科技资产负债率为77.38%，超过2014年年底63.12%的水平。并且，其资产负债率走高的趋势似乎在短期内难以得到扭转；而毛利率也几乎下降了一半，亏损额逐年扩大，从2014年盈利2.58亿元恶化为2016年上半年亏损2.54亿元。此外，长电科技的现金也在被慢慢吞噬，现阶段运营的主要资金来源还是依靠外部借款（表3.8）。

表 3.8　2014—2016 年 6 月底长电科技主要财务指标（单位：亿元）

	2014 年	2015 年	2016 年 6 月底
资产	109.02	255.59	286.43
负债	68.81	188.69	221.64
资产负债率	63.12%	73.83%	77.38%
营业收入	64.28	108.07	75.11
营业成本	50.7	88.8	66.59
营业利润	13.58	19.27	8.52
毛利率	21.13%	17.83%	11.34%
利润	2.58	-1.22	-2.54
经营活动产生的现金净流量	10.49	17.46	8.15
投资活动产生的现金净流量	-14.55	-62.10	-29.05
筹资活动产生的现金净流量	24.77	41.46	17.98
现金净增加额	20.76	-2.36	-2.62

在资产负债率高企、亏损额不断加大的情况下，长电科技获得外部借款的条件或许会越来越苛刻，只能不断通过盘活现有的资产进行自救。比如，长电科技正在对星科金朋的上海子公司实施搬迁，通过搬迁长电科技将会从政府手中获得不菲的土地处置收益。此外，长电科技还开展了一系列的售后回租、融资租赁业务，以应对财务风险。从最近半年数笔融资业务来看，长电科技不仅将固定资产、设备进行了租赁融资，甚至还将发明、专利等无形资产用来租赁融资，并且这些租赁业务的利率水平也在提高（表 3.9）。

表 3.9　长电科技融资性租赁业务情况

承租方	租赁方	金额	利率	时间	用途
长电科技及子公司长电先进	芯鑫融资租赁	14.3 亿元人民币	5.035%	2016.5	星科金朋和长电韩国的项目建设
长电科技控股公司长电韩国		5000 万美元	三个月美元 LIBOR+430BP		
长电科技及子公司长电滁州		8 亿元人民币	5.639%	2016.11	补充流动资金

为应对这些情况，长电科技于 2016 年 5 月启动了大基金、芯电半导体的退出工作，指导思想是利用上市公司平台。长电科技以发行股份的方式收购大基金持有长电新科、长电新朋的股权，收购芯电半导体持有长电新科的股权；同时，长电科技向芯电半导体单方发行股份募资 26.55 亿元。如此一来，星科金朋和 JCET-SC 的债

务压力大大减轻。

交易完成后，长电新科、长电新朋变为长电科技的全资子公司，同时大基金、芯电半导体成为长电科技的股东，分别持有其 21.19%、31.7% 股份，芯电半导体成为长电科技的第一大股东。长电科技收购星科金朋得以收官。截至 2019 年年底，长电科技实现营收 235.26 亿元，是 2015 年营收的 2 倍有余；资产负债率也从 73.83% 下降至 62.37%，走上正常的发展轨道。

在长电科技收购星科金朋时，不应该忽视大基金所起的作用。大基金对中国半导体企业的并购成长起到了非常关键的作用，长电科技获益匪浅，纳思达更是如此。

纳思达：杠杆狂潮下的自我救赎

经过多年的发展，中国的芯片业务早已不是当年的“吴下阿蒙”，一批优秀的芯片公司已经涌现，如实力足以和世界顶级半导体公司抗衡的华为海思、指纹芯片全球领导者汇顶科技（603160）等。

在诸多芯片类公司中，纳思达（002180）则显得比较独特。

2014 年，纳思达借壳万利达实现上市。借壳时，纳思达总资产为 4.4 亿元，营业收入 3.1 亿元，市值仅 28.5 亿元。截至 2019 年年底，纳思达总资产为 378.2 亿元，营业收入 233 亿元，市值近 340 亿元。

纳思达仅用 5 年时间就实现飞速增长的原因，主要在于频繁并购。

纳思达上市至今，资本运作项目多达 20 余起，涉及金额约 340 亿元，其中的两个“高光”项目至今都是纳思达的“骄傲”。

第一起是引入国家集成电路产业投资基金股份有限公司（以下简称大基金）。2015 年 6 月，纳思达通过募集重大资产重组配套资金的方式，引入了大基金。大基金出资 5 亿元认购 2440 万股，占 7.5 亿元募资总额的 2/3，交易完成后，成为纳思达第三大股东，持有其 4.29% 股份。此时距大基金成立尚不足 1 年时间。

大基金是肩负历史使命的国家级“标杆”投资者，主要投资半导体行业的企业。其所投资的标的，一般会被外界认为具备一定优势和发展前景，有较大“培养”前途。纳思达对成为大基金投资的第一家芯片设计类上市公司，也一直津津乐道。

第二起是 2016 年收购全球打印机巨头利盟（Lexmark）。2016 年，纳思达联合太盟投资、朔达投资（君联资本关联方）两家机构，利用股东发行可交换债、借款、资产担保、质押以及银团贷款等各种融资方式，以 40.44 亿美元的估值完成收购利盟。

为吞下这头资产规模超过自身 8 倍的“大象”，纳思达动用的收购杠杆倍数达到了 27 倍。如果考虑到隐含的股权融资杠杆，杠杆倍数实际上已经接近 40 倍。

收购完成后，纳思达的业务发生翻天覆地的变化，业务范围在原有的打印耗材、芯片基础上，增加了打印机业务，并从一家本土中小企业，一跃成为参与全球打印机业务竞争的国际化公司。但也是从这个时候开始，纳思达开始陷入诸多迷局。

杠杆狂潮

脱胎于 IBM 的利盟于 1995 年在纽交所上市，是传统的打印机生产与服务商，市场占有率位居全球前十，并拥有大量的核心专利。相较于纳思达，利盟的体量犹如一头“大象”。截至 2015 年年底，其总资产达到了 253.13 亿元，是纳思达的 8 倍有余；营业收入达到了 229.76 亿元，是纳思达的 11.2 倍。

二者不仅在规模上差异显著，而且从收购金额来看，纳思达为完成收购利盟耗资 261.65 亿元（约 40.44 亿美元），这一收购金额也远远超过其自身的资产规模和经营利润。

虽然如此，纳思达并没有退却，其底气来自自身的市值。收购前，纳思达市值约 278 亿元，不仅超过利盟的 23 亿美元（折合 160 亿元人民币）市值，而且也略超 261.65 亿元的收购对价。这意味着，纳思达完全可以用股权融资的方式“再造”一个纳思达。并且，由于其控股股东珠海赛纳打印科技股份有限公司（以下简称赛纳科技）持股比例达 68.74%，即使纳思达按自身市值规模进行再融资，赛纳科技的持股比例也只会下降到 39.37%，依然能保持控股地位。

但市场留给纳思达先行股权融资再行收购的时间根本不够。利盟早在 2015 年 10 月就已启动整体出售事宜，且有数十家意向受让方参与竞标。如果纳思达要启动大规模的再融资进行收购，需要履行一系列复杂的审批手续，市场机会很有可能稍纵即逝。纳思达的选择并不多，股权融资不行，剩下的就只有债权融资了。

从后续的收购交易架构设计，尤其是融资杠杆安排上看，纳思达可谓下足了功夫。

根据披露的信息，截至 2016 年 3 月，纳思达的货币资金约为 15.07 亿元，扣除日常经营所必需的资金外，只有 7 亿元（折合 1.08 亿美元）可作为现金出资，这与 40.44 亿美元收购对价存在不小的差距。为此，纳思达进行了颇为复杂的筹划，首先是搭建多层次的收购架构。

纳思达先联合太盟投资、君联资本（后变更为关联方朔达投资）两家机构在开曼设立了一家合资公司 Ninestar Holdings，其中纳思达持股 51.18%。紧接着，Ninestar Holdings 在开曼全资设立 Ninestar Group，后者又在美国特拉华州全资设立 Ninestar Lexmark（图 3.5）。

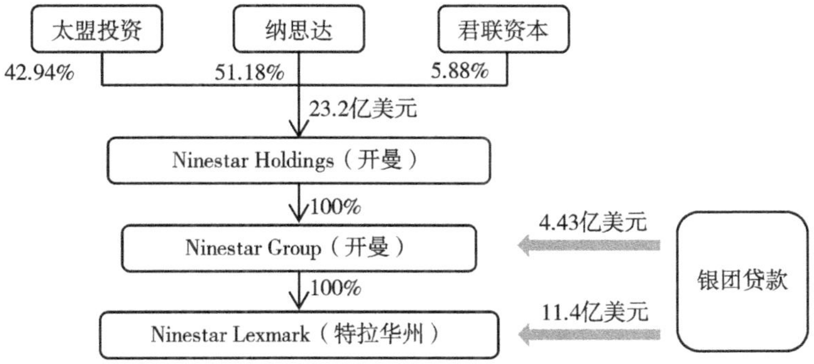

图 3.5　纳思达收购架构

为设立第一层的开曼公司 Ninestar Holdings，三家股东合计出资 23.2 亿美元，其中，纳思达出资 11.9 亿美元，太盟投资和君联资本分别出资 9.3 亿美元和 2 亿美元。如此一来，纳思达就通过自身 11.9 亿美元的出资首先撬动了 11.3 亿美元的投资机构出资，但这与 40.44 亿美元收购对价仍有着 17.24 亿美元的差距。

为弥补这一差距，以第二层公司 Ninestar Group 和第三层公司 Ninestar Lexmark 为主体，从中国银行和中信银行获得了 15.83 亿美元的并购贷款承诺函，其中 Ninestar Group 获得 4.43 亿美元，Ninestar Lexmark 获得 11.4 亿美元。此时，纳思达的债务杠杆比例大致在 1∶1.33。

为获得这两笔贷款业务，纳思达不仅提供了担保，而且还把其在第一层开曼公司的股权以及利盟的资产进行了质押。经此设计，纳思达基本解决了收购的资金缺口问题，以实际出资 11.9 亿美元撬动了 27.13 亿美元的资金完成收购。

但纳思达 11.9 亿美元出资中，自身只有约 1 亿美元的出资实力，剩下的 10.9 亿美元又如何筹集呢？背后实际是控股股东塞纳科技的借款支持。

赛纳科技向纳思达借款 10.9 亿美元，以此解决纳思达收购资金缺口问题。由此算来，纳思达在此次并购中，实际出资只有 1 亿美元，其余资金全部由借款或其他股东投入构成。在扣除太盟投资、君联资本 11.3 亿美元的股本投入后，纳思达为完成收购所进行的债务融资规模达 26.73 亿美元（股东借款 10.9 亿美元，银行融资 15.83 亿美元），纳思达实施收购的债务杠杆比例实际上达到了1∶27左右。

但赛纳科技给纳思达的借款也基本不是自有资金，而大部分是从外部获得的借贷资金。

根据公开信息，截至 2016 年 3 月底，赛纳科技的货币资金约为 19.45 亿元，其中 19 亿元可借与上市公司，约合 2.94 亿美元。对于还有约 7 亿美元的资金缺口，赛纳科技采用了当下比较热门的 EB（可交换债）的融资方式。

赛纳科技共持有纳思达 6.85 亿股，截至 2016 年 9 月，共质押了 4.63 亿股。其中，

2016年7月21日质押1.4亿股，发行“16塞纳01”可交换债，募资29.7亿元；2016年8月30日质押1.5亿股，发行“16塞纳02”可交换债，募资30.3亿元，共计募得约60亿元资金，用于向纳思达提供借款。纳思达的收购资金问题因此得以解决。

但1:27的杠杆还只是表面。实际上，纳思达面临的杠杆可能会更高，原因就在于太盟投资和君联资本的股本投入，或有些明股实债的味道。

纳思达与太盟投资等签署的Ninestar Holdings《股东协议》中有一系列安排，其中最关键的是投资机构退出的条款。

根据约定，太盟投资等机构有权要求纳思达从2020年1月1日起收购其在Ninestar Holdings所持的权益，且纳思达没有拒绝的权利。在收购价格上，双方约定为利盟的13倍PE值或10倍EBITDA值的较高者。这也就是说，纳思达在完成对利盟收购3年之后就需要落实投资机构的退出问题。如果在收购完成后6年内还不能解决退出问题，太盟投资等机构就有权要求纳思达按10%的年化收益率收购其所持Ninestar Holdings的权益。

双方还进一步约定，如果纳思达不能按既定的条款回购股权，将触发领售权条款，这将意味着一旦太盟投资等机构向第三方出售股权时，纳思达将不得不按照同样的价格与条件跟随出售，从而失去对利盟的控制权。

根据这些约定，纳思达在未来将面临三种情形。

其一，利盟在被收购后3年内经营业绩良好，纳思达就可以通过非公开发行的方式，按双方约定的价格收购太盟投资等机构所持Ninestar Holdings的权益。

其二，如果未能完成少数权益注入上市公司的目标，纳思达就得按10%的年化收益率收购太盟投资等机构所持权益。

其三，如果纳思达最终不能完成收购，将触发领售权条款，纳思达将不得不与投资机构一道出售利盟的股权。

显然，这些约定在最大程度上确保了投资机构的收益，而投资机构的退出问题将是纳思达不得不考虑的事项。对双方而言，最好的结局是从A股市场变现退出，最坏的结局则是纳思达失去对利盟的控制权。而处于二者之间的是，纳思达按10%的年化收益率收购投资机构所持股权。

若届时纳思达不得不按固定收益率进行收购，那么太盟投资等机构的出资便是明股实债的贷款。从这个角度而言，在这场耗资40.44亿美元的收购中，纳思达的自有资金出资仅有1亿美元，其余约39亿美元几乎全部依赖于杠杆融资所得，杠杆倍数接近40倍。

从整个融资方式来看，纳思达可谓使出了“洪荒之力”，各种融资手段一齐上阵：既有股东借款，又有联合PE机构进行投资；既有担保，又有质押；既有银团贷款，又有股东发行可交换债。从上市公司到股东，甚至是到并购标的利盟，都被套上了债务枷锁。

化解债务压力的“棋眼”

为偿还并购利盟所背负的巨款，纳思达制订了详细的还款计划。纳思达计划在2022年前偿还约90亿元借款，在2022年后偿还约70亿元，合计约160亿元。在2022年前偿还的90亿元借款中，重点是偿还88.5亿元银团贷款和应付债券，只偿还股东及联合投资者1.5亿元（表3.10）。

表3.10　纳思达的偿债计划　（单位：亿元）

偿还年度	股东及联合投资者借款	银团贷款	应付债券	合计
2018年	1.5	9.46	—	10.96
2019年	—	17.38	—	17.38
2020年	—	8.58	22.87	31.45
2021年	—	12.85	—	12.85
2022年	—	17.12	—	17.12
2022年以后	36.04	34.32	—	70.36
合计	37.54	99.71	22.87	160.12

纳思达的偿债计划包含非常丰富的信息，如不必全部偿还因并购发生的256亿元借款，计划保留部分借款作为资金周转，以发挥财务杠杆作用；赛纳科技、太盟投资、朔达投资3家捆绑处理，2022年前偿还部分借款，剩下部分如何处理，将在2022年，也就是完成对利盟收购后的第六年再行协商等。

实际上，纳思达的偿债情况远好于其计划。

截至2019年年底，纳思达有息债务122亿元，较2016年年底的260亿元，减少138亿元。纳思达主要依靠三个方面措施实现这一效果。

一是将出售利盟ES业务所获得的13.2亿美元（折合约90亿元人民币）用于偿还债务。

纳思达收购利盟时，为获得CFIUS审查通过，同意将利盟的ES业务予以剥离出售。2017年，纳思达将此项业务以13.2亿美元价格出售给美国PE机构Thoma Bravo，并将所得偿还了9亿美元银团贷款和4亿美元股东、联合投资者借款，其中偿还赛纳科技约2亿美元（折合13.6亿元人民币）。仅此一项，就超前完成了2022年前的偿债计划。

二是政府退税。2017—2018年，纳思达分别收到退税款2.23亿元、9.46亿元，合计11.69亿元。

三是成本控制。2017—2019年，纳思达经营活动产生的现金流入分别是234.11亿元、224.15亿元、233.69亿元，差别不大。但同期，经营活动产生的现金流出分别是230.18亿元、202.56亿元、207.07亿元，2018—2019年的现金流出累计减少近60亿元。这主要得益于人工等各种成本费用的控制，所结余的现金被用于偿还债务。

从上述情况来看，截至目前，纳思达的债务问题已得到部分解决。对于现存122亿元债务的构成，笔者判断可能大致是：股东赛纳科技借款约30亿元、联合投资者的债务约30亿元，以及银团贷款约60亿元。

受益于债务问题的缓解，2018年纳思达实现利润7.62亿元，较2017年亏损29.71亿元，增加盈利约37亿元，其中因财务费用减少就贡献了约12亿元利润。2018—2019年，纳思达的EBITDA也分别达到了29.7亿元、37.2亿元。

尽管如此，赛纳科技和联合投资者还有约60亿元债务需要偿还，尤其是考虑到赛纳科技是通过发行可交换债进行的融资，定向增发是联合投资者重要的投资通道选项，纳思达维持其股价的稳定，或者保持股价处于上升阶段，将对其偿还债务极为有利。否则，一旦股价下跌，可交换债的持有人将会要求赛纳科技赎回债券，联合投资者也无意将债权换成股权。

纳思达维系股价的立足点可能在于两个方面，一是强化其芯片热门题材概念；二是大基金作为其股东继续存在，以作为芯片概念股的背书。但纳思达究竟是不是一家芯片公司呢？

芯片设计 VS 打印机

现在的纳思达，究竟是一家芯片设计公司，还是一家打印机公司？这个本来比较清晰的概念，在诸多说法影响之下，似乎越来越模糊。比如，在回答投资者的提问时，纳思达认为，自身是一家具备国内领先水平的“头部”芯片公司。事实究竟如何？笔者从其业务收入构成、行业地位及未来前景三个方面进行分析，以图给出一个清晰的概念。

收入占比极低的芯片业务

收购利盟前，纳思达以打印耗材和芯片两大业务为主，打印耗材主要包括墨盒、硒鼓、碳粉等产品；芯片主要包括应用于墨盒、硒鼓等打印耗材之上的识别和记录存储芯片。在芯片生产模式上，纳思达采用的是Fabless模式，即自身主要负责芯片的设计、研发和销售，相关的制造、封测等则采取委托加工方式完成。

截至2015年年底，纳思达实现营业收入20.49亿元，其中打印耗材业务实现收入13.05亿元，占比约64%；芯片业务实现收入4.43亿元，占比21.63%。纳思达所生产的芯片，主要靠规模和走量获得收入，应用领域主要集中在打印耗材。此时的纳思达更像是一家打印耗材生产商。

21.63%已是近5年纳思达芯片业务收入的最高占比。2015年后，纳思达芯片业务不仅收入占总营收的比重呈直线下降趋势，并且自2016年开始，纳思达芯片业务收入的绝对值在因收购利盟而出现短暂上升之后，也开始掉头向下。截至2019年年底，纳思达芯片业务实现收入6.32亿元，仅占232.96亿元营收的2.71%（图3.6、图3.7）。此时，纳思达主要收入来源变成了打印机业务。2019年，纳思达打印机业务实现收入168.03亿元，占总营收的72.13%。

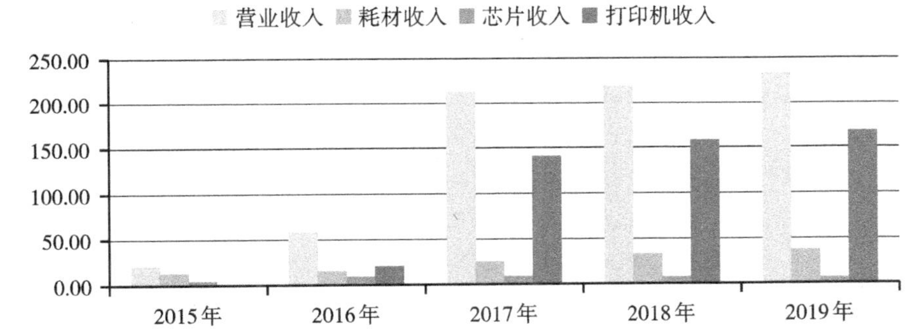

图3.6　2015—2019年纳思达收入构成情况（单位：亿元）

也就是说，从2015年借壳上市至今，纳思达收入的主要来源与芯片业务关联程度较弱，现在已有九成以上收入来自打印机及其耗材，芯片业务收入贡献度相对较低。并且纳思达研发的芯片，主要是用在打印机及其耗材之上，应用领域受限且对外销售规模日益萎缩。

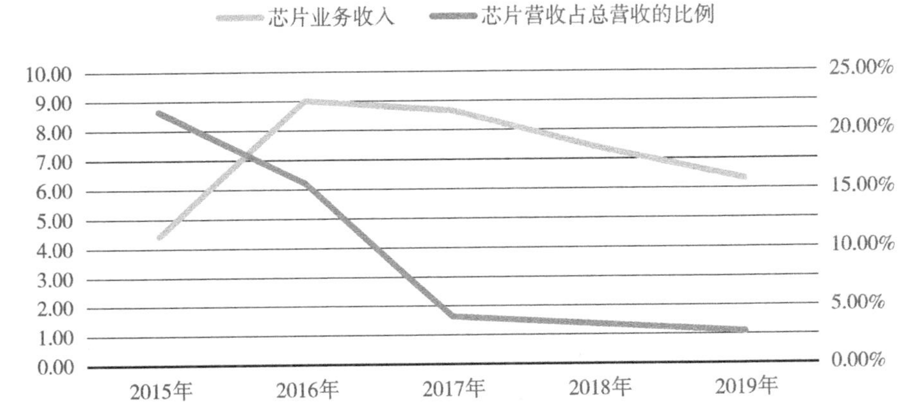

数据来源：纳思达年报

图3.7　2015—2019年纳思达芯片业务收入变化情况（单位：亿元）

纳思达的收入构成情况，是其独有，还是芯片设计类上市公司的共性？

根据笔者初步统计，A股市场目前约有36家与芯片设计相关的上市公司，因其中的闻泰科技完成收购安世半导体的时间不长；万盛股份于2019年8月出资1亿元受让匠芯知本2.18%的股权，刚介入芯片领域（匠芯知本持有硅谷数模半导体100%股权）；以及中科曙光、斯达半导、紫晶存储3家上市公司没有披露芯片业务收入，以下的计算结果只考虑了31家上市公司。

从2019年芯片业务收入占总营收的比重来看，31家上市公司的合计值为58.44%，其中，全部来自芯片设计业务的有8家；占比50%~100%的有15家；二者合计23家，占31家上市公司的74.2%。也就是说，将近八成自我定位为以芯片设计为主业的上市公司，其芯片业务收入占总营收的比重都超过50%。

剩下8家上市公司中，有3家芯片业务收入超过30%，3家超过10%，这样的收入构成，也可认为芯片业务是其主业之一。

剩下的2家上市公司是晓程科技与纳思达。二者芯片业务收入占营收的情况相似，占比都不到3%，但晓程科技业务发展的着力点明确是太阳能发电和智能电表业务，芯片只是其配套产业（表3.11）。

表3.11　2017—2019年中国IC设计上市公司芯片业务收入占比

（单位：亿元）

公司名称	2017年		2018年		2019年			年均收入增长率
	收入	毛利率	收入	毛利率	收入	毛利率	占收入比重	
汇顶科技	36.79	47.15%	37.15	52.20%	64.68	60.42%	100%	25.27%
晶晨股份	16.9	35.19%	23.69	34.81%	23.57	33.93%	100%	13.16%
全志科技	12.01	39.12%	13.65	34.20%	14.63	32.61%	100%	7.27%
博通集成	5.65	34.03%	5.46	39.30%	11.75	36.25%	100%	35.99%
晶丰明源	6.94	22.04%	7.66	23.14%	8.73	22.84%	100%	8.60%
圣邦股份	5.32	43.43%	5.72	45.94%	7.92	46.88%	100%	16.29%
国科微	4.12	40.40%	4	41.66%	5.43	46.86%	100%	10.60%
聚辰股份	3.44	48.53%	4.32	45.87%	5.13	40.78%	100%	16.38%
兆易创新	20.27	39.17%	22.43	38.24%	32.02	40.52%	99.98%	19.32%
中颖电子	6.86	43.05%	7.58	43.84%	8.33	42.21%	99.82%	7.14%
富瀚微	4.34	46.72%	4.12	41.94%	5.21	37.03%	99.73%	6.68%
富满电子	4.4	28.61%	4.96	28.81%	5.95	22.50%	99.50%	11.74%

续表

公司名称	2017 年		2018 年		2019 年			年均收入增长率
	收入	毛利率	收入	毛利率	收入	毛利率	占收入比重	
澜起科技	9.34	65.84%	17.49	70.82%	17.21	74.82%	99.06%	28.09%
瑞芯微	12.42	34.58%	12.62	39.60%	13.83	39.67%	98.26%	3.78%
*ST 盈方微	0.9	3.45%	0.08	3.25%	0.04	-18.66%	97.20%	-31.85%
卓胜微	5.79	54.97%	5.54	51.17%	14.63	52.33%	96.73%	50.89%
北京君正	1.71	32.86%	2.44	36.92%	3.25	37.44%	95.87%	30.02%
东软载波	8.59	56.62%	9.7	50.32%	7.85	50.89%	94.78%	-2.87%
紫光国微	16.64	34.64%	22.97	31.05%	32.43	36.74%	94.55%	31.63%
韦尔股份	7.21	34.19%	8.31	33.46%	113.59	31.03%	83.56%	491.82%
景嘉微	2.45	78.73%	3.11	76.29%	4.27	67.44%	80.45%	24.76%
乐鑫科技	1.84	58.63%	3.19	55.61%	5.21	50.33%	68.74%	61.05%
上海贝岭	2.99	29.65%	4.74	30.63%	5.73	33.93%	65.22%	30.55%
国民技术	4.95	36.30%	3.52	30.77%	1.75	34.45%	44.42%	-21.55%
大唐电信	11.48	41.84%	10.92	34.97%	5.55	43.18%	38.83%	-17.22%
士兰微	10.58	28.20%	9.63	30.19%	10.37	23.30%	34.13%	-0.66%
欧比特	1.28	37.53%	1.58	42.83%	1.17	53.31%	13.73%	-2.86%
睿创微纳	0.57	74.52%	1.08	77.45%	0.88	66.37%	12.89%	18.13%
海特高新	0.04	16.19%	0.25	34.90%	0.89	49.50%	10.99%	708.33%
纳思达	8.67	81.35%	7.38	82.26%	6.32	70.24%	2.71%	-9.03%
晓程科技	0.36	26.78%	0.28	49.05%	0.03	58.11%	2.53%	-30.56%
合计	234.85	42.63%	265.57	43.19%	438.35	41.88%	58.44%	28.88%

纳思达究竟是不是一家以芯片设计为主业的公司？答案已经非常清楚。

与行业先进水平差距日益扩大

纳思达生产的芯片，一部分对外销售，另一部分自用。2017—2019 年，纳思达芯片业务板块实现收入分别为 14.4 亿元、14.04 亿元、12.97 亿元（预计为对外销售和自用之和），整体呈下降趋势，毛利率和对外销售比例也逐年降低。这似乎意味着纳思达芯片业务的市场竞争力越来越弱（表 3.12）。

表 3. 12　2017—2019 年纳思达芯片业务经营情况　（单位：亿元）

	2017 年	2018 年	2019 年
营业收入	14. 4	14. 04	12. 97
对外销售	8. 67	7. 38	6. 32
对外销售占比	60. 18%	52. 59%	48. 69%
营业成本	4. 53	4. 11	4. 2
营业利润	9. 87	9. 93	8. 77
毛利率	68. 54%	70. 73%	67. 62%

不仅如此，与国内集成电路（IC）芯片设计类的先进企业相比，纳思达的差距也是日益扩大。

2017 年至 2019 年，中国十大 IC 设计企业的入围门槛（营业收入）分别是 18. 3 亿元、30 亿元、48 亿元，逐年提高。

在规模扩张的同时，IC 设计行业的集中度也在不断提高。前十大 IC 设计公司收入之和占行业总收入的比重，从 2017 年的 41. 66% 提高至 2019 年的 50. 1%（表 3. 13）。集中度不断提高，意味着行业整合已拉开序幕。

在这样的背景下，纳思达的发展似乎有些滞后。2017 年至 2019 年，纳思达芯片业务板块实现的收入较入围门槛分别相差约 4 亿元、16 亿元、26 亿元，差距越来越大。纳思达芯片业务收入逐年下降的走势，也与华为海思、韦尔股份、紫光展锐、豪威科技等行业领头企业的发展趋势截然相反。

表 3. 13　2017—2019 年中国十大 IC 设计企业收入情况（单位：亿元）

序号	2017 年	2018 年	2019 年
1	387（华为海思）	501. 18	842. 7
2	110. 5（紫光展锐）	111	120
3	90. 5（北京豪威）	100	113
4	76（中兴微电子）	61. 4	85
5	52. 3（华大半导体）	60. 13	77
6	36. 79（汇顶科技）	60	76
7	25. 1（北京硅成）	42. 34	72. 5
8	20. 27（兆易创新）	35. 1	66
9	18. 9（格科微）	35	57. 7

序号	2017 年	2018 年	2019 年
10	18.3（紫光国微）	30	48
合计	835.66	1036.15	1557.9
占行业收入比例	41.66%	40.21%	50.1%
纳思达收入	14.4	14.04	12.97

数据来源：集邦咨询、中国半导体行业协会，出于保密等原因，中国半导体行业协会未公布 2018 年、2019 年的企业具体名单

与前述 31 家 A 股芯片设计类上市公司相比，纳思达的发展也是落后的。31 家上市公司 2017 年的芯片业务收入之和约 235 亿元，2019 年约 438 亿元，3 年平均增长率为 28.88%，但同期纳思达的收入反而在下降，年均降低 9.03%。

因此，从同行业比较来看，2017 年前，纳思达在芯片设计领域尚且具备一定的影响力（销售收入接近当年十大 IC 设计企业的入围门槛）。但近两年，随着同行的快速发展，纳思达的影响力和行业地位逐步降低，销售收入也随之逐年降低，芯片业务越来越像是打印机业务的配套产业。

不过，纳思达发展芯片业务的决心非常大，其瞄准物联网，发力 MCU（Micro Controller Unit，微控制单元，又称单片机）芯片。

发展 MCU 胜算几何

MCU 芯片的应用范围非常广，几乎无所不在，小到电子表、手环、手机、各种卡片，大到冰箱、空调等家电，以及汽车、各种工业自动化设备等，都能用到。虽然 MCU 芯片几乎覆盖了现代生活的方方面面，但其技术含量有高有低。MCU 并不是高端芯片的代名词。

发展至今，MCU 芯片产业链非常成熟，行业格局已经成型，欧美、日本和中国台湾厂商通过早期技术先发优势，主导着全球 MCU 市场，形成三足鼎立之势。并且从 2015 年开始，为争夺市场份额，布局物联网，MCU 主要厂商之间发生了数起大规模并购，如恩智浦以 118 亿美元收购飞思卡尔、英飞凌以 100 亿美元收购赛普拉斯等，行业集中度进一步提高。目前，全球前十大 MCU 厂商中，没有一家大陆地区公司。

中国市场的现状是中低端 MCU 芯片市场已经饱和，竞争非常残酷，但高端的芯片，如工业控制芯片等，高度依赖进口。从市场格局来看，前十大供应商中，中国大陆企业只有中颖电子、兆易创新两家，二者市场份额合计不足 5%，中高端市场被瑞萨电子、飞思卡尔、意法半导体等境外厂商牢牢主导（图 3.8）。

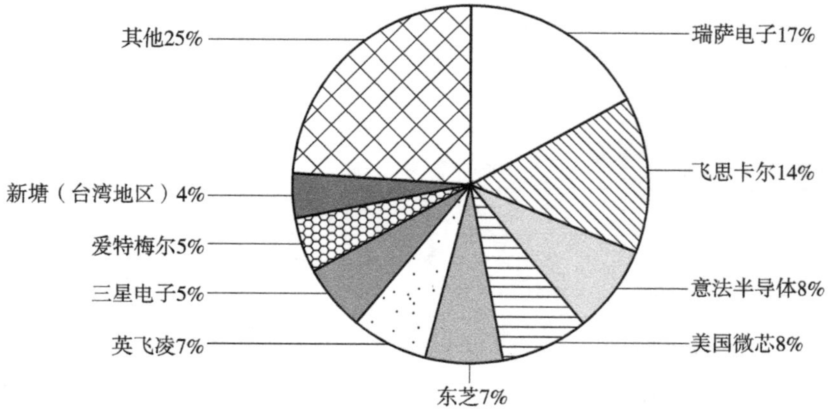

数据来源：《MCU 芯片市场研究》

图 3.8　2019 年中国 MCU 芯片市场格局

诸多国内企业正在努力实现国产替代，以图改变这一局面。这方面的领先企业有华为海思、兆易创新、北京君正等公司。

纳思达也决心参与其中，其效果如何呢？这可以从纳思达每颗芯片所实现的销售收入来分析。

2019 年，纳思达芯片出货总量约 3.73 亿颗，同比增长 15%。其中，32 位“高端”MCU 芯片出货 2.13 亿颗，同比增长 188%，并占芯片出货量的 57% 以上。2019 年，纳思达芯片业务板块实现收入 12.97 亿元，折算到每颗芯片的售价约 3.47 元。

据台湾地区半导体协会统计，2019 年全球芯片销售总量为 9320 亿颗，平均每颗芯片售价为 0.442 美元，折合 3.13 元人民币。也就是说，纳思达所生产芯片的售价水平仅比全球芯片平均售价水平高 10.86%，这样的价格，很难说是高端产品。

以打印机 SoC 和 NFC 等消耗型芯片为主，靠走量取胜的纳思达能在新的领域获得突破吗？

不管最终结果如何，现在的纳思达似乎更可以被定义为：一家配套打印机及周边芯片业务，并试图在 MCU 高端芯片领域有所发展的打印机制造商。

从近年并购看，纳思达的落子也着重于打印机业务领域。

高歌猛进的并购

根据笔者统计，自 2015 年借壳上市后，纳思达的资本运作项目多达 24 起（表 3.14），涉及金额约 340 亿元。

就 340 亿元的交易金额来看，最大的部分首先是打印机业务方面的收购，金额 199.1 亿元，占比 58.6%；其次是收购利盟时，应美国外国投资委员会（CFIUS）要求，剥离利盟软件业务（ES）所发生的13.2亿美元（折合人民币90.38亿元）交易，占比26.7%；最后是耗材相关项目的投资，金额40.48亿元，占比11.9%。三者之和达到97.2%。

至于芯片业务，纳思达的运作非常有限，金额仅8.6亿元，而且大部分交易是围绕珠海盈芯这个平台，在几家关联方之间转手，不仅没有太多增量，而且还引起了市场争议。比如，纳思达承诺以不低于7亿元的估值水平，收购或未来分5年收购珠海盈芯其他股东所持全部股权等。

表3.14 2015年至今纳思达主要并购情况 （单位：亿元）

并购时间	并购标的	并购方式	收购对价	标的所处行业	备注
2015.7	美国SCC公司100%股权	现金收购	0.63亿美元	耗材	
2015.7	中科金桥科技25%股权	现金出资	0.025	私募基金管理公司	
	中科金桥集成电路产业投资合伙企业	现金出资	0.575	投资	
2015.7	香港晟碟100%股权及Doll Geb Chen Zhong You打印机耗材芯片资产	现金收购	3.98	芯片	
2015.9	赛纳科技全部经营性资产、持有经营耗材业务的6家子公司股权及承担债务	发行股份收购	22.5	耗材	大基金以认购重大重组配套资金方式，成为纳思达的股东
2015.10	珠海盈芯55%股权	现金出资	0.35	芯片	珠海盈芯持有杭州朔天科技100%股权
2016.3	纳思达微电子3.33%股权	现金收购	1.18	芯片	收购前，纳思达已持有纳思达微电子96.67%股权
2016.4	Ninestar Technology 100%股权	现金收购	185万美元	耗材	与实际控制人的关联交易
	Nihon Ninestar 100%股权	现金收购	2港元		关联交易，标的净资产为负
2016.11	利盟100%股权	现金收购	27亿美元	打印机	与太盟投资、朔达投资联合收购，纳思达持有收购主体51.18%股权
2017.4	拓佳科技51%股权	现金收购	2.04	耗材	
	欣威科技51%股权		2.22		
	中润靖杰51%股权		1.3		

续表

并购时间	并购标的	并购方式	收购对价	标的所处行业	备注
2017.5	出售利盟 ES 业务	现金出售	13.2 亿美元	软件	
2017.5	非公开发行	募集资金	14.32	打印机及其耗材	两个打印机相关项目投资 11.7 亿元，耗材相关项目投资 2.63 亿元
2017.12	托管珠海奔图	—	—	打印机	与实际控制人的关联交易
2018.11	受让珠海盈芯 42.75% 股权	现金收购	2.99	芯片	在珠海盈芯估值 7 亿元前提下，收购两名现有股东全部股权
	转让珠海盈芯 7.75% 股权	现金出售	0.0775		两个受让方为纳思达员工持股平台（芯领者、芯和恒泰），同样承诺在估值 7 亿元前提下，分 5 年收购全部股权
2019.4	联想图像 10% 股权	现金增资	0.17	打印机	
2019.8	受让珠海盈芯 1% 股权	现金收购	0.07	芯片	溢价 7 倍收购，转让方为芯和恒泰
2019.12	让渡纳思达打印 21.1% 股权	现金增资	2.34	打印机	增资方为珠海国企科创恒瑞，与纳思达与珠海高栏港经济区的激光打印机项目合作相关
2020.3	拓佳科技 49% 股权	拟发股份收购	2.14	耗材	标的股东于 2020 年 5 月提出退出交易
	欣威科技 49% 股权		1.96		
	中润靖杰 49% 股权		1.25		
合计			339.18		

其中美元与人民币的汇率按照 1∶6.85 计算

从纳思达资本运作情况来看，其对芯片业务的关注程度比较低，这与其芯片设计类公司的定位不太相符。

偿债逻辑和背后的赢家

纳思达偿债虽然取得阶段性成果，但过程却并不轻松，关键的原因在于两个方面：一是收购时利盟的盈利状况并不乐观，纳思达收购后能否改进其盈利表现，存在不确定性，由此需要高度重视债务接续工作；二是赛纳科技提供借款的资金来源主要是通过发行 EB 解决，如果纳思达股价表现不佳，赛纳科技有可能要耗费巨资赎回 EB，从而引发债务危机。

纳思达要确保顺利偿债，必须立足两点——盈利和股价。纳思达和利盟的经营状况必须健康或有改善迹象，能支撑债务本息偿还和债务接续；纳思达的股价必须稳健，以确保其股东赛纳科技可交换债的安全，如顺利换股；以及确保赛纳科技通过不断发债、股权质押等方式继续提供借款，直至纳思达归还完毕。同时，稳健的股价也能吸引太盟投资、朔达投资选择以换股方式退出。

就盈利而言，纳思达近 3 年业绩表现不错，从 2017 年亏损 29.62 亿元，到 2018—2019 年分别盈利 8.04 亿元、11.71 亿元，实现扭亏为盈；毛利率也从 26.59% 攀升至 35.53%。就打印机板块业务而言，2017—2019 年收入逐年提高，分别是 140.73 亿元、157.71 亿元、168.03 亿元，毛利率近两年保持在 35% 左右。

随着盈利的改善，纳思达的资产负债率也从 2016 年的 91.55% 下降至 2019 年的 74.64%，4 年时间降低了 16.91%。

值得注意的是，截至 2016 年年底，纳思达资产规模达 526.78 亿元，负债为 482.27 亿元，体量比较庞大。其资产负债率能在 4 年内快速下降，除了有盈利支撑之外，美国税改的政策红利也起到关键作用。

2017 年 12 月，美国通过税改法案。新的法案不仅把利盟适用的联邦税率从 35% 下调至 21%，而且还使利盟具备了消化以前年度积累的递延所得税负债的能力（以后要交的税可以不交）。

截至 2017 年 9 月底，纳思达递延所得税负债为 71.64 亿元。根据新的法案进行调整后，到 2017 年年底，纳思达的递延所得税负债只剩下 18.51 亿元，减少约 53 亿元。根据会计恒等式，纳思达相应调减商誉、递延所得税资产等资产科目，调减约 20 亿元（递延所得税负债减少，企业公允价值随之提高，商誉相应减少），同时调增资本公积等权益科目，调增约 33 亿元。纳思达的资产负债率也就从 2017 年 9 月底的 91.15% 快速下降至年底的 79.87%。

尽管如此，纳思达仍有隐忧。

纳思达最大的隐忧在于商誉和无形资产余额过高。截至 2019 年年底，纳思达 378.19 亿元总资产中，商誉为 130.22 亿元，无形资产为 71.54 亿元，二者合计 201.76 亿元，占比超过 50%。这两项资产主要是收购利盟而来。扣除这两项资产后，纳思达的资产只有 176.43 亿元，低于 282.29 亿元负债。可见，利盟经营状况的好坏，将直接决定纳思达的“生死”。

纳思达在 2016 年完成对利盟的收购后，利盟一直处于亏损状态，直至 2019 年方才扭亏为盈，实现 1 亿元净利润。但相较于其 179.6 亿元销售收入而言，1 亿元的净利润显得极为微薄，足见利盟的盈利能力和基础还比较脆弱。

除此之外，纳思达的经营数据有一个疑点——芯片业务异乎寻常的高毛利率。

纳思达的芯片业务，无论是对外销售部分，还是整体，都有着不菲的、远超大多数同行的毛利率水平。比如，2017—2019 年，其对外销售的芯片毛利率分别为 81.35%、82.26%、70.24%，高于大多数同类上市公司 41.88% 的行业毛利率。能与纳思达盈利能力相媲美的只有澜起科技、景嘉微、睿创微纳 3 家上市公司，其中后两家上市公司具有军工背景。

如前文所述，纳思达每颗芯片的平均售价是 3.47 元，仅高出 3.13 元/颗的全球市场平均售价 10.86%。作为对比，澜起科技 2019 年销售内存接口芯片 0.81 亿颗，实现收入 17.21 亿元，每颗芯片平均售价为 21.33 元，是全球市场平均售价的 6.8 倍。

两相比较，纳思达是如何取得远优于大多数同行的毛利率水平的？是成本归集的原因，还是另有他因？

然而，在“喜忧参半”的业绩下，纳思达的股价表现却十分“抢眼”。

收购利盟前，纳思达股价最高曾达到 42.31 元/股（2015 年 6 月 15 日收盘价）。经过 2015 年每 10 股转增 7.5 股后，截至目前，纳思达的股价最高达到 49.58 元/股（2020 年 2 月 6 日收盘价），复权价为 86.77 元/股，上涨一倍有余。

在股价上涨的刺激下，赛纳科技发行可交换公司债券的工作也得以顺利进行。

2015 年至今，赛纳科技发行了 3 次共 6 只 EB，2015 年、2016 年、2019 年均发行 2 只 EB，分别募资 10 亿元、60 亿元、30 亿元，合计 100 亿元。这 100 亿元资金，对于纳思达完成收购利盟，以及收购后的资金接续起到比较重要的作用。

与此同时，赛纳科技抓住股价整体上涨的机会，从 2018 年起接连减持 0.76 亿股，获得 20 亿元左右资金（表 3.15）。

表 3.15　赛纳科技减持情况　　（单位：万股）

减持时间	减持数量	备注
2018.12	325.55	
2019.3	1940	
2019.6	2726.73	
	470	受让方为纳思达员工持股平台
2019.9	1106.08	
	1017.88	受让方为纳思达员工持股平台
合计	7586.24	

在此基础上，赛纳科技还质押了2.16亿股纳思达股份。如果按照当前30元/股左右股价、5折质押率计算，赛纳科技可获得资金约32亿元。

赛纳科技通过发行EB、减持股份、质押股份，合计获得资金约152亿元。

赛纳科技是如何使用这笔巨额资金的呢？笔者判断可能用在四个方面：赎回60亿元EB，向纳思达提供借款30亿元，花费约3亿元增持0.11亿股，以及59亿元自用，如向赛纳科技股东分红（考虑到借款利息等资金成本，实际所得可能稍低于59亿元）等。

对于发行在外的40亿元EB，赛纳科技采取换股方式予以赎回（表3.16）。

表3.16 赛纳科技EB发行和赎回情况 （单位：亿元）

债权名称	发行日	到期日	发行规模	票面利率	目前状态
15塞纳E1	2015.2.13	2018.2.17	5	0.5%	完成换股（0.35亿股）
15塞纳E2	2015.4.10	2019.4.10	5	0.5%	完成换股（0.42亿股）
16塞纳01	2016.7.22	2018.7.28	29.7	4.5%	兑付赎回
16塞纳02	2016.8.31	2018.9.5	30.3	4.5%	兑付赎回
19塞纳E1	2019.3.22	2021.3.22	15	6.5%	完成换股（0.93亿股）预计约0.26亿元赎回
19塞纳E2	2019.3.28	2021.3.28	14.84	6.5%	

通过上述减持、换股等操作，赛纳科技在纳思达的持股数由6.95亿股下降至4.5亿股。尽管如此，赛纳科技的持股比例仍为42.32%，依旧是纳思达第一大股东。赛纳科技依靠纳思达"喜忧参半"的业绩以及较好的股价表现，已然成为背后最大的赢家。

但赛纳科技仍然面对较大的风险：纳思达还有120多亿元的债务需要偿还或者接续。在利盟经营状况得到根本好转前，如何确保不出现债务危机，成为赛纳科技和纳思达首要考虑的问题。

未竟的游戏

问题的解决有赖于两个方面。

一是继续提高利盟的盈利能力，尤其是在成本控制和市场开拓上取得新进展。

二是必须维护好纳思达的资本市场表现。如果纳思达股价稳健上涨，将极有利于解决纳思达的债务问题，如可以采取非公开发行的方式，收购太盟投资、朔达投资在利盟持有的权益；或者以非公开发行方式募集资金，再偿还债务等。

要实现这一目的，除了改善自身业绩之外，赛纳科技和纳思达还需要多方"加持"，大基金的认可，从而强化"芯片"概念，或是要素之一。

当前纳思达正在开展引入战略投资者工作，战略投资者是何方“神圣”，市场充满猜测，焦点集中在是否为大基金，纳思达对此讳莫如深。笔者判断，大基金作为纳思达战略投资者出现的概率可能并不大，原因在于三个方面。

其一，大基金的二期投资重点和方向主要聚焦于半导体设备和材料应用领域，从纳思达所处的打印机、耗材、芯片领域以及其行业地位等看，恐非其理想的战略投资标的。至于芯片领域的投资，大基金或倾向于扶持龙头企业，如 2020 年 5 月，大基金对芯片行业领先企业紫光展锐增资 22.5 亿元等。

其二，大基金已开始减持纳思达。大基金在 2015 年认购了纳思达 2440 万股，经转增，持股数达到 4270 万股。2018 年锁定期到期后，大基金即开始减持，在 2019 年减持了 1063 万股。加之当时大基金的投资成本为 11.76 元/股，此时纳思达即使按当前 30 元/股的价格打 8 折发行，大基金的认购成本也将达到 24 元/股左右，不再是最优成本。

其三，对打印机业务的判断或许存在差异。中国半导体企业开展跨境并购时，一般会有各种性质、专注于半导体产业并购的基金参加，如大基金曾协助长电科技收购星科金朋、武岳峰资本收购 ISSI 等。但对于纳思达并购利盟，这类专项基金的兴趣似乎不大。更何况，已经非常成熟的打印机市场格局将如何演变，利盟未来的业绩是否会因此有大的起伏，都存在相当高的不确定性。

纳思达引进战略投资者的工作还在紧锣密鼓开展之中。如果引进成功，将有助于增强其债务偿还能力。如果这家战略投资者还是一家半导体行业的领先企业，或是著名的专业投资机构，对纳思达而言，更是“喜上加喜”。

可以预见的是，对于一家擅长资本运作的公司而言，除了引进战略投资者之外，纳思达还有诸多选项可用于化解债务压力，如将芯片业务分拆上市、实施多地上市等。但对于芯片业务来说，并无更多取巧的途径，唯有踏踏实实打基础，否则无论是互联网思维，还是资本运作，都难有奇效。

走钢丝的中国天楹：如何完成并购交易闭环

在停复牌制度异常严格的今天，中国天楹（000035）因一起重大资产重组停牌时间超过8个月，远超市场预期；并且在2018年年初收到深交所的问询函后，中国天楹一再延迟回复。这究竟是怎样的一起并购案，让当事人如此犹豫和纠结？事情还得从严某军成为中国天楹实际控制人开始说起。

借助破产重整上位

中国天楹前身中科建是一家“老牌”上市公司，也是第一家生产国产手机的企业，1994年4月登陆深交所，交易代码是000035。2004年8月，受国家宏观调控、银根缩紧的影响，中科建的资金链开始紧绷，并在2005年4月断裂，生产经营活动不得不停止。自此之后，中科建的生产经营一直未能实现好转，不得不在2010年开始破产重整。

借助重整的机会，2014年5月，中科健向严某军等17名股东以4.76元/股的价格增发3.78亿股，购买其持有的江苏天楹环保能源公司（以下简称天楹环保）100%股权，中科建摇身一变成为一家以从事生活垃圾焚烧发电为主业的公司，并更名为中国天楹。经过这次重组，严某军成为实际控制人，直接、间接控制了中国天楹34.47%的股份（图3.9）。

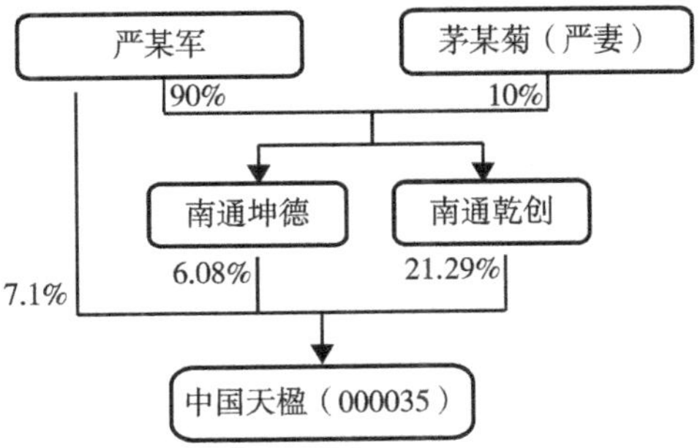

图3.9　中科建破产重整后股权架构

在天楹环保的股东中，有一家公司引人注目——深圳平安创新资本投资公司（以下简称平安创新）。这家公司在2011年年底以1.55亿元现金增资的方式进入天楹环保，持股比例达29.17%，平安创新与严某军的合作就此展开。在天楹环保借壳中科建后，平安创新获得上市公司0.88亿股，占比14.19%，仅次于严某军。

长袖善舞，连续实施12个资本运作项目

在资本市场“粉墨登场”后，严某军立即开始了一系列的资本运作，从完成资产注入的2014年年底开始到现在，严某军联合相关方一共实施了12个资本运作项目。在这些项目中，不乏“大手笔”的运作：比如，在2014年年底耗资6.62亿元收购两家公司全部股权，这一收购额相当于中国天楹2014年年底16.22亿元净资产的40%；联合中节能华禹基金管理公司（以下简称华禹基金）共同发起设立中节能华禹（镇江）绿色产业并购基金（以下简称华禹并购基金）；耗资11亿欧元收购西班牙Urbaser，S. A. 的100%股权等（表3.17）。

表3.17　2014年12月至今中国天楹主要资本运作项目

序号	实施项目	时间	结果
1	6.62亿元收购初谷实业、兴晖投资100%股权	2014.12—2015.2	完成收购
2	联合东源（天津）股权投资基金管理有限公司（以下简称东源公司）成立江苏天楹东源股权投资基金管理有限公司（以下简称天楹东源）	2015.2成立	中国天楹投资1530万元，占比51%；东源公司投资1470万元，占比49%
3	非公开发行募资9.14亿元	2015.6—2016.3	终止
4	收购德国可再生能源企业EEW	2015.12—2016.2	因最终报价与竞争对手有较大差距而未能中标
5	资本公积转增股份	2016.3	10送10，中国天楹总股本增加到12.39亿股
6	重启非公开发行募资8亿元，发行价6.60元/股	2016.3—2017.7	中国天楹股本由1.13亿股新增至13.52亿股 严某军持股比例由45.95%下降到42.11%
7	参加某海外环保企业股权收购竞标，提交非约束性报价	2016.3开始，未披露何时终结	未作进一步披露，根据时间点推测标的是Urbaser

续表

序号	实施项目	时间	结果
8	南通乾创及中国天楹员工持股计划以要约方式收购平安创新所持股份	2016. 9—2016. 12	平安创新以每股6. 84元价格变现退出；严某军控制股比由34. 47%上升到45. 95%
9	与华禹基金共同发起设立华禹并购基金	2016. 7 成立，2016. 11 扩大规模	并购基金规模 50 亿元（后增加至 62 亿元）。中国天楹作为LP，拟认缴 8. 5 亿元，作为劣后；华禹基金作为 GP，拟认缴1000 万元，作为劣后级资金
10	华禹并购基金收购西班牙Urbaser，S. A. 的 100% 股权	2016. 12 完成	收购价格 11 亿欧元加 2. 985 亿欧元或有支付
11	出资 5100 万元收购上海盈联电信科技有限公司部分股权，并对其进行增资	2017. 7 完成	持有盈联科技 51% 的股权
12	发行股份收购江苏德展（Urbaser，S. A. 的母公司）	2017. 8 至今	正在进行，待回复交易所问询

中国天楹在短短两年多时间内运作的项目，不仅数量较多，而且类型复杂，既有境内并购，也有境外并购，既有再融资，也有设立并购基金等。中国天楹如此高频率、多种类的运作，彰显出严某军急于将中国天楹做大的“野心”。

在中国天楹的官方网站上，关于其董事长严某军的报道主要集中在获奖方面，如获得江苏省南通市海安县“十大科技兴企企业家”“南通民营经济‘三名’年度人物”、南通市“海外创业风云人物”、南通市“江海杰出英才奖”、江苏省优秀企业家等称号，囊括了江苏省、市、县三级的荣誉。南通企业素善资本运作，在当地“扬名立万”、颇受认可的严某军，在获得中科建这个资本平台之后所开展的一系列行为，也就不难理解。

为了更好地发挥上市平台的作用，中国天楹也是煞费苦心，不停地向市场释放各种“利好”消息：公布生产经营获得的订单信息，资本公积转增股本，甚至参加非约束性报价这种比较隐秘的事情也被释放出来，其主要目的或在于维护甚至刺激股价，以确保其质押股份处于安全区域内。

频繁质押股权为哪般

从 2014 年 10 月开始，严某军对其所控制的中国天楹股份进行了频繁的质押操作。截至目前，严某军及其控制的南通乾创、南通坤德累计开展了 28 次质押，1 次股票收益权转让，三者所持有的5.69亿股几乎被全部质押，仅剩南通乾创所持2400万股，质押股份占比接近100%。按照中国天楹7元/股的均价和30%的质押率计算，严某军预计可获得约12亿元资金（表3.18）。

表3.18　严某军质押上市公司股份情况　（单位：亿股）

序号	质押人	净持有股数	质押股数	质押期限	质押权人
1	南通乾创	1.32	0.21	2014.10.15—2017.10.12	国金证券
2	南通坤德	0.38	0.28	2014.10.16—2017.10.16	中信建投
3	南通乾创	1.11	0.34	2014.11.11—2017.7.28（后于2015年6月提前解押）	国联证券
4	南通乾创	0.77	0.12	2015.1.29—2017.6.29	信达证券
			0.24	2015.1.29—2018.1.26	东方证券
5	南通乾创	0.75	0.36	2015.6.10—2017.9.8	国联证券
6	南通坤德	0.1	0.1	2015.6.10—2017.9.8	
7	严某军	0.44	0.14	2015.7.23—2017.7.21（到期后延期1年）	东方证券
8	南通乾创	0.39	0.2	2015.10.12—2017.10.12	国联证券
			0.09	补充抵押物	
9	严某军	0.3	0.1	2015.12.15起至解除质押止	农银投资
10	南通乾创	0.1	0.02	补充抵押物	国联证券
资本公积转增股本，10送10					
11	严某军	0.46	0.46	2016.7.13—2017.5.30	国金证券
12	南通乾创	0.18	0.18	2016.7.13—2017.5.30	
13	南通乾创	解押0.1	0.1	2016.8.8—2017.8.8（到期后延期1年）	东方证券
14	严某军	解押0.06	0.06		
15	南通乾创	解押0.18	0.18	2016.8.11—2017.8.11（到期后延期1年）	东方证券
16	严某军	解押0.46	0.46		
17	南通乾创	解押0.41	0.41	2016.9.7—2017.9.5	国金证券
18	南通坤德	解押0.19	—		国联证券
19		解押0.94	—		
20	南通乾创	解押0.4	—		
21	南通坤德	解押0.56	—		中信证券

续表

<table>
<tr><th>序号</th><th>质押人</th><th>净持有股数</th><th>质押股数</th><th>质押期限</th><th>质押权人</th></tr>
<tr><td colspan="6">经过上述解押，南通乾创 2.64 亿股总股本质押 1.3 亿股；南通坤德 0.75 亿股总股本已无质押</td></tr>
<tr><td>22</td><td rowspan="2">南通乾创</td><td rowspan="2">1.34</td><td>0.53</td><td rowspan="2">2016.11.29 起至解除质押止</td><td>云南国际信托</td></tr>
<tr><td>23</td><td>0.8</td><td>中信信托</td></tr>
<tr><td>24</td><td rowspan="2">南通坤德</td><td rowspan="2">0.75</td><td>0.3</td><td rowspan="2">2016.11.29 起至解除质押止</td><td>云南国际信托</td></tr>
<tr><td>25</td><td>0.45</td><td>中信信托</td></tr>
<tr><td>26</td><td>严某军</td><td>解押 0.2</td><td>0.2</td><td>2016.12.16 起至解除质押止</td><td>农银投资</td></tr>
<tr><td colspan="6">南通乾创要约收购平安创新，新增 1.36 亿股</td></tr>
<tr><td>27</td><td rowspan="7">南通乾创</td><td rowspan="2">1.36</td><td>0.82</td><td rowspan="2">2017.2.20 起至解除质押止 + 股票收益权转让</td><td>中信信托</td></tr>
<tr><td>28</td><td>0.54</td><td>云南国际信托</td></tr>
<tr><td>29</td><td>解押 0.65</td><td>0.24</td><td>2017.3.6—2018.3.6</td><td>国金证券</td></tr>
<tr><td>30</td><td>0.41</td><td>0.41</td><td>2017.3.10 起至解除质押止</td><td>浦发银行</td></tr>
<tr><td>31</td><td>解押 0.37</td><td>0.25</td><td>2017.6.15—2018.6.15</td><td>中信证券</td></tr>
<tr><td>32</td><td>0.18（0.12 + 解押 0.08）</td><td>0.18</td><td>2017.6.30 起至解除质押止</td><td>浦发银行</td></tr>
<tr><td>33</td><td>解押 0.24</td><td>—</td><td></td><td></td></tr>
</table>

备注：净持股数为原有持股数扣除质押股数

严某军对这 12 亿元左右的资金用途大致可以分成三个方向。

一是用于南通乾创耗资约 10 亿元要约收购平安创新的股份。

平安创新在 2011 年年底出资 1.55 亿元入股江苏天楹，之后便随着严某军一起进入中科建。在度过限售期后，平安创新就开始减持退出。首先于 2015 年减持了 0.13 亿股，所持股份由 0.88 亿股下降到 0.75 亿股。经过 2016 年中国天楹实施资本公积转增股本，平安创新所持的股份数又扩大到 1.5 亿股。

对这部分股份，平安创新采取要约收购方式一次性退出，要约收购方是南通乾创和中国天楹设立的员工持股计划，退出价格为 6.84 元/股，其中南通乾创收购了 1.36 亿股；员工持股计划收购了 0.15 亿股。通过此举，平安创新也录得不菲的投资收益，也为双方再次合作埋下了伏笔。

为完成这次要约收购，南通乾创不仅自身花费 9.3 亿元用于收购，而且还提供 0.61 亿元无息借款给员工用于支付收购资金，动用资金规模近 10 亿元。

二是南通乾创借款2亿元给中国天楹。

此笔借款发生在2016年7月，与中国天楹出资8.5亿元联合华禹基金共同发起设立华禹并购基金的时间基本相符，由此可以判断2亿元借款大概率被中国天楹用作出资。

三是严某军用于其他用途。

比如，在2015年股灾期间，严某军增持了中国天楹300万股，成交均价为13.98元/股，出资约4200万元。

严某军的这些举动，主要目的或有两个：一是尽可能地维护住中国天楹的股价，如耗资数千万元增持股份；以要约收购方式受让平安创新股份，避免其采用二级市场减持方式退出，从而对二级市场股价造成冲击等。二是满足其做大企业的抱负，筹措资金用于海外并购。

如此看来，严某军为了实现事业上的突破，把中国天楹的资本运作平台作用发挥到了极致，以至于主动借款2亿元给中国天楹，以弥补后者资金的不足。严某军一方面不停地发布诸多“利好”消息刺激、维护股价，另一方面不停地质押上市公司股份进行运作，如此循环，“生生不息”。这所有的一切应当都与其正在运作的海外并购有关。

常规套路下的跨境并购

2016年12月16日，西班牙皇家马德里足球俱乐部的主席弗洛伦蒂诺乘坐私人飞机抵达江苏南通，受到了严某军的热烈欢迎。弗洛伦蒂诺造访南通的主要目的并不是足球，而是一起收购案。

弗洛伦蒂诺的另一个身份是西班牙ACS建筑集团的老板。ACS是西班牙最大的建筑集团，也是世界500强企业之一，除了建筑主业之外，还全资拥有一家西班牙最大的垃圾回收与处理公司——Urbaser，S. A（Urbaser）。2016年，出于偿还自身债务的压力，ACS拟剥离出售旗下的Urbaser，并在2016年3月开始招标。

作为西班牙最大的垃圾回收与处理公司，Urbaser业务遍及欧洲和南美洲的多个国家和地区，在近几年也录得了不错的业绩（表3.19）。

表3.19　2015年至2017年6月Urbaser经营状况　（单位：亿元）

项目	2015年	2016年	2017年6月30日
资产	207.77	200.93	208.2
负债	158.32	155.17	161.34
资产负债率	76.20%	77.23%	77.49%
营业收入	131.07	128.2	67.32
利润	5.93	2.26	3.08

ACS 在发出“英雄帖”后，基于 Urbaser 的行业地位和业绩表现，一共收到了全球 12 家企业递交的标书，其中包括复星国际、香港长江基建、中国天楹等中国投资者。经过激烈的角逐，2016 年年底，也就是弗洛伦蒂诺造访南通前后，中国天楹参与设立的华禹并购基金最终胜出。

中国天楹收购 Urbaser 的模式与上市公司的海外并购模式相差不大。

首先是在 2016 年 6 月，中国天楹联合华禹基金、其他 4 位投资者成立了华禹并购基金，华禹基金作为 GP，出资 1000 万元；中国天楹作为 LP，出资 8.5 亿元；其他 4 位投资者作为 LP，合计出资 31 亿元，基金规模近 40 亿元（表 3.20）。华禹基金是央企中节能环保的控股子公司，持有 55% 股权，严某军持有 28% 股权。

表 3.20 华禹并购基金设立时出资情况 （单位：亿元）

序号	合伙人	出资额	出资比例	合伙人性质
1	华禹基金	0.1	0.25%	GP
2	中节能资本控股	3	7.58%	LP
3	江苏大港股份	1	2.53%	
4	锦江高新创投	2	5.05%	
5	安信乾盛财富管理	25	63.13%	
6	中国天楹	8.5	21.46%	
合计		39.6	100%	

华禹并购基金设立之后，便联合中融信托设立了江苏德展，江苏德展继而在境外设立了香港楹展和 Firion（西班牙），并把 Firion 作为收购 Urbaser 的主体（图 3.10）。

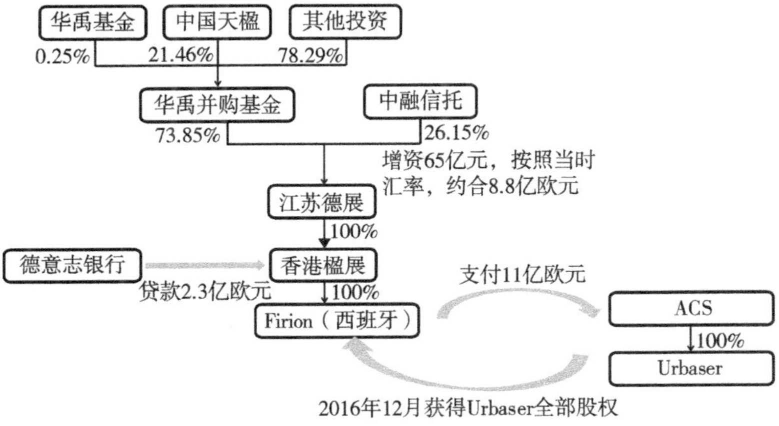

图 3.10 中国天楹收购 Urbaser 架构

Firion 在 2016 年年底完成对 Urbaser 全部股权的收购，2017 年 8 月中国天楹就启动了江苏德展注入上市公司的工作，采取的是以发行股份并支付现金的方式收购江苏德展全部股权，从而实现对 Urbaser 全部股权的间接收购。如果收购最终能通过证监会的审核，严某军就得以在环保产业实现战略性的突破。

操作模式虽说常规，但这起收购也有着自身的“特点”。

一是这又是一起“蛇吞象”的并购。

截至 2016 年年底，中国天楹资产仅有 60 亿元，收入仅有 9.8 亿元，而同期 Urbaser 的资产规模超过 200 亿元，收入 128 亿元，二者的体量十分悬殊。

二是对价支付采用了类似对赌协议的“Earn - out”（或有支付）方式。

Firion 在 2016 年 9 月与 ACS 签署了股权收购协议。根据这份协议安排，Urbaser 的 100% 股权价值 11 亿欧元，Firion 将分 3 期进行支付，分别是交割日（2016 年 12 月 7 日）当天支付 9.59 亿欧元、2018 年 1 月 31 日支付 1 亿欧元、2019 年 1 月 31 日支付 0.41 亿欧元（其中 0.2 亿欧元附带了其他支付条件）。

除此之外，Firion 还与 ACS 签署了一份 Earn - out 的补充协议。Firion 将根据 Urbaser 的经营情况，额外向 ACS 支付一笔总额高达 2.985 亿欧元的收购资金。也就是说，Firion 收购对价最终有可能达到 13.985 亿欧元。

Earn - out 支付方式一般是用来解决买卖双方对标的公司估值差异的机制安排，往往会根据标的公司 EBITDA、EBIT、净利润等诸多定量指标完成情况支付额外的收购资金。具体到 Urbaser 收购，Firion 与 ACS 设计的支付安排是与 2017—2023 年 Urbaser EBITDA 挂钩。当每期 Urbaser 的 EBITDA 高于计划安排的高值时，Firion 就按安排支付；低于低值时，就不支付；出于高值和低值之间时，就按比例进行支付（表 3.21）。

表 3.21　Urbaser 收购的 Earn - out 支付安排　（单位：亿欧元）

项目	EBITDA 增加额	EBITDA 范围		支付金额
		低值	高值	
第一次支付计划	0.05	2.63	2.68	0.64
第二次支付计划	0.41	2.68	3.09	0.85
第三次支付计划	0.11	3.09	3.2	0.85
第四次支付计划	0.1	3.2	3.3	0.645

三是资金筹措方式比较独特。

中国天楹收购 Urbaser 耗资 11 亿欧元，除了从德意志银行获得的 2.3 亿欧元并购贷款之外，尚有 8.7 亿欧元的资金缺口，按当时汇率折算，约合人民币 65 亿元。这部分资金，中国天楹解决起来着实花费了一番工夫，主要在两个层面引入过渡性的资金安排。

首先是在华禹并购基金层面。

华禹并购基金设立时，最大的出资人是安信乾盛财富管理（以下简称安信乾盛），出资额高达25亿元，远超中国天楹8.5亿元出资。从其后的运作来看，安信乾盛扮演的是过桥资金作用。

2016年10月，也就是在Firion与ACS签署了股权收购协议，收购Urbaser已成定局之后，安信乾盛便将其所持基金份额分别转让给了华融国际信托和建银国际，前者受让24亿元，后者受让1亿元。安信乾盛在大局已定的情况下，毫不犹豫地退出，显然是履行既定的安排。

其次是在江苏德展层面。

江苏德展原本是中国天楹的全资子公司，注册资本1000万元。在启动对Urbaser的收购后，严某军便将这家公司转让给了华禹并购基金，并引入安信乾盛作为新的股东。也许，严某军原本是计划继续利用安信乾盛作为主要的资金支持方。但到了交割日前，安信乾盛却退出了江苏德展，其地位被中融信托所替代。

2016年11月，在签署股权转让协议后，中融信托即对江苏德展增资17亿元，华禹并购基金也同步增资47.9亿元，江苏德展的注册资本达到65亿元。此次增资资金加上德意志银行贷款，已能满足11亿欧元的收购资金需求。

完成Urbaser交割后不久，中融信托仅用了1个月的时间就以7次对外转让的方式彻底、快速地退出了江苏德展。江苏德展的股东数量由2名扩大到8名，其中就包括平安人寿担任有限合伙人的上海中平国瑀并购基金，江苏德展的注册资本也由65亿元增加到66.7亿元（华禹并购基金此间又一次增资1.7亿元用于支付并购项目中介机构费用，表3.22）。从中融信托3%左右的转让溢价率来看，其起到的也是过渡性资金支持作用。

表3.22　截至2017年3月底江苏德展股东构成　（单位：亿元）

序号	股东名称	出资额	持股比例
1	华禹并购基金	49.7	74.51%
2	上海中平国瑀并购基金	9.5	14.24%
3	深圳招华城市发展股权投资基金	2	3%
4	宁波裕辉股权投资	1	1.5%
5	宁波梅山曜秋投资	1.5	2.25%
6	共青城聚美中和投资	0.35	0.52%
7	嘉兴齐家中和投资	1.9	2.85%
8	宁波梅山茂春投资	0.75	1.13%
合计		66.7	100%

综合上述情况来看，在这起耗资 11 亿欧元的并购中，严某军自己并没有掏出任何资金用于收购，主要依托中国天楹的 8.5 亿元出资撬动了其余约 80 亿元资金，并且这些资金从表面上看，还是权益性资金，而非通常意义上的“债务杠杆”。

在解决完安信乾盛和中融信托的过桥资金后，严某军开始着手解决德意志银行 2.3 亿欧元的并购贷款问题。这是因为，中国天楹向德意志银行借款的抵押物是 Urbaser 的 100% 股权，如果不能解除质押，将会因 Urbaser 股权权属归属不清的原因不能注入上市公司。为解决这个问题，严某军在江苏德展层面做足了文章，煞费苦心。

2017 年 4 月，江苏德展增资，引入平安人寿和平安置业 2 名股东，增资额 13 亿元，其中平安人寿增资 10 亿元，平安置业增资 3 亿元。如果算上收购中融信托股权支付的 9.5 亿元资金，平安人寿为中国天楹的此次收购付出了约 23 亿元现金。或许，这是平安人寿对平安创新获利退出而向严某军再次抛出的“橄榄枝”，二者又一次结缘。

紧接着在 7 月，江苏德展再一次增资，引入朱某强等 2 名股东，增资额 0.9 亿元；11 月，江苏德展又一次增资，引入谢某军、沈某平等 12 名股东，增资额 1.4 亿元。江苏德展 3 次增资对价均为 1 元/股，共引入增量资金 15.3 亿元，注册资本增加到 82 亿元，股东也增加到 26 名。这三次增资完成后，华禹并购基金持有江苏德展的股份由 74.51% 下降到 61.2%。

除此之外，中国天楹还向银行申请了 0.45 亿欧元贷款用于偿还德意志银行剩余借款。严某军多措并举解除了对 Urbaser 股权的质押，为其下一步的运作奠定了扎实的基础。从资金来源上看，平安人寿、平安置业一共提供了 13 亿元资金，占主导地位，平安对严某军的帮助甚大。

经过这样的操作，江苏德展已基本具备注入上市公司的条件。只不过，严某军此时还需要拆除华禹并购基金的结构化安排，以满足新的监管要求，消除江苏德展注入上市公司的最后一个“硬伤”。

蹊跷而又麻烦的拆结构

华禹并购基金在设立时有 6 名投资者，后来随着安信乾盛的退出，新合伙人的加入以及基金规模的扩大，到 2016 年年底交割 Urbaser 股权时，投资者已经增加到 11 名，投资额增加到 59 亿元。这些新增加的投资者基本具有国资背景。从结构化安排来看，10 名 LP 出资中，劣后级有 6 名，中间级 3 名，优先级 2 名（中航信托出资部分劣后级，部分中间级，表 3.23）。

表3.23　截至2016年年底华禹并购基金出资情况　（单位：亿元）

序号	合伙人	出资额	出资比例	合伙人性质
1	华禹基金	0.1	0.17%	GP
2	中节能资本控股	3	5.08%	劣后级LP
3	江苏大港股份	1	1.69%	劣后级LP
4	锦江高新创投	2	3.39%	劣后级LP
5	中国天楹	8.5	14.41%	劣后级LP
6	西安投资控股	0.5	0.85%	劣后级LP
7	中航信托	0.9	17.63%	劣后级LP
		9.5		中间级LP
8	鹰潭信银建辉投资	4.5	7.63%	中间级LP
9	中合中小企业融资担保	2	3.39%	中间级LP
10	华融国际信托	24	40.68%	优先级LP
11	建银国际	3	5.08%	优先级LP
合计		59	100%	

华禹并购基金合伙人的构成在2017年11月又发生了较大变化。中国天楹、华融国际信托、西安投资控股退出合伙企业，退出份额成本合计33亿元；中航信托则将所持份额转给厚信资产、新财道财富。

中国天楹退出的原因比较好理解，主要是避免形成交叉持股。中国天楹拟采取发行股份购买资产的方式，从华禹并购基金等投资人手中收购江苏德展全部股权。一旦成功，中国天楹将会持有江苏德展100%股权，华禹并购基金则成为中国天楹的股东，而中国天楹又投资了华禹并购基金，由此形成交叉持股，需要拆除。华融国际信托、西安投资控股退出，那中航信托转让份额的原因又是什么呢？

笔者猜测，或许是满足监管部门对并购基金不能存在结构化安排的要求。此前，有不少上市公司并购重组项目，因为并购标的的基金投资人存在结构化安排而未能过会，严某军显然不想重蹈覆辙。

华禹并购基金早在成立之初就被设计为结构化基金。2016年11月，基金扩大规模，引入新的投资者时也延续了这一安排。但在中国天楹公布的重组方案中，明确基金的有限合伙人平等参与分配。显然，严某军已经拆除了华禹并购基金的结构化设计，同意严某军意见的投资者继续留下，不同意的则已退出或转让。

如果退出，严某军就需要解决退出的资金来源问题，除了找新的意向方接盘，如中航信托，其他可行的方法就是华禹并购基金转让其所持江苏德展部分股权，用转让所得资金来赎回合伙人的出资份额。

2017年11月，华禹并购基金将其所持江苏德展34.49%股权转让给了嘉兴合晟、谢某军等14位机构或自然人股东（其中12位股东同步对江苏德展进行了增资）。在这次转让中，华禹并购基金转让了27.8亿元股本，转让溢价率为6%，获得变现收入29.35亿元。但问题是，中国天楹、华融国际信托、西安投资控股退出的份额成本是33亿元，二者之间至少有3亿多元的差异。如果考虑到合伙人投资期利息以及扣除华禹并购基金相关成本、费用后，这一差距将会更大。

对此，严某军给出的解决方案是，华禹并购基金用现金加实物资产的方式予以解决。也就是说，除了向中国天楹等3家合伙人退还现金之外，不足的部分由华禹并购基金支付江苏德展等价股权的方式予以弥补，用于弥补的股权不超过退伙总金额的30%。如此操作虽能满足3位合伙人的退伙需求，但新的问题又来了。

退伙前，中国天楹等3家合伙人合计持有华禹并购基金55.94%份额，华禹并购基金持有江苏德展61.2%股权，等于这3家合伙人持有江苏德展34.24%的权益。这也就意味着，如果要退伙，华禹并购基金需要转让江苏德展34.24%的股权，但实际上，华禹并购基金转让了34.49%的股权，并且还不能完全满足退伙需求。根据严某军做出的现金加实物分配方案操作，是不是意味着侵犯了华禹并购基金其他合伙人的权益，或者说，现在退出的3位合伙人是不是实际上享受了优先级的安排？

严某军拆结构的蹊跷之处不仅于此。华禹并购基金在2017年11月转让34.49%股权给14位投资者时，对江苏德展的估值是每股净资产1.06元，但这其中的12位股东增资时，给出的对价却是每股净资产1元。这期间差异的原因又是什么呢？

真实的情况外界或许无法准确获知，但严某军此番拆结构却又引发了另一个更大的麻烦。

严某军将Urbaser注入上市公司的方式是，中国天楹发行股份收购江苏德展股东所持有的全部股权。经过严某军的一番腾挪，江苏德展有26名股东，持有3%股权的股东仅有8位，5%以上的股东仅有5位，持股比例极为分散。在这些大股东中，华禹并购基金和平安系尤为引人注目。

华禹并购基金持有江苏德展26.71%股权，平安人寿持有12.19%、上海中平国瑀并购基金持有11.58%、平安置业持有3.66%，3家平安系的公司合计持有27.43%。根据中国天楹的方案，重组完成后，华禹并购基金将持有中国天楹13.77%股权，3家平安系公司将持有14.15%股权，严某军持有的股份则由43.19%下降到20.93%。

也就是说，如果华禹并购基金不转让34.49%股权，重组完成后将持有中国天楹31.55%股份，超过严某军。考虑到华禹并购基金之前并不在中国天楹控制之下，而且具有央企背景，很自然地就会令人联想起，其在2017年11月转让大部分股权给

14 名投资者的行为是不是有意大面积分散大额股权，以避免被认定为借壳上市。

至于平安系，由于其持股比例接近于严某军，按照通常理解，会影响中国天楹的董事会构成，中国天楹的实控人是否会从严某军变更为严某军、平安系、华禹并购基金共同控制？如果平安系和华禹并购基金出具放弃或委托表决权的方式，会不会又被监管机构认为严某军在采取措施刻意规避监管呢？严某军拆结构拆得可谓辛苦。

除了是否有规避借壳上市的嫌疑之外，严某军将 Urbase 注入中国天楹的方案也存在其他不足之处：比如未设置业绩补偿安排、Earn－out 支付计划转由中国天楹承担是否合理等。

“走钢丝”的中国天楹

近几年，中国天楹的经营业绩其实并不乐观。虽然其营业收入从 2014 年的 5.51 亿元增长到 2016 年的 9.8 亿元，但作为一家以垃圾处理、环保为主业的公司，由于大量采取了 BOT 的模式，业务的扩张意味着对资金需求的扩大。2016 年，中国天楹筹资活动产生的现金净流入约为 12 亿元，其中大部分就是依靠借款方式解决。这种经营方式的一个直接后果就是中国天楹的资产负债率不断攀升，从 2014 年的 50.43% 急剧上升到 65.6%，毛利率则由 51.72% 下降到 44.8%。中国天楹业务的扩张不仅没有带来效率和效益的改善，而且还有所恶化（表 3.24）。

表 3.24　2014—2016 年中国天楹财务状况　（单位：亿元）

	2014 年	2015 年	2016 年
资产	32.72	43.99	60
应收账款	1.92	2.46	3.13
在建工程	9.18	7.95	11.06
无形资产（BOT 项目特许经营权）	6.55	17.97	17.46
负债	16.5	25.49	39.36
资产负债率	50.43%	57.94%	65.6%
营业收入	5.51	8.25	9.8
营业成本	2.66	4.17	5.41
营业利润	2.85	4.08	4.39
毛利率	51.72%	49.45%	44.8%
利润	1.94	2.7	2.5
经营活动产生的现金流量净额	0.73	1.58	2.25
投资活动产生的现金流量净额	-7.64	-7.76	-14.28
筹资活动产生的现金流量净额	7.38	5.22	11.97

在这样的情况下，严某军“痴心不改”，以不花一分钱的方式启动了85亿元的境外并购，与数十家投资机构共舞。在这些投资人中，既有中节能、招商等央企投资者，也有平安、合众人寿等民营机构投资者，甚至有不少自然人，投资者构成极其复杂，严某军依靠其长袖善舞，把“资源整合”的能力用到了极致，但引入这些投资者成本也比较高。

以中融信托持有的江苏德展股权转让为例，自2016年11月底入股至2017年3月底全部退出，中融信托持有约4个月时间，股权转让的溢价率从第3个月的2.53%左右增加到第4个月的3.38%左右，来自中融信托这笔短期资金的年化成本至少10%以上。对于其他仍在“局中”的投资者而言，其资金成本又将会是多少呢？其“脱困”的全部希望或许就在于严某军能把江苏德展注入中国天楹。否则，严某军费尽周折从弗洛伦蒂诺手中拿到的Urbase，将成为一个烫手山芋。

2018年7月，中国天楹终于对深交所的问询函进行了答复，并对交易方案进行了调整，如增加业绩承诺、修改交易对价和现金支付比例以及实际控制人出具保持上市公司稳定性、3年内不减持的承诺等。2个月后，中国天楹收购方案获得证监会有条件通过。中国天楹以88.82亿元对价收购Urbaser 100%股权，其中现金支付24.78亿元，发行股份支付64.04亿元。中国天楹成功走过“钢丝”。

2019年，中国天楹实现营收185.87亿元，是2018年的10倍以上，成为全球前十的环境服务商和国内第一的A股环保类上市公司。为进一步降低债务压力，中国天楹于2020年9月开始启动Urbase战略投资者的引进工作，计划出售Urbaser 20%~30%股份，筹集4亿~6亿美元资金，以降低其现在75.22%的资产负债率水平。

并购利器：定向可转债之析

定向可转债是指向特定对象发行的可以转换为发行人股票的债券，可以理解为私募可转债。自2013年11月，证监会前主席肖刚在中国上市公司协会年会上表示探索引入定向可转债、优先股等支付工具以来，经过数年的发展，直到2018年11月才有赛腾股份在A股市场“第一个吃螃蟹”，在并购重组方案中引入定向可转债。之后，定向可转债成为一种日渐兴起的工具，越来越多的上市公司在进行资产重组、募集资金时加以运用：赛腾股份以定向可转债作为支付工具，中国动力、新劲刚和继峰股份以定向可转债作为支付和融资工具等。

定向可转债之所以受到青睐，主要有以下三个方面的原因。

其一，灵活性强，腾挪空间大。

定向可转债可以拆解为“债权+未来转股权（美式期权）”的组合，认购人主要看中的是未来转股收益。如果转股价低于转股时的市价，认购人转股后就能获得相当的收益，这也就决定了定向可转债债权部分的利率，要低于公司债、企业债等单纯债务融资工具利率，这对发行人而言有着相当的吸引力。

另外，由于存在期权属性，会导致定向可转债发行人和认购人之间的博弈，转股价高，认购人的认购热情不高，反之亦然。这就决定了定向可转债的条款设计相对复杂，发行人会对何种情况下提高或降低转股价、何种情况下向认购人赎回可转债、何种情况下认购人有权把可转债回售给发行人等进行相应的约定。比如，在继峰股份的发行条款中，继峰股份约定当任意连续30个交易日中至少有20个交易日的收盘价低于转股价的90%时，继峰股份有权降低转股价；不低于转股价的150%时，有权提高转股价等。这些比例如何设定，取决于发行人转股的意愿是否强烈，以及双方博弈的结果。

正因为定向可转债具有高度的灵活性和不确定性，可以在发行股份、现金认购之外，为发行人提供额外和有益的补充支付方式。在现金不足、发行股份又对发行人控股股东权益造成较大摊薄和稀释时，定向可转债就成为合理的选择。定向可转债在转股前是债，不会摊薄控股股东权益，且利率较低；发行人可以通过条款设计，控制定向可转债的转股条件，更好地维护自身利益；在转股期间，控股股东还可统筹运用其所拥有的资源，实现时间和空间上的优化配置，使自身利益最大化等。

其二，减少交易阻力，便于达成交易。

并购重组是否能达成交易，关键在于双方的利益诉求能否契合，预期收益能否实现和满足。传统的股份和现金支付手段，由于想象空间不足，在某些情况下，难以找到双方利益的平衡点，定向可转债则不同。

在并购重组交易中，对认购人或交易对手来讲，获得现金，意味着结账离场，无法分享上市公司的成长收益；获得股份，则会承担上市公司重组失败的风险。但如果是定向可转债，认购人则会拥有较强的选择权：重组成功，就以较低的价格进行转股，享受上市公司的成长收益；重组失败，就以赎回或回售债券的方式退出，仍能获得相应的利息。这种模式对认购人而言，具有相当的吸引力。定向可转债"保底收益 + 向上弹性"的特点，为交易抹上润滑剂，便于成功交易。

其三，缓解资金压力，便于拓宽融资渠道。

定向可转债的期限一般是 3 ~ 5 年，时间较长，加之其固有的收益特点，对机构投资者、中长期资金将会产生较强的吸引力。只要上市公司质地优良、并购重组预期较好，发行定向可转债进行融资就具备较强的可行性。此举也有利于丰富上市公司的融资方式和支付方式，吸引更多的资金参加并购重组，促进并购重组市场的繁荣和发展。

当前，定向可转债在 A 股市场尚属于"新鲜事物"，相应的监管细则还未明确，正处于探索、摸索的阶段。从过会案例来看，定向可转债的发行条件整体比较宽松，主要是符合《公司法》《证券法》《上市公司证券发行管理办法》等相关规定，最核心的是：上市公司的盈利能力，是否连续实现盈利；可供分配利润是否能满足支付债券 1 年的利息；以及累计债券余额不超过公司净资产的 40% 等。

除此之外，发行定向可转债的主要难点在于相关条款的设计。如何实现债券持有人和现有股东之间的利益平衡，将考验合作各方的技艺和智慧。

肆 监管：“猫鼠游戏”

导 读：监管是并购交易值得关注的重要一环。因未能获得监管部门同意，导致交易失败，致使交易各方前期付出的努力付诸东流的案例不胜枚举。规避监管风险的要点在于对并购交易进行系统性的考虑和安排，选好交易对手和标的，并与交易对手就风险的分担、交易价格、交易机制等方面做出安排。

以借壳上市为例，其监管政策历经多变。2016 年前相对宽松，2016—2019 年政策趋紧，2019 年后至今又趋于宽松。资本市场借壳上市的案例数目也随着政策的变化而变化。但无论怎样变化，监管部门都对借壳上市制定了非常详细、量化的借壳上市判断标准，如上市公司控制权发生变更、购买资产的总额、营业收入、利润、净资产等指标超过上市公司控制权发生变更前一个会计年度对应指标的 100% 等。如果一项重组交易符合这些标准中的一条，监管部门将按照 IPO 的标准对重组项目进行审核。尽管如此，诸多想上市的企业还是通过借助借壳上市的通道实现上市。

在这些交易中，有部分企业为求规避监管，对照监管部门的审核标准，设计出“眼花缭乱”的交易架构，与监管部门上演了一场场“猫鼠游戏”。其中最为典型的代表是昔日资本巨鳄“德隆系”在 2012 年对博盈投资的运作。从某种意义上讲，正是这起交易，打开了规避借壳手法的“潘多拉”魔盒。时至今日，博盈投资（已更名为斯太尔）已处于退市边缘。

记录这段历史的意义在于两个方面：一是让后来者对当时交易时，相关交易方所祭出的各种“奇思妙想”有一个直观的感受和认识。二是试图思考，一项合理的监管政策，究竟是定性描述重要，还是定量描述重要，或者说，二者如何结合。

定量的标准固然客观，但如果依赖太多，势必会因定量标准难以包含所有情形，而被“有心人”钻了空子。比如，现在监管部门对上市公司拟引进的“战略投资者”给予了差别待遇，一旦被认定为战略投资者，将会在锁定期、认购股份价格等方面享受非常优惠的政策。尽管监管部门也对战略投资者构成要件做出了详细的规定，但从实践来看，还是不禁要问，究竟怎样的投资者才算得上是“战略投资者”？

可以预见的是，监管的“猫鼠游戏”还会持续不断上演。

德隆系：做局博盈投资

在经历长达4个月的停牌后，2012年11月5日，一纸非公开发行公告，游走于保壳边缘的博盈投资瞬间成为众多投资者关注的热点，其股价也在非公开方案公告后连续拉出4个涨停板，截至11月底累计涨幅接近60%，与整个大盘不断下行的趋势形成明显的对比。

从这份充满"魔力"的非公开发行方案本身来看，整个方案设计的确精妙，融资、重组、退出等环节一气呵成，但却难掩其隐藏的瑕疵，如交易标的Steyr Motors的估值为何能在短短几个月内暴增2.2亿元，即将成为博盈投资实际控制人的英达钢构，其资金实力有待考证等。尤其是对方案的背后推手众说纷纭。

有分析认为，博盈投资非公开发行的背后推手就是硅谷天堂本身，通过"过桥式"并购，实现股权投资的无风险高回报；有的则认为是曾经在资本市场叱咤风云的"德隆系"魅影重现。要解开这背后的秘密，需要从博盈投资上一次的实际控制人变更说起。

进退两难的博盈投资实际控制人

博盈投资前身是湖北车桥，主营业务为汽车配件制造及销售，2003年更名为博盈投资。从2008年开始，博盈投资连年亏损，2010年年初被ST。为避免退市风险，经过加强"管理"，2010年年底实现净利润425万元，但这也是在5.5亿元营收的基础上取得的，其盈利能力由此可见一斑。

2011年11月博盈投资实际控制人变更为罗某峰、卢某妮［两人通过共同控制的荆州市恒丰制动系统公司（以下简称荆州恒丰）持有博盈投资1700万股，占7.18%］，形成博盈投资现在的股权架构（图4.1）。

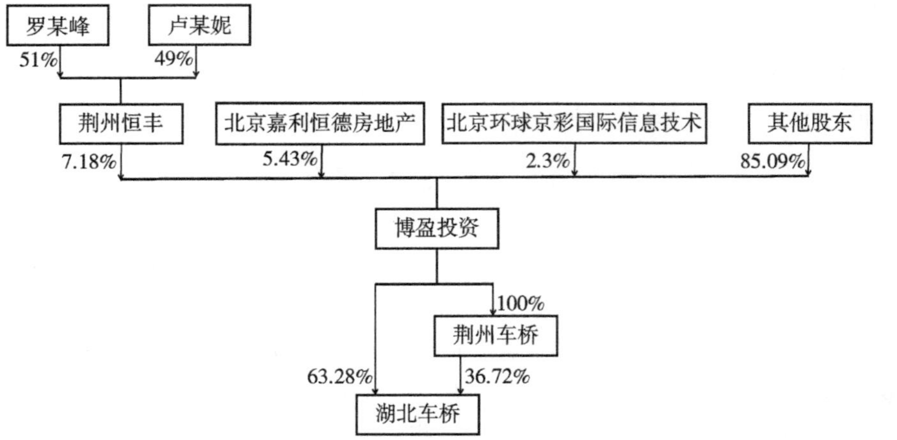

图 4.1　博盈投资现有股权架构

荆州恒丰在 2011 年收购博盈投资时，还发生了 2 个事件：

事件一：卢某妮的超强投资能力。根据荆州恒丰收购博盈投资时披露的公告，卢某妮出生于 1976 年，从 2003 年开始任荆州车桥董事长、从 2010 年开始任湖北车桥总经理。据此推算，卢某妮的成长速度非常之快。另外，就卢某妮的年龄来说，其投资实力也相当的“彪悍”（图 4.2），如其持有荆州车桥 12.67% 股权（价值 202 万元）、持有公安县铜套公司 92.34% 的股权，而该公司又持有荆州车桥 52% 的股权、2011 年 10 月 20 日对恒丰制动增资 4900 万元等。卢某妮年仅 36 岁就有如此之强的投资实力，收购公告里也没有披露其投资行为是否属于代持行为，卢某妮的投资能力可见一斑。

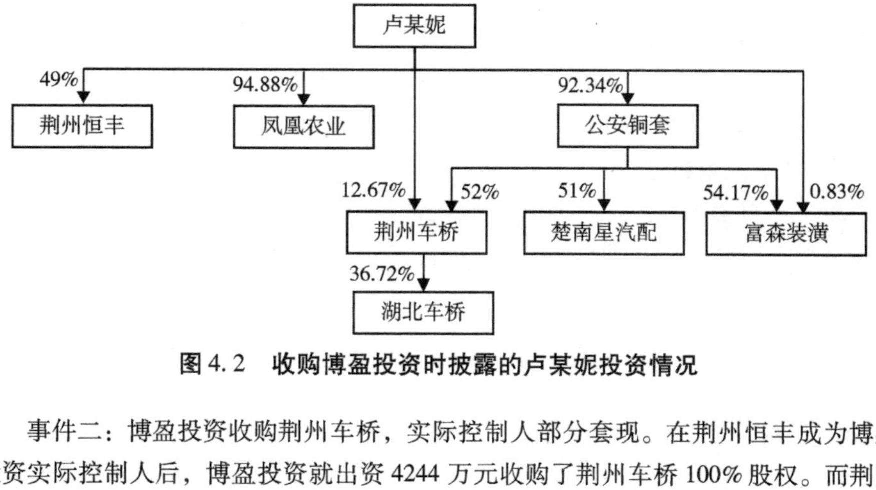

图 4.2　收购博盈投资时披露的卢某妮投资情况

事件二：博盈投资收购荆州车桥，实际控制人部分套现。在荆州恒丰成为博盈投资实际控制人后，博盈投资就出资 4244 万元收购了荆州车桥 100% 股权。而荆州车桥的主要股东就是卢某妮，按其实际持有荆州车桥的股份计算，卢某妮获得股权转让资金2576万元，而卢某妮收购博盈投资时的支出为6664万元，就这样，通过这次交易，卢某妮收回了将近40%的投资。

荆州恒丰在成为博盈投资实际控制人后，博盈投资的经营状况并未得到彻底扭转，反而有所恶化。入主当年博盈投资实现利润256万元，较2010年下跌近50%，且当年的经营性现金净流量金额缺口高达4719万元，2012年博盈投资则预计亏损1500余万元。

受博盈投资经营业绩不佳的影响，其实际控制人的投资已出现账面浮亏。2011年荆州恒丰收购博盈投资1700万股时的代价为8元/股，若按7月5日停牌时的5.29元/股的收盘价计算，已账面浮亏4600余万元。再加之由于当初荆州恒丰收购博盈投资股权时，承诺的锁定期仅为1年，到2012年11月29日锁定期就结束，但由于博盈投资2012年扭亏无望、股价的萎靡不振使股东陷入进退两难的局面。

来自硅谷天堂的福音

就在博盈投资实际控制人"一筹莫展"之时，一份来自硅谷天堂的福音让其看到了解套的"希望"。2012年11月5日，博盈投资发布公告，宣称要进行一场交易金额高达15亿元的非公开发行。

这次非公开发行的方案从表面上看非常简单，博盈投资向天津硅谷天堂恒丰等投资人增发3.14亿股，发行价格为4.77元/股，募集资金15亿元（表4.1）。这15亿元募集资金主要用于收购武汉梧桐硅谷天堂（Steyr Motors）100%股权、补充流动资金、对Steyr Motors增资等（表4.2）。根据非公开发行的公告内容，这15亿元资金将全部用于Steyr Motors发展。

表4.1　博盈投资非公开发行认购预案

发行对象	认购股份（亿股）	认购金额（亿元）
英达钢构	0.84	4
泽瑞创投	0.52	2.5
泽洺创投	0.52	2.5
贝鑫投资	0.42	2
理瑞投资	0.42	2
天津硅谷天堂恒丰	0.42	2
合计	3.14	15

表 4.2　募集资金投向

项目名称	项目投资总额（亿元）
购买武汉梧桐硅谷天堂（Steyr Motors）100%股权项目	5
Steyr Motors 增资扩产项目	3
公司技术研发项目（主要由 Steyr Motors 承担进行）	3
补充流动资金	4
合计	15

对于非公开发行成功后的相关承诺，由三部分组成：

一是由英达钢构对业绩进行承诺。英达钢构承诺，2013—2015 年，武汉梧桐硅谷天堂分别实现利润（经审计扣除非经常性损益后）不低于 2.3 亿元、3.4 亿元和 6.1 亿元（后变更为 2014—2016 年，3 年累计 11.8 亿元）。若不能完成目标，将由英达钢构一家对上市公司进行补偿，补偿的方式为其所持博盈投资股份及现金。

在具体的计算方式上，是以 11.8 亿元承诺利润为基数，英达钢构以所认购的 0.84 亿股作为赔偿来源，弥补盈利缺口。这 0.84 亿股股份估值是 4 亿元，如果盈利缺口超过 4 亿元，英达钢构就以现金方式补足剩余部分。

二是参与此次非公开发行的另外 5 家投资企业承诺，仅作为博盈投资的财务投资者，无条件、不可撤销地放弃所持博盈投资股权所对应的提案权、表决权，不参与公司的日常经营管理，也不向博盈投资推荐董事、高级管理人员人选。至于是否能实现相应的业绩承诺，则与这 5 家企业没有任何关系。

三是 6 家投资者所持的股份锁定期均为 36 个月（2013 年 12 月 10 日至 2016 年 12 月 9 日）。

若此次非公开发行的方案最终得以实施，博盈投资的股权架构将发生重大变化，英达钢构将成为博盈投资的实际控制人（图 4.3）。

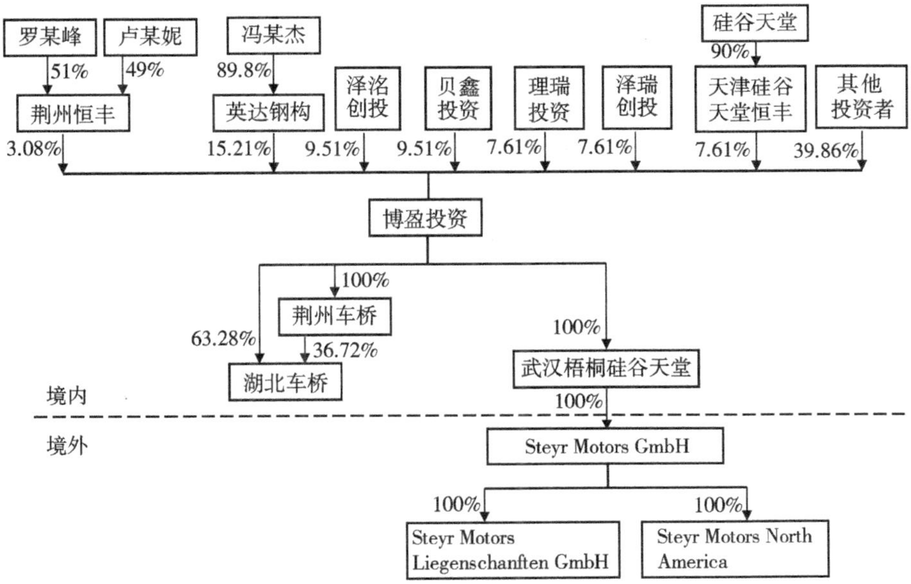

图 4.3　非公开发行后博盈投资股权架构

受此"利好"消息的刺激，博盈投资的股价在 11 月 5 日复盘后，连续拉出 4 个涨停板，截至 11 月底，其股价已由 7 月 5 日停牌时的 5.29 元/股飙升到 8.06 元/股，与大盘"跌跌不休"的走势形成鲜明的对比，而且也让博盈投资的实际控制人看到了解套的"希望"。

虽然解套有望，但通过分析其非公开发行方案，其背后的故事也许并不像其方案那样简单，或许这次非公开发行只是整个棋局的高潮部分，伏笔早在荆州恒丰成为博盈投资实际控制人之前就已埋下。

神秘的天津硅谷天堂恒丰

根据博盈投资的非公开发行方案，硅谷天堂系是此次交易的主体，一方面出资认购博盈投资非公开发行所增发的股份，另一方面又向博盈投资出售标的资产。出资认购的主体是天津硅谷天堂恒丰，标的资产是武汉梧桐硅谷天堂 100% 的股权，而武汉梧桐硅谷天堂资产持有了奥地利 Steyr Motors 公司 100% 的股权（图 4.4）。这其中，天津硅谷天堂恒丰的来历值得关注。

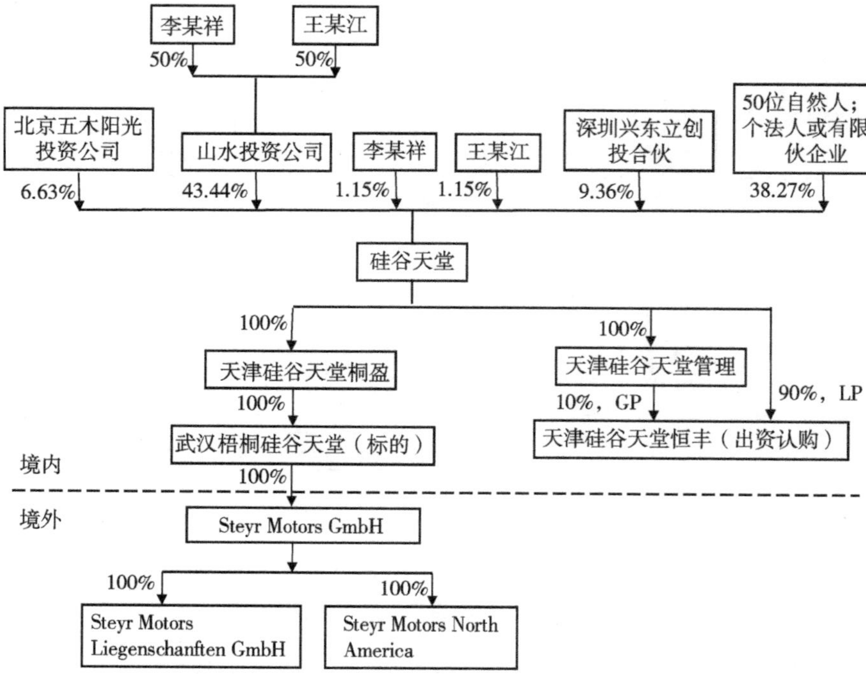

图 4.4　非公开发行时披露的硅谷天堂投资情况

天津硅谷天堂恒丰成立于 2011 年 4 月，属于有限合伙企业，其 GP 是天津硅谷天堂管理，LP 就是大名鼎鼎的硅谷天堂，二者在天津硅谷天堂恒丰的投资份额分别是 10% 和 90%，但硅谷天堂持有天津硅谷天堂管理 100% 的股权，实际上在天津硅谷天堂恒丰，GP 和 LP 就是一家人。

在这里，有一个关键细节值得关注，天津硅谷天堂恒丰的公司名称中有与荆州恒丰一样的“恒丰”二字，这究竟是巧合还是有意为之？要解开这个谜团，需要从硅谷天堂以往的投资风格和特点中寻找答案。

硅谷天堂是一家成立 12 年的创业投资公司，参与资本运作多年。硅谷天堂在进行并购投资时有一个非常显著的特点，那就是其每一次并购后面都有一个产业集团，并购的模式主要是先由硅谷天堂设立公司或硅谷天堂与产业集团设立合资公司进行，收购完成后再交由产业集团，而其所设立公司的名称一般包含拟合作产业集团名称的关键字。比如，在 2011 年 9 月，硅谷天堂与大康牧业发布公告，双方成立了长沙天堂大康基金。2012 年 3 月、7 月，长沙天堂大康分别收购了武汉和祥畜牧、湖南富华生态农业公司，从而使大康牧业得以完善养殖模式，拓展产业链。

根据硅谷天堂的投资特点及股权架构、天津硅谷天堂恒丰的名称构成及成立时间（成立于 2011 年 4 月，早于荆州恒丰在 2011 年 11 月成为博盈投资的实际控制人)，在很大程度上就存在这样一种可能或者说基本可以认定，早在荆州恒丰成为博盈投资实际控制人之前，荆州恒丰就与硅谷天堂建立了密切的合作关系，荆州恒丰将依托硅谷天堂的资本运作优势拓展其产业链，收购博盈投资的控制权，只是其产业链拓展的一环和开始。出于项目运作保密、上市公司信息披露要求等原因，荆州恒丰并没有实际出资参与天津硅谷天堂恒丰的运作，而是采取了一种"委托"和"默许"的方式进行。也就是说，双方的合作将基于天津硅谷天堂恒丰这一平台展开，合作方式可以多种多样，如天津硅谷天堂恒丰可以认购博盈投资增资，或者收购某一项资产再注入博盈投资等，而这个过程中的运作主要由天津硅谷天堂负责运行，博盈投资予以配合，适时进行披露。

除天津硅谷天堂恒丰与荆州恒丰的公司名称有部分"巧合"外，类似的情况还发生在此次非公开发行的资产出售方天津硅谷天堂桐盈及标的企业武汉梧桐硅谷天堂上。从这 2 家公司名称里面可以推测出此次运作的幕后推手：香港梧桐资本集团。

幕后推手：梧桐魅影

香港梧桐资本集团成立于 2011 年 5 月，与天津硅谷天堂恒丰的成立时间相隔不远。根据其官方网站介绍，该集团是应港台、欧美及国内民企等多家投资机构邀约成立的财团资本和私募股权基金集约管理平台，主席由香港凤凰卫视台长刘某乐担任，总裁是曾任光彩集团董事长、德隆集团执行主席的向某。

在其官方网站中也透露，2011 年 12 月 5 日，刘某乐、向某会见了奥地利前工业部长卡托夫率领的斯太尔动力考察团，而斯太尔动力即 Steyr Motors。香港梧桐资本集团收购 Steyr Motors 股权开始提上议事日程并加以实施。此外，总部位于德国慕尼黑的 GCI（GCI Management Consulting GmbH）管理咨询公司提供的信息也佐证了这一点。据公开信息，GCI 在发现 Steyr Motors 有出售的意向后，便与香港梧桐资本集团进行了接触，并安排双方正式开始谈判。根据以上信息可以判断，对 Steyr Motors 的收购就是从 2011 年年底开始正式实施的，而推动者就是香港梧桐资本集团。

但在博盈投资非公开发行的方案中，无论是天津硅谷天堂桐盈，还是武汉梧桐硅谷天堂，其股权架构中根本看不到香港梧桐资本集团的出资。笔者分析，应该是基于以下原因，才使得外界只能看到香港梧桐资本集团在此次交易中若隐若现的魅影：

原因一：香港梧桐资本集团成立时间并不是很长，其现阶段更多的是扮演协调、平衡及项目推介等角色。

香港梧桐资本集团从 2011 年 5 月成立到 2012 年 4 月武汉梧桐硅谷天堂完成收购尚不足 1 年时间，而香港梧桐资本集团的资金来源主要是国内外的投资者，要在不足 1 年的时间内实现资金到位近 3 亿元人民币并完成外汇进出的结算登记等管制手续，在时间上可能来不及。在现阶段香港梧桐资本集团更多的是扮演国内外项目资源、投资者的协调、推动角色。

原因二：提前完成境外股权收购，降低审批风险，加大非公开发行审核通过砝码。

如果香港梧桐资本集团依靠境外投资者的资金注入，境外直接完成收购 Steyr Motors 100% 的股权的任务后，再由博盈投资收购香港梧桐集团持有 Steyr Motors 股权，则又会面临新的问题。

第一，增加后续工作的不确定性。如果先由香港梧桐资本集团境外收购，再由博盈投资收购 Steyr Motors 100% 股权，按照现行规定，需要由博盈投资履行境外投资的审批手续，而这将导致整个收购工作存在一定的不确定性，境外投资行为万一被否，已经完成非公开发行股份认购的投资者将进退两难，这是任何投资者都不愿遇到的事情。如果先由博盈投资收购 Steyr Motors 100% 股权，再进行非公开发行，则又会面临博盈投资资金实力不足的问题。

第二，Steyr Motors 一直处于微利经营的状态，要取得大发展，后期需要大笔资金投入，这也是此次非公开发行金额高达 15 亿元的原因之一。若由香港梧桐资本集团先行收购，博盈投资后续的境外投资额必将超过 1 亿美元（5 亿元人民币收购款及对 Steyr Motors 的增资），根据我国境外投资规则，其审批机构将由省级政府部门上升到国家级政府部门，其难度将陡然增大。

第三，增加此次非公开发行获批的可能性。按照我国有关规定，上市公司进行非公开发行时，需就募集资金投资项目提供相关部门的审批、批准或备案文件。虽然非公开发行方案公告时博盈投资尚未取得对 Steyr Motors 增资扩产、开展公司技术研发项目及补充流动资金等募集资金使用的批准文件，但武汉梧桐硅谷天堂已取得湖北省发改委和商务厅对其收购 Steyr Motors 股权的核准文件。这与非公开发行方案公告没有取得任何政府部门核准文件相比，无疑将对增加博盈投资在非公开发行通过率大有裨益。

因此，若将境外股权投资这一审批事项提前完成，将在很大程度上降低方案实施的风险，也可大大降低境外投资的审批难度。另外，若非公开发行成功，博盈投资对 Steyr Motors 的后续增资、补充流动资金就能采取分年度、分阶段的方式进行，主动性大大增强。

原因三：简化股权收购审批程序。

如果香港梧桐资本集团参与了对天津硅谷天堂桐盈或武汉梧桐硅谷天堂的投资，那么收购武汉梧桐硅谷天堂股权的行为将会演变成外商投资企业股权的变更，这无疑将会增加整个交易方案的复杂程度和审批难度。

此外，为解决武汉梧桐硅谷天堂收购资金来源问题，不排除还存在这样一种可能，那就是香港梧桐资本集团以最快的速度完成了资金到位和外汇登记手续，但其投资行为不是以股权投资，而是以债权投资的方式进行。根据工商登记资料，天津硅谷天堂桐盈注册资本为100万元人民币，而其子公司武汉梧桐硅谷天堂的注册资本高达3亿元人民币，相差太大。因此，香港梧桐资本集团有可能采取直接借款给天津硅谷天堂桐盈或通过在中国境内设立子公司再借款给天津硅谷天堂桐盈的方式向武汉梧桐硅谷天堂注入收购资金，这样操作还有一个好处就是可以享受部分债权利息所得免缴所得税的优惠政策。

总的来看，基于简化手续、风险可控等原因，香港梧桐资本集团最终没有出现在天津硅谷天堂桐盈或武汉梧桐硅谷天堂的股东名册中。但经其主导和协调，硅谷天堂终在2012年4月得以将Steyr Motors纳入囊中。

完成收购后，按照硅谷天堂与荆州恒丰既定的合作策略，在硅谷天堂寻找到合适、富有题材的收购目标后，应注入上市平台。在这个过程中，香港梧桐资本集团总裁向某、博盈投资董事长杨某年、武汉梧桐硅谷天堂派驻Steyr Motors的董事长朱某纲等都曾是德隆系的旧将，也许正是这些人互相熟识的原因才使得此次非公开发行的前期工作显得异常顺利和融洽，可以说通盘统筹，一拍即合。下一步就是尽快将Steyr Motors 100%股权注入博盈投资，并要在实现投资回报的基础上，尽可能简化审批程序，降低审核风险。

天量发行，彰显财技

博盈投资非公开发行的融资额高达15亿元，而截至2012年9月底，博盈投资资产7.54亿元，净资产1.73亿元（其中股本2.37亿元）。相对博盈投资资产额而言，非公开发行的金额等于再造了2个博盈投资，当属"天量"发行。仔细分析这份非公开发行预案，可以发现这个交易方案充分利用了我国相关法律法规的待完善之处，整个交易步骤环环相扣，一气呵成，其操作财技水平非常之高。

财技1：以非公开发行方式简化审批程序，提高通过率。

将Steyr Motors 100%股权注入上市平台的方式上，充分利用了修订后《上市公司重大资产重组管理办法》（以下简称《管理办法》）的相关条款规定。依据《管理办法》第二条"上市公司按照经中国证券监督管理委员会（以下简称中国证监会）核准的发行证券文件披露的募集资金用途，使用募集资金购买资产、对外投资的行为，不适用本办法"的规定，也就是说，博盈投资此次非公开发行只要通过了证监会的核准，就不适用《管理办法》，此时要适用的是《上市公司证券发行管理办法》《上市公司非公开发行股票实施细则》等相关规定。对于非公开发行行为，证监会的审核重点是资金来源、募投项目可行性等，而对于重大资产重组行为，审核的重点则是待重组资产的估值、盈利能力及预测是否合理、业绩承诺责任是否到位等。两者比较，采取非公开发行的方式，通过审核的可能性将大大增强。

相反地，若博盈投资直接以现金方式进行收购，不仅受限于自身的资金实力，还要履行重大资产重组审批程序。若采用以非公开发行收购资产的方式，虽因符合财税59号文中特殊重组条件而能享受税收优惠，但由于其非公开发行金额已远远超过博盈投资2011年年底净资产的50%，也需要履行重大资产重组审批程序。而且采取此种方式，由于实际控制人变更，还可能构成借壳上市，按当前审批借壳上市与IPO趋同的思路，无疑将更进一步增加操作的难度。

财技2：引入英达钢构，构筑防火墙，尽显平衡手段。

有分析认为，博盈投资此次非公开发行方案中的英达钢构只是一个“打酱油”的角色，其实并不尽然，在英达钢构的引入上，此次方案的设计者应是经过反复思量并与英达钢构达成相关协议和妥协，在取得利益平衡的基础上形成的。

引入英达钢构的主要目的是要其发挥“盾牌”和“防火墙”的作用，主要体现在两点：

一是便于硅谷天堂等投资者在锁定期结束后，能以较便捷的方式退出博盈投资。显然，如果硅谷天堂等投资者成为博盈投资的实际控制人，其后期的退出必将影响博盈投资实际控制人的变化，退出行为将大受掣肘。

二是规避业绩承诺责任。此次方案的目的之一是将Steyr Motors 100%注入上市公司，且注入价格还不能低，否则就不能获得前期投资的回报。而按照我国现行法规，此类行为需要相关主体做出业绩承诺并承担补偿责任，一般这个承诺是由控制人做出的。显然，硅谷天堂作为投资企业，其投资上市公司的最终目的是以尽可能低风险、高价格的方式退出，没有足够的意愿来做出这样的承诺，因此有必要选择1家企业来承担，而所选的企业必须可靠且有上市意愿。

据公开信息，香港梧桐资本集团推动Steyr Motors收购也许只是其整体战略的一环，其更大的投资是于2011年10月确定了在山东东营投资120亿元的直升机和新动力总成项目，而这与Steyr Motors的发动机主业不谋而合。英达钢构恰好是山东东营的一家企业，据其审计报告显示，从2009年开始，英达钢构的营业利润逐年攀升，由2009年的6371万元逐年上升到2011年9876万元，累计未分配利润1.67亿元，基于这样的盈利状况，英达钢构有意愿将产业运作上市，增加股东财富也不足为奇。

因此，在双方的交涉中，极有可能出现这样的情况，英达钢构承诺独自承担业绩责任，从而为硅谷天堂等投资者构筑一道防火墙，起到“盾牌”的作用。同时，作为回报，英达钢构在此次非公开发行中认购额最大，以保证其成为博盈投资的实际控制人，使其获得一个资本运作平台，能在适当时机将自己的产业运作上市。这一点也可以从硅谷天堂等投资者放弃其所持股权对应的提案权、表决权，不参与公司的日常经营管理，也不向博盈投资推荐董事、高级管理人员人选等承诺以加强英达钢构对博盈投资控制力这一点加以佐证。

此外，"精明"的英达钢构为降低后续运作风险，不排除提出将此次非公开发行股票的锁定期全部定为3年的附加条件，从而使得硅谷天堂等投资企业不能及时从博盈投资抽身而退，实现风险捆绑。因为按我国现行规定，以非公开发行方式成为上市公司实际控制人的，其认购的股份有3年的锁定期，反之，锁定期就只有1年。

经过这些平衡，英达钢构认购了26%的非公开发行总股数，承担了全部业绩承诺责任，而对博盈投资拟收购资产的"所有者"硅谷天堂而言，不承担任何责任。很显然，如果完成收购后出现了最坏的情况，受影响的只是英达钢构所持博盈投资的股份及资产，硅谷天堂等其他投资者所持有的股份及资产将不受任何影响。

财技3："化整为零"，规避要约收购。

博盈投资股本太小，仅有2.37亿股，且其股价长期低迷。按照非公开发行方案，融资额为15亿元，博盈投资需发行3.14亿新股，占其发行后总股本的56%以上。如果仅仅由英达钢构、硅谷天堂2家投资者来认购增发股份，要么英达钢构资金实力不够，不能取得实际控制人地位，要么硅谷天堂将触发要约收购（即使其承诺放弃增持股权对应的投票权，也可能会因为超过30%股份而被证监会认定需要履行要约收购义务）。为保证英达钢构获得实际控制人地位，又不触发要约收购，只能采取化整为零的方式，由此形成了现在非公开发行的认购团。采取这种方式的好处是，只要相关主体一口咬定认购资金是采取自筹方式解决，谁也无法知晓其背后的真相。

这一点还可以从以下4家投资企业设立的时间、运作方式等方面得到证明（表4.3）：这4家合伙企业都是在2012年成立，其中2家是在10月29日成立（此时距博盈投资在11月5日公告非公开发行方案后仅7天时间）；成立时这4家合伙企业的投资额都是3000万元；成立之后这4家合伙企业都没有开展任何业务，财务账上都趴着3000万元现金，除此之外没有任何其他资产和负债等。

表4.3　4家合伙企业基本情况

企业名称	成立时间	投资额	GP	LP
泽瑞创投	2012.10.29	3000万元	湖南瑞庆科技发展有限公司，投资100万元，委托代表：江某明	王某清，投资2900万元
泽洺创投	2012.10.29	3000万元	湖南瑞庆科技发展有限公司，投资100万元，委托代表：江某明	陈某，投资2900万元

续表

企业名称	成立时间	投资额	GP	LP
贝鑫投资	2012. 3. 27	3000 万元	上海四创投资管理有限公司，投资 1000 万元，委托代表：朱某红	杭州步捷生物，投资 2000 万元
理瑞投资	2012. 4. 13	3000 万元	上海四创投资管理有限公司，投资 500 万元，委托代表：朱某红	许某珠，投资 2500 万元

备注：1. 湖南瑞庆科技发展有限公司股权架构：江某明 51%，黎某 29%，刘甲 6%，刘乙 7%，何某科 7%

2. 上海四创投资管理有限公司股权架构：张某花 70%，许某 30%

在规避要约收购上，方案的设计者还考虑到了硅谷天堂等投资者放弃所持博盈投资股份投票权带来的影响。根据我国有关上市公司收购的法律法规，当投资者获得上市公司的股份超过 30% 时将触发全面要约收购的义务。根据立法精神，这 30% 股份着重看的是控制权，而控制权主要的体现是提案权、表决权及向上市公司委派董事、高管的权利。在博盈投资非公开发行方案中，硅谷天堂等 5 家投资企业合计持有 41. 85% 的股权，若放弃这些股份的表决权等权利，则可以等同于将这些股份的表决权等权力均摊到剩余 58. 15% 的股权上，而英达钢构持有 15. 21% 的股权，则意味着其实际控制的表决权比例为 26. 16%，低于 30% 的“红线”，其设计之精妙由此可见。

硅谷天堂等投资者为使海外资产注入上市公司符合非公开发行条件这一核心考量，煞费苦心，无论是在后续减持、业绩承诺，还是在规避要约收购上都进行了通盘的考虑和“精巧”的设计。通过不断的博弈和利益平衡，非公开发行的各主体各就各位，似乎是“万事俱备，只欠东风”，接下来就是看证监会的审批意见了。但由于该方案人为设计色彩过浓，必然天然带来了一些隐忧。对于这些隐忧相关参与主体若不能对监管机构做出很好的解释和澄清，令其信服，则该方案获得审批通过的前景堪忧。

复盘运作手段

经过上述分析，大致可以梳理出此次非公开发行的脉络：

版本一：荆州恒丰在实际控制博盈投资前，就与硅谷天堂建立了投资合作关系，在入主博盈投资后，却受限于博盈投资的经营困局和投资出现账面浮亏。荆州恒丰急需扭转这一局面，以便在锁定期结束时能顺利退出或实现股权增值。而恰在此时，香港梧桐资本集团得以建立并开始实施收购 Steyr Motors 的行为。由于双方的主要管理人员十分熟识，且博盈投资与 Steyr Motors 的主业基本一致，双方的合作一拍即合。由此，经过通盘考虑、不断的沟通和协商，确定了先非公开发行再收购资产这一相对简单、高效的方式进行，并围绕这一总体目标实施了一系列的配套策略，如采取了由武汉梧桐硅谷天堂收购 Steyr Motors 股权的方式，将境外投资审批程序提前完成，减少后续非公开发行的风险；化整为零，避免要约收购；引入英达钢构，建造防火墙；利用估值弹性，实现低成本入股上市公司，变现取得投资回报等。

版本二：这一版本的猜测更具宏大性：也许早在荆州恒丰成为博盈投资实际控制人之前，荆州恒丰、香港梧桐资本集团、硅谷天堂等就开始谋划共同利用中国资本市场进行产业及资本运作，并因此规划了先取得上市平台，再行注入资产的整体性方案。而荆州恒丰收购博盈投资、将 Steyr Motors 资产注入博盈投资只是这个整体方案在具体实施环节的体现，收购博盈投资是序幕，注入 Steyr Motors 则是高潮。

但无论哪一个版本，在整个交易过程中，香港梧桐资本集团毫无疑问都起到了积极的作用，或许整个工作就是由其推动、引导和完成的。可以预期的是，香港梧桐资本集团在中国的资本市场将会有更多的动作发生。

暗藏的隐忧

硅谷天堂等投资者最担心的是监管部门将此次非公开发行认定为重大资产重组，从而增加其审批难度，但恰恰是这个行为的界定，成为这次非公开发行最大的硬伤和"隐忧"。

隐忧 1：对此次非公开发行行为的界定问题。

硅谷天堂等投资者为使本次非公开发行被认定为单纯的非公开发行募资行为而不是重大资产重组行为煞费苦心。除引入英达钢构搭建"防火墙""化整为零"规避要约收购、宁愿承担巨额的财产转让所得税（若方案最终得以成行，硅谷天堂需就转让武汉梧桐硅谷天堂股权所得缴纳巨额所得税，预计在 0.5 亿元以上）外，其也认为，由于此次博盈投资向硅谷天堂所募集的资金中用于收购武汉梧桐硅谷天堂股权的部分仅占募资总额的 4.44%，故不符合《管理办法》的相关规定。但这其中不确定的因素是，《管理办法》中并未就用于收购资金比例进行明确的规定，一旦证券监管部门认定此次行为适用资产重组的相关办法，硅谷天堂等投资者也将无可奈何，而这将大大降低方案的通过率。至于天津硅谷天堂恒丰为何要出资 2 亿元认购新增股份，笔者分析，也许是应非公开发行其他认购主体出于风险捆绑的需要。

隐忧 2：Steyr Motors 盈利能力弱，但估值出现飙升。

2009—2012 年 1—9 月，Steyr Motors 的税后利润仅分别为 1573 万元、674 万元、625 万元、282 万元。这样的盈利能力，能支撑累计 11.8 亿元的业绩承诺吗？

2012 年 4 月，硅谷天堂收购 Steyr Motors 100% 股权时，其支付的成本为 3425 万欧元，以 2012 年 4 月 30 日 8.2916 元人民币兑换 1 欧元汇率计算，折合人民币 2.84

亿元。但仅仅过了几个月，Steyr Motors 的估值就上升到 5 亿元，并且这 5 亿元估值还是给上市公司让渡了很大的优惠（表 4.4）。

表 4.4　Steyr Motors 估值利润与预期可实现利润对比

	2013 年	2014 年	2015 年
Steyr Motors 估值所用利润	1 亿元	1.2 亿元	1.4 亿元
预计可实现利润	2.3 亿元	3.4 亿元	6.1 亿元

对此，硅谷天堂给出的解释是，估值上升主要依赖于 Steyr Motors 的中国市场开拓顺利及募投项目能按照预期实施等前提条件，简言之，就是由于硅谷天堂的存在和进入，使得 Steyr Motors 焕发生机。但事实真的会如此简单吗？

据公开的信息判断，Steyr Motors 是一家以技术研发为主的企业，目前其技术主要集中在 2～3 升的小型柴油机。而这个排量的柴油发动机仅在中国市场上就面临福田康明斯、江铃、欧意德、全柴等诸多竞争对手的挑战。此外，在柴油发动机这个领域，其竞争格局已发生较大变化，目前的主流是各大商用车生产企业都争先开发自己的发动机制造企业，独立发动机企业的市场开拓日益艰难。以福田康明斯为例，虽然有福田汽车这个稳定的配套大客户，但其投产第一年只销售了 1700 多台，到第三年才超过 2 万台。Steyr Motors 计划在 2013 年将生产能力扩大到 3 万台，实现销售 2 万台；2014 年产能扩大到 10 万台。但考虑到市场结构、竞争形势，Steyr Motors 在 2013 年、2014 年又真正能实现销售多少台？

隐忧 3：非公开发行额为何高达 15 亿元？

根据非公开发行的公告，笔者推测硅谷天堂在收购 Steyr Motors 时，不仅支付了 2.84 亿元收购款，而且也对奥地利审批机构及 Steyr Motors 的原股东做出了增资扩产、加大技术研发等承诺，这些承诺的金额预计在 10 亿元左右。也就是说，如果这些募投项目可信，硅谷天堂整个需要投入将近 13 亿元现金。但最终公告的非公开发行金额是 15 亿元，这多出的 2 亿元及其后续转换成上市公司的股份应该就是为了让硅谷天堂能以 4.77 元/股价格低成本入股上市公司，从而变相获得投资回报。因此，也许这就是 Steyr Motors 股权的估值在短短几个月时间由 2.84 亿元提高到 5 亿元的原因所在。更有甚者，如果这些募投项目的投资额存在水分，硅谷天堂获得的投资回报将会更高。

隐忧 4：泽瑞创投、泽洺创投成立时间如此之短，且成立不久即成为博盈投资非公开发行对象，其中是否另有隐情？

泽瑞创投、泽洺创投成立于 2012 年 10 月 29 日，此时距博盈投资在 11 月 5 日公告非公开发行方案仅 7 天时间，即泽瑞创投、泽洺创投成立仅一周时间就出现在博盈投资所发布的公告中，其成立时间之巧、入股时间之快，在这个并不缺少资金的年代，若没有更好的解释，将难以令人信服。

隐忧5：英达钢构收购资金来源问题。

如果说硅谷天堂等5家投资企业能以投资人及时到款为由解释收购资金的来源问题（虽然可以充分相信这几家企业的募资能力，但也不能排除由涉及本次非公开发行的其他投资者全部或部分对这几家企业出资的可能），但对英达钢构而言，要解释清楚收购资金来源却不是一件容易的事情。

截至2012年9月底，英达钢构资产为6.38亿元，其中固定资产为3.39亿元，而剩下的3.58亿元流动资产中，容易变现的资产只有7848万元的现金，其余都是变现程度较低的应收款、存货和预付款。同期英达钢构实现销售收入5.57亿元，录得净利润约6405万元。在此次高达15亿元非公开发行中，英达钢构需出资4亿元认购新增股份，相比之下，在解释如何弥补其巨额的认购资金缺口上着实需下一番功夫。

隐忧6：如何确保海外资产经营的可靠性和风险的可控性？

此次非公开发行的实质经营主体是地处奥地利的Steyr Motors，且其业务还遍布全球主要国家和地区。如何对这种公司经营中可能遇到的风险进行控制，如政策风险、法律风险、财务风险等都需要加以详尽的说明，尤其是在Steyr Motors将成为博盈投资主要经营实体的情况下。否则，按照我国证券监管部门的思路，方案存在太多的不确定性将难以通过审核。

总的来看，整个交易方案通盘统筹、环环相扣、简单高效，充满了不断的协调、妥协，其具体的实施过程想必也充满艰辛和兴奋。但世上没有完美的事情，此次博盈投资非公开发行也存在不少隐患，还有许多说不清、道不明的地方，除上述信息披露不充分外，硅谷天堂与荆州恒丰是否存在合作关系、天津硅谷天堂桐盈或武汉梧桐硅谷天堂的历史沿革及资本结构等，都需要相关主体进行充分披露。否则，即使所有出资认购人都一口咬定全部是自有资金出资，不存在代持、代替出资、一致行动等问题，这一方案也将面临夭折的命运。

博盈投资的非公开发行终得以在2013年年底获得审批通过，部分"隐忧"得以消除。非公开发行完成后，博盈投资也更名为斯太尔（图4.5）。因此，武汉梧桐硅谷天堂（斯太尔全资子公司，后更名为江苏斯太尔）的业绩承诺从2014年开始计算。从此后斯太尔的业绩表现来看，似乎印证了市场对Steyr Motors盈利能力的担忧。但值得关注的是，当初参与这起交易的各方，不仅都已录得不菲的账面收益，还通过巧妙的杠杆策略，将其收益进一步放大。令人不禁要问，当博盈投资的潮水退去，谁才是裸泳者呢？

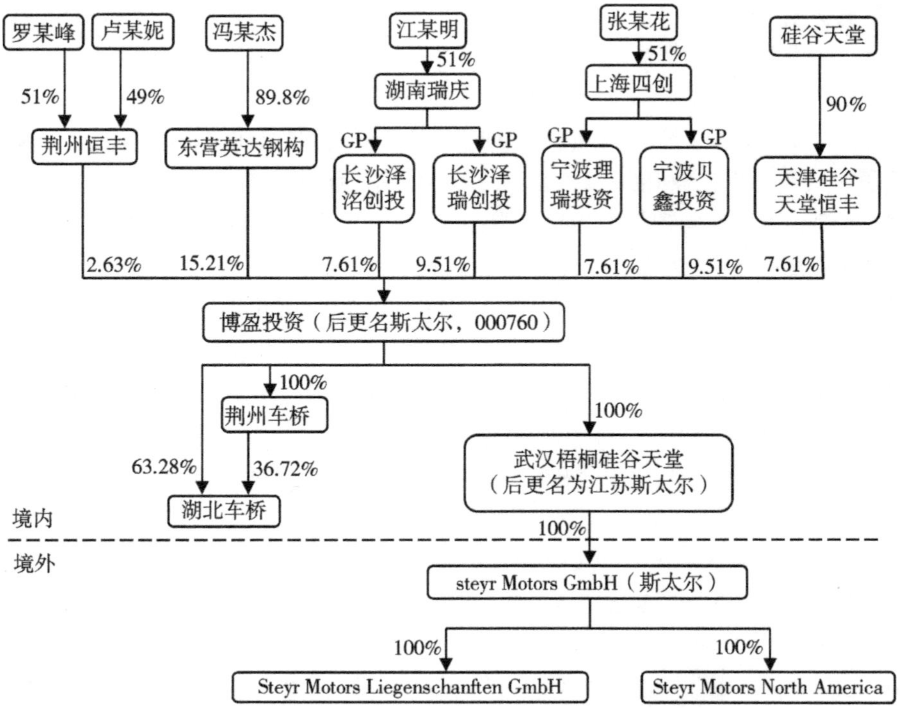

图 4.5　博盈投资非公开发行完成后的股权架构

令人迷惑的业绩

2014 年易主后至 2016 年，3 年业绩承诺期内，斯太尔的业绩呈现两头高、中间低的态势，尤其是在 2016 年录得 2.26 亿元毛利，毛利率高达 63.48%。相比之下，同属柴油发动机行业的潍柴动力 2016 年毛利率不过 22.6%。

按照一般理解，盈利能力的好转应该伴随着公司主要产品销售规模的增加和销售收益的提高。但从这几年斯太尔的销售业绩来看，其主打产品柴油发动机的销售状况却是每况愈下（表 4.5）。2016 年斯太尔柴油发动机的产销量还不足千台，不仅无法与其他同行动辄数十万台销量相比，而且也与整个行业销量增长趋势截然相反（表 4.6）。

表 4.5　2014—2016 年斯太尔生产、经营情况

	2014 年	2015 年	2016 年
营业收入（亿元）	7.41	3.47	3.56
营业成本及税金（亿元）	5.29	3.36	1.27

续表

	2014 年	2015 年	2016 年
营业利润（亿元）	2.1	0.107	2.26
毛利率	28.34%	3.08%	63.48%
柴油发动机产量（台）	1335	1224	894
柴油发动机销量（台）	1225	1332	983

表 4.6　2015—2016 年中国柴油发动机销量前十排名情况

（单位：万台）

排名	企业名称	2016 年销量	2015 年销量	同比增长
1	云内动力	31.72	21.8	45.51%
2	全柴	31.6	30.75	2.76%
3	潍柴	31.59	22.94	37.71%
4	玉柴	28.6	26.88	6.39%
5	江铃控股	27.95	25.33	10.36%
6	中国一汽	27.48	28.48	-3.53%
7	北汽福田	26.68	24.04	11%
8	东风汽车	16.52	15.37	7.49%
9	中国重汽	10.76	8.81	22.11%
10	华源莱动力	9.31	10.12	-8.06%
全国		288.37	257.36	12.05%

仔细分析，斯太尔谜一般的经营业绩下，还藏着更多的秘密。

一是斯太尔的管理费用变化巨大。

2013 年斯太尔母公司的管理费用只有 1100 万元，到了 2014 年管理费用上升到 6412 万元，但 2015 年又快速下降到 3424 万元，变动幅度非常之大。从合并报表口径来看，整个斯太尔的管理费用呈现的变化趋势则是总体向上的，2013 年是 3117 万元，2014 年达到 1.29 亿元，2015 年进一步增加到 1.39 亿元。

对于 2014 年管理费用增加的原因，斯太尔给出的理由有二：一是公司对江苏斯太尔进行合并报表，导致管理费用增长 2900 万元；二是因展开柴油发动机业务，公司广纳贤才展开大规模调研，并聘请专业机构提供咨询服务，导致管理费用增长约 7000 万元。对于 2015 年管理费用增加的原因，斯太尔的理由是：生产能力扩充、市场开拓、引进高端人才。

总的来说，管理费用增加的原因在于两个方面：聘请了更多的高端人才以及行业调研费用。但这里面还有一个问题没有说清楚。斯太尔是管理型机构，其主要的业务是在江苏斯太尔以及下属子公司展开。按常理推断，更多的高端人才应被这些实体公司聘请使用。除非斯太尔能进一步将管理费用细分，否则就有斯太尔母公司承接了江苏斯太尔部分管理费用的嫌疑。并且在2015年斯太尔剥离湖北车桥等原有业务后，管理费用还高达3424万元，这更令外界对其管理费用的分担产生疑问。如果转移管理费用真实，这将有助于帮助江苏斯太尔实现业绩承诺目标。

二是关联交易情况模糊。

斯太尔有两家主要子公司，一家是收购的江苏斯太尔，另一家是收购完成后，新设的常州斯太尔，这两家公司都位于江苏常州。2015年江苏斯太尔实现营收2.98亿元，其中向常州斯太尔销售额为0.33亿元，占比超过10%。这部分关联交易的具体情况如何，价格是否公允，斯太尔并未做出更多的披露。但即便如此，江苏斯太尔在2015年还是亏损了658万元。

三是蹊跷的技术许可服务。

2016年12月，在接近年底财务结算的时候，江苏斯太尔与江苏中关村科技园公司签订了一份《技术许可协议》，前者将其拥有的3项专有技术授权给后者使用，授权费用2亿元。江苏斯太尔据此在2016年先期确认1.89亿元收入。

由于只是授权使用，而非转移所有权，这3项专利技术仍旧归斯太尔所有。也就是说，除了支付交易产生的税费之外，斯太尔几乎可以将授权收入全部确认为利润。所得的1.89亿元，占其2016年度2.29亿元毛利的83%，0.77亿元利润的2倍有余。

其实，斯太尔授权使用专利技术已不是第一次。早在2014年，江苏斯太尔就与一家名为武进经济技术公司的企业签署了技术许可协议，后者将利用前者授权的技术生产和销售相关的发动机产品，江苏斯太尔在当年确认9434万元收入和9364万元净利润。

这两次的技术许可带来的收入，对斯太尔的业绩提升帮助作用十分明显。2014年斯太尔实现利润2200万元，若没有9364万元的技术许可业务利润，2014年其将会亏损7000余万元，接着在2015年斯太尔又巨亏2.05亿元，由此斯太尔将会被ST。到了2016年，斯太尔实现利润7700万元，同样地，若没有1.89亿元的技术许可业务利润，斯太尔将亏损1.1亿元左右，由此斯太尔将是连续3年亏损。

连续3年亏损对一家上市公司而言，是难以接受的局面。根据规则，如果一家上市公司连续3年亏损，报表出来后就会被暂停交易。无论是被ST，还是被停止交易，都是难堪的局面。因为斯太尔的六大股东所持股份均被限售3年，而在此期间，这几个大股东都将其所持的股权进行了大量、反复的质押融资。若斯太尔被 ST 或暂停交易，这些股东所质押的股份有可能被强行平仓或提前赎回，这样的局面显然是其难以接受的。

那么，作为交易对手的两家公司究竟是何方神圣呢，为何默契予以“配合”？

江苏中关村科技园公司成立于 2013 年 5 月，注册地址是位于江苏常州溧阳市经济开发区内的中关村科技产业园内。公司的股东有两家——江苏中关村科技产业园综合服务中心和溧阳市城市建设公司，均为国资背景。

武进经济技术公司成立于 1994 年，注册地址是江苏常州武进的国家级高新技术产业开发区内，是武进国家高新技术产业开发区财政局所投资的全资企业，同样是国资背景。

从股东背景上看，这两家公司与斯太尔并无交集。但这两家公司的常州国资背景，而斯太尔在国内主要有两家生产企业——江苏斯太尔和常州斯太尔，均位于江苏常州。2014 年 3 月斯太尔决定在常州布点时，曾经承诺投资 70 亿元用于发展动力项目，其中一期投资 15 亿元，主要用于常州斯太尔年产 3 万台柴油发动机的项目建设。

真相直至 2018 年才得以揭开。在技术转让的背后，双方还约定，斯太尔到产业园区投资建厂时，再等额回购前期转让的技术。然而，斯太尔并未如约投资，并且前期移交的技术资料光盘，因斯太尔一直未提供密码而无法打开。

如果说这是通过寻求外部合作，美化经营业绩，那么斯太尔还“优化”了财报，进一步“夯实”了盈利基础。

盈余管理三板斧：减值、成本和资本化

2015 年是斯太尔经营业绩比较特殊的一年。无论是之前的 2014 年，还是之后的 2016 年，斯太尔均是盈利，2015 年却是亏损，而且是巨亏 2.05 亿元。这种两头赚、中间亏的盈利“套路”在 A 股市场上屡见不鲜，一般是用来防止上市公司被 ST 处置。为达到这种效果，不同的公司有着不同的办法，具体到斯太尔，主要体现在商誉减值和成本“控制”上。

2015 年斯太尔计提了 5086 万元的资产减值损失，主要包括三部分：4666 万元商誉减值、382 万元存货以及少量的坏账损失。所减值的商誉是在收购江苏斯太尔时形成的，初始确认额为 3.47 亿元。2014 年斯太尔稍微减值了 191 万元，2015 年则大幅减值 4666 万元。2016 年，江苏斯太尔的商誉测试值是 10.28 亿元，不仅没有减少，反而较 2015 年的 6.5 亿元增加了 3.78 亿元。斯太尔的商誉减值提取逻辑与其柴油发动机的销售情况显然是不相符的，2015 年是产品销量最多的一年，2016 年则是最少的一年，2016 年应该提取比 2015 年更多的商誉减值才合理。

商誉之外，斯太尔主导产品柴油发动机的生产成本究竟是多少也难以说清。

2015 年斯太尔柴油发动机的产量为 1224 台，这一水平与 2014 年大致相当。但奇怪的是，2015 年斯太尔的发动机生产成本为 17.4 万元/台，比 2014 年的 9.06 万元/台高出近一倍，销售每台发动机也由盈利转为亏损。

与 2016 年相比，同样衬托出斯太尔 2015 年的生产成本的怪异。2016 年斯太尔的产量较 2015 年下降了 25% 左右，按照规模经济效益理论，其 2016 年的单位生产成本应该比 2015 年要高。但最终的数据却是，斯太尔 2016 年单位生产成本比 2015 年还有所降低，并且销售每台发动机还能获得一定的毛利，盈利水平与 2014 年大体相当（表 4.7）。

表 4.7　2014—2016 年斯太尔柴油发动机业务生产情况

项目	2014 年	2015 年	2016 年
发动机业务收入（亿元）	1.77	2.09	1.68
发动机业务成本（亿元）	1.21	2.13	1.27
发动机业务毛利（亿元）	0.56	-0.04	0.41
发动机业务毛利率	31.64%	-1.91%	24.40%
发动机产量（台）	1335	1224	894
发动机销量（台）	1225	1332	983
发动机单位生产成本（万元/台）	9.06	17.40	14.21
发动机单位销售毛利（万元/台）	4.57	-0.30	4.17

如果按照产量接近的 2014 年 31.64% 的毛利率对斯太尔 2015 年发动机业务成本进行调整，其生产成本将由报表上的 2.13 亿元下降到 1.43 亿元，由此可增厚约 7000 万元的利润。

更进一步来讲，如果将 2014 年、2016 年的技术许可业务利润剔除，并按发动机业务历史毛利水平进行调整以及不进行商誉减值，2014—2016 年斯太尔将每年皆亏损，亏损额分别是 0.7 亿元、0.8 亿元和 1.1 亿元。这样的盈利情况与斯太尔发动机的销售情况似乎更加契合。

除了商誉减值逻辑和生产成本成谜之外，斯太尔的研发费用处理也值得关注。

2014—2016 年，斯太尔每年发生的研发费用支出为 1.33 亿元、1.2 亿元和 1.36 亿元，资本化比率分别为 97.4%、98.61% 和 93.9%，远超国内同行业企业研发费用资本化水平（表 4.8）。如果按照潍柴动力的研发费用资本化水平进行处理，斯太尔又将是怎样的盈利状况呢？

表 4.8　2014—2016 年同行业企业研发费用资本化情况（单位：亿元）

		云内动力	潍柴动力	东安动力
2014 年	研发投入	1.14	33.56	0.34
	资本化比率	77.13%	8.71%	72.17%
2015 年	研发投入	1.33	32.51	0.36
	资本化比率	32.94%	16.91%	64.22%
2016 年	研发投入	1.35	35.61	0.52
	资本化比率	56.31%	13.00%	80.01%

斯太尔近 3 年"明盈实亏"的状态，与其在收购时做出的 3 年累计盈利 11.8 亿元的承诺形成鲜明对比，所谓的国外优势技术嫁接国内市场的梦想似乎也难以实现，3 年的整合效果似乎乏善可陈。

面对这样的经营业绩，斯太尔的股东开始"出手"自救。

变更业绩补偿方式

江苏斯太尔业绩不佳，首当其冲的便是业绩补偿。2014 年江苏斯太尔实现扣非后净利润 0.74 亿元，与 2.3 亿元承诺利润数的差额为 1.56 亿元；2015 年亏损 0.11 亿元，与 3.4 亿元承诺利润数相差 3.51 亿元；2016 年盈利 1.23 亿元，与 6.1 亿元承诺利润数相差 4.87 亿元，3 年累计相差 9.94 亿元。

根据英达钢构此前做出的承诺，英达钢构须首先以股份作为补偿，不足部分再使用现金。这意味着英达钢构应先将其所持的价值 4 亿元的 0.84 亿股上市公司股份，全部以 1 元价格被上市公司回购，同时还要向上市公司追加 5.94 亿元的现金补偿。仅是 2014—2015 年两年时间，江苏斯太尔需要补偿的利润，就将英达钢构所持的上市公司全部"吞噬"。如此一来，英达钢构不仅将处于"竹篮打水一场空"的境地，甚至会"赔了夫人又折兵"。显然，这是其不想看到的局面。对此，英达钢构采取的策略是，变更业绩承诺补偿方式。

具体的变更方式是，取消股份补偿，只用现金进行补偿，即 2014 年补偿 1.56 亿元，2015 年补偿 3.51 亿元。这一变更承诺的方式，在获得 2015 年年底的股东会审议通过后生效。

从补偿额来看，两种补偿方式看起来差别不大，但实际上有着天壤之别。

英达钢构通过非公开发行获得了 0.84 亿股斯太尔股份，在 2015 年斯太尔实施资本公积10转4后，总计持有约1.174亿股。按照初始4亿元的投资成本，英达钢构在斯太尔股份上的每股成本，由原来的4.77元下降到3.41元。而截止到2016年年初，斯太尔的股价在14元/股左右。据此计算，英达钢构所持股份的账面收益已经达到了16亿元以上，投资收益在12亿元以上。

此时要英达钢构把所持全部斯太尔的股份由上市公司1元回购，还要另行再拿出现金弥补业绩缺口，显然是令其非常难以接受的事情。两害相权取其轻，莫不如以11.8亿元现金直接予以弥补，而自己手中还持有1亿多股股份，并还控制一家上市公司。

但是这11.8亿元的现金补偿对英达钢构而言，也有着不小的压力。英达钢构是一家以钢结构设计、加工、制作为主业的公司，2009年至2012年9月的净利润分别为4778.29万元、5942.01万元、7406.64万元、6404.88万元。以这样的盈利能力，要在2014年承担1.56亿元，2015年承担3.51亿元的现金支出，想必压力非常之大。这点可以从其分期，乃至拖延支付业绩补偿金，被湖北证监局监管谈话就可以得到佐证（表4.9）。

表4.9　2014—2015年英达钢构业绩补偿支付情况

支付阶段	支付金额（亿元）	支付时间
2014年业绩补偿支付情况		
第一期	0.6	2015.7.24
第二期	0.5	2015.8.10
第三期	0.2	2015.8.11
第四期	0.26	2015.8.14
2015年业绩补偿支付情况		
第一期	0.6	2016.5.30
第二期	1.2	2016.6.30
第三期	1.71	2016.7.27

至于2016年的业绩补偿，英达钢构在支付仅500万元后就停止支付。斯太尔因此也申请质押英达钢构所持的全部股份，并于2019年8月进行拍卖。但为时已晚，拍卖流拍。

知易行难的并购之路

受制于业绩压力，斯太尔放手一搏，在 2015 年发起了一起“梦幻”般的跨界收购。

2015 年 2 月，为“响应”国家发展新能源汽车的号召，斯太尔以江苏斯太尔为平台，以增资扩股的方式获得了青海恒信锂业控制权。恒信锂业是一家主要从事盐湖提锂业务的创新型企业。被斯太尔收购时，恒信锂业账面资产仅有 1574 万元，净资产 1474 万元，2014 年亏损 26 万元。

发展新能源汽车，很重要的一项是电池级碳酸锂的开发和应用。目前，生产碳酸锂主要有两种工艺，盐湖提锂和矿石提锂。从全球范围来看，70% 的碳酸锂来自盐湖卤水提锂，剩下约 30% 来自矿石提锂。全球 70% 以上的锂资源分布在南美和中国的盐湖卤水中，而中国 70% 以上的锂资源分布于青海和西藏的盐湖之中。特别是在青海盐湖中，锂资源占到中国锂储量的一半以上，在青海发展盐湖提锂业务有着天然的优势。

另外，中国盐湖普遍存在高镁锂比的特征，盐湖提锂的直接产品一般仅为工业级碳酸锂，需要经过提纯技术方可转化为高端碳酸锂产品，转化难度和转化成本都很高。从国际比较来看，全球 SQM、FMC、Chemetall 三大锂业公司所开发的盐湖，镁锂比均小于 5∶1，中国除了西藏矿业扎布耶湖以外，其他已知的盐湖镁锂比都非常高，达到 50～600∶1，即使粗加工过的老卤，镁锂比也大于 20∶1。资源状况直接导致中国的矿石提锂占比达 80%，卤水提锂比例较低，并且多以副产品形式出现。

为顺应新能源行业的发展，最近几年，国家陆续出台了一系列政策鼓励发展盐湖提锂技术。并且在 2015 年新能源汽车销售放量的推动下，电池级碳酸锂需求激增，市场价格出现大幅上涨，碳酸锂价格从年初的每吨 4.3 万元上升到年底的每吨 12.3 万元，涨幅近三倍。斯太尔此时并购恒信锂业可谓“适逢其会”。

斯太尔声称，恒信锂业的盐湖提锂技术能够解决中国高镁锂比盐湖中老卤的锂镁分离和锂浓缩技术难题，能够实现低成本提取青海盐湖锂，填补国内技术空白，并能打破国际锂巨头对锂供应和价格的长期垄断。换言之，斯太尔认为恒信锂业的盐湖提锂技术属于革命性和行业颠覆性的技术。

基于这些判断，斯太尔对恒信锂业估值 2.23 亿元，这一估值水平较恒信锂业当时的账面净资产值增值约 15 倍。斯太尔最终以对恒信锂业增资扩股的方式获得 51% 股权，支付的对价为 1.53 亿元。恒信锂业投资 6 亿元、年产 2 万吨的电池级碳酸锂建设项目也由此开工。

在此之后，恒信锂业便“捷报”频传：2015 年 6 月开始试生产并小批量供货，产品质量符合国家标准（按照工业生产经验，小批量的试产产品一般都能符合国家标准，只是因为成本的原因难以实现规模化量产）；2015 年 12 月，项目陆续获得批复，购进的设备开始陆续到货，项目预计在 2016 年下半年完成建设，形势一片大好。

2015 年股灾之后，斯太尔的股价逆市一飞冲天，并在 2015 年年末突破了股灾前的最高股价。

就在大家翘首以盼恒信锂业尽快投产，抓住市场机会大干快上，颠覆行业巨头的时候，斯太尔给市场浇了一盆冷水：由于供应商陕鼓集团未及时全面提供电气，且青海当地入冬，后期的调试工作暂停，项目不能如期实现投产。不过，此时恒信锂业的项目主体工程已完成 95%，项目收尾还是指日可待。

冬去春来，电气应该恢复供应了，项目也应该竣工验收了。但斯太尔又于 2017 年 4 月出人意料地将其所持恒信锂业 51% 股权，以 4.6 亿元的价格转让给了上海惠天然投资公司。斯太尔宣布的理由是，规避市场过热可能带来的风险，保护上市公司及广大投资者权益。

对此结果，市场一片愕然。

尽管斯太尔投资 2 年获得了约 3 亿元的收益，回报率约 200%，但恒信锂业利用"突破性"技术建设的项目眼看就要建成了，此时转让岂不是让煮熟的鸭子飞了？深交所也向斯太尔发出问询函，就交易的理由、恒信锂业估值的合理性等事项进行问询。

斯太尔给出的回答是，碳酸锂行业竞争加剧，市场价格回调风险大；此次交易价格已反映投资价值，此时退出不仅有利于降低投资风险，而且所得资金还可以用于发展柴油发动机业务。总的意思是见好就收，回归本业。

至此，斯太尔的命运已经不可避免地滑向"灭亡"，其大股东们悄悄地开始了股权质押和减持，录得不菲的收益。

股权反复质押融资

在英达钢构等 6 家参与方入主斯太尔后，上市公司关于股份质押的公告猛然间多了起来，这也为我们分析其资金运作提供了很好的佐证材料。

我们根据上市公司公告对质押行为做了全面的梳理。从质押情况来看，截止到最近，6 家投资机构，除贝鑫投资尚有 1570 万股没有质押外，其他 5 家机构所持的股份全部被质押（表 4.10）。

表 4.10　英达钢构等 6 家投资机构股份质押情况

出质方	质押数（万股）	质权人	质押时间	质押期限	质押类型	质押比例	预计融资（亿元）
英达钢构	6708	财通证券	2013. 12. 10	3 年（2014. 3 解除质押）	股票质押式回购	80%	4. 0
	1670	华胜天成融资租赁	2014. 2. 14	1 个月（2014. 3 解除质押）	股票质押	99. 99%	0. 94
	8386	中原信托	2014. 3. 20	未披露（2016. 3 累计解除 6335 万股质押）	股票质押	100%	4. 44
	4855	财通证券资产	2016. 3. 17	约定 1 年半	股票质押	95. 31%	2. 44
	4104	财通证券资产	2016. 3. 22	约定 1 年半	股票质押式回购	76. 31%	2. 06
	2780	广州证券	2016. 3. 23	约定 1 年	股票质押式回购	100%	1. 42
泽瑞创投	5241	民生加银	2014. 1. 10	3 个月（2014. 4 解除质押）	股票质押	100%	2. 71
	5241	华融证券	2014. 4. 18	3 年（2015. 5 解除质押）	股票质押式回购	100%	2. 88
	5241	华融证券	2015. 5. 9	2017. 4 到期（2016. 5 解除质押）	股票质押式回购	100%	3. 76
	7337	华融证券	2016. 5. 18	约定 1 年	股票质押式回购	100%	3. 48
泽洺创投	5241	民生加银	2014. 1. 10	未披露（2014. 5 解除质押）	股票质押	100%	2. 71
	5241	上海长江财富资产	2014. 5. 23	未披露	股票质押	100%	2. 88
理瑞投资	4193	华融证券	2014. 9. 3	3 年（2016. 1 解除质押）	股票质押式回购	100%	2. 38
	3950	华融证券	2016. 1. 12	1 年	股票质押式回购	67. 29%	2. 37
	1000	华融证券	2016. 1. 28	1 年	股票质押	84. 33%	0. 48
	920	邦信资产	2016. 3. 1	1 年	股票质押	100%	0. 41

续表

出质方	质押数（万股）	质权人	质押时间	质押期限	质押类型	质押比例	预计融资（亿元）
贝鑫投资	4364	宁波玖润股权投资	2015.6.25	1年	股票质押	74.34%	2.37
	682	宁波玖润股权投资	2015.7.14	2015.11解除质押	股票质押	85.95%	0.21
	1500	华鑫证券	2016.6.23	1年	股票质押	73.25%	0.81
	1400		2016.7.1				0.77
	1400		2016.7.12				0.86
天津硅谷天堂恒丰	5870	工商银行	2015.7.20	未披露	股票质押	100%	1.77

注：表中的质押金额按当日股价收盘价的4折进行估算。

进一步分析6家机构的质押情况，可以发现如下三个特点。

一是启动时间快。斯太尔非公开发行是在2013年年底完成的，在获得上市公司增发的股份之后，英达钢构、泽瑞创投、泽洺创投3家机构就立即将新获得的股份进行质押，并且质押比例达到100%。当时斯太尔的股价也在14元/股上下波动。如果按照40%的质押率，这3家机构能获得的融资为3亿~4亿元。

二是6家投资机构的质押风格明显分成两大阵营。一派是英达钢构、泽瑞创投、泽洺创投，这3家质押时间短，频次多，以3个月到1年的短期质押为主，而且解押后，会立即再次进行质押，质押比例一般是100%。另一派是理瑞投资、贝鑫投资、硅谷天堂恒丰，这3家机构虽然质押比例也很高，但质押期一般在1年以上，基本上是按期限解押，并且贝鑫投资、硅谷天堂恒丰是在获得斯太尔股份1年多之后才开始质押，与英达钢构的行为形成比较明显的差异。

之所以形成上述两个特点，可能既有机构自身力量的原因，如硅谷天堂恒丰的股东之一硅谷天堂自身资金实力很强，并且通过出让江苏斯太尔股权获得了不菲的资金，认购斯太尔非公开发行资金压力较小等；也有不同融资方式产生的原因。

以贝鑫投资为例，其认购金额的主要来源是通过渤海信托发行的“渤海信托·博盈投资定增集合资金信托计划”进行募集。该信托单位总份数为2.12亿，与贝鑫投资的认购金额大致相当。这种方式平滑了贝鑫投资的资金压力，使其进行股份质押的时间能够相对滞后。而其他投资机构之所以频繁质押，或许是直接与借款机构对接融资，没有设置一个缓冲机制所致。

三是通过资本公积转股，并在上市公司股价未明显回落的情形下，通过质押获得资金的能力大大攀升。

斯太尔在 2015 年 6 月完成每 10 股转增 4 股之后，受大市影响，股价一度跌落到 7.5 元/股，但自此之后，连拉 3 个涨停板，股价逐步攀升至现在的 14 元/股，这一价格与英达钢构获得斯太尔股份时的价格相差不大，但由于股数的增加，6 家投资机构通过质押获得资金的能力却得到一定的提升。比如，英达钢构，在 2014 年 3 月将其全部股份质押给中原证券时，获得的融资额是 4.44 亿元，但经过转增，全部股份质押获得的资金上升 6 亿元左右。

现在的疑问是，6 家投资机构频繁且高比例质押股份的主要目的是什么呢？经分析，笔者认为可能的用途在于以下方面。

首先是借新还旧。英达钢构等机构之所以频繁、短期地进行质押，很大的一个原因是借新还旧。这包括两个方面的内容。一方面，是偿还认购斯太尔非公开发行份额所提前融的资金。英达钢构盈利能力并不是很强，要一下子拿出 4 亿元来认购股份，肯定存在不小的融资压力，或许英达钢构通过短期过桥资金来获得认购资金，紧接着在获得股份后质押，通过相对较低的融资资金偿还前期融资成本高的资金。英达钢构首次质押的 6708 万股估算获得的 4 亿元资金似乎可以印证这一猜测。

另一方面，是在资金压力得到一定缓解后，随着所掌握股份数的增加，股价变化不大，融资能力得到进一步提升，于是就通过新的质押来替换老的质押，以获得更好的融资条件和更多的融资金额。多出来的资金，则可以另作他用。

其次对于理瑞投资和贝鑫投资而言，其质押用途可能是满足投资者赎回的要求。2014 年 9 月，理瑞投资有限合伙人之一的万家共赢赎回 2 亿元出资，正好在此时，理瑞投资将其所持股份进行质押，融资 2.38 亿元左右。而贝鑫投资原来的有限合伙人是渤海国际信托，其在 2014 年 3 月出资 2.12 亿元投资贝鑫投资，而后在 2015 年 8 月，减少投资至 0.71 亿元（为劣后级投资额），收回初始投资 1.41 亿元（为优先级投资额）。从时间上看，渤海国际信托撤资的时间点与贝鑫投资在 2015 年开展的两次质押时间相隔也不是很远。因此，有可能是贝鑫投资通过质押股份满足渤海国际信托的退出要求。

综合上述分析，英达钢构这几家投资者实际上很大可能是杠杆收购斯太尔。其具体的运作思路大概是，通过引入过桥资金或者发行信托计划，以自身小部分投入博取大额资金共同完成收购。在收购完成后，通过不断的质押，以新还旧、赎回优先级投资者份额来维系自己的股东地位，放大自己的收益。为提高自己的融资能力，在斯太尔盈利非常差的情况下，通过实施资本公积转增进一步放大自己的质押能力，以质押方式获得融资的额度越来越大。

随着 2016 年年底限售期届满，这些控制斯太尔股份接近 50% 的投资者开始了等待多时的减持。

杠杆下的巨额减持收益

英达钢构等6家投资者在2013年重组斯太尔时成功入主，持股比例均超过5%。经过此后的转增、增持等运作，到3年解禁期满前，这6家投资者总持股数达4.41亿股，合计持股比例达55.96%，平均每股投资成本3.39元（表4.11）。

表4.11　斯太尔6大股东持股情况

股东名称	持股数（亿股）	持股比例	投资成本（亿元）	平均投资成本（元/股）
英达钢构	1.18	14.97%	4	3.39
泽瑞创投	0.73	9.26%	2.5	
泽洺创投	0.73	9.26%	2.5	
贝鑫投资	0.59	7.49%	2	
理瑞投资	0.59	7.49%	2	
天津硅谷天堂恒丰	0.59	7.49%	2	
合计	4.41	55.96%	15	

从斯太尔当前8~9元/股的价格来看，6家投资机构均可以录得不菲的账面收益，如果考虑杠杆因素，回报将更高。

以贝鑫投资为例，其使用的资金来源是渤海国际信托发行的“渤海信托·博盈投资定增集合资金信托计划”。根据该项信托计划，优先级资金1.41亿元，享受15%的固定回报率，一般劣后0.55亿元以及最劣后0.16亿元。按8元/股价格计算，贝鑫投资所持股份的账面价值约5亿元，在扣除2亿元成本后，收益3亿元。根据信托计划所安排的一年半赎回期考虑，1.41亿元优先级资金只能获得其中约3000万元收益，剩余2.7亿元收益将由劣后投资者享有。这样一来，劣后投资者的投资回报超过4倍。贝鑫投资如此，想必其他投资者也不差。

面对诱惑，从表面上看6家股东似乎都稳如泰山，所持有的股份在限售期内都没有发生重大变化。但实际上，除天津硅谷天堂恒丰外的其他5家股东的上层投资人都发生了变化，尤其是泽瑞创投、泽洺创投、贝鑫投资、理瑞投资4家股东，无论是有限合伙人，还是普通合伙人都发生变化，进进出出，络绎不绝。比如，泽洺创投，在2014年，其GP就由湖南瑞庆科技变更为杭州兆恒投资，LP由民生加银变更为北京正和兴业、长沙三融股权，后又变更为上海长江财富资产管理公司。这种方式的进出，是否算得上一种变相的减持呢？

等到限售期满，几大股东陆续发布了减持公告。

2016年12月29日，限售期满20天后，天津硅谷天堂恒丰宣布计划在1年内清空其所持有的股份，并于当日和2017年3月两次共计减持1935万股，占比2.35%，减持均价为10.32元/股。减持之后，其持股比例由7.44%降低至4.99%，无须遵守持股5%以上股东减持必须预先公告的要求。

与天津硅谷天堂恒丰同步，理瑞投资宣布计划在6个月内减持不超过800万股。但实际上在2017年前2个月，理瑞投资以9.66元/股的均价，减持870万股，占比1.1%。理瑞投资对实际减持额超过计划减持额的解释是工作人员的误操作。

泽瑞创投（后更名为珠海润霖）于2007年1月以10.37元/股的均价，减持958万股，占比1.22%。

2017年6月6日，贝鑫投资宣布，计划在3个月内减持788万股，占比1%。

"不幸"的是，就在斯太尔几家股东如火如荼大力减持的时候，证监会于2017年5月发布了《上市公司股东、董监高减持股份的若干规定》，对于减持的限制力度空前，这使得斯太尔几大股东大幅减持的计划几近折戟。这几家大股东既是持股5%以上的大股东，又是通过非公开发行获得的股份，只能像贝鑫投资那样，每隔一段时间减一点。相较而言，天津硅谷天堂恒丰的闪电减持，恰好躲过了刚发布的减持新规。从公开信息可推知，6家投资者中，或许只有天津硅谷天堂恒丰和贝鑫投资完成了减持退出。

由于这些投资者在重组斯太尔时都加了杠杆，时间到了就必须向投资者还本付息，因而退出斯太尔势在必行。不得已，斯太尔的大股东们只好在减持的同时，采取协议转让的方式以图尽快退出，而这似乎与斯太尔的再次卖壳有着千丝万缕的联系。

重踏卖壳路

尽管业绩不尽理想，但经过几年的运作，斯太尔却成为一个比较理想的"壳"资源。

首先，斯太尔资产比较干净，没有诉讼、仲裁等事项缠身；业务也比较明晰，而且都分布在子公司，自身只是一个控股平台，比较容易进行资产剥离。

斯太尔母公司本身是一家资产结构非常清晰的公司。截至2016年年底，斯太尔资产22亿元，负债仅1.25亿元，资产负债表非常健康。其22亿元的资产主要是：对子公司的股权投资12亿元、对子公司的借款4.3亿元、现金1.5亿元，以及1.3亿元理财产品，资产的质量和流动性都不错。

其次，斯太尔的股本7.88亿股，规模适中；按当前8~9元/股股价计算，市值在65亿元左右。虽说市值稍大，但也有运作空间，并且斯太尔的持股比较集中，几家大股东之间合作关系也比较和谐，易于商谈。

再次，斯太尔经营业绩改善压力很大，无论是老产能的利用，还是新产能的发挥，都面临巨大的市场竞争压力。

最后，就是斯太尔几家大股东变现退出的愿望强烈。

在上述几个方面因素的作用下，斯太尔的 4 家投资机构开始了一波三折的卖壳之旅。

2017 年 5 月，泽洺创投、贝鑫投资、理瑞投资 3 家机构宣布，将其持有斯太尔的全部股份转让给中科迪高，中科迪高将以 23.09% 的持股比例成为斯太尔的第一大股东，且有可能成为实际控制人。

到了 7 月，上述 3 家机构的转让对象变更为上海图赛。上海图赛是一家从事机电工程业务的公司，此次拟以 8.532 元/股的价格受让 1.32 亿股，约占斯太尔总股本的 16.75%。但上海图赛在斯太尔的棋局中只是一闪而过，很快被另一家公司代替。

2017 年 8 月，斯太尔的卖壳方案再一次进行调整。转让方由之前的 3 家变成了 4 家，增加了珠海润霖，受让方则由上海图赛重新回到由中科迪高实际控制人新设立的青岛中银九方。上述 4 家投资机构将其所持斯太尔的大部分股份以 9.75 元/股进行转让，获得转让收入 20.68 亿元。中银九方则以持有斯太尔 26.9% 的股比超过英达钢构，成为斯太尔新的控股股东。之所以 4 家投资机构没有转让所持全部斯太尔股份，主要原因还是在于这 4 家机构合计持有的股份数超过 30%，全部转让则会让中银九方的收购行为触发要约收购。

从转让结果来看，4 家投资机构获得了 20.68 亿元的收入，加上理瑞投资和珠海润霖还分别保留的 1000 万股和 2000 万股，4 家机构获得的收益在 23.6 亿元以上（保留的股份按 9.75 元/股的价格计算）。考虑到这些机构前期已经减持的股份，4 家机构获得的收益远超其 9 亿元的投入成本，其在交易架构中引入的杠杆，则进一步成倍放大了收益。

2018 年 1 月，泽洺创投、贝鑫投资、理瑞投资、珠海润霖又与成都众诚泰业签署《股权转让意向书》，4 名斯太尔股东拟向成都众诚泰业转让 1.98 亿股，占斯太尔总股本的 25.1%，转让价格 9.5 元/股，较当时斯太尔 6.07 元/股的市价，高出超过 56%。

事与愿违，斯太尔的这些努力都没有取得成效，并且陆续出现了董事长失联，总经理、财务总监辞职等一系列影响公司生产经营稳定的事情。2020 年 7 月 6 日，斯太尔因 2015—2018 年连续 4 年净利润为负，被深交所实施暂停上市。

从 2012 年在资本市场惊艳亮相，到 2020 年暂停上市，德隆系为资本市场又奉上了一出“大戏”。这场戏中，资本运作的技巧、手法，财务盈余管理的手段、方式等，都非常“高明”。资金的筹措、偿还，以及与之相配合的“故事”和“题材”等，都显得非常娴熟和老到。尽管如此，终究难逃一地鸡毛，上市公司也沦为一个“空壳”。受益的是谁、受损的是谁，在这个案例中一目了然。

欢瑞世纪：重组的"猫鼠游戏"

在IPO渠道仍然不畅、借壳上市审核标准与IPO趋同的大背景下，为实现资产上市，众多资本玩家"八仙过海，各显神通"，这其中最令人印象深刻的莫过于博盈投资重组案。在资本市场一直默默无闻的泰亚股份（002517）也卷入这股浪潮之中，并在一夜之间成为A股市场关注的热点。

在这些关注目光中，有很多迷惑和猜疑，而这一切都源于泰亚股份在历经近半年停牌后发布的一则"蛇吞象"式的重组公告，正是这份公告把欢瑞世纪带到了资本舞台的聚光灯下。

精心设计，环环相扣

泰亚股份是一家主要从事运动鞋底制造的公司，2010年12月在深交所上市。上市之后，业绩并不突出，更没有令投资者心动的故事，股价从2010年年底的26元/股以上一直下跌到2014年8月的9元/股左右（考虑复权也仅18元/股左右）。截至2013年年底，泰亚股份总资产不过8.45亿元，负债1.92亿元，净资产6.53亿元，资产负债率仅为22.72%。在经营业绩上，泰亚股份2013年度实现营收3.48亿元，比上年同期增长2.68%，但利润仅有800余万元，比上年同期下降90.49%。即使剔除泰亚股份在2012年获得的5680余万元政府补贴，其主营业务盈利能力下降之快仍令人咂舌（表4.12）。

表4.12　2011—2013年泰亚股份经营情况

项目	2011年	2012年	2013年
营业收入（亿元）	3.92	3.39	3.48
利润（亿元）	0.53	0.86	0.08

截至目前，泰亚股份总股本仅有1.768亿股，实际控制人持有泰亚股份数为5200万股，仅占29.41%，其市值也不过16亿元左右，是名副其实的中小盘股。盘子小、市值适中、债务轻、无重大诉讼和仲裁事项、经营出现颓势等，使得泰亚股

份成为一个非常理想的“壳”，这必然会吸引众多觊觎者，而欢瑞世纪则成为目前为止的胜出者。

欢瑞世纪是一家从事影视剧制作的公司，其实际控制人是陈某、钟某艳夫妇，持股29.82%。截至2013年年底，欢瑞世纪总资产9.1亿元，负债4.03亿元，净资产5.07亿元，2013年度实现销售收入2.01亿元，营业利润0.48亿元。根据泰亚股份发布的重组预案，欢瑞世纪每股按25.35元计算，整体作价为27.38亿元，较其账面净资产溢价5倍有余，相当于泰亚股份市值的1.7倍。

为将如此庞大的资产注入上市公司，并规避借壳上市，此次重组的操盘手可谓花费颇多心思在其方案设计上，步步为营，环环相扣。

第一步：在重组前分拆泰亚股份实际控制人股权。

泰亚股份表面上是一家中外合资的上市公司，但实质上是一家家族企业。泰亚股份重组停牌前的控股股东是注册在香港特区的香港泰亚国际，持股53.17%，香港泰亚国际则是由林某伟、王某娥夫妇二人全资控制的公司。而林某伟又与泰亚股份第二大股东泉州泰亚投资三位自然人股东关系密切。根据泰亚股份2010年招股书披露的信息，林某伟与泉州泰亚投资的三位股东林某柏、林某加、林某炎为伯、仲、叔、季兄弟关系（图4.6）。林氏兄弟控制的两家公司合计持有泰亚股份63.35%股份，为泰亚股份的实际控制人。

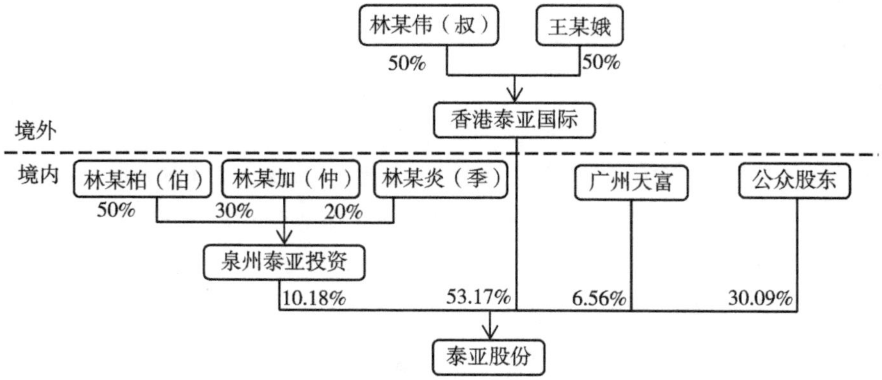

图4.6 泰亚股份停牌前股权结构

泰亚股份中外合资企业的身份，为其正常的生产经营带来了诸多好处，但在重组欢瑞世纪时却成为必须克服的第一道障碍。根据现行的《外商投资产业指导目录》，影视剧的制作属于外商禁止类项目，欢瑞世纪的资产和业务要注入泰亚股份，就必须先把泰亚股份中外合资企业的身份解除。

为此，泰亚股份开始了重组的第一个动作，将香港泰亚国际所持的股权向境内自然人进行转移。根据泰亚股份公告，香港泰亚国际将所持全部9400万股分成了五块进行转让：转让3400万股给林某柏的儿子林某奕、转让2000万股给自然人丁某明、转让1600万股给林某波、转让1400万股给林某康、转让1000万股给林某国。泰亚股份声称，这5名受让人，除林某奕外，其他人与林氏兄弟是否构成一致行动人关系不得而知。

从股权转让比例来看，香港泰亚国际股权切割得非常好。林某奕受让股份后，持有泰亚股份19.23%股权，与其父控制的泉州泰亚投资合计持有泰亚股份29.41%的股权，没有超过30%，这使得林氏家族在继续保持泰亚股份实际控制人地位的同时，避免了向证监会提交豁免要约收购的申请，利于加快重组步伐。

第二步：置出所有资产和债务，泰亚股份净壳化。

具体的操作方式是，欢瑞世纪所有61名股东以其持有的欢瑞世纪股权为对价，以承担泰亚股份全部债务的方式收购泰亚股份所有资产，将泰亚股份变成一个干净的壳。通俗一点讲，就是欢瑞世纪的股东收购泰亚股份的净资产。这部分净资产的价值为7亿元，较6.53亿元账面净资产溢价约5000万元。按照欢瑞世纪27.38亿元股权评估值，完成业务剥离后，泰亚股份将只持有欢瑞世纪25.57%的股权资产，其他所有的资产和债务则被转移到欢瑞世纪众多股东名下（图4.7）。

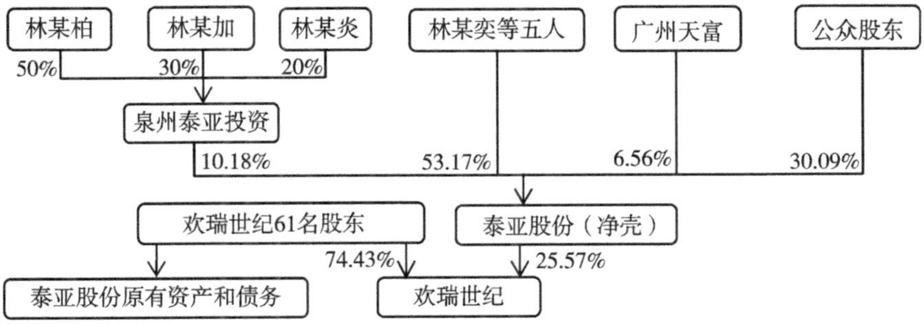

图4.7 泰亚股份净壳后的股权架构

经过这样一番折腾，泰亚股份得以变身为内资企业并成为一个净壳。这意味着可以顺利将欢瑞世纪的资产和业务注入上市平台，重组的大门得以打开。

第三步：泰亚股份收购欢瑞世纪剩余74.43%股权。

在完成第二步的重组后，欢瑞世纪的总股本还是保持1.08亿股不变，但由于泰亚股份资产剥离行为，陈氏家族持有的股份则下降到22.2%左右，对应约2398万股（收购泰亚股份资产支付了部分欢瑞世纪股份）。按欢瑞世纪每股25.35元计算，陈氏家族持有欢瑞世纪的股权价值约为6亿元。而此时林氏家族持有泰亚股份5200万股，占29.41%，按每股7.95元计算，对应市值不过4.13亿元。显然，如果直接采取发行股份购买将会改变上市公司实际控制人，触发借壳上市。

为解决这一“核心问题”，泰亚股份又采取了两组行动。

其一，以7.95元/股的价格向林某柏增发2767.3万股新股，融资2.2亿元用于收购钟某艳所持867万股欢瑞世纪股份。这样，一方面使得林氏家族在泰亚股份的持股数增加到7967万余股，市值增加到6.33亿元；另一方面使得陈氏家族持有的欢瑞世纪股份数下降到1531万股，市值相应地下降2.2亿元到3.89亿元。两大家族所持股份市值一增一减，为下一步行动奠定基础。

值得留意的是，这一步非公开发行完成后，林氏家族持有泰亚股份的股比将超过30%，将会触发要约收购。但林氏家族已是泰亚股份实际控制人，只要泰亚股份无关联股东在股东会上同意这样操作，证监会也不会要求林氏家族提交豁免要约收购的申请，直接放行。

此前香港泰亚国际转让所持泰亚股份股权时，设法确保林氏家族持股比例控制在30%以下，而如今非公开发行又设法确保其所持股权超过30%，两个行为目的都在规避向证监会提交豁免要约收购申请，重组实施步骤考虑之周详，由此可见非同一般。

其二，以同样的价格向欢瑞世纪61名股东增发2.29亿新股，收购欢瑞世纪剩余的所有股权（此时这部分股权价值仅剩余18.18亿元）。陈氏家族根据其持股情况，将获得4878万股泰亚股份增发新股（泰亚股份和欢瑞世纪的换股比例大致是3:1），占11.26%，而林氏家族则持有7967万股，占18.39%，仍保持第一大股东地位，规避借壳上市的问题迎刃而解（图4.8）。

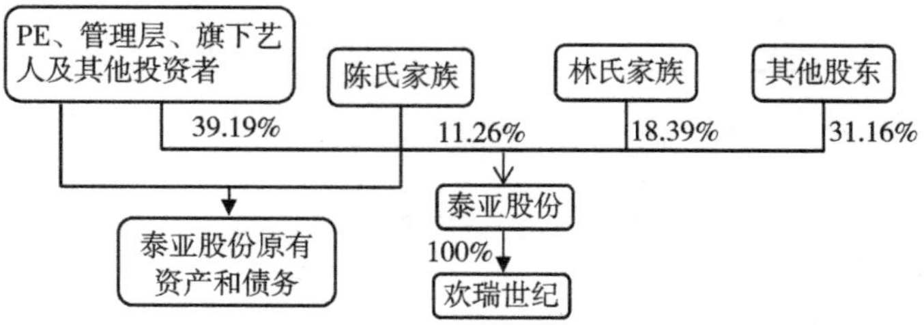

图4.8　欢瑞世纪注入泰亚股份

第四步：欢瑞世纪处置泰亚股份原有的资产和债务。

欢瑞世纪原股东大多是从事影视剧制作的“高大上”公司或人物，无经验去做运动鞋垫，自然要把其受让的泰亚股份原资产和业务处置出去，而此时的接盘侠则是在第一步泰亚股份控股股东所持股权分割时，共计获得3600万股的丁某明和林某波二人。二人向欢瑞世纪所有原股东按各自持有泰亚股份的比例合计转让了泰亚股份3000万股股票，用于支付收购此等资产的对价。经过此番动作，陈氏家族持有泰亚股份的股份数上升到5770万股，占比13.33%，但仍低于林氏家族18.39%的持股比例，相差5.06%，整个重组工作到此也得以画上休止符（图4.9）。

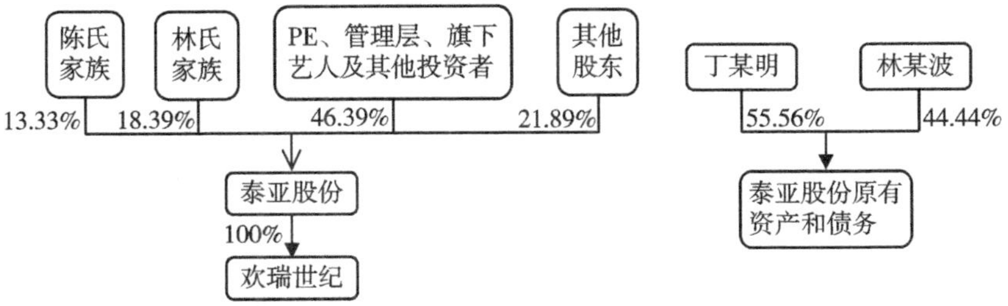

图4.9　泰亚股份重组完成图

在泰亚股份重组中还隐藏着一个细节，隐隐地透露出此次重组欢瑞世纪付出的"壳费"。在欢瑞世纪收购泰亚股份净资产时，对净资产的估值为7亿元，而处置时对净资产的估值仅为2.39亿元。在短短时间内资产价值发生如此巨大的变化显然不合常理，欢瑞世纪股东高买低卖的原因可能就在于支付了5亿元左右的壳费。

综观整个重组方案，将股权分割、资产置换、资产注入、非公开发行等诸多行为融为一体，在股权比例设置、资产估值上的"恰到好处"使其成功规避借壳上市审批。但仔细分析，在实际操作时泰亚股份的资产和债务剥离工作将成为关键问题之一。泰亚股份资产规模较大，种类多，债务构成也比较复杂，欢瑞世纪股东尤其是自然人股东如何承接这些资产和债务，如何进行资产和债务的分割，如何变更资产权属登记以及如何缴纳因资产二次转移而涉及的税费问题，都将考虑重组各方的智慧。

耐人寻味的是，为规避提交豁免要约收购申请，林氏家族大费周章，在股权分割时"刻意"将持股比例控制在30%以下，然后在非公开发行时又掏出2.2亿元真金白银认购新股。此外，在泰亚股份资产处置时，第一步受让香港泰亚国际所持泰亚股份的5个自然人中，只有2人参与收购，这又是什么原因呢？泰亚股份在此次股权调整背后是不是还隐藏着其他原因？

"浪潮"之巅

纵览整个交易方案，第一直觉是整个方案人为设计色彩太过浓厚，各种关键指标，如规避控制权转移、大股东持股比例5%的界限等，都非常精准。从这个意义上讲，到目前为止，泰亚股份重组案创造了A股市场规避借壳上市审批兼顾实现多重目的的典范案例。

以规避借壳上市审批为例，从理论规则上看，判断一个项目是否属于借壳上市，当时一般从三个方面进行衡量：一是上市公司控制权是否发生变化；二是在控制权变化后，上市公司购买的资产总额占控制权发生变更的前一个会计年度资产总额的比例是否达到100%以上；三是所购买的资产产权关系与上市公司新控制人之间是否存在关联关系。三个条件都符合，则毫无疑问属于借壳上市。如果不想被认定为借壳上市，就只需要“创造”条件规避上述三条中的任何一条即可。在实务操作中，资产比例是否超过100%属于硬性指标，没有多少腾挪的空间，第一条和第三条则给众多“玩家”提供了无限的挪腾空间。而此次泰亚股份重组规避被认定为借壳主要是围绕第一条，即在上市公司控制权没有发生变化上做足了文章，林氏家族以先减后增的方式确保了泰亚股份控制权没有发生变化。

或许恰恰是因为文章做得太足，实际效果反而并不令人信服。仔细分析，泰亚股份重组案几乎每一步的操作都有着说不清道不明的地方。

疑问一：泰亚股份重组前股权分割目的究竟何在？

表面上看，泰亚股份重组前控股股东香港泰亚国际将其所持股权转让，目的是解除泰亚股份中外合资企业身份。但实际目的是不是就这样简单呢？这需要首先回答清楚四个问题。

一是为何要在停牌期间，而不是重组方案通过审批后进行股权分割？香港泰亚国际分割股权的时间是2014年3月22日，正处于泰亚股份停牌期间。如果仅仅是为了规避《外商投资产业指导目录》的限制，完全可以在重组方案通过审批后与其他步骤一并实施，毕竟重组存在失败的可能。香港泰亚国际之所以这么做应还有其他原因。

二是为何要分割给多达5名自然人？股权分割前，香港泰亚国际持有9400万股，为规避要约收购事项，只能转让给林某奕3400万股。此时还剩余6000万股，接下来剔除后续支付给欢瑞世纪股东的3000万股，实际只剩3000万股可用于分配。这3000万股完全可以只转让给1人。如果考虑到重组失败，不用向欢瑞世纪股东支付股份，为避免对林氏家族控股地位造成影响，自然不能将6000万股转让给1人，但转让给2人即可，至多3人。最终转让给5人，这里不能用购买实力为理由来遮拦，因为转让期间泰亚股份已经停牌，公众已知道要进行重组，而面对重组概念股，想必会有很多具备实力的投资者。

三是同次股权转让价格为何不相同？根据公告，在香港泰亚国际股权转让中，林某奕的受让价格是4.2元/股，而其他4人是6.45元/股，为林某奕的1.5倍左右，同次转让的股份价格相差如此之大。而且从披露的该等人士的住址信息来看，这几人之间的关系或者渊源绝不普通（表4.13）。

表 4.13 泰亚股份 5 名新自然人股东相关信息

姓名	住所
林某奕	晋江市陈埭镇桂林村桂西路××号
林某国	晋江市陈埭镇桂林村桂堂街××号
林某康	晋江市陈埭镇桂林村悦兴街××号
林某波	晋江市陈埭镇桂林村桂堂街××号
丁某明	晋江市陈埭镇岸兜村群兴路××号

四是，为何不由林某柏控制的泉州泰亚投资直接出面接盘？无论是从审批程序，还是从林氏家族整体利益来看，由林某奕接盘或者由泉州泰亚投资接盘，两种选择之间并没有根本性的区别，而且由泉州泰亚投资接盘还有利于进一步简化泰亚股份实际控制人的构成。

种种疑问指向一个可能的答案：香港泰亚国际所持股权的分割是一场定向转让，其分割的主要目的在于享受减持税收优惠，而股权分割给 5 人并且泉州泰亚投资不接盘，主要的目的很可能是便于重组后大股东的减持。

香港泰亚国际持有的股份属于限售股，并于 2013 年 12 月 7 日解禁。根据《关于企业转让上市公司限售股有关所得税问题的公告》，企业转让限售股应就转让净所得缴纳税收。在不能准确计算限售股投资成本时，则一律按该限售股转让收入的 15% 核定限售股原值。比如，1 股限售股转让价为 100 元，按 15% 核定成本，应交税的收入就是 85 元，税率为 20%，则应缴纳 17 元的所得税。显然，现在低位转让较重组完成后的高位转让，香港泰亚国际要缴纳的所得税会节省很多。同时，因为自然人转让上市公司股份不需要缴纳所得税，由自然人接盘无疑是很好的选择。在这个过程中，只要选对人，就可以实现预期目的，还能享受重组成功后带来的重组概念股效应。

在便于后续减持方面，根据重组方案，重组完成后泰亚股份的股本将达到 4.33 亿股，要低于 5% 的持股比例，持股数就必须低于 2166 万股。在这 5 人中，除林某奕外，其他 4 人中持股比例最高的丁某明也仅持有 2000 万股，林某波次之，持有 1600 万股，并且这二人还将用其持有的上市公司股份作为对价，收购泰亚股份净资产，持股数又将进一步降低。此后，其若减持股份，依照规则将不需要披露，并且又不是实际控制人，这对上市公司的影响以及股东腾挪的空间将明显不同。如果股份过于集中，无疑将难以达到这样的效果。

同样的道理也适用于泉州泰亚投资，稍有不同的是，泉州泰亚投资是泰亚股份的实际控制人。但按照相关监管规定，上市公司大股东预计未来 6 个月内通过证券交易系统出售其持有的上市公司股份可能达到或者超过公司股份总数 5% 的，应当在首次出售二个交易日前刊登股份减持计划公告。未公告的，任意连续6个月内通过证券交易系统出售上市公司股份，不得达到或者超过公司股份总数的5%。泉州泰亚投资仅持有1800万股，在重组后将占泰亚股份4.16%股比，完全可以一步减持完毕而不必公告。减持完成后，林氏家族还持有泰亚股份14.24%股比，仍高于陈氏家族的13.33%，但差距已缩小至不到1%，泰亚股份实际控制人仍保持不变，堪称“完美”。

更有意思的是，重组完成后丁某明等4人最终持有的股份数为3000万股，如果将丁某明与林某波视作1人，林某国和林某康视作1人，那么林氏父子、丁某明、林某国持股数的比例大致是5∶3∶2，这一比例与泉州泰亚投资现有股东的持股比例大体一致。这是不是又一个“巧合”呢？

至于香港泰亚国际股份分割价格不同，可能的原因是减轻林某柏父子的资金压力。作为此次接盘香港泰亚国际所持泰亚股份主力的林某奕出生于1988年，今年不超过26岁，其受让了3400万股，按照4.2元/股的受让价，受让价款达1.43亿元，其资金实力自是不同凡响。泰亚股份给出的解释是，收购资金来源为其本人及家庭成员的自有及自筹资金，除此以外不存在受到上市公司及其关联方的直接或间接资助的情况。但考虑到其父林某柏还要出资2.2亿元认购泰亚股份新增发的股份，也就是说林某奕一家为此次重组付出的直接现金成本高达3.63亿元。如果香港泰亚国际按6.45元/股的价格转让股份，无疑将进一步增加林某柏父子的资金压力。

疑问二：欢瑞世纪股权调整到底是真还是假？

欢瑞世纪自2006年9月至今的股权调整工作大致可以分为三个阶段。

第一阶段：2006年9月至2011年9月，这一阶段主要是陈氏夫妇将欢瑞世纪改制为股份公司筹划上市，标志事件是2011年6月，钟某艳以1元/股的价格，出资2000万元受让浙江欢瑞持有欢瑞世纪40%的股权，将欢瑞世纪由一人公司变更为股份公司，为后续的股份制改造做好铺垫。

第二阶段：2011年11月至2013年10月，这一阶段主要是增资扩股，引入新股东，促进上市。其间夹杂陈氏家族股份的高位减持，变现退出。比如，钟某艳的父亲曾以1.2元/股的价格入股1500万股，后续以18.5元/股、19.25元/股、20元/股的价格将其所持大部分股份转让他人，仅剩65万股，获利颇丰。而陈氏家族到2013年10月底合计持有5338万股，占比54.1%左右，其中浙江欢瑞3000万股，钟某艳2000万股，陈某及其他家族成员338万股。

第三阶段：2014年2月至2014年6月，这一阶段也是欢瑞世纪股权变动最频繁的阶段，主要特征是陈某夫妇“高频率”地高位减持，合计转让约2118万股。完成后，陈氏家族持有欢瑞世纪的股本减少到3220.46万股，占比29.8%，其中浙江欢瑞1320.78万股，钟某艳1561.68万股，陈某及其他家族成员338万股。如果以25.35元/股的减持价格计算，陈某夫妇直接或间接获利在5.16亿元左右（未考虑需缴纳的所得税）。

经过三阶段的运作，欢瑞世纪股东数达到了61名，不仅数目多，构成情况也复杂，既有自然人股东，也有民营资本股东，更有国资背景的投资者。在前文已经提到，为保证泰亚股份控制权不发生变化，重组各方下足了功夫，陈氏家族在第三阶段减持欢瑞世纪股份也是基于这一原因：假设重组方案其他条件不变，如果陈氏家族不减持2118万股，重组完成后陈氏家族将占泰亚股份26.85%股比，远超林氏家族持有的18.39%。但反过来考虑，如果为保证重组后陈氏家族持股比例低于18.39%，只需要减持1158万股，陈氏家族为何要多减持960万股呢？在重组收益可期的情况下，为何要舍弃这部分利益呢？一个解释是配合香港泰亚国际的减持，使其在减持后，林氏父子仍保留实际控制人地位。另一个解释是陈氏夫妇也许为自己预留了一条“后路”。

陈氏夫妇在短短4个月时间内，高频率转让了所持欢瑞世纪将近一半的股权，从受让的对象来看，大体分为两类，一类是法人机构，大约转让了1400万股，占2/3；另一类是自然人，大约转让了700万股，占1/3（表4.14）。

表4.14　陈氏夫妇股权转让情况

<table>
<tr><th>转让方</th><th>受让方</th><th>转让时间</th><th>转让数量（万股）</th><th>转让价格（元/股）</th></tr>
<tr><td rowspan="9">浙江欢瑞</td><td>东海证券创新产品投资有限公司</td><td rowspan="2">2014.2</td><td>394.4</td><td rowspan="2">25.35</td></tr>
<tr><td>包头市龙邦贸易有限责任公司</td><td>592</td></tr>
<tr><td>薛某娟</td><td rowspan="7">2014.6</td><td>118.34</td><td>25.35</td></tr>
<tr><td>孙某琦</td><td>20</td><td>25.35</td></tr>
<tr><td>杨某</td><td>45</td><td>25.35</td></tr>
<tr><td>顾某红</td><td>20</td><td>25.355</td></tr>
<tr><td>张某群</td><td>35</td><td>25.35</td></tr>
<tr><td>赵某章</td><td>60</td><td>25.35</td></tr>
<tr><td>南京顺拓投资管理有限公司</td><td>394.48</td><td>25.35</td></tr>
<tr><td rowspan="3">钟某艳</td><td>杨某乐、赵某、北京泓创创业投资中心（有限合伙）和闫某（未披露具体转让对象）</td><td>2014.1</td><td>100</td><td>20</td></tr>
<tr><td>刘某志、吴某、王某程、吴某夏、李某宁</td><td>2014.2</td><td>220</td><td>25.35</td></tr>
<tr><td>胡某喜</td><td>2014.6</td><td>118.32</td><td>25.355</td></tr>
<tr><td colspan="3">合计</td><td>2117.54</td><td></td></tr>
</table>

从陈氏夫妇股权转让的方向看，在法人机构中，除对东海证券、南京顺拓投资公司的股权转让易于让人理解外，对包头龙邦贸易公司的转让则比较令人意外。欢瑞世纪的法人股东大部分是投资机构、媒体企业或上市公司，业务上多多少少存在一定关联性，而包头这家火线入股的贸易公司则显得有点另类。这家公司截至2013年年底的资产仅为1.15亿元，负债0.6亿元，实现营收才3万元，但利润却达到了68.9万元。基于这样的基本面，这家公司竟可以拿出1.5亿元资金收购欢瑞世纪592万股股份，持股比例最终位居第四，着实令人称奇。进一步追溯其股东，北京一家名为康海天达科技有限公司的法人持有其99.44%股份，而北京这家公司的前身则是"明天系"麾下的北京世纪讯联数码科技公司。

此外，还有一个细节需要关注，那就是欢瑞世纪的股东结构。从大的方面来看，除陈氏家族外，欢瑞世纪还有旗下大批艺人和管理层持股，如果把这些人持有的股份算上，考虑到与陈氏夫妇之间的关联关系，泰亚股份实际控制人没有发生变化的结论是否还依然成立呢？

疑问三：重组前后泰亚股份两位原股东减持原因何在？

泰亚股份重组案中还发生了两件有意思的事情，初看之下，不可理解。仔细分析，则从另一个角度印证了前文的分析结论。

在泰亚股份重组停牌前后，泰亚股份的两大原始股东都进行了减持，一前一后，互相呼应：2013年12月30日，香港泰亚国际以7.45元/股的价格减持了800万股，占泰亚股份总股本的4.52%，低于5%。紧接着在2014年1月14日停牌，经过半年时间，到7月18日复牌，但在复牌前一天和复牌当天，泰亚股份另一个股东广州天富分别以7.92元/股、6.45元/股的价格减持了100万股和780万股，占比4.98%，同样低于5%，而且经过减持，广州天富仅持有泰亚股份2.15%股权。二者减持的股份都低于泰亚股份总股本的5%，广州天富更是接近这一比例。显然，两家股东转让股份的行为是经过充分准备的。

基于前文对香港泰亚国际股权分割动因的分析，这两家股东一前一后进行转让也许还是出于避税的需要。相较而言，广州天富更加激进，复牌当日780万股转让价竟然只有6.45元/股，相当于7.95元/股增发价打了8折，急迫之情，溢于言表。

除了避税考虑之外，香港泰亚国际的减持行为显得更加扑朔迷离。在停牌前大量转让股份，等于打压了泰亚股份的市值，这对规避借壳上市审批有什么好处？只会增加操作的成本。不过，在中国台湾地区，有些上市公司就是通过股份转让行为将股票过给主力庄家，然后让庄家可以一手有股票，一手有资金，并通过持续融券打压股价后开始逢低吸货。我国台湾地区市场的手法，大陆地区资本市场也是屡见不鲜。泰亚股份曾经对2013年年报进行过更正，主要变化在于调整了前10大股东名称，2名新自然人成为新晋的前10大股东。而在泰亚股份前10大股东中，有一名叫薛某秀的股东，为第一大自然人股东。同样的名字也曾出现在百圆裤业股东名册中。

相比两家股东吊诡的减持行为，泰亚股份在重组预案中公告的自查期相关知情人股票交易情况则让人啼笑皆非（表4.15）。

表4.15 自查期相关知情人股票交易情况

<table>
<tr><th>姓名</th><th>买入时间</th><th>买入股数</th><th>卖出时间</th><th>卖出股数</th><th>身份</th></tr>
<tr><td>陈某初</td><td>2013.8.1</td><td>2.78万股</td><td>2013.8.6</td><td>2.78万股</td><td>欢瑞世纪股东杭州金色未来创投董事金某军之母亲，金某军出生于1958年，浙大博导</td></tr>
<tr><td>孙某琦</td><td rowspan="3">2013.12.4</td><td>10.33万股</td><td rowspan="3">2013.12.5</td><td>10.33万股</td><td>2014年6月受让欢瑞世纪20万股成为新股东</td></tr>
<tr><td>王某森</td><td>30万股</td><td>30万股</td><td rowspan="2">2014年2月受让欢瑞世纪85万股成为新股东的王某程之父母</td></tr>
<tr><td>张某海</td><td>33.33万股</td><td>33.33万股</td></tr>
</table>

更有意思的是，泰亚股份是在7月18日才发布的重组信息，但在公告前，相关股票论坛上早有明确消息透露出来，泰亚股份的重组目标是欢瑞世纪。正是由于种种蹊跷的事情，一时之间，内幕交易的质疑声不绝于耳，泰亚股份也不得不在复牌交易后短短数日内又宣告停牌，进行股票交易自查，此次重组的前景顿时暗淡了下来。

至此，依照分析逻辑，大体可以勾勒出此次重组的一个可能：由于经营业绩不理想，股价走势偏弱，加之实体经济不景气，林氏兄弟已无意在资本市场继续苦苦等待，亟待将手上壳公司资源出手，欢瑞世纪的出现使得双方一拍即合。出于规避借壳上市审批、重组后便于减持以及避税的需要，林氏家族将股权进行了"精致"的分割，并集中体现到林某柏父子手上。而出于几乎相同的目的，陈氏家族也在重组前短短4个月内进行了高频率的股权"转让"。在所有准备工作得以完成之后，好戏开始上演。由于牵扯到切身利益，其"计算"过程想必是非常艰难的。如果一切顺利，将"完美"实现所设想的方案，一举实现多重目的。但人算不如天算，泰亚股份在复牌几天后再次停牌，并连续多次发布公告声称开展股票交易自查，重组各方的如意算盘大有落空之势。

由泰亚股份重组上溯到博盈投资重组，可以清晰地感觉到重组方案设计者与监管机构之间的猫鼠游戏。借壳上市三条标准，重组方千方百计予以规避；业绩承诺与盈利补偿，相关利益体早已通过二级市场运作赚得盆满钵满。如果不是有关利益方太过计较得失，行为太过冲动导致泰亚股份股价异动为此次重组徒增变数外，重组方案本身并无太多瑕疵，一切疑问都可以找到"合理"的原因。

2014 年 9 月，重组方案公布 3 天后，泰亚股份即宣称，因未能与欢瑞世纪等交易方就合作方案达成一致意见，决定终止重组，一出精心“排演”的炫技喜剧戛然而止。

上市后遗症

但欢瑞世纪并不甘心，2016 年 5 月卷土重来。只不过，这次欢瑞世纪“老老实实”地按照借壳上市进行重组，借壳对象则换成了“传奇壳股”星美联合，欢瑞世纪的估值也略涨至 30 亿元。交易得以在 2016 年完成。

但上市之后，欢瑞世纪即陷入了“麻烦”。

首先是被监管部门问询经营业绩的真实性。2017 年 6 月，深交所就欢瑞世纪上市后的第一份年报——2016 年年报进行问询，要求其对主营业务收入及波动情况、往来款情况等进行说明。一个月后，欢瑞世纪因涉嫌信息披露违法违规被证监会立案调查。

2019 年 7 月，立案调查结果出炉。调查结果显示，欢瑞世纪的违法违规行为可追溯至 2016 年借壳上市之前，存在推迟计提应收款项的坏账准备、虚构收回应收账款、提前确认收入、关联方占用欢瑞世纪资金等情况。对于这些情况，欢瑞世纪未充分披露。

其次是没有完成业绩承诺，但应收账款增势“喜人”。欢瑞世纪上市时，曾作出业绩承诺：2015—2018 年，欢瑞世纪分别实现归母净利润不低于 1.70 亿元、2.41 亿元、2.90 亿元和 3.68 亿元；扣非净利润分别不低于 1.52 亿元、2.23 亿元、2.7 亿元和 3.43 亿元。2015—2017 年，欢瑞世纪均顺利完成业绩承诺，但 2018 年欢瑞世纪仅实现了 3.25 亿元归母净利润，没有完成当年的业绩承诺。

即便如此，2015—2017 年欢瑞世纪的盈利质量也堪忧。这 3 年，欢瑞世纪的利润虽然在增长，但应收账款也从 6.33 亿元增至 17.2 亿元，经营活动现金净流量却从净流入 0.47 亿元变成净流出 4.32 亿元。欢瑞世纪应收账款在 2018 年更是达到 23.22 亿元（表 4.16）。因应收账款问题，欢瑞世纪 2018 年财报被审计机构出具保留意见。

表 4.16　2015—2018 年欢瑞世纪经营情况　（单位：亿元）

项目	2015 年	2016 年	2017 年	2018 年
归母净利润	1.75	2.46	4.08	3.25
应收账款	6.33	7.66	17.2	23.22
资产	13.21	33.12	41.18	49.25
经营活动现金净流量	0.47	0.41	-4.32	-6.49

最后是2019年出现巨额亏损。或许是业绩承诺期已过，2019年欢瑞世纪出现自上市后的首次亏损，亏损额达6.16亿元，亏损的主要原因包括计提应收账款坏账准备3.31亿元、存货减值2.69亿元等。尽管如此，欢瑞世纪2019年财报还是被审计机构出具保留意见。连续2年被出具审计保留意见，这样的情况在A股资本市场也不常见。

拉卡拉：借壳的“神”逻辑

如果说欢瑞世纪的借壳上市带有浓郁的“设计”风味，那么拉卡拉的上市，则在注入资产规模的认定上，做足了文章，以图避免被判定为借壳上市。

拉卡拉：我要与600749重组，这是重组方案。

上交所：嗯，这个方案有点像是借壳啊，你是金融类企业，历史上又巨亏，估计有难度。

拉卡拉：我不是借壳，我这个怎么会是借壳呢？你看这个，然后这个……

此时，上交所的心情估计是这样的：你这是在逗我吗？

2016年3月23日、5月12日，上交所连发两份问询函，对西藏旅游（600749）收购拉卡拉一事反复询问，而且问题一次比一次聚焦。在最新的问询函中，上交所对拉卡拉股东孙陶某、孙浩某、戴某军、钱某穆4人是否构成一致行动人，对西藏旅游总资产的变化等市场关注热点再一次提出问询。

上交所为何聚焦这两大问题？让我们从拉卡拉的实际控制人开始分析。

拉卡拉的实际控制人之谜

拉卡拉由有道创投（联想控股旗下君联创投的前身）、孙陶某、雷某共同创办于2005年1月，创立之初，有道创投持股50%，孙陶某和雷某分别持股25%。不过这一股权结构仅维持了1年时间，2006年，孙陶某通过受让雷某等人的股份获得拉卡拉43.72%股份，成为第一大股东，戴某军等人也在这个时候成为拉卡拉的股东。

在经历了海外上市受挫、拆除VIE架构之后，2015年年底与西藏旅游合作前夕，拉卡拉的股东总共有46名，除了孙陶某、孙浩某、戴某军等自然人股东之外，其他的投资者主要是联想控股、太平人寿等各类投资机构。其中联想控股持有31.38%股份，为第一大股东，孙陶某直接持有7.67%股份，间接持有0.056%股份，合计约7.73%股份，为第二大股东。如果加上其弟孙浩某所持5.39%股权、通过蓝色光标所持1.73%股权，孙陶某本人所能控制的拉卡拉股权比例大约为14.8%（图4.10）。

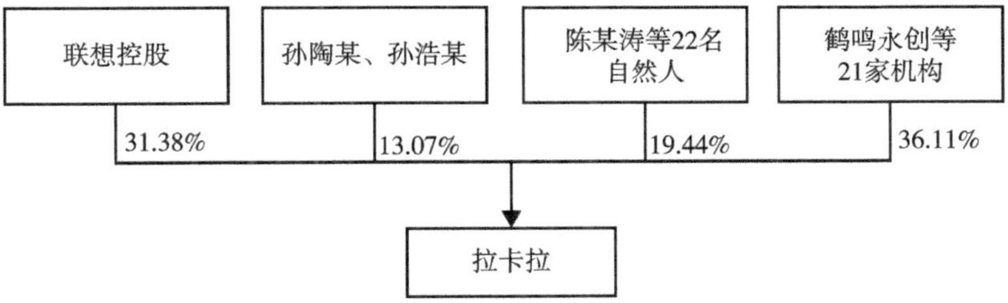

图 4.10　拉卡拉股权结构

在这里，有一个细节安排值得关注。联想控股作为第一大股东，放弃了对拉卡拉的控制权，并且认为拉卡拉无实际控制人，这也是导致上交所反复问询的主要原因之一：

> 根据标的公司第一大股东联想控股出具的《关于不谋求上市公司控制权的承诺函》，"本公司持有拉卡拉 31.38% 的股份，由于有关拉卡拉的经营及融资决定的董事会议案需要超过 2/3 投票权批准，且本公司对拉卡拉的投资为财务性投资，以获取投资收益为目的，不单独或联合谋求对拉卡拉的控制，所以本公司对拉卡拉并无控制权，本公司未将拉卡拉合并财务报表，仅将其列为联营公司处理"，并结合标的公司的股权结构、董事会决议及成员构成特点，无任何单一股东对发行人的经营方针及重大事项的决策能够决定和作出实质影响，因此，标的公司无控股股东、无实际控制人。

这一制度安排得非常巧妙，第一大股东认为自己仅仅是财务投资者，而公司的创始人孙陶某由于持股比例小，再加上拉卡拉董事会构成表决机制安排，造成表面上拉卡拉没有实际控制人。不过，这个拉卡拉不存在实际控制人的认定有点出人意料，多年来，拉卡拉给市场的印象是，其创办人与实际控制人就是孙陶某。

笔者在全国企业信用公示系统查询了拉卡拉的董事信息，其董事会层面鲜有变化，能查到的变化也只是 2015 年 8 月以来的两次变动：

表 4.17　拉卡拉主要公司信息

<table>
<tr><td colspan="5">拉卡拉支付股份有限公司</td></tr>
<tr><td>登记信息</td><td>投资人</td><td>主要人员</td><td>工商变更</td><td>分支机构</td></tr>
<tr><td colspan="5">2015－12－02
企业名称</td></tr>
<tr><td colspan="2">变更后
拉卡拉支付股份有限公司</td><td colspan="3">变更前
拉卡拉支付有限公司</td></tr>
</table>

续表

住所	
变更后 北京市海淀区丹棱街6号1幢6层706	变更前 北京市海淀区丹棱街6号1幢7层808
注册资本	
变更后 36000万元	变更前 30291.620981万元
营业期限	
变更后 null	变更前 20年
董事（理事）、经理、监事	
变更后 （注：标有*标志的为法定代表人），1. 孙陶某*董事长，2. 李某 董事，3. 戴某军 董事，4. 郭某 董事，5. 赵某舸 独立董事，6. 孙陶某*总经理，7. 戴某军 副总经理，8. 陈某 监事会主席，9. 牛某 监事，10. 许某江 监事	变更前 （注：标有*标志的为法定代表人），1. 孙陶某*董事长，2. 戴某军 董事，3. 魏某 董事，4. 朱某南 董事，5. 李某 董事，6. 孙陶某*总经理，7. 曹某 监事会主席，8. 牛某 监事，9. 许某江 监事
2015-08-07 董事（理事）、经理、监事	
变更后 （注：标有*标志的为法定代表人），1. 孙陶某*董事长，2. 戴某军 董事，3. 魏某 董事，4. 朱某南 董事，5. 李某 董事，6. 孙陶某*总经理，7. 曹某 监事会主席，8. 牛某 监事，9. 许某江 监事	变更前 （注：标有*标志的为法定代表人），1. 孙陶某*董事长，2. 雷某 董事，3. 欧阳某 董事，4. 戴某军 董事，5. 李某 董事，6. 孙陶某*总经理，7. 曹某 监事会主席，8. 许某江 监事，9. 魏某 监事

从董事会构成及变动情况来看，拉卡拉的董事会一直由5人组成，其中孙陶某、戴某军和李某是雷打不动的三位。孙、戴二人是拉卡拉的创始人，李某是联想控股代表。

变动比较大的是剩余2个席位，最早由雷某、欧阳某变更为朱某南、魏某，再变更为郭某和赵某舸。欧阳某、朱某南、魏某均为联想控股代表，郭某为太平人寿代表，赵某舸为中欧国际工商学院金融学教授。那么，问题来了。

在2015年12月之前，拉卡拉的5个董事会席位实际上是联想控股占据3席，创始人股东占据2席。在西藏旅游重组拉卡拉前夕，联想控股主动让出两个席位，一个给予了太平人寿，另一个作为独立董事席位，似乎让自己在拉卡拉董事会的话语权进一步下降，“削弱”自己对拉卡拉的控制力。

问题还不仅仅在于联想控股是否为拉卡拉的实际控制人，更为核心的是，孙陶某等4名管理层是否构成了一致行动人。

在拉卡拉的股东中，除了孙陶某之外，还有戴某军等4位主要管理层股东直接、间接控制25.86%的股权。加上孙陶某所持股份，如果是一致行动人，孙陶某控制的股权比例将上升为41.66%，超过联想控股持股31.38%的比例，成为拉卡拉的第一大股东。

为什么要做出拉卡拉没有实际控制人的认定呢？为更好地分析这个问题，首先看一看西藏旅游的重组方案。

百亿大重组

2016年2月5日，西藏旅游发布公告称，拟以18.65元/股的价格非公开发行4.56亿股，并支付现金25亿元，合计作价110亿元，收购联想控股、孙陶某等46名交易对方合计持有的拉卡拉100%股权。

同时，西藏旅游拟以18.65元/股的价格，向孙陶某等10名对象非公开发行股份募集配套资金不超过55亿元，其中25亿元用于支付本次交易的现金对价，24.4亿元用于标的公司募投项目，5.04亿元用于偿还上市公司银行贷款，其余部分用于支付本次交易的中介机构费用和其他相关费用。

本次发行股份及支付现金购买资产与配套融资互为生效条件。

由于拉卡拉的资产、净资产及营业收入均超过西藏旅游的50%，此次交易构成重大资产重组：

表4.18　拉卡拉与上市公司的财务指标占比　　（单位：万元）

项目	上市公司	拉卡拉	财务指标占比
资产总额	185330.69	1100000.00	593.53%
净资产额	63474.27	1100000.00	1732.99%
营业收入	15204.85	158838.94	1044.66%

重组完成后，孙陶某及孙浩某成为上市公司的实际控制人。其中，孙陶某直接持有上市公司24.21%的股份，孙浩某直接持有3.39%的股份，孙陶某通过蓝色光标间接控制上市公司0.54%的股份，孙陶某、孙浩某、蓝色光标合计控制上市公司28.14%的股份。联想控股持有的股比为23.12%，戴某军持有的股比为2.03%。原控股股东国风集团的持股比例则由16.10%下降到3.24%。

为实现成为重组后上市公司第一大股东这一目标，孙陶某的投入巨大，大体分成两部分：一是其所持拉卡拉的股权，这部分资产评估值达 17.38 亿元；二是孙陶某以 34 亿元真金白银认购西藏旅游的 1.82 亿股股份。

表 4.19　上市公司向孙陶某及其关联方购买资产情况（单位：万元）

交易对方	项目	交易金额
孙陶某	直接持有的拉卡拉 7.6770% 股权	84414.00
	通过未名雅集间接持有的拉卡拉 0.0431% 股权	474.10
	通过创金兴业间接持有的拉卡拉 0.0092% 股权	100.92
孙浩某	直接持有的拉卡拉 5.3940% 股权	59334.00
	通过鹤鸣永创间接持有的拉卡拉 0.5885% 股权	6473.68
	通过台宝南山间接持有的拉卡拉 0.3620% 股权	3982.11
蓝色光标	直接持有的拉卡拉 1.7220% 股权	18942.00
	通过创金兴业间接持有的拉卡拉 0.0092% 股权	100.92
上市公司向孙陶某及其关联人购买的资产总额合计（a）		**173821.73**

如果这个方案得以实现，等于拉卡拉以高达 110 亿元的估值体量，借道西藏旅游这一市值不足 45 亿元的平台上市。

从拉卡拉的估值水平来看，其 2014 年亏损 1.95 亿元，2015 年盈利 1.27 亿元，以 2015 年盈利数为基础，110 亿元的估值相当于 86.6 倍市盈率；如果以 2016 年承诺的 4.5 亿元净利润为基础，相当于 24 倍市盈率。根据有关研究机构的数据，2015 年上市公司并购的估值中估值水平约为承诺业绩 15 倍的市盈率。相较而言，拉卡拉的估值水平比较高：

表 4.20　拉卡拉估值水平对比情况

上市公司	标的资产	P/E	P/B	交易基准日当年预测承诺净利润（万元）	交易基准日归母净资产	交易估值（万元）
天晟新材	德丰电子 100% 股权	17.75	12.75	4000	5567.61	71000
蓝盾股份	中经电商、汇通宝 100% 股权	11.00	-	10000	-	110000
永大集团	海科融通 100% 股权	14.85	-	20000	-	296947
本次交易（拉卡拉）		**24.44**	**7.21**	**45000**	**152549.79**	**1100000**

在配套募资认购和股东变现上，拉卡拉与西藏旅游的重组方案有两个特点。

一是西藏旅游55亿元配套募资中，孙陶某掏了34亿元、联想控股自己掏了6亿元并通过西藏志道掏了2000万元、戴某军通过西藏纳茂联合其他投资人掏了7亿元（其中，戴某军本人掏了1亿元）。这三笔认购资金合计约47亿元。从这点来看，主要还是拉卡拉的股东们承担了西藏旅游的配套募资任务。如果加上国风集团控制人欧阳某所出的5.1亿元，西藏旅游新老主要股东一共认购了52亿元。

二是上述55亿元募资，约25亿元用于拉卡拉部分股东的套现。有意思的是，除了2名老股东全部套现之外，其他套现的老股东大部分是按对半开的方式将自己所持股份进行套现，即将自己所持股份一半用于变现，一半转换为西藏旅游的股份。但孙陶某、孙浩某、联想控股、戴某军等主要股东没有套现。

上述两个特点反映出当前资本市场的"游戏"逻辑：由于上市带来的预期收益较高，大部分股东都不愿将自己所持股份变现，或尽可能地少变现。

至于为何孙陶某和联想控股等以现金认购，一方面是增加其在上市公司的持股比例。比如，孙陶某、孙浩某和戴某军合计持股比例为30.17%，如果日后结成一致行动人关系，将对上市公司形成有效控制。如果不参与现金认购，增加所持上市公司股份，这一目的将很难实现。

另一方面是满足拉卡拉后续项目建设需要，以完成承诺利润。根据业绩承诺，拉卡拉2016年至2018年扣非净利润分别不低于4.5亿元、8.6亿元和14.5亿元。这一承诺利润较拉卡拉现有的盈利情况有着显著提升。为此，拉卡拉计划投入24亿元用于项目建设，以增强盈利能力，完成业绩承诺。

表4.21　募集资金用途

序号	项目	金额（亿元）
1	支付本次交易的现金对价	25
2	偿还上市公司银行贷款	5.035
3	互联网POS+项目	10
4	增资拉卡拉小贷项目	11
5	综合业务云研发中心项目	3.4
6	支付本次交易的中介机构费用和其他相关费用	0.565
合计		55

整个方案看上去很完美，从拉卡拉实际控制人的认定、注入上市公司的利益平衡到完成业绩承诺的措施，每一步都走得十分到位。但事实上并非如此，这个方案

的一个关键点，是如何避免被认定为借壳上市。从交易所反馈的信息来看，拉卡拉在两点上做足了文章。

规避借壳“神”措施

仔细阅读上交所前后两次问询函，有两个问题反复被问询：一是孙陶某、孙浩某、戴某军是不是一致行动人？二是西藏旅游2015年年底总资产为18.53亿元，而当年第三季度只有13.07亿元，短短3个月时间增加5亿余元，其主要原因是增加银行贷款4.18亿元。关键是这笔借款在2016年1月就归还给了银行。上交所的疑问是，干吗要这么做？

其实，上交所的两个问题，都是围绕一个核心来展开：拟注入资产和上市公司资产的比例关系。这就牵涉到资本市场“闻名遐迩”的借壳认定两标准。

一是上市公司实际控制人发生变更。这个好理解，上市公司原来的大股东由A变成了B，A迟早套现走人。

二是上市公司在控制权变更后，从实际控制人或其关联人手中收购的资产比例超过上市公司控制权变更前资产总额的100%。这个则很关键，也是很多规避借壳项目做文章的地方。

这个规定读起来很拗口，其实关键点有三：控制权变更、控制权变更后上市公司收购了新控制人的关联资产、所收购的关联资产规模超过原上市公司自身规模的100%。

在实际运作中，为了规避被认定为借壳，企业往往会围绕上述三个方面展开运作，有时候是单一的手法，有时候则是多种方式并行。具体到拉卡拉这个案例，可以做一些推测性分析。

第一步：将拉卡拉认定为无实际控制人（具体认定方法前面已有交代）。

之所以这样设计，是因为可以规避现阶段监管政策的一个技术细节。根据监管政策，上市公司收购资产时，如果收购的是新实际控制人拥有控制权的资产，那么资产额的计算是标的企业的全部资产值，如果不拥有控制权，则按照持股比例折算。

具体到拉卡拉，如果将孙陶某等人认定为拉卡拉的实际控制人，那么注入资产的计算就是110亿元，已经超过西藏旅游的18.53亿元账面资产值。毫无疑问，孙陶某控制西藏旅游后，继续收购拉卡拉将会被认定为借壳。反之，则按照持股比例折算，注入的资产为17.38亿元，低于上市公司原资产额，将不构成借壳。实际控制人认定的差异导致最终结果相距千里。

至于没有将拉卡拉的实际控制人认定为联想控股，可能主要是为了保持其连续性。联想控股在2015年6月上市时，就申明其不实际控制拉卡拉，将其归为联营企业。当时拉卡拉巨亏，这样的认定，就可以使得联想控股不用对拉卡拉进行合并报表，从而影响联想控股的估值。在当前推进拉卡拉上市的大局下，将其认定为无实际控制人是最优选择。

第二步：进一步"分割"拉卡拉资产。

上市后，孙陶某是要通过上市公司实际控制拉卡拉的，这一点应是整个重组方案的核心。在将拉卡拉认定为无实际控制人，确定了按孙陶某所持股比计算注入资产额的基础上，由于拉卡拉的估值高达110亿元，而西藏旅游资产规模小，有必要进一步"拆解"拉卡拉资产，也就是"降低"孙陶某所持拉卡拉股比。

结合上交所质疑的焦点，如果仅仅把戴某军所持3.24%拉卡拉股份算入孙陶某能控制的股份范围，孙陶某注入西藏旅游的资产规模将净增3.24亿元，加上现有17.38亿元，合计达到20.62亿元，超过了西藏旅游2015年年底18.53亿元资产账面值，也就是超过了100%。这样就会被认定为借壳。

这是本次重组的命门。如果戴某军等人被认定为孙陶某的一致行动人，那么这场资本游戏就无法继续下去。这是因为，根据中国监管政策，金融类企业借壳上市，由中国证监会另行规定。实际上，这个"另行规定"一直没有出台，导致金融类企业无法实现借壳上市。而拉卡拉所从事的支付业务，由于属于金融类业务，一旦被认定为借壳上市，整个重组将无法进行。

更进一步，即使拉卡拉不是金融类企业，但其在2014年发生巨亏。按照借壳与IPO等同的审核标准，在拉卡拉没有实现连续3年盈利的基础上，也无法实现借壳上市。

内外交困之下，面对上交所的问询，即便拉卡拉方面使出浑身解数，其回答也有些勉强。比如，其提出，孙陶某与戴某军等人在拉卡拉的日常经营事项上存有不同意见等。对此，上交所的回答很简单，日常经营事项存在不同意见，不代表不能对资产形成共同控制。其意思是，牙齿也有咬到舌头的时候，不代表二者关系不亲密。

更有意思的是，2016年3月，蓝色光标的几位一致行动人签署了补充协议，宣布解除与孙陶某的一致行动人关系。由此，蓝色光标所持有的拉卡拉股权，将不计入孙陶某的控制范围，进一步"降低"了孙陶某所控制的拉卡拉的股权比例。此举导致注入资产额由17.38亿元下降到15.48亿元。顾问机构为降低资产规模计算额，可谓煞费苦心。

第三步："做大"西藏旅游资产。

这一手法比较另类。从上交所问询情况来看，西藏旅游在2015年第四季度增加了一笔4亿多元的借款，然后旋即在2016年1月又偿还。如果没有发生这笔借款，西藏旅游2015年年底的总资产只有14.35亿元。

在通过确认拉卡拉不存在实际控制人、孙陶某与拉卡拉主要管理层股东不存在一致行动人关系，并将注入的关联资产规模“降低”到极致的情形下，为维持拉卡拉110亿元估值，注入的关联资产规模将是15.48亿元，这一数值还是超过了14.35亿元。审核的结论依旧是借壳，西藏旅游依然无法完成重组拉卡拉的“任务”。

对于这一问题，拉卡拉的回答是，西藏旅游资金紧张，偿债压力较大，在2015年3月曾经谋划以非公开发行方式募资5.6亿元用于偿还银行借款（这一还款计划体现在此次配套募资用途中），但由于证监会在2015年11月底才通过了非公开发行的申请，加之因筹划重大资产重组事项而停牌，公司的非公开发行事项未能如期推进。为补充流动资金及归还银行贷款，才向银行贷款4.6亿元。

对于在2016年年初归还欠款的原因，西藏旅游是这样解释的：

> 鉴于公司未能按照计划于2016年1月底与部分银行就提前偿还部分贷款达成协议，又面临春节长假，为减少财务费用支出，经公司统筹安排，归还了其中的4亿元短期借款，资金来源为自有资金和尚未使用的前述借款。

有意思的事情来了，西藏旅游的解释存在矛盾之处。首先看归还的原因。西藏旅游明确写道，未能按计划与部分银行“提前偿还”部分贷款达成协议。不是说自己资金紧张，要募资、要还贷款吗，怎么可能要提前偿还呢？并且从实务角度来看，你要提前还款，首先就得和银行谈好，谈好之后再进行资金筹集，哪有先备一笔钱再去谈的？这不是无谓增加了资金成本吗？

表4.22　西藏旅游债务偿还安排

序号	用途	金额（万元）
1	支付自治区国资公司债务重组款	500.00
2	支付景区应付地方政府分成款	1538.00
3	支付公司职工工资及社保等	679.64
4	支付银行贷款应付利息	637.58
5	归还银行长短期贷款本金	3700.00
6	支付景区及景区内酒店工程款、材料采购款	5510.72
7	支付旅行社返利	464.03
8	归还非公开发行保证金	500.00
	合计	13529.97

再看西藏旅游2015年第三季度的季报。截至2015年9月底，西藏旅游资产13.07亿元，负债7.01亿元，其中短期借款仅1.12亿元，资产负债率53.6%。从

经营情况来看，经营现金净流入 5028 万元，并且筹资活动现金净流出约 530 万元。2015 年全年实现收入 1.52 亿元，利润 661 万元。从这些数据来看，西藏旅游的财务压力或许并没有想象的那么严重，毕竟还有利润，还能实现筹资流入大于流出。

综上，西藏旅游与拉卡拉重组方案，不得不令外界甚至交易所质疑：通过借款“催肥”西藏矿业，外加“压缩”孙陶某注入关联资产的资产额，从而以重大资产重组而非借壳方式，将拉卡拉以高昂的估值登陆资本市场。

为什么不能等？

拉卡拉冒着被监管部门否决的巨大风险，连续接受质询，以期曲线完成上市。为什么不能再等两年，满足连续 3 年盈利条件后，以 IPO 的方式上市呢？原因或许在于拉卡拉等不起。

拉卡拉是首批取得央行《支付业务许可证》的全国性机构，其业务范围大致分为四类：企业收单业务、个人支付业务、硬件销售业务以及信贷业务。截至 2015 年 12 月底，拉卡拉覆盖超过 270 万家商户，累计销售超过 400 万个人终端，累计服务约 1 亿个人用户。2015 年度拉卡拉支付交易额超过 1.6 万亿元，其中银行卡收单业务交易金额超过 9000 亿元，位居业内前列。

在四大业务中，企业收单业务是拉卡拉的主要收入来源，2015 年拉卡拉银行卡收单交易规模超过 9000 亿元，较 2014 年增幅超过 300%。

表 4.23　拉卡拉业务收入情况　　（单位：万元）

项目	2015 年度		2014 年度	
	金额	占比	金额	占比
企业收单	93724.42	59.01%	26486.00	29.06%
个人支付	21149.44	13.32%	23887.62	26.21%
硬件销售及服务	29088.54	18.31%	38899.24	42.67%
其他	14876.54	9.37%	1883.70	2.07%
合计	158838.94	100.00%	91156.56	100.00%

尽管拉卡拉拥有全牌照的优势，积累了大量支付交易数据，行业排名也比较靠前，但也面临着越来越激烈的竞争。除了企业收单业务之外，拉卡拉的其他业务，如个人支付、硬件销售及服务等均出现了下滑。

以个人支付领域为例，拉卡拉 2015 年收入 2.11 亿元，较 2014 年 2.39 亿元下降 11.5%。但与此同时，2015 年国内的第三方支付市场交易规模增长了 26%。根据易观智库的数据，拉卡拉在第三方移动支付交易份额，从2013年的17.8%大幅下降到2015年的6.15%。

硬件销售业务是支付的配套业务，然而由于第三方支付巨头的存在，拉卡拉同样受到影响。其2015年硬件销售收入2.91亿元，较2014年下降了约25%。

信贷业务则是拉卡拉新起步的业务，专注于满足个人用户和小微商户消费贷款需求和融资需求。然而宜人贷、陆金所、蚂蚁金服、京东金融均在该领域内占山为王，拉卡拉能形成自身的优势吗？

回到企业收单业务，尽管这是拉卡拉发展的重点，但银联商务和通联支付均拥有更高的市场份额，尤其是银联商务，无疑是其最强有力的竞争者。

也许在强大的市场竞争压力之下，拉卡拉急需一个资本运作平台为自己的后续发展提供支撑。

2016年6月，西藏旅游主动宣布，因证券市场环境、政策等客观情况发生了较大变化，终止对拉卡拉的收购，拉卡拉也只能在3年后以IPO的方式登陆A股。

西藏旅游所谓的证券市场政策发生较大变化，指的就是监管部门在2016年出台了最为严厉的措施，对构成借壳上市的要件进行了更为细化的规定，严防一切规避行为。比如，延长锁定期、借壳上市不允许募集配套资金、上市公司主营业务发生根本变化，以及监管部门可做实质性判断的兜底性条款等。监管部门收紧政策的原因，很大一部分在于斯太尔、欢瑞世纪这样的案例，给资本市场造成了很坏的影响。

四通股份：新规之下的重组

新规实施后不久，上市仅 1 年多的四通股份（603838）发布了金额高达 45 亿元的收购案，意图将公司打造成为跨界发展的"双主业"公司。该重组方案甫一发布，就有人将此交易设计称为脑洞大开，认为如果监管层最终放行，将使得借壳上市新政无疾而终。问题果真有这么严重吗？让我们先看一看四通股份此次跨界重组，实施双主业发展的大致方案。

貌似普通的重组方案

收购标的：启行教育 100% 股权。

标的估值：45 亿元。

收购方式：四通股份增发股份收购，每股定价 13.98 元。

增发对象：启行教育李某、李某梅、启德同仁（启行教育管理层和核心骨干的持股平台）、林某、吕某、纳合诚投资、至善投资、嘉逸投资、德正嘉成、澜亭投资、吾湾投资、金俊投资、乾亨投资 13 名股东。在这 13 名股东中，李某和李某梅是启行教育的创始人，合计持有 17.46% 股权，位列第二大股东，第一大股东纳合诚投资持有 20.89% 的股权。

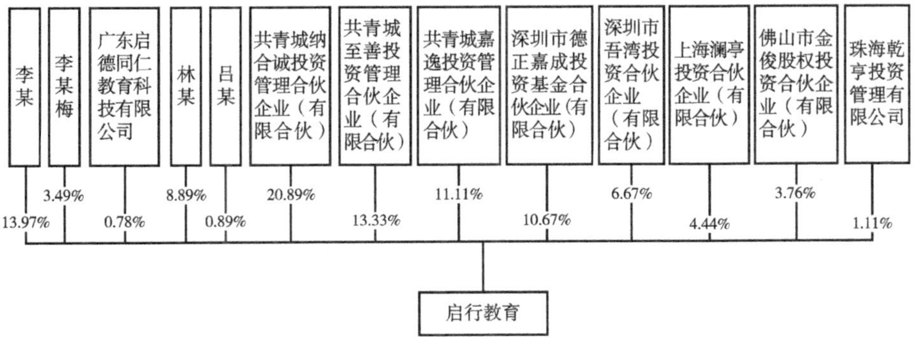

图 4.11　四通股份股权结构

业绩承诺：启行教育2016年度、2017年度、2018年度净利润分别不低于2.4亿元、2.75亿元、3.1亿元，合计不低于8.25亿元；李某、李某梅、启德同仁承担对上市公司的利润补偿义务，启行教育现有的其他10名股东不做出业绩承诺。

业绩补偿安排：利润补偿期间以现金方式予以补偿，具体补偿额的计算是：启行教育承诺净利润与实现净利润差额的3倍；且启德同仁承担的利润补偿金额，不超过其通过本次交易取得的总对价的50%（约0.35亿元）；李某、李某梅承担的利润补偿金额，不超过其通过本次交易取得的总对价（约9.2亿元）。

收购前，四通股份的实际控制人是蔡某城、蔡某茂、李某香、蔡某锋、蔡某通5人，合计持有四通股份59.27%股权。收购完成后，四通股份原实际控制人的持股比例下降到26.85%。收购前后四通股份具体的股东构成如下：

表4.24　交易前后四通股份股东持股变化情况

股东名称	本次交易前		本次交易后	
	持股数量（股）	持股比例	持股数量（股）	持股比例
上市公司实际控制人及其一致行动人	158060000	26.85%	158060000	46.84%
富祥投资	12000000	2.04%	12000000	3.46%
陈某彬	9800000	1.67%	9800000	2.90%
阳爵明光	8000000	1.36%	8000000	2.37%
苏某荣	5680000	0.97%	5680000	1.68%
蔡某周	5660000	0.96%	5660000	1.68%
黄某鹏	800000	0.14%	800000	0.24%
其他社会股东	66680000	11.33%	66680000	19.76%
李某	52618196	8.94%	52618196	15.59%
李某梅	13154549	2.24%	13154549	3.90%
启德同仁	5007150	0.85%	5007150	1.48%
非业绩承诺方	251108510	42.66%	–	–
合计	588568405	100.00%	337459895	100.00%

这个方案除了业绩补偿承诺采取了封顶措施之外，与其他发行股份购买资产的方案似乎并没有太多的差异，并且从最终的股权架构来看，四通股份的原实际控制人及一致行动人仍持有26.85%股份，在持股比例上依旧是上市公司第一大股东。由于实际控制人并没有发生变化，即使按重组上市新的监管规则（2016年6月17日发

布的《上市公司重大资产重组管理办法（征求意见稿）》）来看，也不太符合借壳上市的定义。究竟是什么原因导致四通股份陷入规避借壳上市质疑的旋涡中呢？

独特的表决权设计

在这个普通方案之下，四通股份重组各方还做出了一条虽不是首创但也比较独特的设计：除启行教育李某、李某梅和启德同仁三名承担业绩补偿承诺责任的股东外，其他10名股东无条件不可撤销地放弃所持所获得四通股份股票的表决权、提名权、提案权，且不向上市公司提名、推荐任何董事、高级管理人员人选。

这一放弃表决权、提名权、提案权的设计，在四通股份之前，在顺荣股份（002555）、博盈投资（000760）的收购中都有类似的安排。经过这一设计，在收购完成之后，四通股份原实际控制人及一致行动人所持26.85%股权对应的表决权上升到46.84%。具体如下：

表4.25 交易前后四通股份股东变化情况

股东名称	本次交易后		本次交易后含表决权股份	
	持股数量（股）	持股比例	持股数量（股）	持股比例
上市公司实际控制人及其一致行动人	158060000	59.27%	158060000	25.85%
富祥投资	12000000	4.50%	12000000	2.04%
陈某彬	9800000	3.67%	9800000	1.67%
阳爵明光	8000000	3.00%	8000000	1.36%
苏某荣	5680000	2.13%	5680000	0.97%
蔡某周	5660000	2.12%	5660000	0.96%
黄某鹏	800000	0.30%	800000	0.14%
其他社会股东	66680000	25.00%	66680000	11.33%
李某	-	-	52618196	8.94%
李某梅	-	-	13154549	2.24%
启德同仁	-	-	5007150	0.85%
非业绩承诺方	-	-	251108510	42.66%
合计	266680000	100.00%	588568405	100.00%

如此一来，有意思的事情来了，明明在四通股份原实际控制人仍为第一大股东的情况下，为什么还要做出这个"画蛇添足"的安排？为此，我们先看一下收购后更加明细的股权分布：

表 4.26　完成收购后四通股份股权架构情况

股东名称		持有股份数	持股比例
四通股份原实际控制人	蔡某城	25736880	4.37%
	蔡某茂	25664624	4.36%
	李某香	25664624	4.36%
	蔡某锋	25664624	4.36%
	蔡某通	25664624	4.36%
小计			21.81%
四通股份原实际控制人的一致行动人	蔡某煌	25664624	4.36%
	蔡某旬	2000000	0.34%
	蔡某烁	2000000	0.34%
小计			5.04%
做出业绩补偿承诺的股东	李某	52618196	8.94%
	李某梅	13154549	2.24%
	启德同仁	5007150	0.85%
小计			12.03%
非业绩承诺股东	林某	27301081	4.64%
	吕某	2730109	0.46%
	纳合诚投资	64157536	10.90%
	至善投资	40951619	6.96%
	嘉逸投资	34126350	5.80%
	德正嘉成	32761295	5.57%
	澜亭投资	20475812	3.48%
	吾湾投资	13650538	2.32%
	金俊投资	11541533	1.96%
	乾亨投资	3412637	0.58%

从上面这张表可以看出，四通股份完成收购后，持有3%以上股份的股东，除了原实际控制人及一致行动人、李某夫妇之外，还有纳合诚投资等5家机构投资者及自然人林机。按照四通股份的章程约定，持有3%以上股份的股东可以提出董事建议名单。四通股份章程还规定，其董事会由7名董事组成，其中独立董事3人。这意味着剩下的4名董事将在拥有3%以上股东所提名的名单中产生。

根据持股情况，估计四通股份原实际控制人原来能提名全部 4 名，现在只能提名 1 ~ 2 名董事，其他非独立董事将被新进入的投资者提名，由此造成四通股份董事会的重大变化。

这一重大变化又会进一步带来两个影响：一是四通股份的实际控制人从有到无，任何一个股东都无法形成对董事会的有效控制；二是根据证监会的监管新规，控制权变化除了从股权认定之外，还包括董事、高级管理人员如果发生重大变化，也视同控制权发生变化。

如此一来，四通股份收购启行教育，控制权就不是没有变化，而是有了变化，实际控制人从有变成了无。再加上证监会另外两条判断标准，四通股份的此次收购就有被界定为借壳上市的可能。这两条标准是：资产总额、资产净额、营业收入、净利润、增发股份五个指标，只要其中任一达到 100% 以及虽然指标没有达到 100%，但主营业务发生根本变化。

具体到四通股份和启行教育，不仅 5 个定量指标都超过了 100%，而且完成收购后，教育业务的营收将占四通股份整体营收的一半以上，并将贡献绝大部分利润：

表 4.27　四通股份与启行教育相关财务数据对比　（单位：亿元）

	四通股份 2015 年数据	启行教育 2015 年数据	比例
资产	7.28	45.05	619.14%
净资产	6.24	45.01	721.76%
营业收入	4.65	9.47（模拟合并）	203.65%
利润	0.55	1.73（模拟合并）	314.55%
股本变化	原有 2.67 亿股	增发 3.22 亿股	120.6%

这三项判断标准，如果放在过往，或许还有通过的可能，但在现在从严的监管环境下，通过的可能性将微乎其微，四通股份的此次重组将很有可能被认定为借壳上市，将按照 IPO 的标准进行审核。但启行教育在 2012 年搭建了 VIE 架构，只是在近期完成了拆除并注入四通股份，从选择的注入主体启行教育来看，由于收入和利润早已不在自身层面确认，其连续 3 年业绩是无法满足 IPO 标准的：

表 4.28　启行教育近 3 年业绩情况　（单位：万元）

项目	2016 年 1—4 月	2015 年度	2014 年度
营业收入	—	—	—
营业时间	-71.35	-0.24	0.54
利润总额	-71.35	-0.24	0.54
净利润	-71.35	-0.24	0.54

在此约束下，也就不难理解为何启行教育等10家非业绩承诺股东要做出放弃表决权、提名权和提案权的承诺了。这样，四通股份实际控制人及其一致行动人的表决权比例提高到46.84%。从比例上来看，可以确保提名的三名董事通过，李某，李某梅以及启德同仁，可以保证提名的一名董事能够通过，四通股份的控制权仍旧保持不变。表决权是股东权利的重要构成部分，这样轻易放弃，我们不禁要问，其目的究竟是自身合理商业目的的考虑，还是规避监管?

放弃表决权不仅在当下会产生困扰，而且之后也将带来一系列麻烦。比如，这些无条件不可撤销地放弃相关权利的股份，在以后将以怎样的价格和方式转让？新的受让方还会继续承认吗？对四通股份公司的治理究竟有无好处？更为严重的是，一旦这种模式得到认可，在以后的重组上市中，完全可以加以模仿，从而确保上市公司控制权不发生变化，由此导致监管新政形同虚设。

监管新政下的重组之道

其实从启行教育整体的经营业绩来看，其是一家盈利能力不错的公司。以启行教育所属的主体全资子公司启德教育为例，2014—2015年的净利润都在1.5亿元以上：

表4.29　启德教育近3年盈利情况　（单位：万元）

项目	2016年1—4月	2015年度	2014年度
营业收入	30675.96	94699.81	77981.14
营业时间	3501.40	20534.23	20994.62
利润总额	3496.48	20450.18	20899.01
净利润	2571.31	17316.37	15118.36

近期，与启行教育类似的案例是已经过会的勤上光电（002638）收购龙文教育100%股权。在经营业绩上，龙文教育2013—2015年营收分别为8.53亿元、7.54亿元、7亿元；净利润分别为1135万元、4225万元、8725万元，龙文教育的盈利能力似乎还弱于启行教育。此外，龙文教育还承诺，2015—2018年累计实现的税后净利润不低于5.64亿元。

另外，以2015年1.73亿元净利润为基础，启行教育45亿元的估值大致相当于26倍市盈率，而勤上光电收购龙文教育100%股权的估值是24.8倍市盈率，二者的估值水平大体相当。

因此，从已掌握的信息来看，启行教育还算是一家基本面及盈利能力不错的企业。如果能够选择合适的注入主体，如不以母公司启行教育，而是以启德教育作为主体，由于其连续多年实现盈利，即使会被监管机构认定为重大资产重组，也比现在经得起考验，估计也用不着设计放弃表决权等策略了。至于重组各方为什么选择了不具备历史连续盈利的启行教育作为上市主体，那就不得而知了。

从这个重组案例引申而言，自监管部门推出借壳上市判断新标准后，市场上一度认为将会对上市公司的并购重组造成巨大的冲击。固然，监管部门推出的新政，如在增加定量的判断标准（资产总额、资产净额、营业收入、净利润、增发股份五个指标任意一项达到原上市公司的100%）之外，又增加了定性的判断标准（主营业务变更、控制权变化、监管部门兜底认定），以及取消重组上市配套融资等，都极大地增加了交易成本。这些必然会对一些重组上市项目造成重大影响，乃至使其停止实施。

在笔者看来，监管部门的意图并不是要杜绝此类重组项目，而是更多地引导市场向正常方向发展。比如，近期过会的圆通速递借壳上市，该公司的盈利能力、稳定性、成长性都有着良好的表现。只要标的资产自身基本面优秀，有着良好的盈利能力和支撑，业绩增长稳定，注入上市公司时有着合理的估值，能真正有助于上市公司的发展，而不是通过注入上市公司来谋求套利，即便是借壳上市，也会得到监管部门的支持。

这一监管精神，即便在不需要证监会审核的现金收购资产方面，也有所体现。

2016年5月，华塑控股（000509）拟通过支付现金的方式购买北京和创未来网络科技有限公司51%的股权。在深交所对此案的问询函中，特别指出了华塑控股将面临的筹资问题："本次交易作价14.28亿元，而截至2016年3月31日，公司货币资金金额仅为4419.98万元，同时资产负债率为95.63%。虽然可通过借款等方式筹集资金，但是仍然存在较大资金缺口。"问询函暗含的意思是，上市公司进行并购，应当有利于增强上市公司盈利能力，华塑控股完全采取现金方式予以收购，将放大上市公司的财务风险，显然对上市公司是不利的。面对交易所的问询，华塑控股后于6月24日宣布终止此次重组。

2017年年初，重压之下的四通股份，终止收购启行教育。此后，资本市场鲜见以各种手法运作，意图规避借壳上市的项目。直至2019年监管部门放宽了"借壳上市"判断标准。这次调整的重点在于取消创业板借壳限制、简化借壳认定标准，取消"净利润"指标、借壳累计首次原则从"60个月"降至"36个月"、恢复借壳上市配套融资等方面。

受此影响，一度销声匿迹的"三方交易"这一常用于规避借壳的手法，又开始出现。始作俑者就是参与做局博盈投资的硅谷天堂。

天堂魅影：三方交易重现江湖，硅谷天堂意欲何为

既为历史，就应当永远封存而不再出现。然而讽刺的是，在真实的世界里，历史却不断重演。展鹏科技（603488）近期开展的一项并购，再现了资本市场久违的“三方交易”。

“三方交易”的模式，在2013年前后的资本市场屡见不鲜，其首创者应属硅谷天堂、香港梧桐资本集团2012年对博盈投资（000760）的重组。硅谷天堂、香港梧桐资本集团通过复杂的运作，将所谓的柴油发动机先进制造商斯太尔注入博盈投资，并给投资者描绘了非常美好的发展蓝图。但是数年之后，斯太尔却披星戴月，处于退市的边缘。

鉴于“三方交易”模式可能产生的危害性，以及维护监管规则的“严肃性”，2017年后，监管部门逐渐禁止在上市公司并购中采用这一模式。近期，随着政策趋松，以及鼓励上市公司通过并购重组提升竞争力的导向，“三方交易”的魅影赫然而现，其背后的“始作俑者”恰好是8年前的硅谷天堂。

“三方交易”原罪

“三方交易”模式的出现，在很大程度上是为了规避监管限制。

根据此前的监管规则，上市公司收购的资产，其资产总额、营收规模等超过该公司对应的指标，同时收购后资产的控制人变成上市公司的控制人时，这起交易就会被认定为借壳。也就是说，上市公司A收购B控制的资产，该资产规模大过A，同时B成为A的新控制人，就属于借壳。

一旦被认定为借壳，上市公司的收购行为就会面临监管部门较高的审核要求，如要求被收购的资产连续盈利等，获得审核通过的难度和风险将会比较大。

既然在被收购资产的控制人变成上市公司的控制人时，才会被认定为借壳交易，那么，若资产的控制人不变成上市公司实控人，或者上市公司另由他人控制，就不是借壳交易。按照上面的例子，上市公司A收购B的资产，但C成为A的新控制人，A、B、C就构成“三方交易”。

这是最简单的“三方交易”模式。在此基础上，资本市场上又衍生出诸多变种，

核心均围绕 B 不能成为 A 的新控制人展开。

不管形式如何，关键的问题是，为什么要采取这种交易模式？在一起并购交易中，仅有 A、B 两位参与者，就需要平衡许多问题，再引入 C，岂不会增加交易的难度？

纵观资本市场历史上出现过的"三方交易"案例，其动机不外乎投资者变现退出的需要、资产不符合借壳审核标准（如运营时间）等，但最本质的原因，还在资产质量本身。

简要概括前述博盈投资案例。博盈投资收购斯太尔，斯太尔的实际控制人是硅谷天堂。如果收购后，硅谷天堂成为博盈投资新的实控人，交易将构成借壳。但实际上，在这起交易中，一家名不见经传的公司——英达钢构，最终成为博盈投资的新实控人。与此同时，泽洺创投、泽瑞创投等 4 家"临时"成立的投资机构，也进入博盈投资，而其背后的推手是与"德隆系"关系"暧昧"的香港梧桐资本集团（详见笔者《德隆系：做局博盈投资》）。

这起交易既成功规避借壳，又与"德隆系"牵扯不清，在当时资本市场颇为轰动，不少人向其"致敬"。但遗憾的是，斯太尔并未如重组时资产注入方所描绘的那样，引入世界资源、提升中国竞争力，其资产质量着实不堪。博盈投资逐渐沦落至退市边缘。反倒是硅谷天堂、泽洺创投等参与者获得了不菲的收益。

硅谷天堂的总成本为 4.8 亿元，分为两笔出资：一是重组前耗资 2.8 亿元收购了斯太尔 100% 股权；二是出资 2 亿元认购了博盈投资增发的新股，以 4.77 元/股的价格获得约 4200 万股（后转增至 5870 万股，认购成本摊薄至 3.41 元/股），持股比例 7.61%。

而硅谷天堂的收入主要来自两部分：一部分是以 5 亿元价格向博盈投资出售斯太尔资产，一举收回前期 4.8 亿元的投资；另一部分是在 3 年限售期满后，即从 2016 年开始，通过减持获得的收入。对硅谷天堂而言，减持套现所得是净收益。

经过 4 年的减持，至 2019 年年底，原是斯太尔第三大股东的硅谷天堂，已逐渐淡出前十大股东名单（2019 年年底斯太尔的第十大股东持股数为 261 万股）。或许硅谷天堂已在 2019 年完全退出（表 30）。

表 4.30　2015—2019 年硅谷天堂持有的斯太尔股份数（单位：万股）

	2015 年年底	2016 年年底	2017 年年底	2018 年年底	2019 年年底
持股数	5870	5570	3465	2330	未进入前 10 大股东
减持数	0	100	2105	1135	

重组后至今，斯太尔的股价最高曾达到 21.88 元/股，虽然之后一路下滑，但在 2019 年年前，其股价基本高于硅谷天堂 3.41 元/股的认购成本。2016—2018 年，硅谷天堂减持 3340 万股，占持股总数的 57%，加上 2019 年减持的股份，其收益想必不菲。如果以 10 元/股价格估算，减持收益至少 6 亿元。

硅谷天堂在博盈投资项目上的收益翻番，难怪其掌门人将此自诩为最成功的项目。但对诸多中小投资者而言，面对即将退市的斯太尔，心情想必复杂。

展鹏科技，一个理想的“壳”

此次“三方交易”的 A 角展鹏科技，2017 年才上市，以电梯制造为主业。展鹏科技最特殊之处在于其“灵活”的实际控制人（控股股东）安排。

展鹏科技的实际控制人有 5 位，分别是持股 16.52% 的金某荣、持股 12.79% 的奚某、持股 11.02% 的丁某、持股 6.94% 的常某建、持股 6.3% 的杨某农，5 人合计持股 53.57%。这 5 人是展鹏科技的创始人或者元老，在公司上市时，通过构成一致行动人关系，共同行使控制权。

5 名控制人中，金、奚、丁 3 人的持股比例相差不大，常、杨也是如此。这也就给展鹏科技实际控制人的调整留下足够的空间，他们可以通过调整一致行动人关系的签署主体，轻易实现身份的转变。比如，常、杨二人退出一致行动，其他 3 人持股比例仍为 40.33%，依旧是实控人，但常、杨二人不再是实控人。

上市后，展鹏科技的业绩一直不温不火，每年的净利润在 8000 万元徘徊，截至 2020 年 3 月底，资产 9.78 亿元，负债 0.84 亿元，净资产 8.94 亿元，市值 11.8 亿元。2019 年，展鹏科技实现营业收入 3.72 亿元，净利润 0.86 亿元。

市值小、负债低、上市时间短，资产和业务“干净”，实际控制人持股比例可以灵活调整以降低获得上市公司控制权的成本等诸多优势，使展鹏科技上市后不久就成为一个理想的“壳”，就此吸引了硅谷天堂的目光，“三方交易”方案横空出世。

进化的“三方交易”方案

硅谷天堂沉寂多时后再次祭出的“三方交易”方案，与以往相比，更为复杂。这或许也可称为一种进化。

此时的 A 角是展鹏科技；B 角是杭州伯坦科技，伯坦科技由其创始人聂亮控股；C 角则由硅谷天堂直接“披甲上阵”，其控制的青岛硅谷宏坦投资将成为上市公司新的实际控制人。具体而言，硅谷天堂的方案由以下三部分组成。

其一，第一次调整展鹏科技控制权。金、奚等 5 人重新签署一致行动人协议，金、常、杨 3 人结成新的一致行动人，合计持股 29.76%，奚、丁 2 人退出实际控制人队伍。

其二，让渡展鹏科技控股权，并提供远期购股权，完成第二次展鹏科技实控人的调整。

这次实控人变更主要通过股权转让和表决权调整两种方式实现。其中，金、常、杨 3 人向某坦投资转让 3.15% 股权，奚、丁 2 人向某坦投资转让 2.38% 股权，这 5.53% 股权的转让对价为 1.9 亿元（相当于 11.97 元/股）。转让完成后，金、常、杨 3 人仍合计持有 26.61% 股份，但 3 人放弃其中 11.61% 股权相应的表决权，只保留 15% 表决权；奚、丁 2 人还持有 21.43% 股份，2 人将这些股份的表决权全部委托给了宏坦投资。

与此同时，金、常等人以股份质押的方式，为宏坦投资提供了一项远期购股权。金、常、杨 3 人向某坦投资质押所持 11.87% 股份；奚、丁 2 人质押所持 9.55% 股份，合计 21.42% 股权（与宏坦投资接受委托的表决权比例一致）。宏坦科技据此向 5 人提供 3.5 亿元无息贷款。

合作各方同时约定，质押到期后，宏坦投资须收购这些股权（各方原定的质押比例分别是 14.74%、11.87%，合计 26.61%，后调整为 21.43%，调整的原因估计是硅谷天堂重新设定其控股目标）。

如果说，展鹏科技第一次控制权调整，尚属于现有股东之间内部调整，那么，第二次控制权调整，即金、奚等 5 人向某坦投资让渡控股权，则属于控制权的实质性变化。

经此运作，宏坦投资持有上市公司 5.53% 股权，并拥有 26.96%（5.53% + 21.43%）表决权，以及 21.43% 股份的远期购股权，成为展鹏科技新的实控人。从接受表决权股份比例与远期交割股份比例一致的安排来看，这似乎也表明硅谷天堂在展鹏科技的最终持股比例可能是 26.96%（表 4.31）。

表 4.31　展鹏科技控制权的变化过程

<table>
<tr><th></th><th>原持股比例</th><th>变更一致行动协议</th><th>转让股份比例</th><th>转让后持股比例</th><th>放弃表决权</th><th>委托表决权</th><th>剩余表决权</th><th>质押股份比例</th></tr>
<tr><td>金某荣</td><td>16.52%</td><td>16.52%</td><td>1.74%</td><td>14.78%</td><td rowspan="3">11.61%</td><td rowspan="3"></td><td rowspan="3">15%</td><td rowspan="3">11.87%</td></tr>
<tr><td>常某建</td><td>6.94%</td><td>6.94%</td><td>0.74%</td><td>6.20%</td></tr>
<tr><td>杨某农</td><td>6.3%</td><td>6.3%</td><td>0.67%</td><td>5.63%</td></tr>
<tr><td>小计</td><td>29.76%</td><td>29.76%</td><td>3.15%</td><td>26.61%</td><td>11.61%</td><td></td><td>15%</td><td>11.87%</td></tr>
<tr><td>奚某</td><td>12.79%</td><td>12.79%</td><td>1.28%</td><td>11.51%</td><td rowspan="2"></td><td>11.51%</td><td rowspan="2"></td><td>5.13%</td></tr>
<tr><td>丁某</td><td>11.02%</td><td>11.02%</td><td>1.1%</td><td>9.92%</td><td>9.92%</td><td>4.42%</td></tr>
<tr><td>小计</td><td>23.81%</td><td>23.81%</td><td>2.38%</td><td>21.43%</td><td></td><td>21.43%</td><td></td><td>9.55%</td></tr>
<tr><td>宏坦投资</td><td></td><td></td><td></td><td>5.53%</td><td></td><td></td><td>26.96%</td><td></td></tr>
</table>

续表

	原持股比例	变更一致行动协议	转让股份比例	转让后持股比例	放弃表决权	委托表决权	剩余表决权	质押股份比例
实际控制人持股比例	53.57%	29.76%	26.61%				5.53%	
实际控制人拥有的表决权	53.57%	29.76%	26.61%				26.96%	

方案设计如此，有数个疑问需要回答。

一是为何要拆分金、常等5人的一致行动人关系？这主要与进行表决权委托的双方将构成一致行动人关系的监管政策相关。如果金、常等5人不解除一致行动人关系，在转让5.53%股份并委托21.43%股份的表决权后，金、常等5人将会和宏坦投资结成新的一致行动人关系，不仅不能实现宏坦投资单独成为实际控制人的目的，而且还会因为实际控制人变化，且持股比例超过30%而触发要约收购。因此，拆分一致行动人势在必行。

二是为何拆分时是由金、常、杨3人结成一致行动人关系，奚、丁2人退出？这5人如何构成新的一致行动人关系，有很多排列组合方式。比如，金和奚结成一致行动人，其他3人退出，也会达成目前的效果。因为奚持股比例为12.79%，与常、杨2人的13.24%相差不大。之所以做出这样的安排，笔者分析可能是考虑到金在展鹏科技的重要地位，以及5人各自利益诉求等因素。

三是为何宏坦投资只收购5.53%股权？宏坦投资要获得展鹏科技的实际控制权，最简单的方法就是直接收购5人持有的不超过30%的股份。但这意味着，在方案最终实施结果未定的情形下，宏坦投资就已砸入10余亿元资金获得一家上市公司控股权。

如果要进一步拉大与金、常等5人的持股比例差距，宏坦投资需要收购超过30%股份，资金压力和成本会进一步加大，并触发要约收购。由于收购上市公司在前，一旦资产注入方案最终未能成行，宏坦投资将进退失据。

因此，最稳妥的办法，就是按照上市公司大股东减持的监管规则，收购超过5%股份即可。获得控制权的方式，则主要依靠表决权委托方式加以实现。

同时，为稳定金、常等5人的预期，宏坦投资与其做出远期购股权的安排，在完成整个重组后，宏坦投资将收购26.96%股份，相当于5人当前持股数的一半。收购价格估计是3.5亿元，与无息贷款金额相同。

四是为何金、常、杨3人放弃表决权，奚、丁2人委托表决权？原因在于三个方面：首先，如果金、常、杨3人采取表决权委托，如前所述，将会和宏坦投资结成新的一致行动人关系，需要面临相似的问题；其次，奚、丁 2 人采取委托，是为了确保宏坦投资获得控制权；最后，如果金、常、杨 3 人不放弃表决权，其与宏坦投资的表决权比例只相差 0.35%（26.96% - 26.61%），宏坦投资的控制权并不稳固。

因此，只有 3 人放弃了表决权，才能从"表面上"拉开与宏坦投资所拥有表决权的差距，巩固宏坦投资的控股地位。放弃、委托的比例，应是依据宏坦投资最终持股 26.96%"倒算"出来的。

其三，就是将 B 角伯坦科技注入展鹏科技。展鹏科技将以发行股份及支付现金方式购买伯坦科技 100% 的股权。收购现金来源主要依靠募集配套资金解决，配套资金认购方是硅谷天堂的关联公司——青岛天堂硅谷海创投资，预计其出资 4.7 亿元。

展鹏科技确定的收购资产股份发行价为 5.73 元/股、募集配套资金的股份发行价为 5.4 元/股。重组方案公布后，展鹏科技连续拉出 4 个涨停，截至 2020 年 7 月 24 日，股价已达 11.4 元/股。如果此时展鹏科技完成重组，青岛天堂硅谷海创投资的账面浮盈将超一倍。

伯坦科技的上市梦

现在再看伯坦科技的情况。

伯坦科技现有 9 名股东，创始人聂某持有 55.60% 股份，其余 8 名股东主要是义云创投等投资机构，背后的出资人包括苏州工业园区经济发展有限公司、国开金融、华为投资、义乌小商品集团及一众自然人股东（图 4.12）。

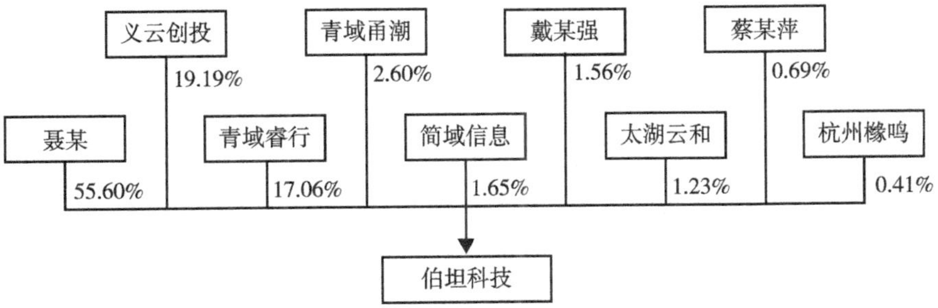

图 4.12　伯坦科技股权架构

由于存在上市的预期，自 2019 年 7 月之后，伯坦科技相继引入了数位新股东，其中的可能变化是，无锡太湖云和正奇以现金增资方式，于 2020 年 1 月进入伯坦科技；聂某将其所持伯坦科技 1.56% 股权、0.41% 股权，分别转让给自然人戴某强、杭州橡鸣汽车租赁；自然人张某将其持有伯坦科技 0.69% 股权，转让给自然人蔡某萍。

受让聂某股份的戴某强，可能是义云创投持股 19.56% 的时空电动汽车股份有限公司股东。戴某强持有时空电动汽车股份有限公司0.18%股份。

目前市场最关注的问题，大概是伯坦科技的估值。尽管重组双方正在进行评估，但根据“三方交易”的原则，可以大致判断估值区间。

展鹏科技总股本是2.93亿股，若硅谷天堂最终受让26.96%股权，并全额认购4.7亿元配套资金，按目前确定的股份发行价，伯坦科技的估值应为12亿元。这样既可以保持硅谷天堂在展鹏科技的控股地位，又能使其与聂某的持股比例保持10%左右的差距。

当然，伯坦科技估值越低，硅谷天堂和聂某的持股比例相差就越大，对展鹏科技的控制力也就越强。但这种情况发生的概率极低，硅谷天堂的本意不是获得一家上市公司控制权，而是通过注入“性感”资产，抬升上市公司市值后退出。况且，伯坦科技估值太低，也难以获得其原股东认可。

显然，这又是一起精心设计的方案。

伯坦科技创始人聂某是一个富有情怀的人，其42岁从国家电网辞职创业，在新能源汽车电池行业已耕耘十来年。在技术路线选择上，聂某及其创立的伯坦科技走的是车电分离模式，简言之，伯坦科技的业务是为新能源电动汽车“换电池”，而不是充电。

车电分离主要包括换电池、电池租赁两种方式，此前并不明确是否被政策所鼓励，新能源车企对“换电池”的热情也不高。作为车电分离模式的坚守者，聂某和伯坦科技的创业之路走得并不平坦。

2018—2019年，伯坦科技分别实现营业收入1.85亿元、2.65亿元，净利润为0.14亿元、0.44亿元，但经营性现金净流入为-160万元、-2372万元。截至2019年年底，伯坦科技资产5.24亿元，负债2.16亿元，资产负债率41.2%。这些有限的信息似乎表明，伯坦科技的经营仍承受较大的压力，企业运营的资金需求，可能还主要依靠外部股权投资解决。

那么，这样的盈利水平和能力，能否支撑现在的估值呢?

更令人疑惑的是，作为“风口”上的企业，伯坦科技为何不在创业板上市，而是要通过“三方交易”的方式，实现借壳上市?借壳上市就必须要摊薄伯坦科技现有股东的权益，损失部分利益。聂某这样做的原因何在?

就创业板的上市条件来看，与伯坦科技相关的主要是3项，伯坦科技只要符合其一就可以申请上市。这3项是：最近两年净利润均为正，且累计净利润不低于5000万元；预计市值不低于10亿元，最近一年净利润为正且营业收入不低于1亿元；预计市值不低于50亿元，且最近一年营业收入不低于3亿元（无盈利要求）。显然，伯坦科技符合这3项的任意一项。

从上市所需时间来看，伯坦科技现在采用的借壳方案，并不比创业板的注册申请有明显的时间优势。

另外，从机构投资者的退出收益来看，在创业板退出的收益似乎会更高。

因此，无论从哪个角度来看，都无法得出伯坦科技选择“三方交易”借壳上市的原因和动机。或许，这其中有不被外人所知的“苦衷”吧。

如何收尾

硅谷天堂在监管政策趋松的大环境下，再一次祭出“三方交易”的方案，相当博人眼球。向上追溯可以发现，硅谷天堂此前1个月就已在另一家上市公司——德宏股份（603701）试水“三方交易”，所采取的方式是，硅谷天堂先以10.5亿元对价购买上市公司29.9%的股权，获得控股权后，再收购伯坦科技。

德宏股份也是一家比较理想的“壳”公司，双方一度进展顺利。但后来因在第二期5.5亿元股权转让款的支付安排、伯坦科技的估值认定等方面产生重大分歧而终止。

这次与展鹏科技的合作，结局将会如何？伯坦科技会成为“风口上的猪”吗？

伍

狼烟：股权争夺战

导 读：股权战争是赤裸裸的利益之争，起因主要有两种，一是原股东对资产的控制力下降，导致外界的觊觎；二是现有股东之间的利益纷争。我国资本市场上，最著名的股权战争，当属2015年发生的“宝万之争”，这场争夺战在公司治理、金融监管、国进民退等方面引发了热点讨论。

与“宝万之争”相似，2017年发生了一起影响深远的股权争夺——浙民投对ST生化的要约收购。争夺过程的精彩程度并不亚于“宝万之争”，并且是完全市场化的行为。从某种意义上讲，ST生化的股权争夺，为后来者树立了一个标杆。

就参与的主体而言，既有民营资本之间的争夺，也有国有资本和民营资本之间的争夺。既有光明正大的争夺，也不乏“挖坑”式的争夺。争夺的结果，是几家欢乐几家愁。但充分尊重市场规则，充分尊重公司治理精神，无疑是争夺各方应当秉持的理念。

ST 生化：要约收购战

ST 生化（振兴生化，000403）是一家从事血液制品生产和销售的公司，旗下核心资产是广东双林药业，拥有稀缺的血浆站经营牌照。与其他因为经营亏损被 ST 的上市公司不同，ST 生化已经连续十年实现盈利，其被 ST 的主要原因是未完成股改，以及深陷多起法律纠纷。

就 ST 生化的基本面而言，截止到 2016 年年底，ST 生化共有 8 个采浆站，采浆量为 301.58 吨。与同行业上市公司相比，ST 生化也具备较强的竞争力。博雅生物拥有 10 个采浆站，2016 年采浆量为 225 吨；卫光生物拥有 7 个采浆站，2016 年采浆量为 320 吨。博雅生物股本 4.01 亿股，按 36 元/股计算，市值约 144 亿元；卫光生物股本 1.08 亿股，按 64 元/股计算，市值约 70 亿元。ST 生化股本 2.73 亿股，按 31 元/股计算，市值不到 85 亿元。

这些数据与 ST 生化生产数据相比，蕴含着 ST 生化还有一定的升值空间。在这次浙民投天弘发起的要约收购之前，ST 生化已经遭遇了两次收购，第一次是在 2016 年第 2 季度，基金欲募资举牌收购，此举因资金募集不到位而作罢；第二次是 ST 生化第四大股东天津红翰在 2016 年第 4 季度谋划的“夺位”之争，意图通过收购第三方对振兴集团的债权，以法院拍卖大股东股权方式获得对上市公司控制权。此举因信达公司给予振兴集团 2.2 亿元借款使其逃过一“劫”。此次浙民投的要约收购是 ST 生化在一年左右时间内面临的第三次股东变局。

风雨袭来

2017 年 6 月 28 日，ST 生化公布了一份来自浙民投天弘要约收购的提示性公告。浙民投天弘将以要约收购方式收购 ST 生化 27.48% 的股份，动用资金规模达 27 亿元。浙民投天弘是浙江民营企业联合投资公司（以下简称浙民投）控制的收购平台。

浙民投成立于 2015 年，主要由两类股东发起设立，其一是 8 家浙江民营龙头企业，如正泰集团、奥克斯集团、杭州锦江集团等，合计持股 90%；其二是一家名为杭州工银硕彦，实际控制人是李某、王某夫妇的合伙企业，持有浙民投剩余 10% 的股份。按出资额计算，前 8 家股东合计出资 45 亿元，杭州工银硕彦出资 5 亿元，其所持股份是从工银瑞信投资管理有限公司（其控股股东是中国工商银行）手中获得。

在此之前，浙民投天弘及其一致行动人浙民投实业已经持有 ST 生化 2.51% 股份。因此，在完成要约收购后，浙民投天弘将持有 ST 生化 29.99% 股份，一举超过 ST 生化现在的实际控制人振兴集团持有的 22.61% 股份，成为 ST 生化新的实际控制人。

按照 A 股市场要约收购规则，要约收购方在发出提示性公告之后，需在公告之后 2 日内办理履约保证手续，主要是将要约收购履约保证金存入中登公司制定账户（履约保证金一般为收购金额的 20%）以及提供银行保函等。同时，要约收购方要完成一系列前置审批，如反垄断申报、主管部门审批等。为完成这些工作，监管部门给的时间通常是 60 天。但若在 60 天内不能完成，可在此之后每 30 天公告一次进展。

在完成上述工作之后，要约收购方就可以发出正式的要约收购报告书，开始实施要约收购。收购启动后，要约收购方给市场投资者选择是否接受要约的时间（要约收购期）一般是 30 ~ 60 天。在此期间，上市公司的董事会要对要约收购方的资质、资信和收购方案等进行审查，并依此向股东做出是否接受要约收购的建议等。

随着时间的推移，要约收购方可以根据市场反应对要约收购方案进行调整，但到了距离要约收购期满还有 15 天时，要约收购方就不得变更要约，除非此时有竞争者出现。要约期满后，要约收购方将根据股东响应情况开展后续工作，过户接受要约的股份或者终止要约收购。

ST 生化的要约收购，浙民投天弘是在 6 月 28 日发出的要约收购提示性公告，这份公告在 8 月 28 日已满足了 60 日的公告时间要求，理论上，浙民投天弘可以随时实施要约收购。另外，随着深交所收紧对停牌的监管，眼看 ST 生化的停牌大限将尽，一旦复牌，浙民投天弘的收购要约就有可能从理论变成现实。于是乎，振兴集团要想维持 ST 生化的现有股权格局，恐怕不得不另觅他途。

利用停牌重组、诉讼，以攻为守

面对来势汹汹的浙民投天弘，振兴集团开始自救。

首先是利用停牌重组。浙民投天弘在提交要约收购相关文件后，为确保股价不发生异动，经向深交所申请，对 ST 生化实施停牌。但令浙民投天弘没有想到的是，这一停就是 3 个月。振兴集团在这 3 个月的时间里，先后启动了 2 次资产重组：收购山西康宝和维克生生物。长时间的停牌，给浙民投天弘造成很大的压力，一是 6 月 29 日打入中登公司指定结算账户的 5.39 亿元保证金，每天都会损失高额利息；二是收购行为被一拖再拖，导致变数增大。

振兴集团采取的第二项举动是将浙民投天弘及 ST 生化双双告上了法庭，请求法院判令浙民投天弘停止实施对ST生化的要约收购，并向其赔偿损失1.57亿元。乍一看，大股东状告自己的公司仿佛有些不可思议，然而，若是联系起两个多月来ST生化应对收购要约的战略意图，不难想见此番由大股东主导的诉讼只怕另有深意。

振兴集团认为浙民投天弘存在严重违反《上市公司收购管理办法》和《证券法》有关规定的行为，应立即停止要约收购行为并向其赔偿损失；ST生化在此次要约收购过程中也存在过错，也应该向振兴集团赔偿损失。那么，浙民投天弘哪些行为违反了法律法规的规定呢？根据公开的信息，振兴集团认为浙民投天弘存在如下违规行为。

其一，信息披露存在重大遗漏和虚假记载。浙民投天弘及其一致行动人声称现在仅拥有上市公司2.51%的股份，但振兴集团根据其"掌握"的资料，浙民投天弘"在本次要约收购前已经暗中安排了部分一致行动人买入公司的股票，并在上市公司已召开的三次股东大会上对议案联手投出反对票"，浙民投天弘对此情形并未如实披露。

振兴集团"爆出"的证据是，2016年12月17日，在某"股吧"转发的天津红翰关于ST生化的一份声明中，天津红翰称其已寻找两家合作伙伴强强联合运作ST生化，一家为"北京的实力雄厚的央企"，另一家为"浙江一家大型民企"。振兴集团认为此处的"浙江一家大型民企"实为浙民投天弘的唯一出资人浙民投，声明显示天津红翰已与浙民投建立了合作关系，暗中采取一致行动，浙民投天弘对此情形并未如实披露，违反了《上市公司收购管理办法》第三条和《证券法》第三条的规定，侵害了原告的知情权。

其二，浙民投天弘收购资金来源不明，严重违反相关法律法规。振兴集团认为，浙民投天弘经穿透核查后的股权结构十分复杂，直接、间接股东除数个自然人、公司外，还存在私募投资基金，其中，私募投资基金的性质决定了其参与投资的行为是以获利为目的。

但浙民投天弘在给深交所《关注函回复》中却披露："本次要约收购所用资金不存在对外募集、代持、结构化安排或者直接间接使用上市公司及其关联方资金用于本次收购等情形"，与其架构中存在私募投资基金的情形自相矛盾。据此，振兴集团声称浙民投天弘公告的《要约收购报告书摘要》未对其背后存在私募投资基金以及可能涉及对外募资的情况进行如实披露，不具备要约收购人的主体资格，其行为违反了相关法律法规的规定。

其三，浙民投天弘在本次要约收购中存在内幕交易及利益输送行为。根据浙民投天弘给深交所《关注函回复》，浙民投董事仇某平的女儿仇某、浙民投天弘工作人员王某智的配偶高某在自查期间（ST生化停牌前6个月）存在买卖公司股票的行为。

仇某在自查期间买卖 ST 生化股票的情况：

姓名	身份	日期	交易方式	交易数量（股）	交易方向
仇某	浙民投董事 仇某平的女儿	2017.6.13	二级市场交易	12900	买入
		2017.6.14		12900	卖出

高某在自查期间买卖 ST 生化股票的情况：

姓名	身份	日期	交易方式	交易数量（股）	交易方向
高某	浙民投天弘工作 人员王某智的配偶	2017.5.22	二级市场交易	500	买入

其四，操纵股价。振兴集团认为浙民投天弘及其一致行动人对 ST 生化的要约收购行为进行了充分的准备工作，其间利用资金优势操纵股价，致使 ST 生化股价在 2017 年 3 月 3 日至 6 月 21 日从每股 33.48 元跌至每股 25.58 元，给振兴集团造成了 1.5713 亿元损失。对此，浙民投天弘应承担主要赔偿责任，ST 生化因未及时发现浙民投天弘及其一致行动人打压股票、内幕交易以及利益输送的情况，未对浙民投天弘的违法行为进行制止，也应承担相应的损害赔偿责任。

综上所述，振兴集团认为浙民投天弘的行为明显违反了《证券法》第三条、第七十六条和《上市公司收购管理办法》第三条、第六条之规定，不具备收购人的主体资格，是典型的资本市场“野蛮人”行为，其行为侵害了其合法权利，并对其造成了一定的经济损失。

站不住脚的诉讼

振兴集团对浙民投天弘提起的四点诉讼，仔细分析，很难立得住脚。

首先看未披露的“一致行动人”天津红翰。天津红翰是在 2012 年以协议方式受让了衡阳市国资委所持上市公司 609 万股，自此开始就成为 ST 生化的股东。截至目前，天津红翰仍持有 ST 生化 609 万股，占 2.23%，为 ST 生化第四大股东。即便天津红翰与浙民投天弘存在一致行动关系，在发起要约收购前，两者持股总数相加不过 4.74%。而当时的政策规定，只是要求持股 5% 以上的股东才有披露义务。

因此，即便浙民投天弘与天津红翰存在一致行动关系，即便没有进行披露，也没有违规。即使在后来发布要约收购提示性公告时，浙民投天弘依旧没有披露，也不会因此导致要约收购行为无效。浙民投天弘只需要补充披露。

更何况，要认定浙民投天弘与天津红翰的一致行动关系还不是件容易的事。后者与 ST 生化的恩怨纠葛由来已久，最近的一次是 2017 年 4 月天津红翰申请限售股份解禁产生的纠纷。由于限售股份解禁需要通过上市公司董事会进行办理，在天津红翰提出解禁申请后，ST 生化请律师事务所出具了一份法律意见书，对天津红翰是否符合解禁条件发表意见。律师最终的意见是，因为天津红翰在 2012 年受让衡阳市国资委所持股份过程中存在违规行为，并损害了上市公司利益，所以不符合解禁条件。

相较股吧的帖子而言，上市公司发布的正式公告应有更强的公信力。如此一来，天津红翰的行为逻辑前后就不一致：若要与其他投资者强强联合，天津红翰就不需要在发表声明之后要求解禁其股份，留在自己手中岂不是更好？不仅可以继续保留一定的话语权，而且如果重组成功，获得的收益将会更大。

那么，ST 生化声称浙民投天弘联合“潜伏”的一致行动人在三次股东会上投出的反对票又是什么情况呢？

浙民投天弘是从 ST 生化 2017 年第 1 季度季报开始出现在前十大股东名单中，从这个时点回推 1 年时间，在此期间，ST 生化只开了 4 次股东大会：2017 年召开了 1 次，2016 年召开了 3 次。从这 4 次股东大会的议案审议情况以来，修改章程以及实施非公开发行的议案均被股东大会否决，其他议案则正常通过（表 5.1）。

表 5.1 2016—2017 年 ST 生化股东大会议题审议情况

序号	会议名称	召开时间	审议议题情况	表决结果
1	2015 年度股东大会	2016.6.30	审议修改公司章程等 17 项议案	修改章程议案未通过（反对票 2937 万股），其余 16 项通过
2	2016 年第一次临时股东大会	2016.9.29	审议修改公司章程等 3 项议案	修改章程议案未通过（反对票 5366 万股），其余 2 项通过
3	2016 年第二次临时股东大会	2016.12.19	审议修改公司章程、非公开发行等 14 项议案	修改章程、非公开发行议案未通过（反对票分别为 7153 万股、5300 万股左右），其余通过
4	2016 年度股东大会	2017.6.28	审议修改公司章程等 9 项议案	修改章程议案未通过（反对票 8312 万股），其余 8 项通过

ST 生化多次试图对公司章程进行修订，主要的修订内容在于两个方面，一是增加“公司的控股股东控股比例在 30% 以上时，应当采用累积投票制”条款；二是股东大会在审议关联交易时，“如有特殊情况关联股东无法回避时，公司在征得中国证券监督管理部门的同意后，可以按照正常程序进行表决，并在股东大会决议中作出详细说明”。另外，公司章程还扩大了董事会的权限，如将董事会审批决策的资产交易权限由之前的不超过总资产 30% 提高到 50%、在贷款总额不超过年度预算的前提

下，董事会可根据公司经营情况自主决定向银行等金融机构借款等。

ST 生化对章程的这些修改大多增强了大股东对上市公司的控制力。面对这种情况，ST 生化的中小股东发出了不同声音，对章程修正案提出反对意见的股东越来越多，从最初的 2937 万股增加到 8312 万股，最近一次投反对票的股份数占 ST 生化 2.73 亿股总股本的 30.5%。

浙民投天弘及其一致行动人只持有 685 万股，即使算上天津红翰的 609 万股，二者只持有不到 1300 万股，这与在股东大会上投反对票的 8312 万股还存在不小的差距。因此，无论是从天津红翰的入股时间及之后的解禁申请，还是从股东大会的投票情况，都难以认定浙民投天弘与天津红翰之间存在一致行动协议。

其次指控浙民投天弘收购资金来源不明，不具备要约收购人的主体资格。振兴集团提出这一指控的现实来源或许是监管部门对高杠杆收购上市公司事件的空前关注。收购主体披露收购资金来源，有助于市场对交易的确定性进行判断。但这并不意味着，浙民投天弘未进行披露，就不能进行要约收购。只要浙民投天弘按照监管要求进行了披露就不存在问题。考虑到浙民投天弘的股东背景，筹集收购资金不应是难题。

最后对于内幕交易和操纵股价的指控，从振兴集团提供的“证据”来看，更加虚无缥缈。或许，“帽子”扣得越大，水会搅得越浑。

有意思的是，在此，振兴集团不仅告了收购方浙民投天弘，还特意拉上自己一手控制的 ST 生化垫背，指控其未及时发现浙民投天弘及其一致行动人的操纵行为，进而要求其承担赔偿责任。这看似没有来由的一招算不算得上声东击西的“苦肉计”呢?

引入战略合作者，敲山震虎

或许意识到自己的停牌重组、诉讼除搅浑局面外，对阻止要约收购起不到任何其他作用，振兴集团开始着力引入强大外援。

2017 年 11 月 28 日，ST 生化控股股东振兴集团与深圳市航运健康、信达深圳签署了一系列合作协议，其中最主要的一份是股权转让协议。这份协议约定，振兴集团将其持有 ST 生化 18.57% 的股份以每股 43.2 元的价格转让给佳兆业控制的航运健康。这是自 9 月振兴集团起诉杭州浙民投天弘、ST 生化之后，振兴集团为维护其对 ST 生化的控制权利益而采取的又一项举措。

振兴集团此举大大干扰了浙民投天弘对 ST 生化的要约收购。浙民投天弘是在 6 月 28 日提出要约收购意向，在完成 60 天公告期之后，于 11 月 3 日开始实施要约收购，要约收购价格为每股 36 元，耗资约 27 亿元。在这次收购中，浙民投天弘给了 ST 生化股东 33 天的选择时间，要约收购将在 12 月 5 日结束。根据要约收购的监管规则，在12月1日之前，ST生化的股东在同意接受要约之后还可以撤回预售，但在12月1日及以后的4日、5日3个交易日内，ST生化的股东一旦接受要约就不能撤回。

振兴集团在股东接受要约正式生效前夕，以高于浙民投天弘要约收购价的价格将其股份转让给航运健康，这无疑对其他股东的选择造成干扰，也不利于浙民投天弘的要约收购。在振兴集团转让控制权消息公开的当日，就有1263万股撤回预售，约占接受预售股份数的70%，ST生化的股价也一度上涨到35.19元/股，逼近浙民投天弘的要约收购价。因受制于监管规则，此时的浙民投天弘不得变更要约条件，如要约价格等，除非有竞争者出现。振兴集团此举阻击邀约者的目的能够实现吗?

振兴集团高价转让控股权，阻击浙民投的邀约收购，意在敲山震虎。

史某志父子抛出的这套交易协议，主要由《股份转让协议》《投票权委托协议》和《债务重组三方协议》组成，涉及振兴集团、航运健康、信达深圳三家，主要的交易内容包括以下两个方面。

一是振兴集团转让其全部股权。振兴集团将其持有的ST生化6162万股分成两部分进行处理，其中5062万股以每股43.2元的价格转让给航运健康，转让总价为21.87亿元；剩余1100万股转让给信达深圳，转让对价为信达深圳与振兴集团债务重组时，信达深圳尚未实现的收益。转让完成后，航运健康、信达深圳将分别持有ST生化18.57%、4.04%的股权，振兴集团彻底退出。

二是表决权委托。振兴集团及信达深圳将已有或将有的ST生化股份所对应的表决权委托给航运健康，其中振兴集团的委托期限为协议签署日至股份过户登记日（含转让给信达深圳的股权）；信达深圳的委托区间为其获得ST生化股份后的12个月。根据这项安排，航运健康将在所有股权转让完成后一年内拥有ST生化22.61%的投票权，一年后，则将只拥有18.57%的投票权。

经过上述安排，航运健康将成为ST生化的实际控制人。

表面上看，这些安排都很常规，但协议的一项条款，或许意味着这并非一次简单的股权转让，其深意在于阻击浙民投天弘的要约收购。

根据航运健康与振兴集团签署的协议，双方约定，如果航运健康通过此次合作所获得的股份不能确保其继续保持ST生化第一大股东时，股权转让协议将失效。显然，如果浙民投天弘成功完成要约收购，将持有ST生化29.9%的股权，超过航运健康。如此一来，航运健康将会自动解除与振兴集团的合同。难道这仅仅是振兴集团一次毫无意义的举动吗?

答案或许并非如此。

为受让振兴集团的股份，航运健康将支付10亿元现金，另外11.87亿元将以承担振兴集团对信达深圳债务的方式予以解决，也就是说，振兴集团在这次转让中只能获得10亿元的现金。对这10亿元资金，航运健康和振兴集团都做出了非常复杂的支付安排。

大致来讲，双方将分5次支付这笔资金，分别是1亿元、1亿元、3亿元、2亿元、3亿元。在这里面，值得玩味的是支付时间和支付条件的安排，尤其以第一笔资金的支付为代表。

根据双方的安排，航运健康将在协议签署5个工作日内向振兴集团支付1亿元资金，资金存放在双方及信达深圳共同监管的账户。双方签署协议的日期是11月28日，5个工作日就是在12月5日之前完成支付，而12月5日正好是浙民投天弘要约收购完成的日子。这也就是说，截至12月5日，此次控制权争夺的各方就已经知道浙民投天弘究竟能否如愿完成要约收购。

接下来的剧本或许按这样的方式展开：如果浙民投天弘没有收购到足够的股份，振兴集团将会如约履行股权转让协议，航运健康将成为ST新的实际控制人；反之，航运健康将会自动解除与振兴集团的合同，存放在共管账户的1亿元资金将会原路返回到其账户。

振兴集团此举颇有些敲山震虎的意思，其意图似乎是要告诉ST生化的股东，你们千万不要接受浙民投天弘的要约，每股36元的价格太低。航运健康的收购价格是每股43.2元，一旦其成为ST生化的股东，为确保其投资不出现损失，ST生化的股价将会在收购价格之上，投资收益可期。

姑且不论资本市场上诸多“割韭菜”的故事，仅就这次转让而言，振兴集团所释放的信息一定会实现吗？答案显然是否定的。对航运健康而言，在其成为ST生化的实际控制人后，完全可以通过适当的运作，如再次转让控制权等来获得投资收益，但这并不意味着ST生化的股价必定会达到43.2元/股以上，中小股东的利益完全无法用这种方式来获得保障。

金融央企信达何以深度介入此次控制权之争

信达深圳出现在此次交易中颇有些出人意料，一家金融央企子公司为何会深度介入这场民营资本的逐鹿，原因或许来自信达资产与此次交易双方已有的历史渊源。

信达资产曾经深度参与过航运健康投资人佳兆业的债务重组，佳兆业也因此脱胎重生。为实施重组，信达资产联合中信银行、中信信托、平安银行分别与佳兆业签订了合作协议，给予佳兆业大额的资金支持和授信额度，金额近千亿元。信达资产还与佳兆业设立了两家合伙企业，一家是以旧改项目为投向的芜湖信东圳投资中心，信达资产出资37亿元，旗下投资公司华建国际实业出资3亿元；在另一家宁波梅山保税港区信穗投资合伙企业中，信达资产的出资也高达68亿元。仅这两笔投资，信达资产投入的资金额就超过100亿元。信达资产通过上述运作，取得了一个位于深圳观澜、占地面积近 13 万平方米的旧改项目多数权益。

佳兆业债务重组的时候，深圳的楼市经历了一轮疯涨，地产资产的价值已大幅攀升。对于以旧城改造为主业的佳兆业来讲，由于前期项目获取成本较低，无疑成为这一轮楼市暴涨最直接的受益者之一，这些项目也成为佳兆业得以脱离债务困境的重要筹码，成为获得金融机构青睐的关键。2016 年 11 月，信达资产业务总监郑成新在一次并购年会上就以成功对佳兆业数百亿元债务进行重组为案例向与会嘉宾阐述信达资产的合作理念。

信达资产与振兴集团的渊源更加久远。早在 2008 年 4 月，信达深圳就从光大银行深圳分行、深圳市商业银行收购了这两家银行对 ST 生化的 1.65 亿元债权本金和 1.35 亿元利息，合计 3 亿元。2012 年 10 月，ST 生化与信达深圳达成债务重组协议，ST 生化将向信达深圳偿还 1 亿元债务，同时向其定向增发 1500 万股用于偿还剩余债务。据此计算，ST 生化定向增发的股价为每股 13.3 元左右。由于非公开发行方案最终未能获得通过，该债务重组方案也随之流产，信达深圳也因此查封了 ST 生化核心资产——广东双林 100% 股权和振兴电业 65.2% 股权。截至 2016 年年底，ST 生化欠信达深圳的债务本息之和已达 3.74 亿元。

除了上述相对简单的债务重组之外，信达深圳公司还以债务重组为载体，深度介入振兴集团盘活上市公司资产的工作。

振兴集团在 2007 年 9 月正式成为 ST 生化的控股股东。在此之前，为完成 ST 生化的股权分置改革，振兴集团承诺向其注入煤电铝等优质资产，并提前注入了振兴电业。但在成为实际控制人后，电解铝行业便迎来了大约持续 10 年的行业低谷期，振兴集团原来承诺注入的优质资产瞬间变成了烫手山芋，直接导致其之前所做出的股改承诺不仅难以落实到位，而且将股改承诺调整为回购振兴电业。

经过多方努力，2013 年 1 月 ST 生化的股东会通过了振兴集团提出的股权分置改革方案，但这一方案在实施过程中却遇到了障碍。障碍主要来自信达深圳查封了振兴电业的股权，并形成一个死循环，信达深圳要重组 3.74 亿元债务，但非公开发行受阻不能如愿，并由此导致振兴集团不能完成股改，股改不能完成，则又会影响 ST 生化下一步运作。回购振兴电业一事就此搁置下来。在此之后，虽然振兴集团做了诸多尝试，如推出实施非公开发行直接偿还信达资产债务的方案等，均未能获得成功。此事直到 2016 年方才出现转机。

2016 年年底，ST 生化与信达深圳达成债务重组协议，ST 生化将其对振兴集团的债权转让给信达深圳。ST 生化转让的债权包括三部分：出售山西金兴大酒店股权形成的 1.16 亿元债权、出售振兴电业股权形成的 0.17 亿元债权（回购总价为 0.46 亿元，已支付 0.29 亿元；这一价格较当时 ST 生化 2.24 亿元收购价格大幅缩水）以及对振兴电业的 0.87 亿元债权，三笔债权合计约 2.2 亿元，信达深圳按原价收购上述债权。如此一来，振兴集团就顺利完成回购振兴电业的股改承诺，ST 生化正式完成股改指日可待。信达深圳在其中无疑起到了关键性作用，尤其是按原价收购 ST 生化的债权，更是其做出的重大安排。

信达深圳不仅在帮助协调解决内部债权债务关系，促进股改一事上对振兴集团帮助甚大，而且对于振兴集团的外部债务，信达深圳也是不遗余力地给予帮助解决。

2017 年 3 月，信达深圳分别受让了振兴集团控股子公司山西振兴、周垚等 4 名外部债权人约 1500 万元债权，使得这些外部债权人停止诉讼。同年 5 月，振兴集团之前质押给深圳三九药业有限公司、华夏银行的 5500 万股 ST 生化股份也被解除质押。

一般而言，解除质押应该是振兴集团偿还了借款或提供了其他担保物，但振兴集团资金状况并不理想，并因此陷入了数十起诉讼纠纷。比如，在 2016 年 7 月，振兴集团就因未能偿还自然人李某芳 30 万元借款被后者告到法院，法院判决振兴集团归还李某芳本金，并按约定的 1.5% 月利率支付利息。

振兴集团对这种接近高利贷标准的小额资金尚且没有足够的偿还能力，对深圳三九药业有限公司、华夏银行的巨额借款或担保应该更没有支付能力。考虑到振兴集团现已将所持 ST 生化的全部股份质押给了信达深圳的情况，一个可能的原因是信达深圳以收购外部债权的方式帮助振兴集团解决了大部分外部债权纠纷，并解除了其他债权人的质押。由于信达资产丰富的不良资产处置经验，这些外部债权的收购成本或许会比较低廉。

目前所知，信达深圳对 ST 生化拥有 3.74 亿元债权，对振兴集团拥有 2.2 亿元债权，对山西振兴拥有 0.15 亿元债权，可能只是其所拥有振兴集团债权的冰山一角，这一点可以从振兴集团与航运健康的合作协议中得以佐证。

振兴集团将其所持 ST 生化 6162 万股对外转让，按每股 43.2 元的价格计算，转让对价应在 26.6 亿元以上，但振兴集团实际上只收到了 10 亿元现金，其余 16.6 亿元是全部用来解决其对信达深圳的债务问题，其中 11.87 亿元由航运健康代为偿还，4.73 亿元由其自身支付。16.6 亿元或许就是信达深圳对振兴集团的全部债权及相应的收益。

截至 2015 年年底，振兴集团资产 45.7 亿元，负债 22.5 亿元。如果上述推测得以成立，信达深圳享有的债权额至少占振兴集团债务总额的 50% 以上。但令人奇怪的是，振兴集团的资产负债率只有 49.23%，尚处于比较低的水平，并且在 2015 年振兴集团还实现了 0.7 亿元的净利润，盈利数据也能接受。但在这样的盈利状况、资产负债率水平下，为何其核心控股子公司山西振兴还会向民间个人高息借款？为何其自身还会因涉及多次债务诉讼，乃至产生 ST 生化实际控制人变更的风波。

ST 生化历史上数次实控人变更风波，在信达的协助下也得以化解。

为配合信达深圳解决债务问题，振兴集团将其所持 ST 生化全部股份予以质押，并与山西振兴同时提供连带清偿担保责任。这些增信措施对振兴集团而言恐怕只是“小事一桩”，振兴集团遇到过比质押更严重的情况——司法冻结。近 6 年，振兴集团涉及了多起诉讼，其中比较重大的诉讼涉及金额在 10 亿元以上（表 5.2）。

表 5.2　近 6 年振兴集团涉及的重大诉讼

序号	原告方	诉讼金额	判决时间	判决法院	判决结果
1	武汉锅炉	0.4 亿元	2014.10.21	山西运城中院	轮候冻结所持 ST 生化 6162 万股
2	西安飞机工业铝业	1.26 亿元及相应利息	2012.2.29	山西高院	
3	中银投资	6.86 亿元	2014.11.4	山西运城中院	有条件减免债务至 3 亿元或 3.1 亿元或 3.2 亿元，并轮候冻结所持 ST 生化 6162 万股
4	山西恒源煤业	0.3 亿元	2014.9.15	山西运城中院	每月还款 1000 万元，并轮候冻结所持 ST 生化 6162 万股
5		0.9 亿元	2011.10.26		每月还款 1000 万元，冻结 4162 万股，轮候冻结剩余 2000 万股
6	山西阳煤丰喜肥业	0.11 亿元	2014.11.4	山西运城中院	轮候冻结所持 ST 生化 6162 万股
7	山西鲁能晋北铝业	0.14 亿元	2011.2.24	山西运城中院	5 个月内还清，冻结所持 ST 生化 1500 万股
8	新疆中泰物产	0.46 亿元	2014.8.4	新疆乌鲁木齐中院	承担连带保证责任
9	四川恒康发展	0.12 亿元	2016.11.9	成都武侯区人民法院	轮候冻结所持 ST 生化 6162 万股

种种情况显示，振兴集团的资金链长期处于紧绷的状态，其实际控制人在企业正常融资受阻的情况下，还向民间借取高息资金，并引起诸多纠纷，从 2010 年起，振兴集团所持的 ST 生化股份就因为这些诉讼被冻结了。截至 2017 年 10 月，振兴集团所持 ST 生化 6162 万股仍然被多家司法机关采取了多轮冻结措施（表 5.3）。

表 5.3 振兴集团所持上市股份冻结情况

序号	司法冻结执行人	司法（轮候）冻结数量	冻结日期	解冻日期（轮候期限）	备注
1	山西运城中院	6162 万股	2017. 7. 31	2019. 7. 30	司法冻结
2	山西运城中院	6162 万股	2017. 8. 1	2 年	轮候冻结
3		6162 万股	2017. 8. 1	2 年	
4		6162 万股	2017. 8. 1	2 年	
5	河南郑州中院	110 万股	2017. 10. 18	3 年	

从那时到现在，振兴集团数次处于所持 ST 生化股份被拍卖的险境，面临失去 ST 生化实际控制权的危险（表 5. 4）。

表 5.4 振兴集团所持上市公司股份拍卖情况

序号	拍卖股数	占上市公司股比	计划拍卖时间
1	6162 万股	22. 61%	2012. 12
2	662. 1 万股	2. 43%	2013. 9
3	1500 万股	5. 5%	2016. 1

从振兴集团现在仍是 ST 生化实际控制人的情况来看，振兴集团在以往的每次拍卖危机中都能采取措施与拍卖申请人达成和解，绝处逢生。但振兴集团的解决方式似乎是拆东墙补西墙，问题始终没有得到根本的解决，而且还越来越严重。直到在信达深圳的支持下，振兴集团才解决了大部分外部债务，债务危机也终得以化解，并依旧保持了对 ST 生化的实际控制权。由此也可以判断出，信达深圳在振兴集团发挥着举足轻重的作用。那么，在此次应对浙民投天弘的要约收购中，信达深圳又扮演了什么角色呢？

航运健康为什么会加入战局？ 佳兆业的幕后盘算

按照常理，一件事损害了谁的利益，谁就会反对。浙民投天弘要约收购又会损害哪些人的利益呢？

首先肯定是损害了振兴集团的利益。ST 生化近几年资产负债率不断下降，盈利能力逐年增强，这意味着振兴集团在完成内部债务处理和股改之后，ST 生化将会成为一家盈利能力较强的血浆企业（表 5. 5），并将迎来新的发展机遇，振兴集团也将随之进入收获期。浙民投天弘此时强行剥夺振兴集团第一大股东、实际控制人地位的行为无异于“抢占”胜利果实，振兴集团必定会竭尽全力予以反击。

表 5.5　近 3 年 ST 生化财务状况　　（单位：亿元）

	2014 年	2015 年	2016 年	2017 年 9 月
资产	11.94	12.65	12.43	13.04
负债	7.35	7.4	7	7.02
资产负债率	61.56%	58.50%	56.32%	53.83%
营业收入	4.89	5	5.67	5.14
净利润	1.07	0.67	0.44	0.55

振兴集团如此，信达深圳和航运健康却不一样。

信达深圳所持有的是债权，主要集中在 ST 生化和振兴集团两家。对 ST 生化而言，无论谁成为其实际控制人，所欠信达深圳的债务还是要依据借款协议予以偿还。考虑到 ST 生化的盈利能力，偿还 3.74 亿元债务的难度应该不大，何况信达深圳还拥有 ST 生化核心子公司广东双林 100% 股权的质押权。

对振兴集团而言，虽然自身的资金链比较紧张，但考虑到信达深圳也拥有其所持 ST 生化 6162 万股的质押权，这些股份若按浙民投天弘每股 36 元的要约价格计算，价值在 22 亿元以上。更何况浙民投天弘入主后，或许会给 ST 生化来带新的发展题材。因此，信达深圳应该有足够的理由相信，其对振兴集团的债权具有较高的安全边际。除非信达深圳与振兴集团在正常的债务偿还之外还做出了其他安排，并且这种安排具备充分的可行性，比如说振兴集团承诺按一个比较高的利率支付利息等，否则信达深圳主动介入此事的动力应当不足。

航运健康在这次控制权争夺战中的角色最为“暧昧”。市场上认为航运健康是佳兆业控制的公司，但实际情况可能并非这样简单。通过对股东结构的层层剥离，航运健康的最大股东似乎另有其人。

航运健康是一家成立于 2017 年 7 月的新公司，截至目前尚未发生一笔对外投资，其设立似乎就是为受让 ST 生化控制权而来。

航运健康是航运集团的全资子公司，而航运集团是一家设立于 20 世纪 80 年代的老牌国企。航运集团现在的股东有两家，一家是由有深圳市国资背景的深圳投资控股，持有其 30% 股权；另一家是由中信集团控股的深圳鸿利金融投资，持有其 70% 股权。在这个体系中，佳兆业仅持有深圳鸿利金融投资 1% 股权，以及在深圳鸿利金融投资的股东鹰潭锦营投资管理企业作为 LP 持有 24.91% 的份额（图 5.1）。

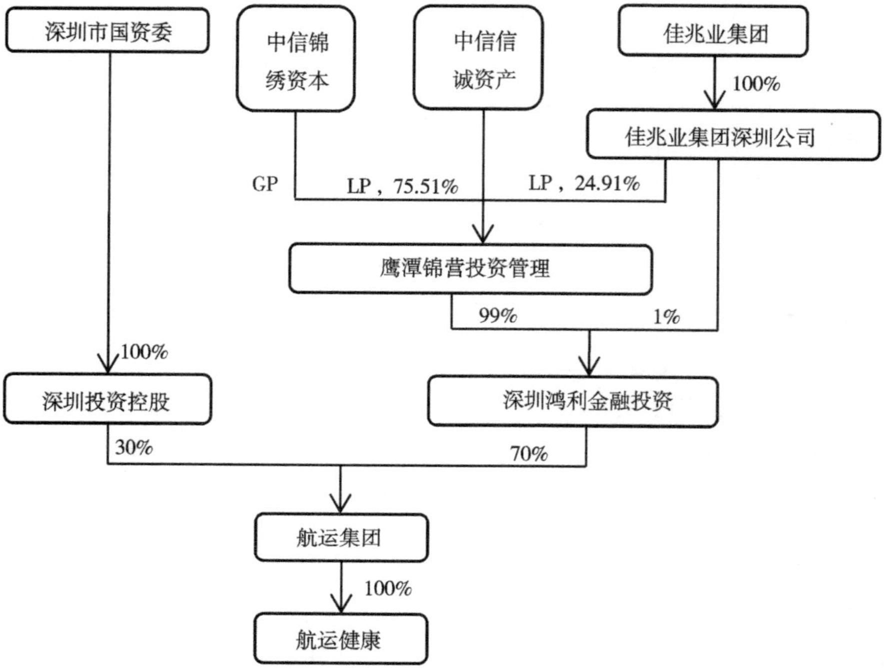

图 5.1　航运健康股权架构图

在这样的架构安排之下，佳兆业应该很难完全主导航运集团和航运健康的投资行为。但实际情况可能并非如此。

航运集团原本是深圳投资控股的全资子公司。2007 年，深圳市港航投资公司（2014 年更名为深圳鸿利金融投资）以 4900 万元的价格获得航运集团 70% 的股权。在 2016 年 5 月之前，深圳鸿利金融投资的股东一直是深圳宏昌宇商务咨询公司、深圳运通和投资公司、深圳凯传投资三家公司，分别持有 57%、13%、30% 股权。这三家公司唯一的股东是一家名叫华云信息咨询的公司，而后者则为华云投资香港公司所投资设立。根据公开的信息，华云投资香港公司是郭某成在佳兆业体系之外设立的私人公司（图 5.2）。

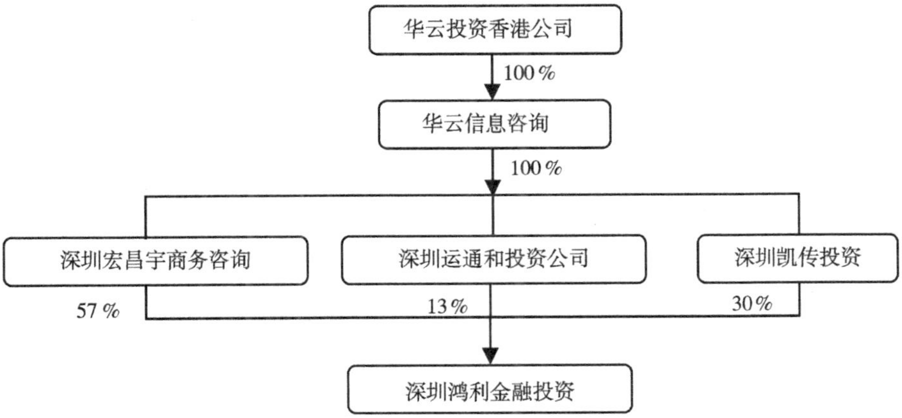

图 5.2　2016 年 5 月前深圳鸿利金融投资股权架构

2016 年，佳兆业进行了债务重组。依照深圳鸿利金融投资股东的变化情况来看，重组有两大特点，一是将郭某成在佳兆业体系之外的资产纳入了佳兆业上市公司体系内，具体体现为佳兆业集团的入股；二是中信集团（中信信托）深度介入了航运集团，介入的载体是设立鹰潭锦营投资管理合伙企业，由这家企业受让了郭某成在深圳鸿利金融投资的大部分股权。中信信托投入的资金也很大，鹰潭锦营投资管理合伙企业注册资本为 66.69 亿元，按中信系持 3/4 份额计算，投入应在 50 亿元左右。

表面上看，深圳鸿利金融投资和航运集团原本是以港口装卸、航运投资等为主业的公司，航运集团也投资设立了一系列的码头、港务、航运投资公司，但航运集团最优质的资产并不是其主业资产，而是一宗在深圳核心地段——南山区蛇口东角头 17 万平方米的土地，航运集团拥有这块土地 51% 的权益。

中信集团在持有深圳鸿利金融投资绝对控股权的时候并没有深度介入该公司的经营管理。那就存在这样一种可能，中信集团对深圳鸿利金融投资的投资采取了明股实债的方式进行处理，约定了相应的保底收益和超额收益，中信集团的最终目的是完成土地开发后全身而退，佳兆业实际上把控了这家公司重大事项的决策权，并在内心深处认为，深圳鸿利金融投资和航运集团是自己控制的全资子公司。这也就不难理解佳兆业为何会闹出一个乌龙：在公告签署股权转让协议当天，佳兆业声称航运健康是其全资附属公司，但在第二天又发更正公告，澄清航运健康为其非全资附属公司。

佳兆业在脱离困境后，近几年发展速度非常迅猛，此次加入战局，ST 生化控制权争夺战的局面一下子变得扑朔迷离起来。佳兆业实施此次收购的决心似乎也很大。

航运健康成立于2017年7月，虽然成立的时间要晚于浙民投天弘发出要约的时间，但航运健康的注册资本只有500万元，要完成20余亿元的收购，势必需要股东更多的资金支持。那么，是不是存在这样一种可能性：佳兆业准备在健康领域拓展新业务，当初并未确定是ST生化，但佳兆业的这一需求恰好被信达深圳知晓，凭借与佳兆业和振兴集团多年的合作关系，由信达深圳撮合，航运健康与振兴集团由此达成了一系列的合作协议？

对振兴集团而言，将控制权让渡给航运健康也是可以接受的方案，一是可以获得不菲的收益。振兴集团在2007年获得ST生化股份时的成本为每股2.55元，现在航运集团每股的收购价格为43.2元，增长约17倍。振兴集团向航运健康转让5062万股，可获得投资收益20.6亿元。二是航运健康的收购价格为每股43.2元，较浙民投天弘的收购价格每股高出7.2元，按持有6162万股数计算，振兴集团可以多获得收益4.5亿元。或许这也是振兴集团反对浙民投天弘要约收购的原因所在，浙民投天弘开出的要约收购价格无法满足振兴集团的资金需要。三是借此机会可以了结与信达深圳纠缠已久的债权债务关系。

那么航运健康为何要在此时参加战局呢？原因可能有两个，一是ST生化的主业比较优良，属于优质资产；二是浙民投天弘要约收购成功的可能性比较大，此时若不介入，以后将难以完成或将以更高的代价完成对ST生化这一优质资产的收购。ST生化的中小股东对ST生化久久未能完成股改，大股东迟迟不能兑现承诺感到失望，此时浙民投天弘愿意以高于市场交易价的价格予以收购，使其退出，不啻一种“福音”。航运健康为获得对ST生化的控制权，唯有在此时加入战局，否则将失去意义。

精巧的文本，复杂的交易，目的在于多方的利益平衡

为综合平衡各方利益诉求，振兴集团、航运集团和信达深圳公司达成了非常复杂的合作协议。一般来讲，对于一项合作，如果双方取得的共识比较多，风险可控，那么双方的交易模式和合作协议会相对比较简单，比较符合通行的文本，简单即为美。反之，则会设计出非常复杂的交易模式，合作协议也会存在诸多生效或前提条件，但目的只有一个，在平衡各方利益的前提下，实现各方的风险共担，推动实际工作。振兴集团、航运集团和信达深圳达成的一系列协议就具有后者的特征。

一是本文前述提到的资金支付安排计划。振兴集团和航运健康除了在时间上对资金支付做出安排之外，还附带了大量的支付条件。比如，ST生化完成湖南唯康药业有限公司的剥离、所转让股份登记在受让方名下多长时间时才支付对价等。

二是信达深圳与航运健康高度捆绑。或许是出于对振兴集团偿还债务的担忧，三方约定，如果振兴集团未能如约将所持4.04%的股份转让给信达深圳，航运健康将直接将股权受让款支付给信达深圳，振兴集团则视为已收到股权受让款。

三是各方均可进可退，典型的约定是一旦 ST 生化控制权被第三方获得，所有协议将失效。

在这些相互掣肘的协议安排下，振兴集团等合作方现在所能做的只是第一步，向共管账户存入 1 亿元资金，然后等待监管部门的审核以及浙民投天弘要约收购的结果。如果浙民投天弘要约收购失败，信达深圳公司将会解除对 ST 生化股份质押、冻结，创造转让的基础；各方在此基础上推进交易，按预定的计划支付资金。在这个过程中比较重要的事情之一是说服监管层认可振兴集团向信达深圳转让 4.04% 股权的行为符合大股东减持的规定。

中小股东的胜利——对资本市场的意义将不亚于“宝万之争”

11 月 1 日，要约收购报告书正文得以公告，要约收购正式进入 33 天窗口期。截至 12 月 5 日要约收购期满，ST 生化一共有 1.47 亿股接受了浙民投天弘的要约。ST 生化股东接受要约的股份数不仅远远超过了浙民投天弘 0.75 亿股要约收购股份数，而且也达到了 ST 生化 2.73 亿总股本的 50%。

在剔除振兴集团所持股份、其他限售流通股以及浙民投天弘所持股份后，ST 生化可参加本次要约收购的全部流通股数量为 1.94 亿股。1.47 亿股接受要约意味着 ST 生化有 75.5% 的股东对振兴集团长期经营上市公司成果不满投出了不信任票。

尽管如此，浙民投天弘接管 ST 生化还是颇费了一番周折。在浙民投天弘完成要约收购后，振兴集团并没有终止与航运健康的股权交易，依旧将其所持 ST 生化股票转让给航运健康，公开支持佳兆业取得控制权，并让出上市公司核心高管位置。2018 年 1 月 17 日，航运健康派出三人入主 ST 生化，分别担任总经理、副总经理、财务总监。佳兆业与浙民投天弘的控制权争夺战似乎一触即发。

或许是看到双方若继续争夺 ST 生化控制权，最终结果只会是两败俱伤，浙民投天弘与佳兆业选择了握手言和。2018 年 5 月，来自浙民投的陈耿担任 ST 生化第七届董事会董事长，标志着这场市场化的要约收购案正式落幕。2019 年，更名为双林生物的 ST 生化录得 1.89 亿元利润，业绩创近 10 年最高。

回顾来看，振兴集团在控制 ST 生化期间，除了迟迟未能落实股改承诺之外，ST 生化的内控及相关披露也存在诸多违规之处，不仅曾被纳入失信被执行人名单，还有着与诸多中小股东的起诉。在这样的管控水平之下，如果不是靠原有血浆业务的支撑，ST 生化恐怕早已资不抵债。振兴集团对上市公司的发展，贡献着实有限。

浙民投天弘成功要约收购 ST 生化，是我国资本市场上少有的以市场化竞争方式获得上市公司控制权的案例，给“不作为、乱作为”的上市公司管理层及控股股东敲响了警钟，体现了中小股东的“力量”，扭转了长期以来上市公司中小股东不积极参加上市公司治理及决策的印象。上市公司“一股独大”的现象或许将会由此有所收敛。

在要约收购期间，各方围绕控制权展开了一系列的攻防，如 ST 生化实施重大资产重组、振兴集团起诉浙民投天弘、上市公司信息披露不及时、振兴集团转让控制权等，为投资者上了生动的一课。尤其对浙民投天弘而言，赢得这场战争着实不易，因为浙民投天弘面临的是一场不对称的战争。

根据监管规则，浙民投天弘在要约期间不能修改要约条件，除非有竞争者出现。航运健康介入竞购的方式不是发起要约，而是直接与实际控制人进行协商，并以此向市场释放出未来价格的预期，对浙民投天弘的要约收购产生干扰。

上市公司监管的核心和要旨之一是维护中小股东的利益和竞争的公平，但在 ST 生化的竞购中，这个目的却被打破。浙民投天弘收购的对象是 ST 生化全体股东，具有公平性，而航运健康的收购只是针对大股东，ST 生化的中小股东根本没有机会进行选择，更不可能享受更好的触手可及的收益，这样就给中小股东如何选择造成困扰。同时，浙民投天弘面对竞购者时，可采取的应对措施不多或应对成本比较高等，这些约束都使得浙民投天弘、ST 生化中小股东处于一场不对称的战争之中。浙民投天弘成功完成要约收购，称得上是中小股东的胜利。

在“宝万之争”中，宝能收购资金的来源、性质及杠杆程度是焦点之一，由此带来后续监管层对收购资金来源的重点核查，及时阻止了一些高杠杆比例的收购。此次 ST 生化竞购案则对要约收购期间大股东的行为，以及其他意图获得控制权的收购者行为提出了新的监管要求，如何确保以后二者的行为不损害上市公司及其中小股东的利益，如何赋予要约收购人更多的选择权力，如何确保收购者之间的公平竞争等，都将成为新的课题，需要提出相应的解决措施和新的监管规则。从以上各方面来看，ST 生化竞购案对资本市场的意义将不亚于“宝万之争”。

勤上光电：股份“局中局”

2017 年 5 月，勤上股份的控股股东勤上集团实施增资扩股，引入了北京均远和南京纯悦有限合伙 2 家新股东，二位新股东合计增资额为 2. 93 亿元。增资完成之后，2 家新股东分别持有勤上集团 25. 5% 的股权，合计持有 51% 的股权，李某亮及其夫人温某持有勤上集团的股权下降到 49%。

李某亮之所以让渡勤上集团超过一半股权，主要原因还是在于通过引资解决其所质押股份面临的爆仓问题。勤上股份的总股本为 15. 2 亿股，李某亮及其家人直接或通过勤上集团间接持有 4. 35 亿股，占比 28. 62%。截至目前，李某亮及其家人质押了几乎全部股份，其中个人直接持有的股份质押率为 100%，通过勤上集团持有的股份质押率为 98. 05%。

不幸的是，由于勤上股份股价近几个月一直走低，李某亮等人质押的股份面临爆仓的危险。为摆脱这一困境，在上市公司停牌的同时，李某亮也积极寻找资金追加保证金，并与深圳德基伟业签署了 6 亿元的借款协议。在后者的撮合下，2017 年 5 月，北京均远、南京纯悦以“明股实债”的方式出资增资入股勤上集团，李某亮也承诺在 6 个月后按初始投资额收购 2 家公司所持勤上集团股权，并向德基伟业支付约定的借款利息。

如果按这个剧本演下去，大家本可相安无事，但接下来却画风突变。北京均远、南京纯悦在入股后不久，就联合向勤上集团及勤上股份发了一份通知，宣布两人结成一致行动人关系。由于勤上集团持有勤上股份 16. 79% 股份，为后者的第一大股东，而李某亮及其家人直接持有上市公司的股份只有 11. 83%，此举将有可能导致北京均远、南京纯悦成为勤上股份的实际控制人（图 5. 3）。也就是说，北京均远和南京纯悦以不到 3 亿元的代价就获得了一家市值超过 120 亿元上市公司的控制权。

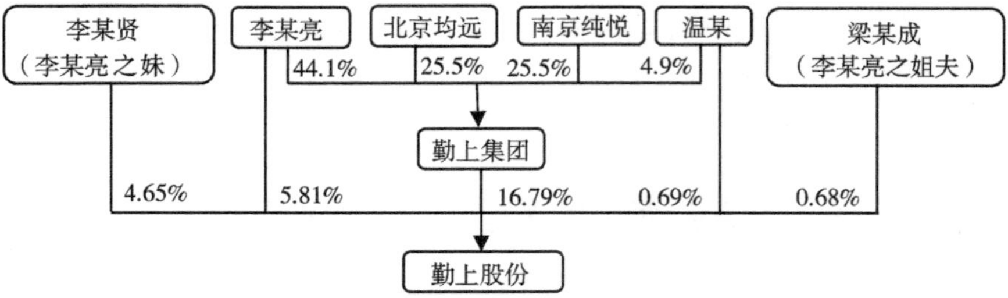

图 5.3　勤上股份股权架构图

究竟是李某亮落入了“圈套”，还是另有他因？李某亮为何不留余地地质押上所控制的几乎所有股份，从而埋下控制权纠纷的隐患呢？为一探究竟，让我们从勤上股份收购龙文教育开始说起。

高业绩承诺下的溢价收购

勤上股份原本是一家从事半导体照明设备生产及销售的企业，按照公司的说法，这个领域已然是一片“红海”。为了发掘新的业绩增长点，实现战略突围，勤上股份在 2015 年以发行股份并支付现金的方式，收购了龙文教育 100% 股权，正式进入教育行业。

这起交易大体是按照发行股份并募集配套资金的常例展开。勤上股份发行 2.65 亿股股份加支付 5 亿元现金收购龙文教育 100% 股权，同时向李某亮、李某贤等 6 名投资者募资 18 亿元，其中李某亮认购 5 亿元、李某贤认购 4 亿元。这起交易之所以引人关注，主要是因为有以下两大特点。

一是这是一起近年来少有的上市公司收购教育企业并获得审核通过的交易。

在现行的《民办教育促进法》修订前，中国大部分从事教育产业的企业所开办的培训学校，在性质上都属于民办非企业单位，为非经营性单位，办学也只能获得“合理回报”。并且培训学校只能在民政机关，而非工商管理部门登记注册。显然，国家对民办教育机构的定位和要求，与上市公司应当注重盈利和回报的要求存在差异。但在勤上股份收购龙文教育的关口，国家已准备对相关法律法规进行修改，允许从事非义务制教育的机构开展经营性业务。或许是借助相关法律法规即将修改的“东风”，勤上股份重组龙文教育终获成功。

二是高业绩承诺支撑下的高估值。

勤上股份对龙文教育 100% 股权的收购估值是 20 亿元，但龙文教育此时的账面净资产值为 -0.66 亿元。根据龙文教育在 2014 年录得的约 4200 万元净利润计算，勤上股份的收购市盈率倍数在 47 倍以上。而新南洋收购昂立科技、ST 新都收购华图教育的市盈率倍数分别是 20.04 倍、23.88 倍。

面对市场对高估值的质疑，龙文教育的股东做出了2015—2018年龙文教育累计实现5.6亿元净利润的承诺，并提出在业绩未达标时的补偿措施。龙文教育股东所做出的业绩承诺水平与龙文教育的过往经营业绩相比，可谓“进步神速”；与评估时所预计的4年盈利4.83亿元相比，则可谓更具“信心”（表5.6）。

表5.6　2013—2018年龙文教育经营业绩及盈利预测　（单位：亿元）

	2013年	2014年	2015年	2016年	2017年	2018年
收入	8.53	7.54	7	7.99	9.22	10.86
净利润	0.11	0.42	0.87	1	1.29	1.67

注：2016—2018年为预测值。

或许有了内外两方面有利因素的“加持”，勤上股份在2016年8月获得了监管部门的许可，只用了不到半年时间就顺利将龙文教育收入囊中。此后，勤上股份开始持续在教育领域发力。

双主业表象下的急促转型路

虽然勤上股份在重组龙文教育时表示公司要走“半导体+教育”的双主业发展模式，但从其完成收购后的举动来看却并非如此，其舍弃半导体，集中资源转型发展教育产业的意图跃然纸上。

2016年8月，勤上股份与华夏人寿及其关联方华夏久盈资产管理有限责任公司签署《战略合作框架协议》，约定在教育培训领域等进行多元化的金融与产业合作，如寻求并购资源、资产重组、资产注入、配套融资、定向增发等。

2016年10月，勤上股份出资1亿元设立勤上教育投资有限公司；同月，勤上股份采取现金增资及受让的方式获得深圳市英伦教育产业有限公司40%股权，为第一大股东，收购对价为8800万元。

2016年11月，勤上股份拟收购何志坚、刘东鸣持有的柳州市小红帽教育投资咨询有限公司80%股权，以获得其实际控制或持有的幼儿园资产，收购对价预计8.7亿元人民币。

2017年1月，勤上股份分别与凹凸教育、思齐教育的股东达成收购意向，拟采取现金增资及受让的方式，先期获得2家公司10%股权。在完成首次入股后，勤上股份将采取发行股份购买资产及现金支付的方式完成对2家公司剩余90%股权的收购。勤上股份对这2家公司的收购估值之和达8.6亿元，先期获得10%股权的投资在1亿元左右。

2017 年 2 月，勤上股份与成都高达投资发展有限公司（以下简称高达投资）达成合作意向，拟采取股份 + 现金或者纯现金收购的方式，取得高达投资 90% 的股权，以期获得其所拥有的成都七中实验学校，收购对价为 17.6 亿元。

2017 年 5 月，勤上股份联合成都鼎兴量子投资管理有限公司、觅见投资，共同设立宁波梅山保税港区荣享股权投资中心（有限合伙，以下简称荣享投资基金），用以收购 Aidi Education Acquisition（Cayman）Limited（爱迪教育集团）或其控制的教育资产。荣享投资基金规模为 35 亿元，勤上股份作为劣后级有限合伙人认购 8 亿元，觅见投资作为优先级合伙人认购 27 亿元。

归纳一下，从 2016 年 8 月至今不到 1 年的时间内，勤上股份在华夏人寿的协助下，接连在教育产业发起了 7 次并购，业务领域几乎覆盖了从幼儿园到中学的全教育阶段，动用的资金规模达到了 37 亿元左右。而截至 2016 年年底，勤上股份资产只有 72 亿元。可以预计的是，一旦勤上股份完成这些项目的收购，勤上股份的体量将会翻番，教育培训将成为勤上股份的主营业务。

在发力教育产业的同时，勤上股份对原有的投资和业务也进行了相应的调整：退出 2014 年设立的以半导体产业为主要投资方向的广东慧誉勤上产业投资基金（有限合伙），退出 2016 年 3 月设立的深圳前海善水资本管理中心（有限合伙），以及将其与半导体业务相关的资产、负债、人员全部转移到全资子公司勤上光电股份有限公司，并拟将后者全部股权转让给李某亮的夫人温某。之后，勤上股份将从双主业模式快速切换到教育产业。

李某亮的上述举动与借壳上市剥离原有业务的模式高度相似，不同的只是上市公司实际控制人尚未发生变化。

原定计划正持续推进之时，一直悬在勤上股份头上的“达摩克利斯之剑”却正在悄然落下，并引发了一场风暴。

商誉减值风暴背后的悬疑

2016 年，勤上股份实现营业收入 8.43 亿元，同比下降 0.81%，净利润 -4.17 亿元，由 2015 年盈利2700 余万元转为亏损，亏损的主要原因是其对收购龙文教育时形成的商誉计提了减值。

勤上股份在收购龙文教育时，形成了 20 亿元商誉。2016 年，龙文教育全年实现营收 6.22 亿元，实现净利润 0.66 亿元。按照资产重组时 2016 年实现 1 亿元利润的估值，龙文教育的业绩达标率仅为 66%。勤上股份据此计提了 4.64 亿元的商誉减值损失，并由此导致亏损。

但是，勤上股份这次计提商誉减值损失显得比较反常。

首先，并非第一年业绩不达标就必须计提商誉减值损失。是否对被并购企业计提商誉减值，除了企业的基本面之外，还得依靠专业人士对企业未来经营业绩的预判，客观与主观的结合才能决定是否可以计提商誉减值。并且即使从业绩表现而言，龙文教育的业绩承诺期到 2018 年才结束，勤上股份也有“充分”的理由把计提工作放到 2018 年时进行。

其次，勤上股份在 2017 年 2 月发布 2016 年业绩快报时，并未体现出任何计提商誉减值的迹象，但在 2017 年 4 月 15 日就爆出计提巨额商誉减值，短短 2 个月的时间就发生如此重大的变化，令人难以理解。在这 2 个月的时间里，究竟发生了什么？

从 2017 年 2 月 3 日起，勤上股份因筹划收购高达投资而停牌，4 月 25 日宣布停止重组并复牌。复牌当日，勤上股份就迎来一个跌停，股价由 9 元/股下跌到 8.1 元/股。次日，勤上股份以实际控制人质押股份接近平仓价为由再次停牌至今。也就是说，勤上股份在第一次停牌期间就决定了计提商誉减值，同时由于期间重组失败，导致勤上股份复牌后股价在双重不利因素的冲击下跌停，并接近实际控制人所质押股份的平仓价。

按常理来讲，为避免自己所质押的股份被强平，李某亮应不会在重组失利的情况下再主动计提巨额商誉减值损失，以避免对上市公司的股价下跌形成双重压力。之所以坚决提取商誉减值，是否因为李某亮对重组前景过于乐观以至于出现误判？

在勤上股份停牌期间，皖新传媒（601801）在 4 月 13 日也宣布停牌重组，并在 4 月 29 日——也就是勤上股份重组高达投资失败后 4 天——公告了其重组高达投资的方案。由此可以推定的是，勤上股份在重组高达投资期间就遇到了皖新传媒的竞争。4 月 13 日，高达投资的股东开始倾向于和皖新传媒合作，4 月 21 日最终决定与皖新传媒合作。勤上股份在争取无果之后，不得已宣告重组失败。

仔细比较二者的收购方案，最大的不同在于两点：一是在收购范围和估值基本相同的情况下，勤上股份要求高达投资股东做出 4.09 亿元的业绩承诺，而皖新传媒仅要求 3.09 亿元业绩承诺；二是皖新传媒提出了高达投资未来的独立上市计划，而勤上股份未做相应的安排。此外，皖新传媒的国资背景也是高达投资股东看重的因素之一。

综合上述多方面的信息，2017 年 4 月 13 日前后，李某亮应能大致判断出重组高达投资将会发生重大变数。如此一来，李某亮的操作更加令人难以理解。一般而言，处于李某亮当时的境况，“理智”的选择应是依据多方面情况，综合判断商誉是否会出现减值，或者等到重组尘埃落定之后再决定是否减值。但李某亮为何要执意在 4 月 15 日继续推进并公告计提商誉减值，并由此导致其所质押股份面临平仓的风险？

明股实债引资谜局

李某亮进行股份质押开始于2016年5月，大规模的质押则集中在2016年10月和12月（表5.7）。当时勤上股份的股价约为10元/股，按照限售股4折的质押率计算，李某亮通过质押预计能获得16亿元左右的资金。结合质押的时间和预计获得金额来看，这部分资金有可能被李某亮用于认购勤上股份重组龙文教育时的配套募资。

表5.7 李某亮股份质押情况

<table>
<tr><th>出质人</th><th>质押股数</th><th>质押起始日</th><th>质押到期日</th><th>质权人</th></tr>
<tr><td rowspan="4">勤上集团</td><td>100万股</td><td>2016.5.26</td><td>2017.5.26</td><td rowspan="2">中信银行</td></tr>
<tr><td>150万股</td><td>2016.7.1</td><td>2017.7.1</td></tr>
<tr><td>2.33亿股</td><td rowspan="2">2016.10.27</td><td rowspan="2">2017.10.27</td><td rowspan="2">中粮信托</td></tr>
<tr><td>0.17亿股</td></tr>
<tr><td>李某亮</td><td>0.88亿股</td><td rowspan="2">2016.12.2</td><td rowspan="2">2019.12.2</td><td rowspan="2">西藏信托</td></tr>
<tr><td>李某贤</td><td>0.71亿股</td></tr>
<tr><td>合计</td><td>4.12亿股</td><td>—</td><td>—</td><td>—</td></tr>
</table>

由于上市公司股价接近平仓线，李某亮向德基伟业借款6亿元用于补充保证金，由此出现了本文开头那一幕。但李某亮与德基伟业、北京均远、南京纯悦的合作真的是为了解决其股份质押的平仓风险吗？事实可能并非如此。

一是勤上股份正在剥离半导体产业，并由李某亮的夫人温某接手。勤上股份的半导体业务涉及18.63亿元资产，5.31亿元负债，净资产为13.32亿元。因此，即使不考虑评估增值因素，温某也需要向上市公司支付13.32亿元的现金。

李某亮如果真的缺钱，此时完全可以暂停交易。这是因为没有任何外在压力要求李某亮剥离半导体业务，并且半导体业务也不是勤上股份亏损的主要来源。2017年第一季度，勤上股份实现了4387万元的净利润，盈利情况似乎在好转。

这就意味着，李某亮只需拿出相当于收购半导体业务一半的资金就可以化解质押股份的平仓风险，无须向德基伟业借款6亿元。李某亮完全可以在不利因素逐渐被市场消化后，再慢慢推进半导体业务的剥离计划。

二是李某亮不仅没有采取相对而言更加稳妥的资产剥离工作，反而动作频频，显得坚决而又急切，理由也比较牵强。

截至2016年年底，勤上股份总资产72亿元，其中货币资金就达32亿元，在剔除20亿元商誉后，货币资金占总资产的比例高达64%；负债21亿元，不仅资产负债率仅为29.2%，并且带息债务仅12亿元左右。

面对如此宽松的流动性，勤上股份把IPO时所募得的、原本用于半导体投资项目的5.21亿元超募资金以永久补充流动资金的名义予以调整，但其中有部分项目并未完成，如LED室内照明项目等。显然，勤上股份已无意在半导体领域继续发力。

这样一来，奇怪的局面出现了：李某亮一边似乎缺钱，一边又准备大手笔接盘上市公司拟剥离的业务，并且还在坚定不移地推进。这究竟是怎么一回事？

答案或许并不在于化解李某亮的质押股份爆仓风险，其真正的目的或许在于卖壳，从勤上股份退出。

李某亮控制勤上股份28.62%股份，其中通过勤上集团持有16.79%，剩余11.82%由家族成员分散直接持有。勤上股份第二大股东华夏人寿——万能产品持股比例为11.15%，第三大股东杨勇持股比例为5.4%。

根据勤上股份的股权分布情况，李某亮只需将勤上集团的控制权进行转让就可以完成勤上股份实际控制人的变化，勤上股份将拥有新的实际控制人或者无实际控制人。凑巧的是，勤上集团持有的上市公司股份还是非限售股，便于进行处置。或许这是勤上股份在重组龙文教育时，由李某亮，而非由勤上集团认购配套资金的原因所在。

如此一来，勤上股份之所以会出现现在的情况，是因为存在这样一种可能性：勤上股份在重组龙文教育时就已经确定了李某亮的卖壳计划，但考虑到龙文教育的盈利情况和监管部门对借壳上市项目严格的审核标准，借壳计划被划分为两阶段实施。第一阶段先将龙文教育注入上市公司体内，同时保持实际控制人不变；第二阶段置换出上市公司原有资产和业务，李某亮同时从上市公司退出，退出的主要路径是李某亮转让勤上集团的控制权，而李某亮等人直接持有的股份将继续保留，以作为其参与借壳计划的“奖励”之一。

在这其中，一个比较“棘手”的问题是需要找到一个合适的理由让李某亮转让勤上集团控制权显得顺其自然。李某亮主动、强行转让肯定不行，会引起外界的责问，但如果是“迫不得已”的呢？类似“迫不得已”转让上市公司控制权的案例早有发生，典型者如万福生科、同洲电子等。

如果这一逻辑得以成立，我们就不难理解李某亮要坚决推进半导体业务的剥离、要在重组失败的时候“稳健”地提取巨额商誉减值损失的原因所在了。股价暴跌，李某亮需要尽快化解平仓“风险”。“迫不得已”，李某亮在勤上集团以“明股实债”的名义引入了2名战略投资者。一切似乎都在按照既定的剧本上演。

笔者推测，按照原定计划，勤上集团完成引资后，勤上股份有可能会及时复牌（是否会有质押爆仓风险并不重要），并且继续推进半导体业务的剥离。根据李某亮借款协议中的还款时间安排，半导体业务的剥离可能在6个月内完成。

在完成半导体业务的剥离后，李某亮是否会"恰巧"因个人原因无法回购北京均远、南京纯悦2家公司在勤上集团的股权？或者李某亮放弃对这2家公司所持股权的优先购买权，让第三方收购这2家公司所持的股权（这也许是北京均远、南京纯悦2家公司恰好各持股25.5%，合计持股51%的原因所在）？整场游戏到此结束，剩下的就是勤上股份新的实际控制人如何"上位"、李某亮如何将剩余股权减持退出了。

但情况陡然发生了变化。

身陷"卖壳局中局"

李某亮于2017年5月开始与德基伟业、北京均远和南京纯悦3家公司资本交易，起初合作十分顺利，双方达成了一系列的协议，在增资资金未到账的情况下，数日内就完成了勤上集团的章程修订、工商变更登记等工作。

但仅过了一个多月的时间，情况陡然发生了变化。在合作几方已明确约定是明股实债合作模式的情况下，北京均远、南京纯悦突然告诉李某亮，其所向勤上集团投入的资金是股本，并且结成一致行动人，并提交了在5月签署的一致行动人协议。这份一致行动人协议签署的时间，与李某亮和2家公司签署合作协议的时间是同一天。这也就是说，2家公司在对勤上集团增资时，向李某亮隐瞒了他们之间的关系。李某亮似乎落入了对方精心设计的"圈套"。

基于前述的分析和推测，德基伟业、北京均远和南京纯悦3家公司应该是整个借壳大计的参与者和实施者，李某亮与这3家公司之间应存在密切的关系，否则李某亮就不会采取向德基伟业支付利息，以初始投资额为对价收购北京均远、南京纯悦所投资股权的交易模式，更不会在北京均远、南京纯悦2家公司增资资金尚未到位的情况下就办理了勤上集团的工商变更。

进一步分析德基伟业、北京均远、南京纯悦3家公司的股权关系可以发现，表面上，杨某是德基伟业和南京纯悦的实际控制人，张某洋是北京均远的实际控制人（图5.4）。但经查询相关资料，北京均远和南京纯悦的实际控制人或许另有他人。

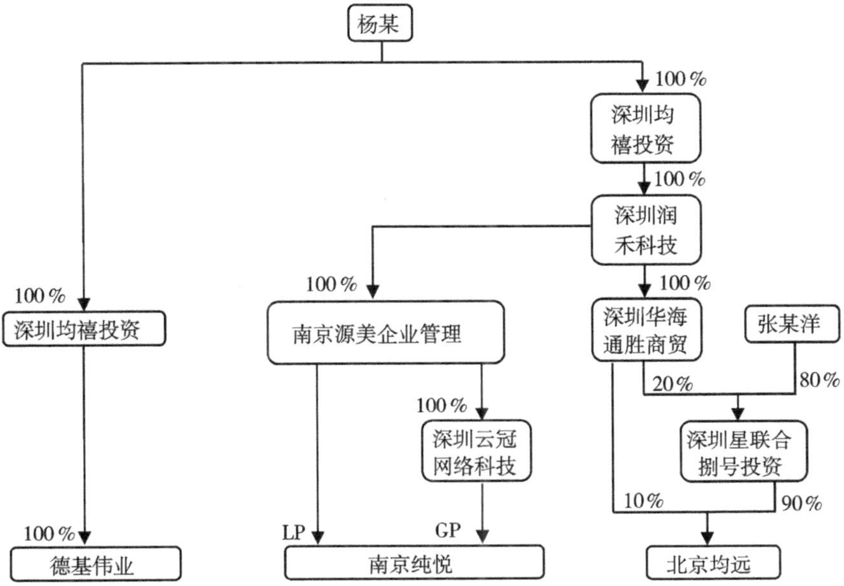

图5.4　德基伟业等3家公司股权架构

关键在于，北京均远和南京纯悦的实际控制人在2017年6月至7月皆发生了变化。

北京均远当前的控股股东深圳星联合捌号，系于2017年6月底接手杨某间接持有的北京均远股权，“主动”介入勤上集团重组。星联合捌号表面上的实际控制人是张某洋，但其实际控制人或许是一位名叫徐某强的自然人。

奇怪的是，在星联合捌号获得控股股东地位后，北京均远的法定代表人却仍然是杨某。

与杨某“退出”，徐某强“进入”北京均远不同，南京纯悦在2017年6月发生的实际控制人变化却意味深长。

南京纯悦是有限合伙企业，原GP是南京德庸，原LP是沈某平，南京德庸的实际控制人是沈某新，其通过深圳莫邪投资公司对南京德庸进行控制。根据网络信息，沈某新有一子叫沈某平。

2017年6月初，南京纯悦的GP变更为深圳云冠网络；7月初，南京纯悦的LP变更为南京源美，沈某平退出。而GP云冠网络也由南京源美全资持有。南京源美在接手后不久，其股东也从雪霁创业投资有限公司（控制人是沈某新）变更为深圳润禾科技公司，后者明面上的实控人是杨某。沈某新、沈某平似乎退出了与勤上集团的合作。但蹊跷的是，沈某新仍是云冠网络和南京源美的法定代表人。

通常情况下，一家公司的控股股东发生变化，其法定代表人也要随之发生变化，除非变化前后的控股股东之间存在某种特殊的关系，如代持关系等。北京均远、南京纯悦2家公司这种实际控制人“似进未进，似退未退”的变化，是不是也意味着沈某新（沈某平）、杨某、徐某强三人之间存在某种特殊的关系呢？

结合2家公司股东变更的时间，笔者推测是否存在这样一种可能性：合作各方在勤上集团增资扩股完成后，因为在借壳利益分配上出现了巨大分歧，导致沈某新（沈某平）退居幕后，将杨某、徐某强二人推到台前，由此李某亮将无法直接和沈某新（沈某平）进行协商，李某亮进一步陷入困局。至于北京均远、南京纯悦签署的一致行动人协议，既有可能确实是2家公司在勤上集团增资时“偷偷”签署，也有可能是采取“倒签”方式“逼迫”李某亮让步。但不管怎样，此时的李某亮想必十分后悔当初“轻率”地引入2家公司增资勤上集团。

勤上股份与明天系也存在若隐若现的关系。前文提到的，在教育培训领域等进行多元化金融与产业合作的华夏人寿，以及当时勤上股份的第8位、第9位股东天天科技、天安财险等，都是“明天系”控制的公司。或许勤上股份卖壳，向教育行业转型，就是“明天系”在背后一手推动和策划的。

2018年1月，法院出具《民事调解书》，自2017年7月27日起，南京纯悦和北京均远不再是勤上集团股东，股东恢复为李某亮和温某，李某亮重新夺回控制权。但在当年，勤上股份巨亏12.19亿元，2019年继续亏损3.57亿元。

经营巨亏引发一连串事件。首先是补偿业绩承诺。

勤上股份收购龙文教育时，龙文教育原股东杨某、龙文环球承诺，龙文教育2015—2018年累计实现的税后净利润低于承诺金额5.638亿元，则原股东等应按承诺金额与实际净利润差额的2倍进行补偿；若龙文教育发生减值，则龙文教育原股东还应对标的资产减值进行补偿。

截至2018年年底，龙文教育4年时间累计实现净利润2.95亿元，相较业绩承诺金额5.64亿元低了2.69亿元。此外，龙文教育100%股东权益评估值为6.67亿元，与交易价格相比，减值13.33亿元。因此，龙文教育原股东需要履行业绩补偿。但勤上股份索要补偿的过程并不轻松，并与杨某彻底撕破脸。勤上股份申请司法冻结杨某所持5.4%股份。迄今为止，勤上股份的“维权”尚未取得圆满成果。

博弈锦州港：内幕交易的虚与实

2012 年 5 月，中国 A 股市场异常低迷，大盘指数连续突破重要关口，一片绿。但锦州港（600190）和大连港（601880）两只股票走势却异常强劲。5 月 17 日至 30 日，大连港和锦州港股价分别上涨 22.39% 和 21.11%，其间换手率分别达到 107.19% 和 18.12%。

在此之后，媒体相继披露了两家上市公司股价异常波动的原因，大连港控股股东，同时也是锦州港第二大股东的大连港集团，与锦州港第三大股东锦州国资达成股权转让意向。锦州国资拟转让锦州港 5.03% 股权给大连港集团，从而使大连港集团成为锦州港的第一大股东。

在此过程中，关于大连港违规信息披露、虚假陈述以及内幕交易的舆论声浪四起，大连港及大连港集团成为众矢之的。这一切是如何发生和演变的呢？大连港及大连港集团究竟有没有违规？这其中是否另有隐情？让我们把目光转回锦州港 4 年前的那场非公开发行。

2008 年 7 月，锦州港召开临时股东会议，审议通过了向大连港集团定向增发 2.46 亿股 A 股的决议，大连港集团成功入股锦州港，加上其之前通过二级市场操作获得的 690 余万股锦州港股票，大连港集团持有锦州港 19.44% 股权，仅仅比第一大股东东方集团 19.73% 的持股比例少 0.29 个百分点，控制之势呼之欲出（图 5.5）。

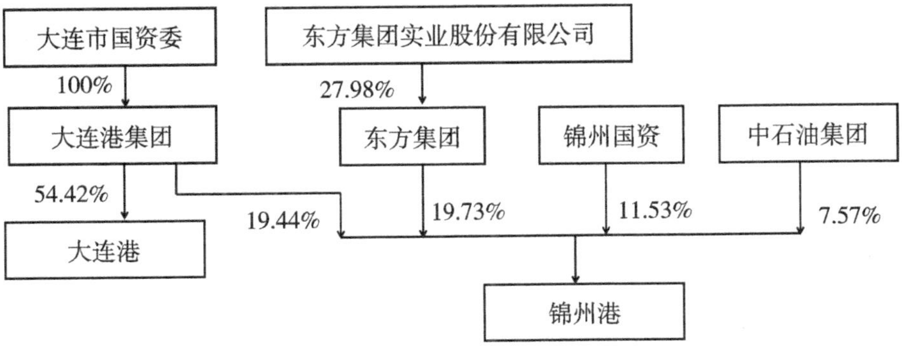

图 5.5　大连港、锦州港股权架构

虽然大连港集团已成为第二大股东，但其对此并不满足，取得对锦州港的完全控制，才是其最终目的。这里面有两个重要原因。

第一，自身业务发展的需要。我国曾经的“广大上青天”五大港口中的“大”就是指大连港，其港口业务规模曾经雄踞中国第二。但由于港口的业务主要依赖于腹地经济的支撑，港口距离腹地的远近、物流成本的高低等都决定了港口业务是否能发展壮大。大连港位于渤海湾入口，距离东北地区腹地较远，发展区位的先天不足，导致如今的大连港已雄风不再，不仅早已退出国内前五大港口，而且在辽宁省面临其他港口的强大竞争压力。比如，从1999年起，营口港就以每年多出1000万吨的势头冲击大连港在辽宁的港口旗舰地位，货物吞吐量从1999年的不到100万吨发展到2009年的近2亿吨。

地理位置比营口港更加优越的锦州港，位于渤海西北部的锦州湾内，是辽西及内蒙古东部地区内外贸物资重要的集散地之一，尤其是其紧靠东三省腹地，其独一无二的地理位置对大连港而言充满诱惑。此外，大连港的业务是以集装箱、石油、矿石、散粮、商品汽车等大宗货物中转运输为主，未来定位于成为东北亚地区重要的国际枢纽港；锦州港则是以石油、煤炭、粮食运输为主，发展散杂货和内贸集装箱运输，形成集装箱运输支线港，未来定位于地区性重要港口，二者在业务上也会形成良好的互补关系。

第二，可在辽宁省港口业务整合中占得先机。辽宁是我国东北地区唯一有出海口的地区，从鸭绿江到山海关老龙头2920千米的海岸线上，依次分布着丹东、大连、营口、锦州、盘锦、葫芦岛六大港口。辽宁省一直想对其区域内的港口进行整合，出台了一系列的政策措施，并上升到国家战略层面。作为辽宁省大港的大连港要想在整合中占得主导地位，在与营口港的竞争中赢得先机，就必须在业务扩张上先走一步。

受前述两大因素的刺激，大连港集团早在2006年就启动了对锦州港的收购。锦州港在1998年发行B股上市、1999年发行A股上市，截止到2006年年底，锦州港经过减持内部职工股、转送股等运作，已成为一家股权高度分散的上市公司，第一大股东东方集团的持股比例仅为24.33%，前5大股东持股比例在50%左右。面对这样的股权架构，大连港集团发起了对锦州港A、B股的要约收购。但由于当时B股投资的政策壁垒（笔者推测可能是购汇政策的限制，因为买卖B股需要用外汇，对企业而言只能用自有外汇或者购汇），大连港集团的收购行为以失败告终。

难以割舍的锦州港

此次争夺战的另一方是东方集团，锦州港对其而言，是难以割舍的“心头肉”。东方集团在本质上是一家以金融投资为主的上市公司，其资本运作的能力远大于实业经营的能力。以2011年经营数据为例，2011年东方集团实现营业收入41.14亿元，实现净利润7.46亿元。而这7.46亿元净利润中，来自民生银行和锦州港的投资收益分别是9.29亿元和0.49亿元，合计达9.78亿元，考虑到当年处置东方家园实业、东方家装等投资收益，2011年东方集团依靠投资取得的收益就达13.95亿元，约为其当年净利润的2倍，这也就意味着2011年东方集团的建材零售、矿业、家居装饰等实业实际处于巨额亏损状态。

东方集团这种经营特色与其创始人的创业特点是紧密相连的。张某伟，一个从20多年前建筑包工头到2012年新财富500富人榜排名第97位的国内富豪，俨然已成为中国民营企业家标志性人物之一。美国《华尔街日报》曾将其评为中国民营投资业第一人，其精明、狠准的投资风格令其获得“资本猎人”的称号。张某伟通过一系列的资本运作手段，如1991年东方集团成为债转股第一个完成股份制改造的民营企业，并成功上市；1994年成立东方财务公司；1996年入股新华人寿7.51%股权；2000年入股民生银行9.42%股权等，使东方集团形成了金融保险、建材流通、港口基础设施、网络信息、房地产和高新材料六大支柱产业。

在这个过程中，收购锦州港无疑是张某伟的得意之作。在控制锦州港后，东方集团投入了大量的精力对其进行梳理。首先对锦州港进行主辅分离，突出主业，将锦州港11亿元资产剥离，凡属服务性设施全部划归港务局，只把住生产一块，严格实行政企分开。继而，把1700名生产人员裁减到400多名，在岗人员完全执行按劳分配。随着经营机制的转换，1995年锦州港的吞吐量仅为200万吨，1996年就翻了一番，达到400万吨，1997年进一步跃升到503万吨，跨入国家大港行列。2000年更是高达1005万吨，在全国200多个大中港口中从名不见经传到跃居第22位。事情的发展证明张某伟最初的判断没有错。港口是一次投入而长期回报。收购当年就实现利润2700万元，1996年又创6300万元，1997年达到8200万元，最近几年的利润回报也比较可观。锦州港良好的发展趋势和利润回报，使之成为东方集团当之无愧的“现金奶牛”。通过收购锦州港，张某伟和东方集团实现了三大目的，这也是张某伟不愿放弃锦州港控制权的原因所在：

一是让东方集团以较小的投入控制了一个资质良好的资本运作平台。在大连港集团控制锦州港之前，东方集团和锦州国经利益大部分时候应是一致的。在现有8名董事中（不含独立董事），二者派出的董事就达5名，且从常理判断，同属国资体系的中石油，其派出的董事在不侵犯中石油利益的前提下，对董事会议题一般会和锦州国经保持一致。这就意味着东方集团实际可以调动的董事是6名，占8名董事的75%，即锦州港以19.73%股权实际控制了3/4的董事会投票权。对于股权高度分散的锦州港而言，控制了董事会在很大程度上就是控制了公司。这也为东方集团充分利用好锦州港这个资本平台奠定了坚实基础。

二是锦州港多次的送股、转增、分红给东方集团带来了显著的效益。锦州港自1998年以来，进行了多次的送股、转增和分红（表5.8），除在2006年5月22日因股权分置改革没有进行现金分红外，历次锦州港的分红都包括现金，为东方集团解决了一定的资金压力。比如，在2011年，东方集团录得锦州港现金分红1540余万元，而当年其投资活动产生的现金流量净额为 -6.93亿元。更重要的是，通过送股、转增，在做大东方集团持股数的基础上，可以刺激锦州港股票在二级市场的上涨，从而为其及下属子公司利用股票质押融资、解决自身发展资金需求提供帮助和支持（表5.9）。

表5.8 锦州港自1998年以来分红、送转股情况

时间	分红（每股）	送股（每股）	转股（每股）	派现额度	备注
1998.5.26	0.3	—	—	13800万元	
2001.3.13	0.1	0.4	0.1	6310万元	
2006.3.8	0.03	—	—	2840万元	
2006.5.22	—	—	0.11515	—	股权分置改革
2009.4.17	0.03	0.15	0.05	3905万元	
2011.4.11	0.05	—	—	7809万元	

表5.9 2011年东方集团利用锦州港股权质押融资情况

次数	事件	融资额
1	东方集团向哈尔滨银行质押7500万股锦州港股份	1.5亿元
2	子公司东方粮油向哈尔滨银行质押6300万股锦州港股份	1.5亿元
3	子公司东方粮油向哈尔滨银行质押4500万股锦州港股份	1亿元

三是锦州港面临新的发展机遇，在此档口，作为控制锦州港十余年的东方集团无论是从情感上还是从长远发展上，都不愿轻易舍弃控制权。在中央振兴东北的计划当中，港口其实是一个非常重要的振兴经济的桥头堡，广东、福建、江浙、上海和天津等地经济发展的经验表明，港口历来都是促进地方经济发展的排头兵。锦州港作为东北地区重要港口之一，其意义不言而喻。当年东方集团的锦州港的控股权是在当时东北经济非常困难的情况下取得的，是政府和企业为了解决下岗职工安置、企业负债以及改制的大背景下不得已而为之的，张某伟也非常精明地抓住了这次机遇。发展到现在，随着东北经济复苏增长，中央政策继续向东北倾斜，对于锦州港来讲也是一次非常大的发展机会，地方政府肯定也会大力发展港口经济以带动整个区域的发展。

大股东修改章程，设置反收购条款

大连港集团的要约收购虽然失败，但把东方集团惊出一身冷汗。因为对东方集团而言，锦州港不仅是其现金牛，更为重要的是，对东方集团而言，作为一家民营企业，拥有并控制一家上市公司的资本运作平台，会为其带来无尽的资本运作收益。

为此，大连港恶意收购失败之后，在大股东东方集团的主导下，锦州港立即对其章程进行修订，主要的目的是反收购，修改的要点有三个方面。

其一，对有权提名董事的股东资格进行了修订。修改后的章程规定，“只有在股权分置改革中作出限售承诺的股东所持有的股份限售期届满前，连续三年以上单独或合并持有公司3%以上股份的股东，才可以向董事会推荐董事候选人”。此举意味着即使大连港集团入股锦州港，因其是新股东，也无法以最快的速度向锦州港派出自己的董事。

其二，董事人员更替的修订。修改后的章程规定，“除独立董事因连任时间限制需更换外，董事会每年更换和改选的董事不超过章程规定的董事人数的三分之一”。这也就意味着即使大连港集团控制了锦州港，也不能立即对董事会进行大规模的改组，只要东方集团在锦州港董事会中保留大部分席位，大连港集团也无法完全、彻底地贯彻自己的意志。并且修改后的章程还约定，“公司应和董事签订聘用合同，合同中应明确公司和董事之间的权利、义务以及公司因故提前解除合同的补偿等内容”。可以想象，若大连港集团提前解除锦州港的董事聘用合同，需要付出非常高的代价。

其三，董事长、副董事长任用的修订。原章程规定，“公司董事长和副董事长由任职满一届的董事担任”，修订后则变成了“公司董事长由任职满两届的董事担任，副董事长由任职满一届的董事担任”，进一步增加了大连港集团控制董事会的难度。

其他类似的修改条件还有，对高级管理人员和监事，公司也应和其明确因故提前解除合同的补偿问题。种种的修改，其核心是强化原股东对锦州港的控制，并增加新股东控制锦州港的成本和难度。

从锦州港最新的董事、监事构成，以及从东方集团和锦州国资长久的合作关系来看，即使大连港集团是锦州港的第二大股东，其持股比例比第一大股东仅少0.29个百分点，但在公司实际控制上，却无法相提并论（表5.10）。

表5.10　锦州港董事、监事人员情况

	东方集团	大连港集团	其他	合计
董事	3名（兼董事长）	2名	锦州国资2名，中石油1名（辞职）	8名（不含独立董事）

续表

	东方集团	大连港集团	其他	合计
监事	1名	1名	锦州国资1名，职工监事3名，锦州市政府1名	7名

至于锦州港的高管，考虑到东方集团控制锦州港时间很长，其高管对大股东的忠诚度理应较其他股东要高。

大连港集团恶意收购的失败惊醒了大股东，即使大连港集团在2008年通过认购锦州港增发新股，成为二股东，但锦州港章程的约束，使得其收购图谋功败垂成，只能等待合适的时机。

峰回路转，巧妙设计

事情的转机出现在2011年。当年，交通部出台了《关于促进沿海港口健康持续发展的意见》，明确提出“稳妥推进港口资源整合，鼓励以优势港口企业为主，采取合资合作、兼并重组等多种形式实施企业间资源整合，优化港口资源配置”。该文件的出台，为大连港集团的收购奠定了坚强的政策基础，大连港集团控制锦州港峰回路转，柳暗花明。

据公开信息，2012年4月19日，锦州市政府与大连港集团进行了第一次接触。4月29日，大连港集团作为受让方与锦州国资签署了股权转让意向协议书。该意向书约定，锦州国资作为转让方，将其所持锦州港5.03%股权，以每股7.77元的价格转让给大连港集团，股权转让价款约为6亿元。按照意向协议书的规定，双方在转让股权事宜得到各自审核部门批准后正式签署《股权转让协议书》。5月15日，锦州市人大讨论通过了该项股权转让。

就交易本身来看，交易方案的设计充分体现出大连港集团控制锦州港的意图和决心。大连港集团目前持有锦州港的股权仅仅比第一大股东少0.29%，无论是从二级市场上进行收购还是从其他股东手上进行收购，都能轻易实现超越第一大股东的目的。之所以选择与锦州国资进行交易，其逻辑可能有二。

首先，锦州市已和锦州港的第一大股东建立了长期关系，但此次锦州国资同意转让股权，意味着锦州市对锦州港控制权的归属表明了态度和立场。

其次，便于大连港集团和锦州国资结成联盟，控制锦州港董事会。如前所述，锦州港章程对大连港集团实际控制锦州港设置了障碍，即使大连港集团成为锦州港的控股股东，要完全彻底贯彻自己的意志也需要很长的一段时间，在这期间，如何保证锦州港正常运营将成为大连港集团必须要解决的问题。可一旦和锦州国资结成战略联盟，那么无论是在董事会，还是在监事会，大连港集团和锦州国资的人数都将压倒东方集团，对东方集团形成强有力的约束。如果大连港集团从二级市场或从其他投资者手上进行收购，将无助于改变董事会的局面。

正是基于上述原因，大连港集团在收购价格上给予很高的溢价。按4月27日锦州港3.92元/股（前20个交易日的股价长期在低位徘徊，最高不超过4元/股）的收盘价（大连港集团和锦州国资是在星期日签署收购意向），大连港集团7.77元/股的价格溢价将近100%。同时，为了保持锦州国资在锦州港仍有一定的话语权，收购比例定为5.03%，即锦州国资转让股权后，持股比例降为6.5%，成为锦州港第四大股东。

达成收购方案和意向，并通过锦州市人大的决议后，大连港集团本应长舒一口气。但接下来发生的事情，却令其陷入被动的局面。

东方集团发难，硝烟四起

大连港集团首先面临的挑战是锦州港实际控制人东方集团的发难。5月2日，即大连港集团与锦州国资签署收购意向后第3天，东方集团就向锦州国资发出律师函，声讨锦州国资的四宗罪，并表示保留进一步诉诸法律诉讼的权利。

第一，锦州国资转让锦州港股权未告知锦州港。

第二，锦州国资转让行为违反了其在锦州港上市时《招股说明书》以及《锦州港、锦州港B股非公开发行A股股票发行情况报告》中已作出的不进行同业竞争的承诺。

第三，违背对东方集团进入锦州港时的“保证并支持委托人进入锦州港并成为第一大股东并保持控制地位”“且保证锦州港务局所持股权不论何时转让均须先征得东方集团的同意”的法律承诺。

第四，违背了国务院关于鼓励和引导民间投资健康发展的精神。

如果情况属实，在这4条“罪状”中，最有可能造成此次交易失败的是第三条，即锦州国资转让锦州港股权的行为必须事先征得东方集团的同意。如果东方集团要走法律程序，对锦州国资提起诉讼，仅凭这一条就可以认定此次股权转让行为无效。

在博弈理论中，有一种说法叫作“不可置信地威胁”，也许在锦州国资看来，在国家及地方鼓励港口资源整合的大背景下，民营企业东方集团的律师函及法律诉讼也是一种不可置信地威胁，东方集团发函的目的仅仅是阻止交易，不让其进一步提交上级主管单位决议。对此，锦州国资的应对措施是继续履行相应的审批手续，并在5月15日取得了锦州市人大的同意（表5.11）。

表 5.11　大连港集团收购锦州港历程

时间	标志事件
1998—1999 年	锦州港发行 B 股、A 股上市
2006 年	大连港集团发起恶意收购失败，锦州港修改章程，设立反收购条款
2008.5	大连市政府与锦州市政府签署了《关于支持两港战略合作的框架协议》
2008.6	锦州港向大连港集团非公开发行 2.46 亿股 A 股，增发价为 7.77 元/股，大连港集团成为锦州港第二大股东
2009—2011 年	国务院、交通部等出台政策，鼓励港口资源整合
2012.4.19	锦州市政府和大连港集团进行接触
2012.4.29	锦州国资和大连港集团签署转让意向，锦州国资转让所持锦州港 5.03% 股权，转让价与 2008 年增发价一致，为 7.77 元/股
2012.5.2	东方集团向锦州国资发出《关于大连港收购锦州港股权相关事宜的函》，声讨锦州国资
2012.5.15	锦州市人大讨论通过该股权转让事宜
2012.5.17	大连港、锦州港股票开始出现异常波动
2012.5.21	大连港发布公告，否认公司有重大事项发生
2012.5.29	大连港、锦州港发布公告，对股价波动做进一步澄清

但在锦州市人大通过大连港集团收购股权的决议后仅 1 天时间，5 月 17 日、18 日，大连港和锦州港连续出现两日暴涨，换手率突增。与此同时，媒体呈现的质疑声浪也逐渐大了起来，各种指责的矛头都隐隐指向了大连港及大连港集团。

质疑一：信息披露违规。主要是指锦州国资在与大连港集团达成收购意向后，提交锦州人大审议前，未及时将股权转让信息告知锦州港，导致后者亦未公开披露该信息，未向公众进行提示性公告。

质疑二：大连港存在虚假陈述。主要是指大连港在 5 月 21 日的公告内容与实际情况不符。大连港在公告中声称，“本公司实际控制人保证在未来三个月内，不存在股权转让、重大资产重组、非公开发行股票等此类影响公司股票价格异常波动的事项”，与大连港集团收购锦州港股权的行为不一致，与 5 月 29 日的进一步公告内容不一致，是虚假陈述。

质疑三：内幕交易。质疑声最大的当属内幕交易，而涉嫌内幕交易的主要证据就是大连港和锦州港的股价异动，或许是相关高管提前获得信息而参与股票交易。

大连港究竟是清，还是浊？

根据我国证券监管条例，上述任何一条质疑只要成立，都会对此次股权交易造成影响，轻者拖延交易进程，重者则会终止交易。对上述质疑，大连港起初的回应是：不了解其控股股东签订的股权转让意向书，也不知道意向书的内容。而在之后的公告中，大连港的回应变成了“清者自清”。大连港究竟是清，还是浊，当前媒体的各种质疑是否充分成立呢？

分析一：信息披露是否违规？

按照国资委和中国证监会在2007年颁布的《国有股东转让所持上市公司股份管理暂行办法》第十四条规定，锦州国资在其内部决策，签署收购意向后，应当逐级上报，如上报锦州市国资委、锦州市政府、锦州市人大以及辽宁省国资委进行审批。但与此同时，大连港集团、锦州国资应当将该信息同步告之锦州港，即在2012年4月29日锦州国资与大连港集团签署收购意向时，锦州港就应在下一个开盘日对此信息进行公告。但现实情况是，锦州港直到5月29日才发布公告。其公告声称，是应监管机构的要求，向大连港集团和锦州国资进行征询后才得知这一消息。很明显，大连港集团和锦州国资都没有在第一时间将股权转让协议告诉上市公司，导致上市公司信息披露违规。

分析二：大连港是否存在虚假陈述？

仔细比较大连港5月21日和5月29日的两份公告，可以发现差别主要在两个地方：一是5月29日的公告增加了大连港集团收购信息的披露，而5月21日的公告则没有相关信息；二是大连港集团是否在未来3个月存在股权转让、重大资产重组、非公开发行股票等影响公司股票价格异常波动的事项。

5月21日的公告宣称：“本公司实际控制人保证在未来三个月内，不存在股权转让、重大资产重组、非公开发行股票等此类影响公司股票价格异常波动的事项。”而5月29日的公告则变成：“除本公司董事会已批准的相关事项外，本公司实际控制人保证在未来三个月内，与本公司之间不存在股权转让、重大资产重组、非公开发行股票等此类影响公司股票价格异常波动的事项。”比较而言，5月29日的公告更加严谨，增加了“除本公司董事会已批准的相关事项外”和“与本公司之间”两个定语。

现在的问题是，这两次不同的陈述是否是大连港有意对投资者进行误导？笔者认为这也许是大连港的无心之失。

其一，按照《上市公司信息披露管理办法》的规定，在一般情况下，大连港没有义务公告其股东的收购行为。但如果股价出现波动，大连港就有义务发布澄清公告。因此，在21日，大连港就发布了一则澄清公告。但令人遗憾的是，在这则公告中，大连港出现了重大纰漏，直接宣称其实际控制人没有股权转让等重大行为，明显与事实不符。

其二，这个纰漏应该不是大连港有意为之。在大连港21日发布公告时，坊间已有大量的传闻，且东方集团已在5月2日向锦州国资提交了律师函，无论从现实情况还是对收购工作的影响，大连港都没必要进行欺骗，根本原因应是对公告内容审核把关不严。对此，大连港应承担相应的责任。

分析三：是否牵涉内幕交易？

内幕交易是最令众多中小投资者反感和厌恶的事情。当一家上市公司牵涉到内幕交易，无疑会引起市场参与者的愤怒和指责，在某些情况下，会令上市公司正在进行的重组行为受阻、拖延，影响公司发展。

根据最高院在2012年6月发布的《关于办理内幕交易泄露内幕信息刑事案件具体应用法律若干问题的解释》，构成内幕交易需要从内幕知情人的认定，内幕信息敏感期（内幕信息的形成至公开期间）确认，交易行为与内幕信息形成、变化、公开的时间吻合程度等方面进行综合判断认定。那么此次大连港集团收购锦州港股权是否牵涉到内幕交易呢？

就大连港集团收购锦州港事件来讲，从已掌握的信息来看，内幕信息的形成时间可以有两个：一个时间点是2012年4月19日，大连港集团和锦州市政府进行接触，此时可能双方已在锦州港控股权转移上初步达成一致；另一个时间点是2012年4月29日，即锦州国资与大连港集团签署收购意向书的时间。经过查询上海证券交易所系统，自2012年1月1日至今，至少大连港高管并未在二级市场上进行本公司股票的买卖。笔者认为，大连港集团和大连港的内幕知情人牵扯内幕交易的可能性不是太大。虽然锦州港的高管在2012年年初购买了锦州港109万股A股和1.6万股B股，但这个时间点离4月19日大连港集团和锦州市政府洽谈收购事项尚有3个多月的时间，也应该不至于被认定为内幕交易。

综上，大连港集团和锦州国资此次的股权交易行为，在信息披露上确有违规之处，相关责任人应该承担责任。但内幕交易一说，至少目前看来需要更多的证据方能认定。这些质疑与ST生化争夺战中，振兴集团对浙民投天弘的质疑一样禁不起推敲。但为什么内幕交易的质疑声反而此起彼伏，不绝于耳呢？是不是存在另一种可能？

另一种可能

内幕交易一直以来都是我国资本市场的监管重点和难点，尤其牵涉到上市公司收购、重组等重大事项的时候。过往的经验表明，内幕交易往往成为上市公司重大资产重组的绊脚石和拦路虎，一旦被认定为内幕交易，上市公司的重大资产重组往往会被终止。

据统计，自2008年5月《上市公司重大资产重组管理办法》实施以来，仅深交所就有147家公司申请股票停牌筹划重大资产重组。其中，45家次停牌后以“条件不成熟”等为由退出重组程序。而这些所谓的“条件不成熟”，背后的真正原因，相当部分是停牌前的股价异动和异常交易受到监管机构的核查和舆论的压力。

锦州港是东方集团的两大亮点之一（另一个是持有中国民生银行3.33%的股份），对东方集团的意义重大。对于张某伟和东方集团而言，丧失对锦州港的控制权，不仅意味着丢失了一个资本运作平台，而且也意味着东方集团与锦州港之间的现金流纽带被截断，还意味着十多年来自己对锦州港所投入各种资源，如管理资源等的丧失。

在大连港集团控制锦州港后，大连港集团、锦州国资在锦州港的董事会名额将会上升到4名，若同属国资体系的中石油与其保持一致，则大连港集团控制的董事名额将有5名，占8名董事（不含独立董事）的62.5%，张某伟和东方集团将很难再像之前那样，对锦州港的分红、送股、转股等具有决定权，丧失锦州港的控制权对张某伟而言将是非常巨大的损失。这种控制权旁落、期望落空的现实情况，对素有“资本猎手”之称的张某伟而言，对以靠资本运作起家的东方集团而言，显然是难以接受的。

于是，在5月2日，锦州港的实际控制人东方集团在得知锦州港控制人将要发生变化的消息后，立即向锦州国资发出律师函，对锦州国资转让股权的行为进行了强烈谴责，以阳光操作、法律规范的手段试图阻挠此次交易；但事与愿违，5月15日，锦州市决策机构依然通过了收购意向，此时可谓大局已定。

从最终的结果来看，大连港于2012年6月决定终止受让锦州港股份，东方集团依旧保持其第一大股东地位。

不过，这只是大连港的权宜之举。2013年年底，大连港再次与锦州国资签署股份转让协议，大连港以2.79亿元对价受让锦州国资所持3.92%股份，持股比例上升至19.08%，超过东方集团15.39%持股比例（2013年锦州港做过一次非公开发行，大连港和东方集团的持股比例分别下降至15.16%和15.39%），成为锦州港的第一大股东。

锦州港的董事会也随之发生变化。2015年4月，长期担任锦州港董事长的张某伟辞任，该职务由大连港集团常务副总经理徐某接任；监事会主席则继续由东方集团派出的人员担任。东方集团与大连港在锦州港的权限大致相当。在双方的“共治”下，锦州港发展得波澜不惊。2019年，锦州港实现利润2.19亿元，略高于2015年1.66亿元。

民营资本与国有资本进行股权争夺的案例并不常见。除锦州港外，影响比较大的有湖北阎某与武汉市汉阳区国资委争夺汉商集团控制权、沈某军与武汉市国资委争夺鄂武商控制权，以及与上海市黄浦区国资委争夺新世界控制权等。

在这些争夺战中，二级市场增持、要约收购、与其他股东结成一致行动人关系等，都是常用的争夺方式和手段。比如，阎某“顶格”要约收购汉商集团 9.5% 股份。收购完成后，阎某控制了汉商集团 39.5% 股份，超过武汉市汉阳区国资委 35.01% 的持股比例，跃升为第一大股东。并且此时汉商集团的流通股比例仅为 25.49%，距离 25% 的流通股比例红线仅一步之遥，武汉市汉阳区国资委再获控制权的难度颇大。新世界争夺中，沈某军与昝某达、上海综艺控股等结成一致行动人，持股比例达到 25.22%，超过上海市黄浦区国资委 20.73% 持股比例。上海市黄浦区国资委将会展开哪些后续动作，牵动着市场的目光。

从这些民营资本和国有资本之间的“较量”中可以看出，并不是国有资本会“毫无悬念”地胜出。谁胜谁负，应当持有平常心。市场最关心的不应仅是谁会胜出，更要关心在股权争夺中，战争的双方是否充分尊重市场规则，是否充分尊重公司治理精神。

金宇车城：脱困中的挣扎与“宫斗”

2020年2月14日证监会对上市公司再融资的政策进行了诸多调整后，30余家上市公司推出新的融资方案。正在进行重大资产重组的金宇车城（000803），也再次对其重组方案进行调整。4个月内四改重组方案，颇为另类。

金宇车城频繁调整重组方案，根本原因在于其第一大股东北控能源集团急于脱困。自2017年入主金宇车城以来，北控能源集团不仅前后投入了近6亿元现金，而且与金宇车城的原实际控制人爆发了一场控制权之争。北控能源集团虽然如愿获得控制权，但金宇车城此后亏损进一步加重，其前期投入面临巨大损失。

复盘和检讨北控能源集团入主金宇车城的得与失，尤为重要。

“良缘”初结

金宇车城原本是一家以丝绸产业、房地产开发为主业的公司，其实际控制人胡某成通过金宇集团持有金宇车城23.51%股份。金宇车城1998年上市后经营业绩一直比较平淡。1998年至2015年，18年中14年时间是盈利的，盈利合计0.97亿元，平均每年盈利约690万元；剩余4年时间是亏损的，亏损合计1.1亿元，2015年亏损达3000万元。简言之，企业的底子薄，抗风险能力弱。

进入2016年，受外部环境的影响，金宇车城营业收入进一步下降，亏损6200万元，创历史新高。金宇车城被实施退市风险警示，基本沦为一家壳公司。

经营业绩不善带来融资困难。截至2016年年底，金宇车城资产5.26亿元，负债4.64亿元，净资产仅0.62亿元，资产负债率达88%。在4.64亿元负债中，短期债务2.12亿元，占比约46%，短期偿债压力大。为了缓解资金紧张局面，金宇车城曾向诸多自然人以月利率2%或日利率2.3‰借款用于周转，金额为30万~2500万元。

其控股股东金宇集团也陷入债务危机，债务纠纷官司不断，所持金宇车城23.51%股份被司法冻结，无力驰援金宇车城，只能借助外力。

从2016年6月开始，金宇集团围绕“市场热点”，先后开展了金宇车城对北京恺兴文化、武汉泛娱信息、广州安必平医药科技等公司的收购，以期提升金宇车城市值，并助力其解决债务问题。不幸的是，这些努力均告失败。金宇集团陷入进退维谷的局面。关键时刻，南充市出手“纾困”，引入北控能源集团。

北控能源集团通过北控光伏等 5 家全资子公司，分四批收购金宇车城股份。截至 2017 年 8 月，北控光伏等 5 家公司合计收购金宇车城 2263.41 万股，持股比例 17.72%。初步估算，北控能源集团投入的收购资金应在 5 亿元左右（表 5.12、表 5.13）。

表 5.12　北控能源集团二级市场收购金宇车城情况　（单位：亿元）

收购时间	收购股份	收购后持股比例	每股收购价格	收购成本
2017.4.12—2017.4.13	638.66 万股	5%	19.35～19.57	1.24
2017.4.19—2017.4.26	638.66 万股	10%	18.80～22.27	1.31
2017.5.3—2017.5.11	638.65 万股	15%	18.80～24.79	1.36
2017.8 之前	347.44 万股	17.72%	参照上次收购价	0.78
合计	2263.41 万股	47.72%	—	4.69

表 5.13　北控能源集团各收购主体持股情况

序号	收购主体	持股数（万股）	持股比例
1	北控光伏	776.29	6.08%
2	北清清洁能源投资有限公司	376.02	2.94%
3	天津富驿企业管理咨询有限公司	371.64	2.91%
4	天津富桦企业管理咨询有限公司	371.38	2.91%
5	天津富欢企业管理咨询有限公司	368.08	2.88%
合计		2263.41	17.72%

收购完成后，北控能源集团即与持股 12.14% 的南充国投结成一致行动人关系，二者持股比例合计 29.86%，不仅得以规避持股 30% 触发要约收购，同时持股量超过金宇集团，成为金宇车城新的实际控制人。金宇车城形成北控能源集团、南充国投、金宇集团“三足鼎立”的局面，其中南充国投的地位比较关键，其偏向哪一方，哪一方将获得对金宇车城的控制权。

三方能够达成合作，基于“各有所需”。

金宇集团曾经声称，在其决定与北控能源集团进行合作，转让上市公司控制权前，北控能源集团口头“承诺”，在进入上市公司后第一年，保证上市公司市值达到 100 亿元，第三年市值达到 300 亿元。为抓住机会，挽救自身危局，金宇集团在“自救”无果的窘境下，借助南充国投、北控能源集团的力量扭转上市公司颓势，其意在提高上市公司市值，以增强所持股权的融资能力，进而提高其偿债能力。但这一

“承诺”为日后双方的纷争埋下了伏笔。

而北控能源集团则意在获得一家上市公司控制权，以进行资本运作获得相应收益。

南充国投作为南充市国资委（金宇车城上市之初的控股股东）旗下投资机构，有意充当二者交易的中间人或者协调方，以期能起到关键的制衡作用。

这种合作“思路”最直接的体现是，北控能源集团入主之后，金宇车城的董事会、监事会发生变化。金宇车城董事会有 9 名成员，监事会有 3 名成员。金宇集团作为第一大股东提名 3 名董事和 1 名监事；北控能源集团作为第二大股东只提名 2 名董事，是派员最少的大股东，监事会未派员参加；南充国投则以第三大股东的身份提名 3 名董事和 1 名监事，与第一大股东金宇集团提名数持平。或许，在实现金宇车城的市值“目标”后，三方将对董事会进行调整，确保北控能源集团获得与其持股比例对等的话语权。

北控能源集团入主后不久，金宇车城以 3.83 亿元现金对价收购江苏智临电气 55% 股权，双方约定分批支付收购款（表 5.14）。

表 5.14　收购智临电气的资金支付安排　　（单位：亿元）

期数	支付时间	支付金额	占比
第一期	完成资产交割后 5 个工作日	0.767	20%
第二期	完成 2017 年度业绩承诺后 15 个工作日	0.767	20%
第三期	完成 2018 年度业绩承诺后 15 个工作日	1.15	30%
第四期	完成 2019 年度业绩承诺后 15 个工作日	1.15	30%
合计		3.83	100%

完成收购当年，智临电气实现 0.66 亿元净利润。得益于智临电气的业绩，金宇车城实现净利润 0.43 亿元，一举扭亏为盈，摘掉了 ST 的帽子，“保壳”成功。

同时，为解决金宇车城的资金和债务问题，北控能源集团、南充国投、金宇集团三大股东一起发力。北控能源集团为金宇车城 3 亿元银行借款提供担保；南充国投先以 716 万元收购金宇车城的 2000 万元债权，金宇车城再向南充国投偿还 716 万元，由此解决 2000 万元债务问题，形成 1200 余万元利润；金宇集团在自身资金状况并不宽裕的情况下，承诺以零利率向金宇车城提供 8000 万元借款。一切似乎都在朝着设想的方向发展。

但好景不长，双方经历短暂的“蜜月期”后，就陷入控制权的纷争。

欢喜冤家

事情的起因是金宇车城在2017年年底进行的一次非公开发行。金宇车城计划以22元/股的价格向北控光伏、南充国投分别定向发行2240万股、310万股股份，募集5.6亿元资金。该方案可实现“一石二鸟”目标，一是解决金宇车城收购智临电气3.83亿元的资金问题，二是北控能源集团成为第一大股东。发行完成后，北控能源集团的持股比例将提高至29.39%，金宇集团的持股比例将下降至19.6%，北控能源集团将成为金宇车城第一大股东。

这样的安排应是合作各方协商达成一致的结果。但在监管部门审核方案的最后关头，金宇集团突然“发难”，以其对非公开发行方案理解不到位为由，提出召开临时股东会重新审议方案，并向法院提起诉讼，要求法院判决前次股东会审议决议无效。

表面上看，金宇集团提议终止非公开发行的原因是，金宇车城股价与2017年初次审议时的股价相比，已从23.46元/股下跌至12元/股左右，下跌近半，继续实施发行将有损金宇车城股东利益。

实际上，金宇集团发难的真正原因或许在于，其债务危机已经到了非常严重的地步，但北控能源集团之前的“承诺”远未兑现。

2016年7月为解决资金缺口，金宇集团以其所持金宇车城全部股份作为担保，向北京联优借款5.78亿元。由于迟迟未能归还资金，北京联优在2018年4月向四川高院申请对该笔股权强制执行。一系列司法轮候冻结接踵而来，金宇集团不堪重负。

到2018年年底，北控能源集团入主已1年半，金宇车城的市值不仅没有涨到100亿元，反遭腰斩，市值仅17亿元左右，金宇集团所持股份的价值显然难以满足其偿债需要。

反观金宇车城业绩表现，除2017年因收购智临电气实现短暂盈利外，2018年前三季度亏损约1400万元，再次陷入亏损局面。

在股价业绩双重压力下，金宇集团极有可能想先收回控制权，再做他图。首当其冲的便是终止正在审核中的非公开发行。双方的角力拉开序幕。

北控夺权：先退后进

面对金宇集团的“发难”，北控能源集团进行了积极的抵御和反击，双方对金宇车城控制权的争夺，历时将近1年时间。这起控制权之争的主角是北控能源集团和金宇集团，关键力量是南充国投，“神助攻”是西藏瑞东财富。

北控能源集团采取的第一项举措就是联合南充国投在金宇车城董事会上，否决金宇集团召开临时股东会的提议，稳住阵脚。只要不召开临时股东会，金宇集团就无从否决正在审核中的非公开发行方案。金宇车城董事会由 9 名董事组成：北控能源集团委派2 名，南充国投提名3 名，金宇集团提名3 名，另 1 名由西藏瑞东财富提名，但其立场或倾向于北控能源集团。在这样的格局下，金宇集团的提议根本无法获得董事会通过。

紧接着，北控能源集团和南充国投发布联合声明，打出“三张牌”：

第一张是澄清牌，对金宇集团的市值承诺等说法，予以明确的否认，并指责金宇集团丧失了长期作为上市公司控股股东所应有的常识、认知与操守。二者对金宇集团的指责用词，值得外界品味和意会。

第二张是苦情牌，认为金宇车城在金宇集团的控制下，持续亏损，财务状况恶化。但北控能源集团进入后，为金宇车城的资金接续、扭亏脱困做了大量工作，既积极收购智临电气，又为金宇车城的银行借款提供担保等。尤其是非公开发行，更是扭转金宇车城被动局面的唯一途径，二者已本着最大的诚意和努力推进此项工作。

第三张是警告牌，要求金宇集团停止对北控能源集团和南充国投的恶意歪曲和误导，停止虚假宣传，捏造事实。否则将采取法律措施。

面对北控能源集团和南充国投的联手反击，金宇集团改变策略，一举攻破对方的防线。金宇集团的攻击武器是金宇车城监事会。

除董事会有权提请召开临时股东会外，金宇车城的监事会也有这一权利。因此，在通过董事会提请召开临时股东会受阻后，金宇集团转向寻求通过监事会申请召开临时股东会。金宇车城的监事会由 3 名监事构成，其中金宇集团和南充国投各 1 名，职工监事 1 名，职工监事实际上也被金宇集团所控制。如此一来，即便南充国投委派的监事投出反对票，金宇集团提议的事项还是能以 2∶1 的比例，获得监事会通过。

对监事会构成人员的忽视，成为北控能源集团和南充国投的阿喀琉斯之踵，其力推的非公开发行方案不得不终止实施。双方的合作暂告一段落，分歧则公开化。在金宇车城董事会表决的诸多事项上，经常会形成泾渭分明的两个阵营，对于北控能源集团提出的议案，如聘任北控系相关人员为金宇车城高管、审议公司年报等，金宇集团派出的董事均投出反对票。

至此，可以大体勾勒出北控能源集团、南充国投及金宇集团三者的合作路线图。为挽救自身危局，金宇集团在“自救”无果的窘境下，与南充国投、北控能源集团达成合作意向。金宇集团意在提高上市公司市值，增强偿债能力；北控能源集团意在获得一家上市公司控制权，进行资本运作，获得运作收益，南充国投则有可能作为二者交易的中间人或者协调方，起到非常关键的制衡作用。比如，金宇车城董事会 9 名成员，北控能源集团作为第二大股东只委派了 2 名，是派员最少的大股东，监事会未派员参加，处于“配角”的地位。南充国投则相反，以第三大股东的身份提名 3 名董事人选，与第一大股东金宇集团提名数持平，监事会中也有其代表。

可以说，双方合作的设想很美好，但由于现实的利益纠缠不清，上市公司市值并未上涨，盈利也是昙花一现，导致双方的信任度直线下降，进而引发诸多纷争。金宇集团最终利用监事会的合作“漏洞”得以成功阻止非公开发行。

对于北控能源集团而言，与金宇集团“撕破脸”后，其首选的策略应是退出金宇车城。但此时的北控能源集团很难做到全身而退。如果退出，之前收购金宇车城股份的近5亿元资金，在股价近乎腰斩的情况下，如何收回？如何免除对金宇车城3亿元以上银行借款的担保责任？北控能源集团是想退而不能，只能咬牙坚持下去，或许会迎来新的希望。

对金宇集团而言，尽管债务沉重，但毕竟还是金宇车城第一大股东。北控能源集团不能解决其问题，满足其诉求，最好的办法是换人，如金宇集团曾与宝武环境资源科技有限公司进行过接触和联系。但换人必须要获得南充国投的首肯，并解除与北控能源集团的一致行动人关系，否则金宇集团将难以对金宇车城的董事会进行改组，恢复控制。南充国投成为影响整个战局走向的关键。

如果南充国投偏向金宇集团，与北控能源集团解除一致行动人关系，北控能源集团将彻底失去对金宇车城的控制，其派出2名董事发挥的作用有限，前期投入必将面临较大损失。反过来，金宇集团仍只是影响力很小的第一大股东。

从后续走向来看，南充国投选择了继续和北控能源集团合作，主要原因可能在于两个方面：一是北控能源集团不会轻易退出，退出要价必定很高；二是一时之间难以找到合适的意向方再次介入金宇车城的重组与运作，金宇车城债务问题已经很严重，时间上不允许。

2019年4月，金宇车城一纸诉状将金宇集团告上了成都中院，事由竟是其与金宇集团在2003年进行，但至今未完成的一起交易，金宇车城向金宇集团索赔6000余万元。

这起交易简要概况是，金宇车城在2003年以2950万元的价格购买了金宇集团所属子公司的一处房产，但交易的房产事前已被该子公司用于银行贷款融资担保，不具备交易条件。该处房产被查封拍卖后，金宇集团以旗下另一家子公司的房产作为替代，但用于替代的房产实际上也被用于融资担保，土地房产的产权至今未完成过户。整个过程颇具戏剧性。

金宇车城（北控能源集团）认为，金宇集团在交易前已经知道准备交易的资产被抵押，但仍利用其控制力和影响力“促使”双方进行交易，对金宇车城的利益造成严重损害，需要赔偿金宇车城损失。

北控能源集团这招有些用力过猛，颇有些“有罪推定”的味道。金宇车城的交易对象并不是金宇集团，而是其子公司。金宇车城受到损失应该是起诉交易对方，而不是金宇集团。何况要证明金宇集团故意隐瞒信息、强迫交易，举证难度也不小。

此事后来因为金宇车城未“及时”向法院缴纳案件受理费而不了了之。

尽管开局不利，但北控能源集团接下来的动作，却是招招致命，“三板斧”奠定胜局。

第一招是发起部分要约收购。2019 年 4 月，北控能源集团通过北控禹阳正式发起部分要约收购，以每股 15.08 元的价格收购 2266 万股。北控能源集团要约收购的股份数与之前非公开发行的股份认购数大致相当。收购完成后，北控能源集团将持有金宇车城 47.61% 股份，一举获得实际控制人地位。

北控能源集团此举乃是釜底抽薪之策，金宇集团对此毫无还手之力，只是象征性地做了反抗。金宇集团派驻金宇车城董事会的 3 名董事，只是以北控禹阳的关联方北控光伏等所持上市公司股份被质押或冻结为由，质疑北控禹阳是否具备要约收购资格。这种质疑无法阻止北控能源集团实施要约收购。

截至 2019 年 5 月 6 日要约期满，北控禹阳只收购了 523.17 万股（耗资 0.79 亿元），北控能源集团在金宇车城的持股比例仅提高至 21.82%，仍低于金宇集团，金宇车城的股东结构未发生根本性的改变。这一结果显然不符合北控能源集团的预期。

尽管如此，发起要约收购给北控能源集团带来的一个好处是，通过要约收购使得其与南充国投的持股比例合计达到 33.96%，安全超过 30% 的要约收购线。

第二招是二级市场增持。由于要约收购未能取得预期的效果，北控能源集团开始在二级市场增持金宇车城股份。受限于规则，北控能源集团至多只能增持 2% 股份。最终，北控禹阳耗资 0.4 亿元，增持了 255.48 万股，增持比例为 2% 上限，北控能源集团持股比例进一步提升至 23.82%，终于超过金宇集团 23.51% 持股比例，跃升为金宇集团第一大股东，与南充国投的持股比例合计也提高至 35.96%（图 5.6）（后因实施股权激励计划，比例下降至 33.93%）。为实现这一成果，北控能源集团前前后后付出了约 6 亿元现金的代价。

第三招是改组董事会。在获得第一大股东地位后，北控能源集团对金宇车城的控制权发起最后的总攻，改组金宇车城董事会。

改组主要是对金宇车城董事会的产生、议事规则等进行调整，调整的主要方面是将董事会人数由 9 人调减至 5 人，其中非独立董事 3 人，独立董事 2 人，并提前对董事会进行换届。由于此时金宇车城董事会 9 名董事中，北控能源集团可以影响 6 名，其改组董事会的提议得以顺利提交股东会讨论。金宇车城各大股东开始着手提出各自的人选。

北控能源集团提出 4 名候选人，其中 2 名非独立董事、2 名独立董事；西藏瑞东财富提名 1 名非独立董事候选人，该名人员曾任北控水务集团总裁助理，由此可见西藏瑞东财富与北控能源集团关系颇为密切；金宇集团提出 3 名候选人，其中 2 名非独立董事、1 名独立董事；南充国投则只提出 1 名独立董事候选人。金宇车城的股东要从这9名董事候选人中选出5名，其中非独立董事要从5名中选出3名，独立董事要从4名中选出2名。

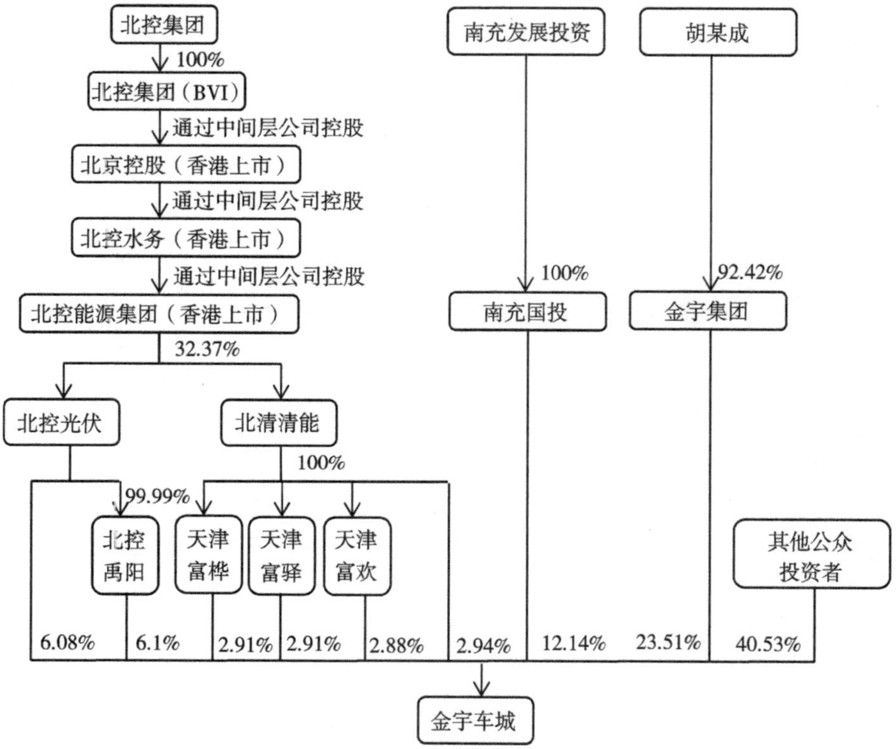

图 5.6　增持后的金宇车城股权架构

从提名情况来看，北控能源集团做出了精心的安排，自己提名4名，独立董事和非独立董事各2名；两位盟友则各提名1名，且一个只提名独立董事人选，另一个只提名非独立董事人选，这样就形成了独立董事、非独立董事各3名的局面，避免了在某一类董事上扎堆。

从各股东的持股比例来看，南充国投、西藏瑞东财富分别持有12.14%、7.1%的股份，其提名的董事人选，若无意外应会担任。剩下的3名董事，将从北控能源集团和金宇集团提名董事中产生。二者的持股比例相当，但考虑到北控能源集团与南充国投、西藏瑞东财富的紧密关系，剩下3名董事中，北控能源集团预计能当选2名，金宇集团只能当选1名。如此一来，在金宇车城新的董事会中，北控能源集团能控制4名董事，金宇集团只能控制1名董事，话语权进一步削弱。

不得不说北控能源集团改组董事会的策略比较高明，压缩董事会规模，并与南充国投、西藏瑞东财富结成联盟，分散提名人选，以求最大可能控制董事会，最好的结果是4∶1，最坏的结果是3∶2。这其中最大的变数是金宇车城中小股东的选择。如果大部分中小股东投票给金宇集团的提名人选，那将意味着金宇集团重新夺回控制权。各方都在紧张筹备运作，等待股东会的结果。

2019 年 10 月 21 日，金宇车城召开 2019 年第四次临时股东大会。这次关键会议的选举结果如北控能源集团所料，其所提名的 4 名人选当选了 3 名，占董事会的比例从之前的 2/9 提高至 3/5，而金宇集团只有 1 名人选进入新的董事会，占董事会的比例从之前的 1/3 下降至 1/5。加上南充国投当选的 1 名，北控能源集团控制了 4 名董事，董事会形成4∶1 的局面（表 5. 15）。北控能源集团终于在股权比例、董事会构成上，彻底控制了金宇车城。金宇集团在失去对金宇车城的控制权后，其所持的 23. 51% 股份也在 2020 年年初被法院判给北京联优抵债，退出竞技舞台。

表 5. 15　金宇车城董事会调整情况　（单位：名）

	调整前构成	新董事会人选提名数	新董事会当选数
北控能源集团	2	4	3
金宇集团	3	3	1
南充国投	3	1	1
西藏瑞东财富	1	1	0
合计	9	9	5

表面上看，北控能源集团在这起控制权之争中占尽上风，但实际过程中也是苦不堪言。金宇集团虽然没有与之抗衡的资金实力，但仍然给北控能源集团的夺权之路设置了不少障碍。股东之间的争斗，最直接的受害者就是金宇车城。2019 年 6 月，金宇车城两笔总额 3450 万元的贷款出现逾期，而且，其截至 2019 年 6 月底的归母净资产仅 0. 36 亿元，几乎资不抵债。2019 年上半年，金宇车城亏损 6700 余万元，经营压力和债务压力进一步加重。

此时，智临电气的纠纷，更让金宇车城的经营雪上加霜。

智临电气闹剧

2017 年，智临电气被收购时，向金宇车城承诺未来 3 年实现扣非后的归母净利润分别不低于 0. 6 亿元、0. 9 亿元和 1. 2 亿元。否则，智临电气的原控股股东将赔偿金宇车城。完成收购当年，智临电气顺利完成承诺。但 2018 年智临电气只实现了 36. 96 万元的业绩，与 0. 9 亿元的业绩承诺差距颇大。按照双方之前协商达成一致的补偿方式，智临电气的原控股股东应该向金宇车城赔偿 1. 2 亿元现金。双方纷争因此而起。

智临电气原股东认为，智临电气已完成2017年业绩承诺，金宇车城应按照协议约定支付其第二笔收购款0.767亿元，但实际上一直未支付。金宇车城则认为，支付第二笔收购款除有业绩指标外，智临电气原股东应完成在协议中承诺的消除同业竞争、关联交易等事项，但实际上并未完成。

双方“扯皮”时，智临电气业绩仍未好转。2019年上半年，智临电气仅实现0.14亿元净利润，与1.2亿元业绩承诺差距很大。

此时对双方而言，继续纠缠是否支付第二期收购款、是否履行业绩赔偿意义不大。在法院的介入下，双方解除股权转让协议，得以“和平”分手，智临电气被剥离。

收购交易惨淡收场，金宇车城的业绩更是一落千丈。收购前，市场对这起交易的性质、是否为交易关联性，以及智临电气盈利能力等方面充满质疑。收购的结局似乎印证了市场的猜测。但这对金宇车城而言，却是难以承受之重。

截至2019年9月底，金宇车城营业收入仅1732万元，仅为2018年4.91亿元营收的3.5%；净利润亏损8625万元，创历史之最；货币资金仅剩700余万元，而账面有息债务总额超过2亿元，资产负债率高达91.8%。此外，金宇车城涉及诉讼事项超过80起，涉案金额超过3亿元。考虑到这些或有事项风险，以及剔除1.29亿元商誉等基本无价值资产，金宇车城实际上已处于破产边缘。

北控能源集团将如何收拾这个烂摊子？

重组儿戏化

北控能源集团给出的脱困措施，依旧是对金宇车城进行资产重组。少见的是，在短短4个月内，重组方案发生如此之多的变化。

版本1.0：发行股份收购三项资产。

2019年10月底，金宇车城发布第一版重组方案，拟以发行股份方式收购山东十方环能（新三板挂牌公司）、北京中源创能、天津协宏科技三家公司的控制权。

版本2.0：收购资产三项变两项。

12天后，2019年11月初，金宇车城发布第二版方案，拟以13.15元/股的价格发行股份收购十方环能86.34%股权和中源创能60%股权。同时，金宇车城拟向北控光伏等募集配套资金，用于支付少量现金交易对价、补充流动资金等，北控光伏承诺认购不超过1.8亿元。

版本3.0：收购资产仅剩一项。

2020年1月，收购方案再调整，金宇车城拟以13.39元/股的价格收购十方环能86.34%股权。同时，拟募集不超过3.5亿元配套资金，其中北控光伏承诺认购不超过1.8亿元保持不变。

由于中源创能营业收入指标占标的资产对应指标的20%（表5.16），根据监管政策，金宇车城召开董事会重新审议方案。“所幸”的是，此时金宇车城的股价并未发生大的波动，发行股份的定价只是微调至13.39元/股，未对收购产生重大影响。

表5.16　标的资产构成情况　　（单位：亿元）

标的公司	收购股比	2019年9月30日		2018年度
		资产	归母净资产	营业收入
十方环能	86.34%	6.69	4.2	1.93
中源创能	60%	0.91	0.4	0.69
合计		7.6	4.6	2.62
中源创能占比		12.02%	8.77%	26.28%

通过3.0版本，北控能源集团透露了4大合作要点。

一是经北控能源集团提名并担任金宇车城非独立董事的王某军，其所持十方环能3.96%的股份也在被收购范围，价值1800余万元（十方环能100%股权估值4.79亿元，定价4.56亿元）。

二是十方环能有两位股东未参与收购股权交易，其中一位是持有13.43%股份的第二大股东孙巍。其未参与收购的主要原因是，所持股份因债务纠纷被法院查封暂时无法交易。但金宇车城与其约定了后续收购安排。这部分股份价值6125万元，或许又会是一起重大资产重组，增加了交易的难度。

三是突击入股。在金宇车城明确收购十方环能控股权后，2019年11月，十方环能两大股东将其所持400万股股份转让给兴富1号战略投资基金。此时十方环能100%股权估值3.71亿元，低于与金宇车城交易的4.56亿元定价。

四是业绩承诺为零。十方环能控股股东甘海南、段明秀承诺，2020—2022年，十方环能每年归母净利润大于零。只有出现亏损，二人才以股份或现金方式补偿亏损额。

做出这样奇怪的“业绩承诺”，理由在于十方环能估值是按资产基础法得出的。根据监管政策，上市公司收购的资产如果全部按资产基础法估值，被收购方的股东可以不做业绩承诺。既然如此，北控能源集团完全可以在方案中说明不需业绩承诺，但为了不影响上市公司盈利，甘、段二人愿意就十方环能的亏损进行补偿，而根本不必采取这种令人“啼笑皆非”的说法。

版本4.0：全面要约“乌龙局”。

2020年2月14日，证监会对上市公司再融资政策进行了较为宽松的修订。4天后，金宇车城即推出新一版“充分利用政策红利”的交易方案。主要变化体现在三处。

一是调整发行股份收购资产的股份定价，将股价由 13.39 元/股下调为 12.7 元/股。这意味着，十方环能的股东将会获得更多的金宇车城股份。

二是确定配套资金的募集对象及认购对价。在 3.0 版本中，北控能源集团仅明确募集 3.5 亿元资金，北控光伏认购不超过 1.8 亿元。这样的安排存在一定风险。如果届时金宇车城的股价不符合认购方的预期，将有可能导致资金募集不足。

新版方案明确了金宇车城将以 10.7 元/股的价格向北控光伏、禹泽基金等 3 名投资者发行股份募集配套资金，北控光伏承诺兜底认购 1.8 亿元，同时将认购上限提高至 2.45 亿元，禹泽基金认购 1.1 亿元。

值得一提的是，禹泽基金也是北控能源集团的关联方。该基金由北控能源集团控制，并由其联合关联自然人共同出资组建而成。

如果方案最终得以实施，北控能源集团在金宇车城的持股比例将由 22.48% 上升至 29.37%。南充国投的持股比例则由 11.46% 下降至 7.92%。二者作为一致行动人，持股比例由 33.93% 提高至 37.29%，控制权得以进一步加固。

三是北控光伏同步发起全面要约收购。在控制权进一步稳固的时候，北控光伏却发起全面要约，其中的必要性何在？

首先来看北控光伏的要约收购条件。北控光伏的要约收购价为 10.7 元/股，与认购配套资金的股份定价一致；要约对象是除北控能源集团、南充国投外的其他股东；全面要约收购的目的不是私有化金宇车城且与重大资产重组互为条件。

在此处，北控能源集团当是闹了一个“乌龙”。

北控光伏给出的要约收购股份数为 8180.19 万股，要约收购资金为 8.75 亿元。但金宇车城除北控能源集团、南充国投外，其他股东持有的股份数应是 8942.19 万股，二者相差 762 万股。笔者猜测，相差的股份，应是金宇车城 2019 年年底实施股权激励计划增发的 762 万股限制性股票。

北控能源集团剔除这部分股份及相应收购资金的原因在于，根据相关政策规定，限制性股票不得接受要约，除非是私有化上市公司。北控能源集团对此可能存在理解上的误区，规定中所说的不得接受的要约，应主要针对部分要约收购。

北控能源集团发出全面要约的直接原因是，重组完成后其与南充国投的持股比例从 33.93% 提高至 37.29%（图 5.7），超过 2% 的增持上限，按规则需要进行全面要约收购。在发出全面要约的时候，北控能源集团可以表明，全面要约的目的不是私有化金宇车城，只是满足规则的需要。但在准备工作方面，如收购资金和履约保证金等，应当按私有化的要求去准备。毕竟发出全面要约后，可能发生私有化。

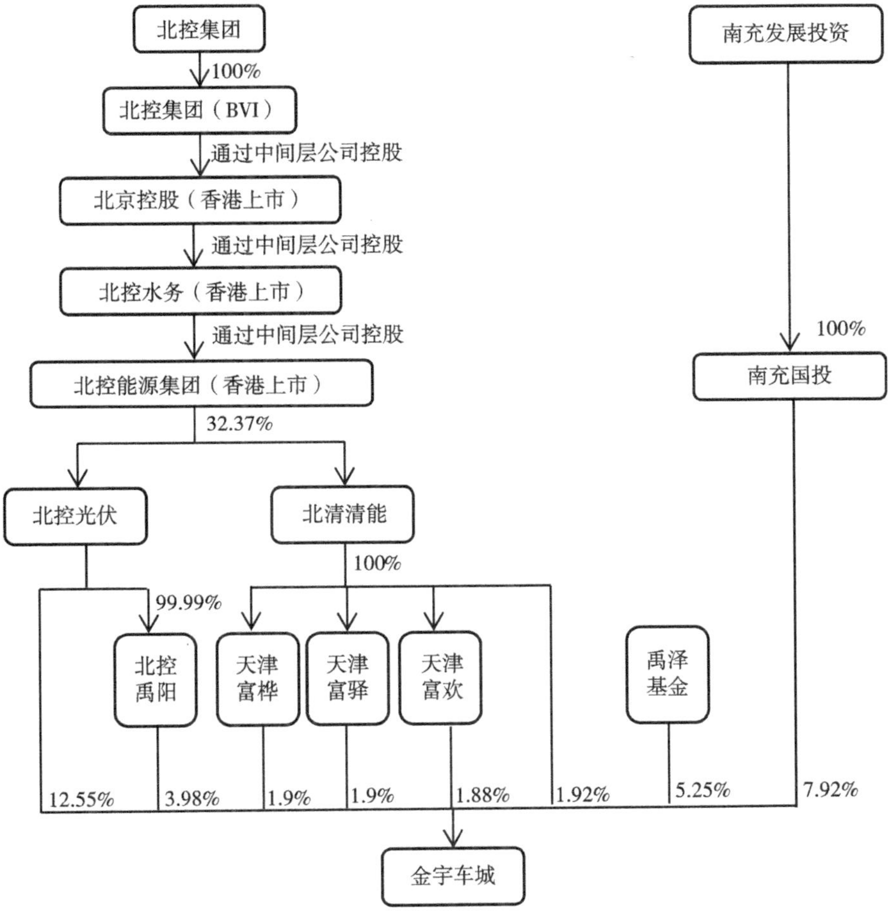

图 5.7　增持后的金宇车城股权架构

全面要约收购后，如果金宇车城的股权结构不再满足上市条件，监管政策也允许北控能源集团进行股份调整，如对外转让部分股份等，以使金宇车城的股权结构重新符合上市公司要求。

因此，尽管北控能源集团可以说全面要约收购不以私有化金宇车城为目的，但要为此要约准备的资金应是 9.57 亿元现金，而不是现在的 8.75 亿元。

值得进一步推敲的是，北控能源集团为何要发起要约收购。笔者分析，原因可能在于两个方面。

一是缩短股份锁定期。北控光伏和禹泽基金认购配套资金后，北控能源集团和南充国投的持股比例提高了 3.36%。虽然金宇车城股东会可以豁免其全面要约收购义务，但在豁免的同时，北控光伏和禹泽基金所认购的股份，锁定期将由 1 年半延长至 3 年。为缩短锁定期，北控光伏决定直接发起全面要约，以保持 1 年半锁定期，增强其融资、退出的灵活性。

二是为解除一致行动人关系做准备。此次重组完成后，北控能源集团持股比例为29.37%，通过要约收购，预计持股比例还将进一步提高，极可能超过30%，稳坐第一大股东，具备与南充国投解除一致行动人关系的基础。

4.0 版本的方案，最大的风险在于金宇车城中小股东如何看待股份发行的价格和十方环能的盈利能力。十方环能主要从事垃圾处理业务，这类业务的特点是，技术门槛较低，回款速度、资金实力等决定企业的经营业绩。十方环能虽然近几年均有盈利，但 2017 年至 2018 年的应收账款周转率分别为 1.69%、2.97%，均较大幅度低于可比同行业上市公司。在核销部分坏账后，十方环能的应收账款周转率仍低于可比上市公司行业平均值。

截至 2020 年 3 月 4 日，金宇车城收盘价为 13.64 元/股，高于募集配套资金发行股票的 10.70 元/股定价和购买标的资产发行股票的 12.7 元/股定价，中小股东的选择将非常重要。有金宇车城此前收购智临电气的前车之鉴，十方环能的盈利能力将备受关注。

得失方寸间

综览重组方案调整变化的整个过程，既可以看出北控能源集团对政策的敏感性，也可以看出其“努力”程度。如果方案得以实施，北控能源集团在金宇车城的累计资金投入近 10 亿元。时间成本更是难以估量。

最大的问题在于，收购方案是不是太过灵活？收购标的尚未确定，就急于推出方案，短时间内对方案一再修改，令人不得不怀疑，这些重组究竟是为了帮助金宇车城脱困，还是为了重组而重组？资本的力量在提升企业竞争力，提升企业价值方面，究竟应起到什么作用？重组是游戏，是工具，是催化剂，但不能是儿戏，不能仅是资本的盛宴。

复盘北控能源集团入主金宇车城的全过程可以发现，为获得金宇车城的控制权，北控能源集团付出了大量的时间成本和资金成本，如发起部分要约收购、在二级市场继续增持等。但截至目前，北控能源集团对金宇车城的投资效果并不理想，金宇车城股价由收购时的 24.79 元/股左右跌至如今的 13.64 元/股左右，前期近 6 亿元投入蒙受巨大亏损。

更为严重的是，金宇车城在其控制下经营业绩掉头直下。短短 3 年时间，营业收入从亿元规模急剧下降至 1000 余万元，债务负担持续加重，诉讼纠纷不断发生，实际已处于破产边缘，付出巨大的时间成本和机会成本。金宇集团等三大股东却各怀心思，导致利益纠纷不断，内耗严重，导致金宇车城的脱困走上了漫漫长途。

资产重组作为上市公司重要的脱困助力工具，实际运用效果差强人意。金宇车城、天神娱乐、凯迪生态、新日恒力、法尔胜等众多上市公司因为资产重组陷入更大的困境和深渊。最大的原因在于对操盘方没有引起重视，甚至忽视了并购交易的最大风险，即对标的公司经营质量和盈利能力的审慎判断。

在上市公司并购重组或将重启热潮的当下，重新认识资本与产业相辅相成、相互成就的关系，重新思考市值管理的目的与意义，尤为重要。如果市值管理单纯依靠娴熟的资本运作技巧、精密计算的持股比例、精准利用政策红利，不重视甚至忽视企业内生增长能力的培育和发展，并购重组无疑是无源之水，无本之木。

陆

爆雷：失败的并购如何发生

导 读：并购失败的原因有很多，归根结底，可以归纳为两条：自满和盲信。自满导致忽视并购存在的天然风险，认为一切尽在掌握之中；盲信导致对自身实力、并购项目缺乏客观的评判和独立思考，人云亦云。在这两种心态下实施并购，不仅难以对并购标的进行有效整合，而且还会对自身的安全和生存造成毁灭性打击。暴风集团联手光大资本收购 MPS，就是其中的典型。

第一，要防止并购失败，唯一可行的办法就是下苦功夫，结硬寨，打呆仗，扎扎实实做好并购项目的每一步。要高度重视前期基础性工作，对自身的战略诉求、实力、外部支持条件做充分、客观的评价，避免一开始就进入与自身实力不相匹配的并购行为。

第二，要做好并购全过程的风险管理，尤其重视尽职调查。并购的每一个环节都充满着风险，如并购标的不合适、交易对手不理想、交易杠杆过高、难以通过监管审查等，这就要求买方提前对并购项目做好系统性的梳理和安排，制订预案。而做好这些工作的基础，主要依靠尽职调查，并且尽职调查的范围不应仅局限于并购标的本身的业务和资产情况，还应外延至利益相关方、监管环境等。值得注意的是，收购完成后，前期拟定的整合计划需要及时跟上，切不可轻易动摇或改变。否则，并购的战略效果将很难达到。

第三，做好并购成本控制。在笔者看来，与其预测并购项目的未来收益，还不如扎实控制好现在的并购成本。主要的原因在于，收益是难以预测且不可控的，成本却是可以测算并可加以控制的。况且，在其他条件不变的情况下，并购成本越低，意味着并购收益会更高。控制成本的主要手段，是设计好交易架构，如交易对价支付方式、支付进度、税收筹划等。

第四，要有一个强有力的内部并购团队，不能单纯依靠外部的财务顾问、投行等中介机构。毕竟，鞋合不合适，只有自己知道。

第五，坚持和隐忍。任何一家产业性的公司不可能长期处于并购之中，需要像猎手一样静伏在丛林中，等待合适的时机出手。实施并购时，还会遇到诸多意想不到的困难。要抓住机会、克服这些困难，无疑需要付出耐心，忍受寂寞和痛苦。

暴风、光大并购MPS：“一场游戏一场梦”

近几年，资本市场陆陆续续出现一些并购失败的项目，比较典型的就是商誉减值和股票质押爆仓。在这些失败的并购项目中，光大证券（601788）与暴风科技（300431）运作的跨境并购项目显得较为特殊。其特殊之处在于剧情反转太快，让人啼笑皆非，不可思议。很难想象，众多专业的投资机构怎会容下如此多的错误，并给自身带来非常不利的影响。拆解光大证券和暴风科技主导的这起跨境并购，或许能为后来者提供几分经验与借鉴。

缘起：追捧热门

暴风科技是在2015年3月拆除海外上市架构后登陆A股的，上市后连拉32个涨停板，在资本市场掀起了一场风暴，并带动了影视、游戏等行业的上市浪潮，一时之间风光无限。

受市值急速增长因素的刺激，暴风科技接连开展了多项资本运作，与光大证券所属光大资本、招商银行股份有限公司上海分行联合设立的并购基金——上海浸鑫（有限合伙），就是其中的代表。这只并购基金的规模在暴风科技所设立的各种基金中名列前茅。

光大资本和暴风科技设立上海浸鑫的主要目的是收购国际顶尖体育媒体服务公司MP & Silva Holdings S. A.（以下简称MPS）。此次收购被暴风科技董事长冯鑫认为是暴风科技入局体育产业的“最后一张入场券”，战略意义非同一般。

承担这一特殊历史使命的上海浸鑫设立于2016年2月。设立不久，暴风科技就联合其全资子公司暴风投资对上海浸鑫增资2.01亿元，其中暴风科技作为LP增资2亿元、暴风投资作为GP增资100万元。

除了暴风科技和暴风投资之外，上海浸鑫还云集了光大资本及其全资子公司光大浸辉等12家投资者，其中不乏招商财富、爱建信托等颇具实力的“明星”机构，资金募集规模超过52亿元（图6.1、表6.1）。

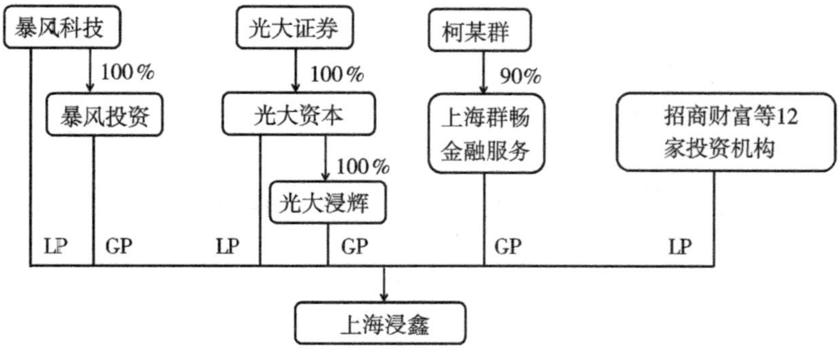

图 6.1　上海浸鑫投资架构

表 6.1　上海浸鑫投资情况　（单位：亿元）

序号	类型	投资机构名称	出资金额
1	GP	光大浸辉	0. 01
2		暴风投资	0. 01
3		上海群畅金融服务有限公司	0. 01
4	LP	招商财富资产管理有限公司	28
5		嘉兴招源涌津股权投资基金合伙企业（有限合伙）	6
6		上海爱建信托有限责任公司	4
7		鹰潭浪淘沙投资管理合伙企业（有限合伙）	3. 15
8		深圳科华资本管理有限公司	2. 5
9		上海隆谦迎申投资中心（有限合伙）	2
10		暴风科技	2
11		冠军昆泰（赣州）投资有限公司	1. 5
12		上海杏奈投资管理合伙企业（有限合伙）	1. 3
13		贵州贵安金融投资有限公司	0. 95
14		光大资本	0. 6
合计			52. 03

上海浸鑫在设立过程中还发生了一个小插曲。设立之初，上海浸鑫的普通合伙人只有光大浸辉和暴风科技两家，二者出资额分别是 2. 25 亿元、0. 15 亿元。作为普通合伙人，光大浸辉和暴风科技的出资有些偏大。这种架构大约维持了一个月的时间方才变成现在的模样，光大浸辉和暴风科技仍作为普通合伙人，但出资额都下降到 100 万元。

进一步分析上海浸鑫的投资人构成可以发现，14 位投资人除了暴风科技之外，其他全部是金融机构或资金通道，他们所起的作用仅仅是提供资金支持。考虑到暴风科技此时并未在体育产业积累相应的经验，并购基金缺乏专业产业投资机构的参与，也为此次跨境并购的失败埋下了伏笔。

有意思的是，上海浸鑫的普通合伙人由 2 家增加到了 3 家，增加了上海群畅。一只并购基金有 3 位普通合伙人，这种情况比较少见，上海群畅在上海浸鑫的角色稍显特殊。

根据上海浸鑫的治理安排，上海浸鑫设立后 2 年内每年应收取的管理费为基金认缴出资额总和的 2%，若认缴出资额超过人民币 50 亿元，以人民币 50 亿元为限。依此计算，上海浸鑫每年可收取管理费约 1 亿元。按三位普通合伙人的出资份额计算，每家每年可获得管理费收入在 3000 万元以上。

上海浸鑫的投资者同时还约定，上海浸鑫的执行合伙人是光大浸辉，负责日常运营；其投资决策委员会拥有最高决策权限，成员由 3 人组成，光大浸辉派出 2 人，暴风科技派出 1 人。投资决策需经所有委员投票同意方可通过。

这样的安排实际上是将上海浸鑫置于光大浸辉和暴风科技的共同控制之下，而上海群畅作为普通合伙人在其中并没有享有任何权利。这样的安排不禁令人生疑：上海群畅在上海浸鑫究竟扮演什么角色？可能的解释是，上海群畅作为普通合伙人入局，或许是出于上海浸鑫的结构化安排，有可能是为了满足上海浸鑫某些劣后投资人的收益要求而作为普通合伙人入局，以通过分享管理费的方式弥补部分投资成本。

遮掩：结构化的面纱

无论是光大证券，还是暴风科技，在设立上海浸鑫的时候均未对基金是否存在结构化安排做出详细的披露。其间虽有上海浸鑫存在结构化安排的传闻，但真正权威的信息来自成都中院的一纸判决书。

2018 年 9 月，成都中院对君富投资诉四川信托一案做出了判决，上海浸鑫的结构化安排也因此得以揭示。

在规模设定上，上海浸鑫起初安排的融资规模是 50 亿元，其中，优先级份额为 30 亿元，中间级份额为 10 亿元，劣后级份额为 10 亿元。君富投资作为中间级投资人，通过有限合伙招源涌津参与投资，而其承诺的 6 亿元出资额来自四川信托所募集的资金（四川信托后来单方否决了资金支持约定，导致双方发生诉讼）。

在收益分配上，按如下顺序进行分配：首先返还优先级投资者的本金，并按其投资额 8.2% 的年化收益支付固定收益；其次返还中间级投资者的本金，并按其投资额 15% 的年化收益支付固定收益；最后返还劣后级投资者的本金。在满足上述支付要求后，若有剩余收益的，将作为超额收益进行分配。对这部分超额收益，普通合伙人享受 20%，80% 的部分向劣后级投资者和中间级投资者进行分配，分配比例为 8：2，即劣后级投资者享受 64% 超额收益，中间级投资者享受 16% 超额收益。

依照这一安排，君富投资作为中间级投资者应享受固定收益和超额收益。对于所享受这部分收益，君富投资和四川信托之间的分配方案是：在固定收益部分，即投资额 15% 的年化收益中，四川信托享受 12.5%，君富投资享受剩余的 2.5%；在超额收益部分，四川信托享受 25%，君富投资享受 75%，实现利益共享。上海浸鑫其他财务投资者的收益分配结构预计与此大致相同。

根据上述信息和上海浸鑫投资者的性质，我们可以大体勾勒出上海浸鑫的结构化安排：招商财富作为优先级投资人，出资 28 亿元；招源涌津和爱建信托作为中间级投资人，合计出资 10 亿元；暴风科技、光大资本等 8 家投资机构作为劣后级投资人，合计出资约 14 亿元。

值得注意的是，上海浸鑫虽然有 8 家劣后级投资人，但并不意味着优先级和中间级投资人的本金和收益，尤其是固定收益部分会全部由 8 家劣后级投资人保证。一种可能的情形或许是只有少数几家，如只有光大资本和暴风科技承担了优先级和中间级投资人的本金和保底收益，其他劣后级投资人只是在收益分配顺序上位于优先级、中间级之后。

这些投资者之间的风险、收益具体如何进行分配，还需要相关上市主体予以进一步披露。尽管光大资本、暴风科技在上海浸鑫的出资比较小，但由于二者已经形成对并购基金的实际控制，而且跨境并购行为已经失败，对其投资者产生重大损失，进而影响到上市公司利益，作为公众公司，理应对市场进行完整的披露。如果真是由光大资本和暴风科技承担其他投资者的投资本金和固定收益，无疑将会对上市公司的中小股东利益产生重大影响。

幻灭：迷之跨境并购

MPS 由意大利商人里卡尔多·席尔瓦（Riccardo Silva）和英国锦标赛球队利兹联（Leeds United）的老板安德烈·拉德里扎尼（Andrea Radrizzani）于 2004 年创立，核心业务是体育赛事版权（转播权）的收购、管理和分销。在他们的领导下，MPS 迅速成为全球体育媒体权益市场中最大的参与者，坐拥世界杯、英超、意甲、法甲、F1、法网、NFL 超级碗、NBA 等十多项世界顶级赛事版权，从一个名不见经传的小玩家逐渐成长为地位举足轻重的版权巨擘。

为获得最后的入场券，2016 年 5 月，暴风科技和光大资本通过上海浸鑫收购了 MPS 65% 的股权，收购价格约 47 亿元。按此计算，MPS 的估值已经超过 72 亿元。与此同时，暴风科技还牵头设立了暴风体育，进军体育产业的阵势已然拉开。

然而，在上海浸鑫入主之后，MPS 却走上了下坡路，与相关体育赛事联盟的版权和合约不断丢失。2017 年 10 月，MPS 在意甲国际版权的竞标中输给竞争对手 IMG，这是 MPS 自创立以来首次丢掉意甲版权；同年，BeIN 体育也从 MPS 手中将法甲版权夺走。此后，MPS 在体育版权市场上节节败退，并且由于无法支付版权费，各大版权方有的与 MPS 提前终止合同，有的则是直接将其告上法庭。MPS 的生产经营举步维艰。

压垮 MPS 的最后一根稻草来自法国网球联合会（FFT）。2018 年 10 月 17 日，经 FFT 申请，英国高等法院下令将 MPS 进行破产清算。FFT 申请的理由是 MPS 一直未向其支付 500 万英镑（660 万美元）版权费。很难想象一笔数千万元的版权费就将一家估值 72 亿元的公司压垮，而此时距离它被收购还不到 2 年半的时间。

虽然外界难以知晓光大资本、暴风科技在接手 MPS 后，MPS 的内部究竟发生了什么，但从透露出的情况来看，光大资本、暴风科技在收购 MPS 上犯下了比较多的“失误”。

其一，收购时没有对核心人员做竞业禁止规定。MPS 的商业模式决定了其业务发展对公司重要人物的依赖程度比较高。对于此类公司，有经验的收购方一般会在收购时对相关核心人员，如公司高管、核心人才等作出竞业禁止规定，要求这些人在收购完成后一定时期内，如 3 年或 5 年内，不能从事同行业业务，或者给予一定的奖励、期权等激励措施留住关键少数，以实现平稳过渡，维护公司的利益。但光大资本和暴风科技在收购时似乎并未作出相应的安排。

MPS 的创始人 Radrizzani 早在 2015 年就创立了一家体育转播公司 Eleven Sports，拥有意甲、西甲、荷甲和中超在英国的转播权。在被收购之后，Radrizzani 于 2017 年买下了英冠球队利兹联。而 MPS 的另一位创始人 Riccardo Silva 也在 2017 年买下了美国二级职业足球联盟球队迈阿密 FC，并在 2018 年成为意甲豪门 AC 米兰俱乐部的股东。两位创始人的举动显然会对 MPS 收购后的生产运营造成影响。

其二，对 MPS 缺乏有效的运营管理手段。光大资本、暴风科技在收购 MPS 后，似乎对如何经营管理好这家行业巨擘缺乏足够、有效的手段和方式，导致人员“离心离德”。FFT 起诉 MPS 时，曾获得 MPS 前首席执行官乔尚·勒施（Jochen Lösch）和 MPS 审计机构致同会计师事务所（Grant Thornton）的背书；MPS 新加坡公司的首席执行官谢默斯·奥勃良（Seamus O'Brien），在 2018 年 1 月加入 MPS，短短 7 个月后便辞职退出等。这些高级管理人员的举动都从侧面反映出 MPS 已经在生产经营管理上陷入困局，与股东方也矛盾重重。

上述种种迹象表明，这起跨境并购的运作方严重缺乏并购交易的管理能力，前期工作不扎实、实施过程中风险控制不严、收购完成后缺乏有效整合手段，等等。完成收购 MPS 后，曾有相关机构自诩，仅用了 6 个半月的时间就完成了整个交割。

此时看来，这种说法未免有点“托大”。或许是过快的操作，导致收购主体对收购项目缺乏足够的尽职调查和系统化的规划设计，导致缺少相应的风险控制手段和措施，导致出现投资面临全部损失的情况。这起并购项目的发起者和配合者都迷失在“上市公司 + PE”并购模式之中，以前所未有之“勇气”，将实现预期投资收益的全部赌注都压在注入上市公司这种简单、粗暴的设计上。

苦酒：难以承受之重

MPS 被英国高等法院裁定破产清算，从目前情况来看，基本没有回旋的余地，这将给上海浸鑫的投资者带来巨额损失。对劣后级投资人而言，承担的损失将会更大，不仅自身的投资会全部损失，还要面对优先级、中间级投资人的追偿要求。

2018 年 10 月 22 日，光大浸辉与华瑞银行在上海浸鑫的收益争议一案，被上海国际经济贸易仲裁委员会受理。华瑞银行要求光大浸辉依据《上海浸鑫投资咨询合伙企业（有限合伙）合伙协议之补充协议》的约定，向其支付投资本金、收益等合计 4.52 亿元人民币。

2019 年 2 月，上海浸鑫优先级合伙人的 2 位利益相关方又向光大浸辉的母公司光大资本出具《差额补足函》，要求光大资本承担相应的差额补足义务。这 2 位利益相关方应与招商财富及其投资者有关。在上海浸鑫 2 年存续期届满的情况下，如果由光大资本或者是光大浸辉单方面承担差额补助义务，对光大证券而言，将会是一场可怕的“灾难”。

2018 年光大证券实现营收 77.9 亿元，利润 19.5 亿元，分别较 2017 年下降 20.81%、51.74%。如果光大资本独自履行差额补助义务（优先级投资者的投资本金高达 28 亿元），光大证券将会产生巨额亏损。目前，光大证券已经全额计提了光大资本在上海浸鑫的 6000 万元劣后级投资，承认投资失败。后续如何发展，将会对光大证券的命运产生重大影响。

光大证券的日子难过，暴风科技的日子同样难过。

在经历上市及其之后狂飙的突进后，暴风科技“迅速”进入了低潮期，市值从最高点时的近 400 亿元一路下跌到现在的 35 亿元。2015 年暴风科技上市时尚且盈利 1.58 亿元，但 2016 年至 2017 年连续两年亏损，分别亏损 2.42 亿元、1.75 亿元，2018 年亏损额进一步放大到 18.87 亿元。在资产负债率、现金流等方面，暴风科技的情况也不容乐观（表 6.2）。

表 6.2　2015—2018 年暴风科技财务状况　（单位：亿元）

	2015 年	2016 年	2017 年	2018 年（快报）
资产	13.49	25.60	29.52	12.67
负债	6.83	17.33	19.15	—
资产负债率	50.63%	67.70%	64.87%	—
收入	6.52	16.47	19.15	11.23
净利润	1.58	-2.42	-1.75	-18.87
经营活动现金净流量	0.89	-1.76	-4.93	—
筹资活动现金净流量	4.93	4.79	4.99	—
投资活动现金净流量	-3.06	-4.72	-0.75	—

面对如此财务“窘境”，暴风科技承担总额高达 40 亿元优先级、中间级投资者的本息偿还责任，无疑是雪上加霜。MPS 的收购失败，无论是对暴风科技，还是对光大证券，都是一杯难咽的苦酒。

若拙：敬畏与笨功夫

过去几年，受上市公司高估值的影响，各种收购手法层出不穷，上市公司 + PE、高杠杆收购、三方交易，等等。这些运作手法最基本的出发点是先将资产注入上市公司，相关利益方再套现离场，一时风光无限。

当时间的脚步跨入 2018 年，资本市场的监管逻辑发生了翻天覆地的变化，减持、再融资等新规陆续出台，使得曾经风光无限的资本游戏难以继续，商誉爆雷、质押爆仓，落得个白茫茫大地真干净。光大资本、暴风科技收购 MPS 之所以会面临这样的局面，虽有外部监管环境的变化导致后期注入上市公司的动作未能如期开展的原因，但更多的是因为并购项目管理能力的严重缺失。从最初的尽调到后期的整合，光大资本、暴风科技都未能完成原本应该完成的工作，只能吞下自己种下的苦果。这起收购在失败的同时，也给了我们诸多启示。

其一，在监管上，需要确保信息披露的真实性、完整性和有效性。设立上海浸鑫时，只有暴风科技对其投资行为做了蜻蜓点水般的披露，没有提及自身承担的其他义务和责任，而光大证券只是在 2018 年第三季报中提到了光大资本涉及仲裁的事情，在此之前，也未对投资行为做过完整的披露。二者虽然投资金额较小，但承担的隐性责任却很大，不进行相应的披露，显然是值得商榷和关注的。

其二，充分认识到并购是一件系统性非常强的工作。曾经有人说，做好一起并购要回答好三个问题：我是谁、我从哪里来、要到哪里去。这样的认识并不完整。

这三个问题只是并购的战略问题，要做好一起并购，还要回答好两个并购的战术问题：怎么去、去了怎么办。光大资本和暴风科技就是没有回答好后面这两个问题才导致出现如此的局面。

其三，做好风险和收益的分配。并购交易的实质是将风险和收益在交易各方之间进行分配，谁承担的风险大，谁获得的预期收益就越大。这就要求并购交易方案的设计者和操盘者有着高超的平衡艺术，需要在对并购所面临的风险进行尽可能全面辨识、评估的基础上，对如何进行分配进行高效设计。如果当初暴风科技、光大资本能考虑到高管竞业禁止、提前做好管理对接与融合，或许 MPS 就不会在短短 2 年时间内就从一家行业巨擘公司走到破产清算的地步。

凡是过往，皆为序章。经过冰与火的洗礼，资本市场有望迎来新的春天。作为资本市场重要组成部分的并购重组，也将会翻开新的篇章。无数事实告诉我们，若能对市场多点敬畏之心，多下点笨功夫，坚持最高技术、专业和职业道德标准，资本市场的并购重组一定会创造出新的天地和奇迹，焕发出强大的生命力。

天齐锂业：进击的并购

锂金属素有“工业味精”之称，其行业规模比较小，在新能源行业大发展前，并不为大众所熟知。天齐锂业的前身射洪锂业则是这个小行业中毫不起眼的一家小企业。

射洪锂业是在1992年成立的射洪县国有企业，自成立之日起便陷入长期亏损。为卸下这一“包袱”，2004年射洪县政府与蒋某平所控制的天齐集团签署协议，在剥离射洪锂业的债务后，以1144万元价格，将射洪锂业全部股权转让给天齐集团，射洪锂业更名为天齐锂业。

似乎受更名的影响，天齐锂业自此走上了与之前完全不同的发展之路，一场影响世界锂行业格局的“风暴”也在悄然形成。

从贸易商到实业家的华丽转身

蒋某平和射洪锂业结缘，主要还在于其与射洪锂业形成的长期贸易合作关系。射洪锂业主要生产工业碳酸锂，所需的原料原本由其股东四川金川提供。但由于四川金川的锂矿品位低、规模小，国内其他锂辉石矿也存在品质不稳定、供应规模小等问题，自1998年开始，射洪锂业便开始通过蒋某平控制的天齐五矿代理进口澳大利亚泰利森的锂辉石，蒋某平也由此开始与射洪锂业结缘。这一缘分直到2004年完成射洪锂业股权转让取得阶段性成果。

工科出身的蒋某平入主天齐锂业后，立即从技改升级、改变管理和经营方式、提高劳动生产率等方面进行了一系列“手术”。经过数年努力，蒋某平终将一家濒临破产的小企业打造成为一家上市公司。

从2007年到2010年上市前夕，天齐锂业基本每年实现营收3亿元，利润5000万元左右，资产规模也从2.9亿元稳步增长到4.4亿元（备注：天齐锂业2010年资产额大幅增加的原因是当年完成上市募资所增加的现金资产）。在天齐锂业获得重生的同时，蒋某平个人也完成了从贸易商到实业家的华丽转身。

上市后的天齐锂业，依旧保持着非常稳健的发展节奏，直至一个千载难逢机会的出现，世界锂业巨头Talison（泰利森）在寻找买家。

拦截收购泰利森，上游扩张获得重大突破

为更好地理解天齐锂业收购泰利森的战略意义，有必要先简要了解一下锂的行业特点。

锂是一种重要的战略金属，在高新技术和军工产业中应用广泛。近年来，随着全球对清洁能源需求的高涨以及新能源汽车的兴起，锂的地位凸显，已被锂资源短缺的国家列为战略安全保障资源。

从产业链分析，锂辉石（锂矿）及含锂盐湖卤水是生产锂产品的最初原料（8吨锂精矿生产1吨碳酸锂），处于产业链的上游；接下来通过矿石提锂和卤水型盐湖提锂两种方式生产工业级碳酸锂，并以工业级碳酸锂为原料生产氢氧化锂、电池级碳酸锂、氯化锂，进而延伸到锂基脂、锂电池正极材料、金属锂产品等下游领域（图6.2）。天齐锂业主要生产工业级碳酸锂、电池级碳酸锂，处于锂产业链的中游位置。

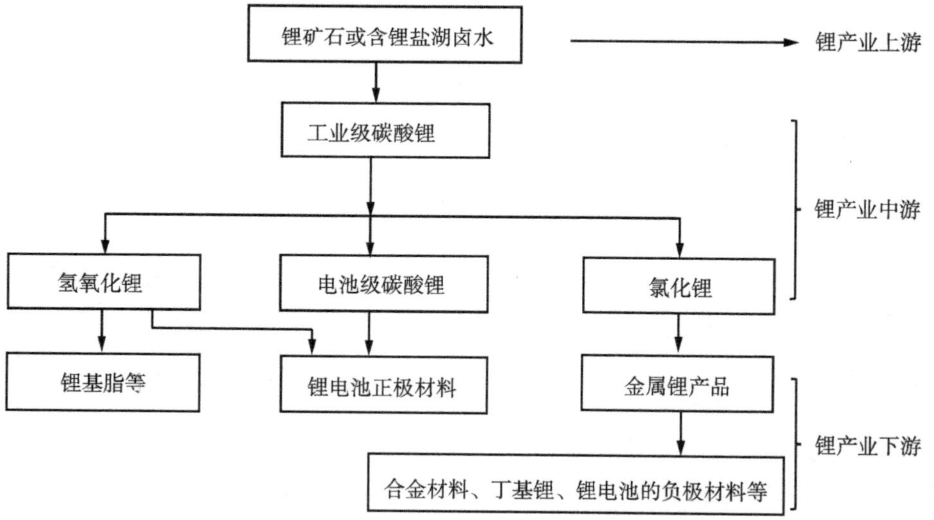

图6.2 锂产业上中下游

全球最大的五家锂企业是SQM、ALB（雅保）、泰利森、FMC和Orocobre，这5家企业拥有的“四湖三矿”提供了全球80%～90%的锂资源。锂的上游行业集中度极高，锂资源供应呈现出寡头垄断格局。比如，SQM是全球最大的锂企业，拥有世界最大、品质最优的Atacama盐湖，还拥有阿根廷Cauchari Olaroz锂项目50%的权益和Mt. Holland锂矿项目50%的权益；泰利森是目前全球最大固体锂矿拥有者及供应商，拥有目前世界上正在开采的、储量最大、品质最好的锂辉石矿——西澳大利亚Greenbushes（格林布什矿），Atacama盐湖和Greenbushes的产量占“四湖三矿”总

产量的70.2%。

全球中下游的锂盐产业同样也高度集中，2017年前五家企业产量合计约占全球60%，排名前三的企业分别为SQM、雅保以及天齐锂业。

从全产业链竞争力角度看，中国锂资源生产能力弱，但锂盐加工能力强。中国锂资源以盐湖型为主，但限于技术和成本各方面原因，目前依然主要从矿石中提锂，所需锂矿石几乎全部依赖进口。天齐锂业生产所需的锂精矿全部采购自泰利森，也是泰利森最大的客户，天齐锂业在2011年、2012年从泰利森采购的锂精矿量分别约占后者产品年销量的35.69%和36.56%。天齐锂业收购泰利森的行为正是发生在这样的行业背景之下，整个过程也是充满波折。

2012年8月底，泰利森与雅保所属的全资子公司洛克伍德达成一致，后者将以每股6.5加元的价格收购泰利森全部股份，并从多伦多交易所退市，收购成本总计7.24亿加元，折合45.54亿元人民币，泰利森的股东会将在11月底对这次交易进行表决。

如果泰利森的股东会通过了交易方案，锂产业的上游集中度将会进一步得到提升，这对锂矿资源对外依存度很高的中国和天齐锂业而言，议价能力将会被进一步削弱，自身利益无疑会受到长期影响，我国的钢铁行业就是前车之鉴。基于此，在仅有3个月等待期的情况下，天齐锂业做出了参与收购竞价的决定。

其收购过程大体分四步进行。

第一是突袭收购，争取主动。

天齐集团先在香港设立全资子公司天齐集团香港，再通过天齐集团香港在澳大利亚设立Windfield Holdings Pty Ltd（以下简称文菲尔德），并以后者为平台在二级市场上“低调”购入泰利森19.99%的股份，实现了在规避触发要约收购的情况下，达到在泰利森股东会上狙击洛克伍德交易方案的目的，为自己争取主动，赢得时间。

自2012年9月至11月初，文菲尔德以二级市场交易和场外协议转让方式累计收购了泰利森2288万股，约占泰利森股本的19.99%，其中二级市场“吸筹”的比例低于10%。天齐集团这样操作的原因是，根据泰利森上市地多伦多交易所的规则，文菲尔德在持有泰利森的股份超过10%时需要发布公告。如果文菲尔德完全依靠二级市场的操作，一步步增持泰利森股份到19.99%，无疑会“打草惊蛇”，引起洛克伍德的警觉，为其“迎战”提供了充足时间，“突袭”效果将大打折扣，并会因为二级市场的收购导致泰利森股价上涨，从而增加自己的收购成本。

收购这些股份，天齐集团耗资约1.57亿加元（折合约10亿元人民币）。收购完成后，文菲尔德成为泰利森的第二大股东，仅次于持股36.18%的Resources Capital Fund IV（以下简称RCF基金），地位举足轻重，在泰利森股东会上可以有效行使对洛克伍德收购报价方案的否决权，也就是说，从这个时候开始，洛克伍德完成收购泰利森的可能性变得很小。

总的来看，天齐集团的这场“突袭”做得比较巧妙，收购比例控制在20%以内，既避免了“打草惊蛇”，又规避了要约收购义务（澳交所规定，收购上市公司股份比例超过20%就应当履行全面要约收购义务，需收购泰利森的全部股份），更使自己在泰利森股东会上获得较大的发言权。

第二是引入中投集团，发起收购要约。

在仓促应战，并以较短时间建立阵地之后，天齐集团开始实施反击，准备与洛克伍德进行竞价。

2012年12月，天齐集团提出以每股7.5加元的价格收购泰利森剩余约80%股权（对应泰利森的估值为8.48亿加元，折合约54亿元人民币）。按此报价，天齐集团为收购泰利森80%股权还需支付约6.8亿加元（折合约43亿元人民币）。天齐集团的报价超过了洛克伍德每股6.5加元的报价，被泰利森的董事会认为是最优收购方案并获得股东会及法院的认可，狙击获得成功。

但要实施要约收购，天齐集团首先面临的问题便是收购资金从何而来。天齐集团当时的资产30.6亿元，净利润0.55亿元，而其两阶段收购需动用的资金规模在53亿元左右，这对天齐集团而言，压力颇大。为解决这个问题，天齐集团找到了国家队——中投集团。

2013年2月，中投集团的全资子公司立德投资出资2.73亿加元入股文菲尔德，持有35%股权（图6.3）。

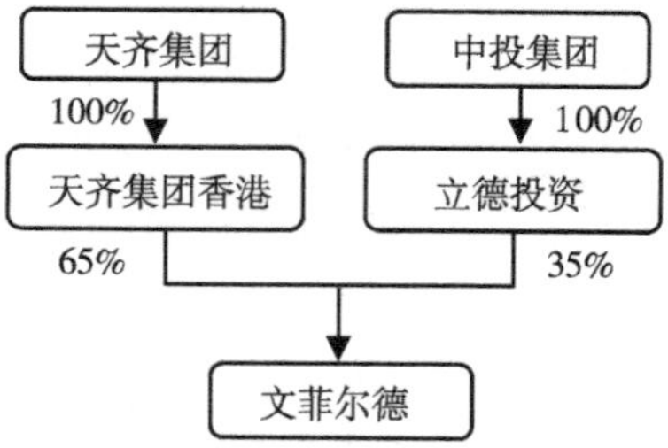

图6.3　中投集团投资文菲尔德

在引入中投集团约3亿加元资金之后，为解决剩下的约3.8亿加元收购资金，天齐集团采取了天齐集团香港进行债权融资，再向文菲尔德注资的方式予以解决。

天齐集团香港分别与Credit Suisse AG（瑞士信贷集团）、中国工商银行股份有限公司、Twenty Two DragonsLtd（ADM Capital之子公司）签署了金额分别为2亿美元、1.2亿美元和5000万美元，合计3.7亿美元的贷款协议。天齐集团全面收购泰利森的资金问题得以解决。为获得这笔借款，天齐集团掌门人蒋某平几乎压上了全部身家，除了质押文菲尔德的股权之外，天齐集团还质押天齐锂业股份等资产，甚至一度请四川美丰（集团）有限责任公司为其提供担保。

简单归纳，天齐集团收购泰利森全部股权的资金主要由三部分组成：中投集团2.73亿加元、银行贷款3.7亿美元以及天齐集团前期投入的1.57亿加元，合计金额9亿加元左右。在完成资金筹措后，天齐集团顺利完成了对泰利森的收购，泰利森从多交所退市。

从最终收购成本来看，天齐集团为获得泰利森65%股份所付出的收购代价是38.76亿元，其中收购对价34.13亿元（第一阶段19.99%股权收购对价约10亿元，第二阶段45%股权收购对价约24.13亿元）、借款利息支出2.3亿元、顾问费及融资费2.33亿元。立德投资收购泰利森35%股权所付出的收购对价约为18.77亿元。

第三是转让部分股权给洛克伍德，规避竞价。

在泰利森的收购竞争中，比较奇怪的一点是洛克伍德并没有在天齐集团提出竞价方案后进一步提高自己的报价，按其实力，应不会如此。

有一种观点认为，洛克伍德在提出6.5加元/股的报价后，曾表示这个报价方案是“最佳及最后的报价”。根据澳大利亚证券和投资委员会政策中的“Truth in takeovers”原则，洛克伍德的这一宣称限制了其提高报价修改方案的能力。但是，如果对“Truth in takeovers”原则有所了解，洛克伍德退出竞价的根本原因应不在于此。

所谓“Truth in takeovers”原则，是指在收购竞价中，提出竞价的一方应确保其在收购中所做的各项声明是真实、可靠的。尽管如此，竞价方仍拥有修改其声明的权利，但前提是必须说清楚变化的原因和目的，并不得对市场和投资者产生误导。

洛克伍德的声明更多的是一种收购策略，意图“迫使”泰利森的股东接受其报价。在天齐集团加入战局后，洛克伍德应有充分的理由去提高自己的报价。洛克伍德退出竞价的根本原因在于天齐集团在泰利森股东会获得了较大的发言权，能否决其收购提案。洛克伍德与其硬拼，不如寻找其他路径实现或部分实现收购目的，而天齐集团为了避免陷入与洛克伍德的竞争，抬高自己的收购成本。或许出于这些考虑，二者才有了后续的一系列合作安排。

天齐集团完成对泰利森全部股权收购后，洛克伍德与天齐集团、中投集团签署协议，洛克伍德将获得文菲尔德49%股权，天齐集团将持有51%股权，中投集团（立德投资）退出。由于文菲尔德的股本结构比较复杂，合作各方为实现这一目的，采取了非常复杂的交易方案。

文菲尔德的股本由A类普通股、B类普通股及可转换票据三大类组成。天齐集团香港主要持有A类普通股和可转换票据，立德投资主要持有B类普通股（表6.3）。

表 6.3　文非尔德资本构成情况　（单位：亿股、亿澳元）

类型	天齐集团香港		立德投资	
	数量	金额	数量	金额
A 类有表决权普通股	1.8	1.8	—	—
B 类有表决权普通股	—	—	0.97	0.91
B 类无表决权普通股	—	—	1.95	1.82
可转换票据	3.63	3.4	—	—
合计	5.43	5.2	2.92	2.73

备注：可转换票据可按 0.94 澳元/份的价格转换为 1 股 A 类无表决权普通股股票

根据文非尔德的股本结构，为实现持股 49% 的目的，洛克伍德采取的具体收购路径如下。

首先，洛克伍德与天齐集团、中投集团就泰利森的估值协商达成一致。洛克伍德对泰利森的估值是 10.7 亿美元，折合约 62 亿元人民币，相当于在天齐集团 54 亿元估值基础上溢价约 13%，而此时距离天齐集团完成收购还不到 1 年时间。

接下来，文非尔德将可转换票据全部转换为 A 类无表决权普通股股票，文非尔德的总股本上升到 8.35 亿股（表 6.4）。按照 10.7 亿美元估值计算，文非尔德每股价格为 1.28 美元。

表 6.4　可转换票据转股后文非尔德资本构成情况

（单位：亿股、亿澳元）

类型	天齐集团香港		立德投资	
	数量	金额	数量	金额
A 类有表决权普通股	1.8	1.8	—	—
A 类无表决权普通股	3.63	3.4	—	—
B 类有表决权普通股	—	—	0.97	0.91
B 类无表决权普通股	—	—	1.95	1.82
合计	5.43	5.2	2.92	2.73

可转换票据转股之后，洛克伍德向文非尔德提供 7.42 亿美元借款。文非尔德将这笔借款主要用于债转股以及回购天齐集团香港和立德投资所拥有的 A 类普通股和 B 类无表决权普通股。

具体而言，文非尔德先将 0.72 亿美元转为 A 类有表决权普通股，文非尔德总股本增加到 4 亿美元。之后，文非尔德用债转股形成的 0.72 亿美元资本金和剩余的 6.7 亿美元借款（贷款期限 2 年，贷款年利率 8%）用于回购股本：0.26 亿美元回购天齐集团香港持有的部分 A 类有表决权普通股（约 2030 万股）、4.66 亿美元回购天齐集团香港持有的全部 A 类无表决权普通股；2.5 亿美元回购立德投资持有的全部 B 类无表决权普通股。

经过上述操作，文非尔德的股本只剩下 A、B 两类有表决权的普通股，股东变成天齐集团香港、立德投资和洛克伍德三家，三者的持股比例分别为 51%、31%、18%。与此同时，文非尔德的债务增加了 6.7 亿美元（表 6.5）。

表 6.5　股份回购后文非尔德资本构成情况

（单位：亿股、亿澳元、亿美元）

类型	天齐集团香港		立德投资		洛克伍德	
	数量	金额（亿澳元）	数量	金额（亿澳元）	数量	金额（亿美元）
A 类有表决权普通股	1.6	1.6	—	—	0.56	0.72
B 类有表决权普通股	—	—	0.97	0.91	—	—
合计	1.6	1.6	0.97	0.91	0.56	0.72

在文非尔德的股本结构得以简化后，洛克伍德接着以 1.24 亿美元价格收购立德投资全部 B 类有表决权普通股。交易完成后，文非尔德只有两名股东，其中天齐集团香港出资 2.04 亿美元，持有 51% 股权；洛克伍德出资 1.96 亿美元，持有 49% 股权（表 6.6）。

表 6.6　洛克伍德完成收购后文非尔德资本构成情况

（单位：亿股、亿美元）

类型	天齐集团香港		洛克伍德	
	数量	金额	数量	金额
A 类有表决权普通股	1.6	2.04	0.56	0.72
B 类有表决权普通股	—	—	0.97	1.24
合计	1.6	2.04	1.53	1.96

综上来看，洛克伍德为持有文非尔德（泰利森）49% 股权，动用的资金规模为 8.66 亿美元，其中股权性资金 1.96 亿美元，债权性资金 6.7 亿美元；所采取的是增资、收购、借款、回购四种方式的结合。

为什么洛克伍德要采取如此复杂的方式完成收购？如果仅仅从交易方案来看，洛克伍德完全可以采取直接收购文非尔德 49% 股权的方式进行操作，同时进行 A

类、B 类的股本结构调整，如将无表决权的股份转换为有表决权的股份即可。答案或许在于洛克伍德降低自身投资成本的需要。

洛克伍德对文菲尔德的估值高达 10.7 亿美元，如果直接采取收购 49% 股权的方式，洛克伍德需支付 5.24 亿美元。虽然金额较实施的方案要低很多，但这些资金全部是股本性投入，如果这些资金来自借款，洛克伍德将需独自承担相应的资金成本。而现行方案的股本性资金仅为 1.96 亿美元，6.7 亿美元为债权性资金，意味着债权性资金的成本转嫁到了文菲尔德，洛克伍德自身的压力大大减轻。

为确保这部分债权资金的安全，洛克伍德还与天齐集团约定，天齐集团和洛克伍德承担最终的偿还责任。二者可选择随时或在到期日时，同时按照相应股权比例，以增资方式偿还该债务。如此一来，不仅增厚了债权偿还的安全垫，而且也赋予了洛克伍德更多的选择权。如果泰利森经营成果向好，完全可以对这部分资金实施债转股。

除了上述安排之外，洛克伍德还授予天齐集团（含天齐锂业）为期 3 年，以 14 倍于过去连续 12 个月 EBITDA（息税折旧摊销前利润）的价格投资洛克伍德德国公司 20% ~30% 权益的期权。洛克伍德德国公司主要负责洛克伍德除智利和美国外的锂业务，处于锂产业中游，但在业内的话语权以及有机锂产品档次上均强于天齐锂业。天齐锂业获得入股该公司的机会，对提升自己的行业地位帮助甚大。

另外，洛克伍德为了获得泰利森的投资机会，所付出的努力也是巨大的，不仅以更高的估值入股泰利森，付出了更多的资金，而且还赋予天齐锂业投资旗下核心资产的机会。造成这一切的根源还是在于天齐集团突袭收购对其形成的被动局面。

第四是泰利森注入天齐锂业，完成资金和交易的闭环。

立德投资参与收购泰利森所付出的成本是 2.73 亿澳元。这些投资在洛克伍德入股文菲尔德的时候全部退出，立德投资共获资金 3.74 亿美元，按当时美元与澳元 1∶1的汇率折算，约为 3.74 亿澳元。立德投资以接近 40% 的收益率获利退出，完成资金和交易的闭环。

相较于立德投资的“轻松”，天齐集团面临的压力非常大。为消化 38.76 亿元收购成本，天齐集团采取了三种方式。

一是通过洛克伍德的入股实现部分退出，天齐集团累计实现退出 4.92 亿美元。按当时美元与人民币 1∶6.2 的汇率折算，约为 30.5 亿元。这部分所得，主要被天齐集团用来偿还收购泰利森时所发生的并购贷款，天齐集团的资金压力大大减轻。

二是突袭收购成功后即向天齐锂业转让文菲尔德 6.64% 股权，天齐锂业向天齐集团预先支付 3.34 亿元。

天齐集团通过这两笔资金运作共计回收资金 33.84 亿元，与其 38.76 亿元的投资成本相差不到 5 亿元，而此时天齐集团还持有文菲尔德 44.36% 股权，解决资金闭环的问题基本已无悬念。

三是天齐集团将文非尔德 44.36% 股权注入天齐锂业，最终实现资金和交易闭环，这也是天齐集团收购泰利森最为关键的一环。

2013 年，天齐锂业实施非公开发行，拟融资 33 亿元，其中 30.4 亿元用于收购天齐集团持有的文非尔德 44.36% 股权。最终，国华人寿保险等 8 家投资者认购了 31.3 亿元。蒋某平没有参与认购，其在天齐锂业的持股比例由 73.75% 下降到 41.9%，但仍保持较高的控股比例。

天齐集团为收购泰利森 65% 股权耗资 38.76 亿元，通过三次退出，累计获得资金 64.24 亿元。简单计算，天齐集团的收益率超过了 60%，如果考虑到借款所产生的杠杆作用，天齐集团的收益率将会进一步提高。天齐集团实现资金和交易闭环的过程虽然复杂，但结局非常美好。

天齐集团在获得 30.4 亿元收购资金后，并没有将其纳入囊中，而是代文非尔德偿还其所欠洛克伍德 6.7 亿美元借款的 51%，约 3.4 亿美元，折合人民币 21.2 亿元。如此一来，天齐集团最终净得约 9.2 亿元，收益率也下降到 25.8%。天齐集团之所以这样操作，主要是基于两个方面的原因。

一是天齐锂业收购文非尔德股权的估值基础是天齐集团的收购成本加合理费用，没有考虑文非尔德净增 6.7 亿美元借款对其股权估值产生的影响（文非尔德原无债务）。如果不消除这笔“平添”的负债，30.4 亿元交易价格将是不合理的。

二是可以迫使洛克伍德同时将其债权进行豁免。按照双方此前的约定，双方应同时按各自股比采取相同方式解决文非尔德 6.7 亿美元的债务。在天齐集团做出行动后，洛克伍德将不得不将剩余的 3.3 亿美元债务进行豁免。如此一来，文非尔德的负债将得以全部消除，洛克伍德获得泰利森 49% 股权的投资成本则上升到 5.24 亿美元，按当时美元兑人民币汇率折算，约合 32.15 亿元。

简单梳理一下天齐锂业收购泰利森的逻辑：由于自身生产经营高度依赖于海外锂辉石矿，在上游集中度有可能进一步集中，洛克伍德议价能力进一步增强的前提下，天齐集团毅然加入收购战局。考虑到上市公司收购需履行一系列的披露和公告程序，为达到“突袭”和提高并购效率，降低并购成本的目的，蒋某平最终选择了先由天齐集团收购，再以成本价转让给上市公司的路径。在具体实施过程中，蒋某平及其控制的天齐集团体现出较强的交易管理能力。

蒋某平先以二级市场收购和场外协议受让两种方式“突袭”获得泰利森 19.99% 股权，不仅有效规避了信息披露义务，而且一举奠定了与洛克伍德竞争的主动地位，迫使后者不得不放弃竞争，并使之在后续合作中以更高的价格收购泰利森 49% 股权。

除了并购策略运用得当之外，在这起并购中还值得关注的是蒋某平的资金管理手段。在自身实力有限的情况下，蒋某平不仅敢于质押自己的全部身家，而且还及时引入中投集团这个强有力的伙伴，并以境外融资的方式快速获得并购贷款，一举完成收购。

在退出方式上，蒋某平也别具一格。除了先期向上市公司转让部分股权，回收一定资金，在减轻自身压力的基础上，还通过利用洛克伍德急于合作，急于获得泰利森优质锂矿资源的心理，使其向文菲尔德借款，并采取文菲尔德回购股权的方式及时回收资金以偿还天齐集团香港的并购贷款，极大减轻了自身的资金压力。

从最终的运作结果来看，蒋某平不仅在短时间内录得了不菲的投资收益，而且还将泰利森这家世界锂业巨头的控制权牢牢控制在手中，天齐锂业顺利实现上游资源零的突破，拥有了西澳州 Greenbushes 锂矿，掌握了全球锂辉石矿供应量的 2/3，全球锂资源（包括锂辉石、盐湖提锂产品）市场的 30%。

由于采取非公开发行筹资的模式，天齐锂业在收购泰利森后，财务状况不仅没有恶化，反而得到优化和提升。截至 2013 年年底，天齐锂业资产 16. 8 亿元，资产负债率 48. 5%；实现营收 4. 15 亿元，亏损 1. 39 亿元。截至 2014 年年底，天齐锂业资产猛增到 61. 29 亿元，资产负债率则下降到 23. 39%，实现营收 14. 22 亿元，利润 3. 28 亿元。天齐锂业在资产规模和行业地位快速提升的同时，一举扭亏为盈。虽然蒋某平在天齐锂业的控股权有所下降，但依旧保持了 41. 9% 的比例，并且随着天齐锂业市值的提升，为其下一步运作奠定了非常好的基础。

布局中游：收购银河锂业江苏

为更好地将泰利森的资源优势转换为经济优势，天齐锂业开始在中游进行发力，着力点在调整、提升天齐锂业产品结构和优化、完善生产布局两个方面。

2013 年前，天齐锂业的主要产品是碳酸锂、电池级碳酸锂、无水氯化锂、单水氢氧化锂碳酸锂四大品种，总产量基本保持在 1 万吨左右。这一规模虽然在我国居于前列，但与国际巨头相比，仍显较小。比如，全球最大的锂产品生产企业 SQM，碳酸锂及其衍生产品约 3 万吨；洛克伍德的 Chemetall，碳酸锂及其衍生产品约 2. 5 万吨以及 FMC 年产碳酸锂及其衍生产品约 2 万吨等。

为追赶先进，天齐锂业在上市后启动了年产 5000 吨电池级碳酸锂技改扩能和年产 5000 吨氢氧化锂两大项目的建设，这两个项目建成后，天齐锂业碳酸锂及衍生产品的产量达到 2 万吨，一举进入全球第一阵营。在完成对泰利森的收购后，依托其资源优势，天齐锂业进一步在西澳奎纳纳投资建设年产 2. 4 万吨电池级单水氢氧化锂项目和 2. 4 万吨电池级单水氢氧化锂项目，产品结构和档次得到提升和优化。

但天齐锂业的“野心”不限于此，天齐锂业在寻求锂盐产品总体规模增长的同时，还希望在全球高端碳酸锂产品——电池级碳酸锂领域成为全球最大。为此，在 2015 年，天齐锂业又发起了一次跨境并购，此次的交易对手是另一家世界级锂业公司——Galaxy Resources Limited（以下简称银河锂业），合作的标的是银河资源在张家港设立的银河锂业江苏（图6.4）。

银河锂业江苏的主要产品是电池级碳酸锂，拥有中国首条全自动化碳酸锂生产线，产能为1.7万吨/年，于2012年10月开始正式生产。投产后，银河锂业江苏的生产一直处于不正常状态，产能利用率最高时仅为32.94%，企业也因此陷入亏损的泥潭，收购前近3年亏损约7.12亿元，而银河锂业的股本投入只有8.15亿元，几乎损失殆尽（表6.7）。

表6.7　收购前银河锂业生产经营情况（单位：万吨、亿元）

	2012年	2013年	2014年1～10月
产量	0.15	0.56	0.36
产能利用率	8.82%	32.94%	21.18%
营业收入	0.24	1.88	0.59
利润	-1.61	-2.29	-3.22

银河锂业江苏亏损的一个重要原因是其使用的原材料来自银河锂业控制的凯特林矿山所提供的锂辉石矿石，但由于矿石品位低、开采成本比较高等原因，导致其生产不具备经济性。因此，从2014年开始，银河锂业江苏开始自救，其中的一条主要措施是改变经营模式，产品由自产自销变更为受托加工。

2014年3月，天齐锂业开始委托银河锂业江苏为其代为加工符合标准的碳酸锂产品（原料来自泰利森的锂精矿），双方的合作由此开始，天齐锂业也迅速成为银河锂业江苏的最大客户，占其销售收入的46.57%。

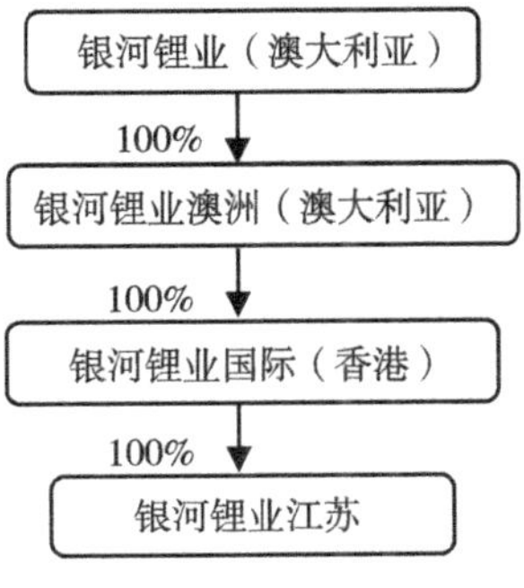

图6.4　银河锂业江苏股权架构图

在完成泰利森的收购后，天齐锂业开始谋划收购银河锂业江苏。天齐锂业选择银河锂业江苏的主要原因在于，银河锂业江苏主要生产电池级碳酸锂，且技术工艺先进；银河锂业江苏地处张家港，地理位置优越，泰利森的锂精矿可以直接从港口通过传送带运输到厂，有助于降低物流成本和锂精矿的路途损耗，收购银河锂业江苏可以进一步优化其生产布局。

出于这一战略考量，2015 年年初，天齐锂业以全资子公司成都天齐锂业为主体，通过在香港设立天齐锂业香港，出资 4.48 亿元现金收购银河锂业国际（银河锂业江苏的控股股东）100% 股权，并将其更名为天齐锂业国际。这起收购虽然没有像收购泰利森时惊心动魄，但其中的诸多细节也彰显出天齐锂业对交易的把控能力。

首先是交易主体的选择。

银河锂业江苏地处国内，按照通常的考虑，由成都天齐锂业直接收购银河锂业国际所持银河锂业江苏 100% 股权即可，这样还能避免境外投资项目审批、外汇资金进出等诸多境外投资审批管理事项，但天齐锂业选择的却是相对比较复杂的方式（图 6.5）。并且，为实现转让银河锂业国际全部股权的目的，银河锂业国际还将其持有的其他资产事先进行了剥离。

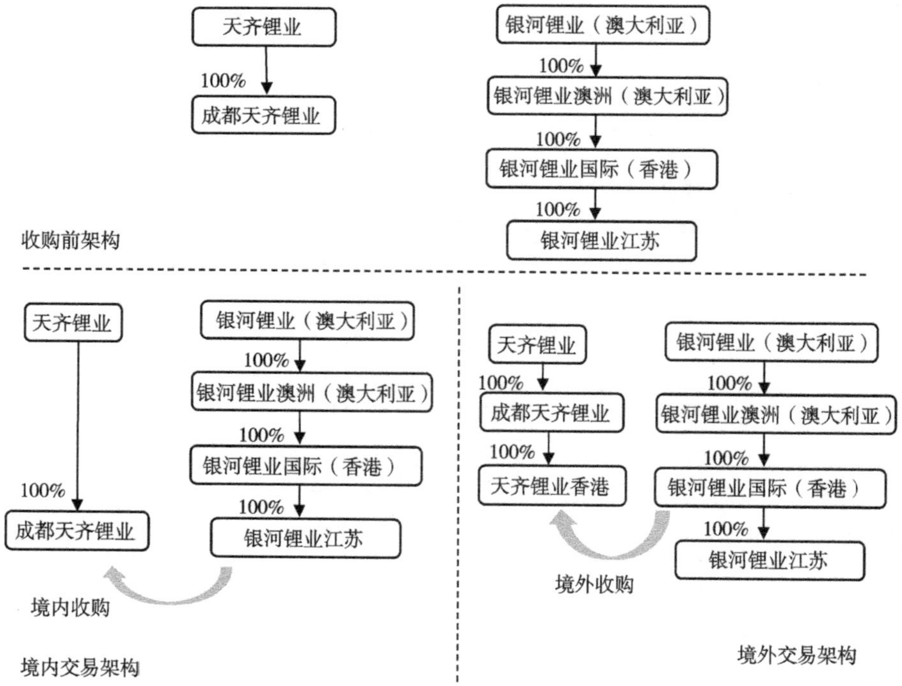

图 6.5　银河锂业江苏股权收购图

天齐锂业之所以采取这种模式进行交易，笔者分析原因可能在于银河锂业希望在境外快速完成交易，这样就可以避免境内交易给其带来的外汇汇出以及办理外商投资企业工商变更登记等一系列工作。成都天齐锂业完成收购后，逐步将银河锂业江苏的股权转移到境内似乎也印证了这一点。

其次是调整交易价格。

天齐锂业起初与银河锂业商定的收购价格是1.22亿美元，但后来削减到0.72亿美元，减少了0.5亿美元，缩水约40%。收购成本降低的主要原因在于两个方面。

一是银河锂业江苏原来是用凯特琳矿山的锂辉石进行生产，天齐锂业收购后，将会改用品位更高而粒度更细的泰利森化工级锂精矿作为原料，由此将导致其不能达到1.7万吨/年的设计产能，企业资产价值应当缩水。

二是银河锂业国际在2013年曾以碳酸锂生产工艺专有技术向银河锂业江苏增资0.25亿万美元，但该专有技术在中国境内申请发明专利时，两次被国家知识产权局驳回，由此将导致银河锂业国际的这笔出资不实。

最后是天齐锂业对资金的运用有板有眼。

尽管天齐锂业付出了巨大努力来降低收购成本，但4.48亿元的收购价格仍高于银河锂业国际100%股权1.87亿元的估值，溢价率接近140%，并且这笔资金对天齐锂业而言，仍是不小的负担。截至2014年年底，天齐锂业自身的货币资金只有0.25亿元，合并口径只有4.36亿元，均不能满足资金需求。

除收购资金存在缺口外，收购完成后天齐锂业还需对银河锂业江苏投入巨额资金进行整合。截至2014年年底，银河锂业江苏的资产8.96亿元，负债8.74亿元，资产负债率高达97.5%。要摆脱困境，关键的一环是向其注入资本金。为此，天齐锂业拟在2年内通过成都天齐锂业向其注入7.5亿元资本金。如果银河锂业江苏将此笔资金全部用于偿还银行借款，其资产负债率将会下降到7.5%，企业的基本面大为好转。这两笔资金需求合计11.86亿元。

此时，摆在天齐锂业面前的只有两条路，一是寻求贷款；二是股权融资。但天齐锂业采取的解决方案似乎比较独特。

对于4.36亿元并购资金，天齐锂业似乎采取了接受天齐集团6亿元资金支持的方式。2014年中，天齐集团向天齐锂业提供了一笔6亿元的借款，期限3年，年利率按照天齐集团获取金融机构贷款的实际融资成本执行。这笔资金的主要用途可能是收购银河锂业江苏。

对于收购完成后所需的7.5亿元整合资金，天齐锂业采取的方式可能是对文菲尔德进行减资。2015年中，在完成对银河锂业国际的收购后，天齐锂业对文菲尔德减资2亿美元。按其持有51%股权计算，文菲尔德可获得资金1.02亿美元。这笔资金加上使用天齐集团借款完成收购后剩余的约1.6亿元，总额与天齐锂业拟向成都天齐锂业增资的金额大致相当。

天齐锂业做出减资决定的勇气来自泰利森强劲的盈利能力。泰利森在2014年实现净利润4.2亿元，较2013年的1.32亿元大幅增长。文菲尔德支付减资款的资金来源是银行贷款，如此可以简单理解为文菲尔德替银河锂业江苏承接了大部分银行债务。在完成这些工作后，银河锂业江苏2015年实现净利润0.58亿元。

天齐锂业在收购泰利森后，锂行业迎来了“爆发式”增长，碳酸锂及锂精矿价格持续上扬，天齐锂业抓住了这次机会，并给自己后续的扩张奠定了坚实的基础，打开了运作的空间。收购银河锂业国际后，天齐锂业在境内形成了张家港和射洪两个生产基地，在西澳也形成了大型生产基地，锂化工品产能大幅提升，并且与泰利森的锂精矿产能和扩产能力实现了更好的匹配。

行业龙头地位初成

天齐锂业在完成对泰利森和银河锂业江苏两家公司的收购，以及通过境内并购和项目投资之后，基本面发生了翻天覆地的变化，锂行业龙头企业地位初步形成。

天齐锂业拥有泰利森51%的股权、扎布耶盐湖锂盐20%股权和措拉锂辉石矿全部股权，锂资源拥有量折合碳酸锂当量达到470万吨，居世界前列。锂精矿的产量从无到有，并逐年增长，2017年达到64.65万吨，并有望于2019年产能扩大至134万吨/年；锂盐的产量则由2013年的1万吨增长到2017年的3.26万吨，5年时间增长3倍有余，并且随着数个大项目的投产，天齐锂业2018—2020年锂盐销量折合碳酸锂当量将分别达到3.65万吨、5.34万吨、8.45万吨，也位居世界前列。

从财务指标上看，2013年天齐锂业的资产16.79亿元，主营业务收入4.15亿元，2017年分别达到178.4亿元、54.7亿元，增长均超过10倍，尤其是利润，由2013年的亏损1.39亿元增长到2017年的34.52亿元，颇具世界级锂业巨头的风采。

在扩张的过程中，天齐锂业的资产负债率并没有升高，反而由2013年的48.48%下降到2017年的40.39%，由于汇兑损益等原因，2017年天齐锂业的财务费用为0.55亿元，较以往年度的增幅并不明显（表6.8）。并且因为天齐锂业拥有最优质的矿产资源，成本优势给天齐锂业带来了远超同行业的回报，其ROE、毛利率、净利率等指标都很亮丽（图6.6）。

表6.8　2013—2017年天齐锂业生产、财务状况

项目	2013年	2014年	2015年	2016年	2017年
主要产品产量（单位：万吨）					
锂矿石	—	42.62	43.8	49.39	64.65
锂盐及相关产品	1.09	1.91	1.7	2.69	3.26

续表

项目	2013 年	2014 年	2015 年	2016 年	2017 年
财务状况（单位：亿元）					
资产	16.79	61.29	75.16	112.06	178.4
负债	8.14	13.85	34.44	54.11	72.05
资产负债率	48.48%	22.60%	45.82%	48.29%	40.39%
主营业务收入	4.15	14.22	18.67	39.05	54.7
财务费用	0.23	0.19	0.99	0.96	0.55
利润	-1.39	3.28	5.13	21.59	34.52

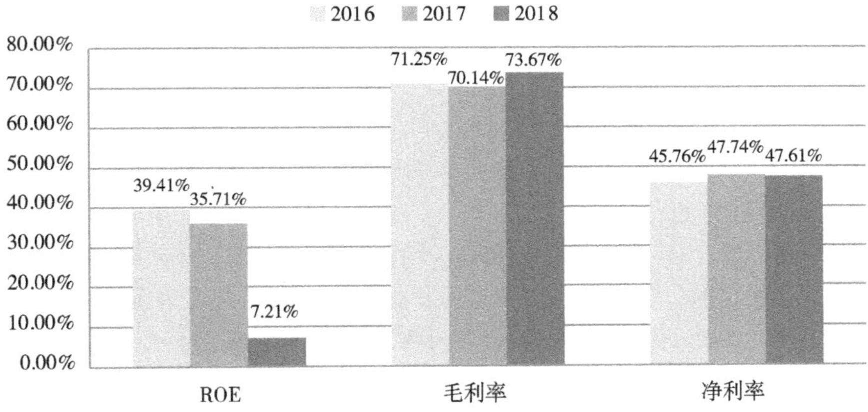

图 6.6　2016—2018 年 1 季度天齐锂业回报率指标

天齐锂业的扩张之所以能够取得这样的成绩，除了把握战略机会的意识和能力、战略布局的眼光和措施以及善于借助外力之外，还与其充分发挥和利用上市公司资本运作平台作用的手段离不开。

市值管理助推并购扩张

2010 年天齐锂业完成上市后，股本仅有 0.98 亿股，按照 30 元/股的发行价计算，市值约 30 亿元；截至目前，天齐锂业的股本增长到 11.42 亿股，按照 2018 年 8 月初 46 元/股的均价计算，市值增长到 526 亿元，业绩和市值均出现高速增长。从这个角度来看，天齐锂业的市值管理做得比较成功，其运用的主要方式是增厚股本。

自上市以来，天齐锂业就开始了一系列做厚股本的工作。天齐锂业做厚股本的方法主要有三种：资本公积转增、非公开发行以及配股，尤其是在 2016 年实施的按每10股转增28股的资本公积转增方案，一举将其总股本从2.61亿股提高到9.94亿股（表6.9）。

表6.9　天齐锂业股本增厚的主要措施　　（单位：亿股）

序号	年份	主要措施	原股本	新股本
1	2011年	资本公积转增股本（10转5）	0.98	1.47
2	2014年	非公开发行股票1.12亿股（发行价28元/股）	1.47	2.59
3	2015年	实施首期限制性股票激励计划，授予的限制性股票270.90万股	2.59	2.61
4	2016年	实施资本公积转增股本（10转28），新增股份7.32亿股；向激励对象非公开发行限制性股票84万股	2.61	9.94
5	2017年	配股（每10股配售1.5股，配股价11.06元/股）	9.94	11.42

一家上市公司的市值等于其股本乘以股价，上市公司市值管理的重点也可以理解为管理上市公司的股本和股价，由此延伸出一系列的管理手段和方法，如对股价的“管理”等。

在股本和股价中，股价是市场行为的结果，对其“管理”的难度很大，大多数情况下是短期行为或者说是短期结果，而股本则不相同，股本更侧重的是从公司长远角度出发，在做大公司股本的同时，为上市公司发展募集资金。

天齐锂业通过非公开发行、配股等行为做大了公司股本，并同时实现了获得并购资金、项目建设资金的目的。而这些资金的运用结果，支撑了业绩的增长，从而带动股价的上涨，公司的市值也得以快速增长。天齐锂业业绩的增长反过来又为其做厚股本奠定了非常好的基础，并对推高股价、做大市值帮助很大，业绩和做厚股本二者之间形成良性循环。

出于对市值管理关键点的理解，天齐锂业的关键项目都是依靠二级市场融资而来。从上市到现在，天齐锂业共投资了15个重点项目，项目总投资约120亿元。在这些项目中，直接依靠二级市场融资解决资金问题的项目有7个，投资总额约60亿元，约占总投资的50%（表6.10、表6.11），极大减轻了天齐锂业发展的资金压力。尤其是依靠二级市场融资收购的泰利森，能够依靠自身资金实力完成投资额达到33.7亿元的锂精矿扩产和第二期年产2.4万吨电池级单水氢氧化锂两大项目的建设，既证明了天齐锂业收购的成功，又证明了其市值管理方式的恰当和有效。

表 6.10　上市后天齐锂业重点建设项目投资情况　（单位：亿元）

序号	项目名称	总投资
上游项目		
1	收购文菲尔德控股私人有限公司 51% 的权益（募投项目）	33.74
2	雅江锂辉石矿采选一期工程	3.98
3	收购西藏日喀则扎布耶锂业高科技有限公司 20% 股权（锂矿）	3.13
4	收购 SQM 2.1% 股权	14.2
5	泰利森建设化学级锂精矿扩产项目，锂精矿产能增加至 134 万吨/年	16.6
小计		71.65
中游项目		
6	在西澳奎纳纳建设年产 2.4 万吨电池级单水氢氧化锂项目（募投项目）	20.16
7	在西澳奎纳纳建设第二期年产 2.4 万吨电池级单水氢氧化锂项目	17.09
8	收购银河锂业国际 100% 股权	4.4
9	新增年产 5000 吨电池级碳酸锂（募投项目）	2.69
10	年产 5000 吨电池级氢氧化锂项目（募投项目）	0.54
小计		44.88
下游项目		
11	增资入股上海航天电源技术有限责任公司（募投项目）	0.82
12	增资雅安华汇锂业科技材料有限公司（募投项目）	0.7
13	年产 200 吨金属锂	0.15
14	收购四川天齐矿业有限责任公司 100% 的股权（贸易）（募投项目）	0.88
15	增资 Solid Energy System Corp. 11.72% 股权	0.08
小计		2.63
合计		119.16

表 6.11　2013—2017 年天齐锂业现金流状况　（单位：亿元）

项目	2013 年	2014 年	2015 年	2016 年	2017 年
经营活动产生的现金净流量	2.23	3.02	6.6	17.76	30.95
投资活动产生的现金净流量	-36.65	-31.18	-5.71	-20.55	-14.69
筹资活动产生的现金净流量	36.32	26.17	0.77	11.14	22.64

天齐锂业较为成功的市值管理带来的另一个好处是为天齐锂业大股东的股权质押融资行为提供了足够的安全垫。

蒋某平及其配偶张某与天齐集团在解决天齐锂业发展资金缺口方面提供了非常关键的过桥贷款，对顺利完成投资目标起到了非常重要的作用。如果在拦截并购泰利森时，就由天齐集团首先出面介入，在短时间内完成收购，然后以加快的速度注入上市公司，由此提高了并购的效率。天齐集团收购资金的来源大部分来自质押所持天齐锂业的股份，从某种程度上而言，如果没有这些质押行为，想必蒋某平也是“心有余而力不足”。

从2012年收购泰利森开始，截止到目前，蒋某平及其关联人共同进行了34次股权质押行为（表6.12），仔细分析这些行为，可以清晰地发现蒋某平质押行为的两大特点。

表6.12　天齐锂业实际控制人股权质押情况　（单位：万股）

序号	质押人	质押权人	质押股数	质押期限	备注
1	天齐集团	国家开发银行	2000	2012.10.25至质押担保范围内的债权全部清偿	
		中国进出口银行	3000		
2	天齐集团	华鑫国际信托	900	2013.3.4—2014.6.20	
3		中泰信托	1065.10	2013.3.4至质押担保范围内的债权全部清偿	
4	天齐集团	中信银行	2500	2013.6.20—2014.5.16	
5	天齐集团	招商银行	500	2013.6.20—2014.8.22	
6	天齐集团	财通证券	1060	2014.3.6—2014.9.5	
7	天齐集团 张某	立德投资	5840	2014.4.17—2014.6.5	
8	天齐集团	中信银行	1800	2014.5.16—2015.9.28（855万股于2015.5.11解除质押）	
9	天齐集团	兴业证券	1201	2014.8.28—2015.8.25	
10	天齐集团	西藏矿业发展公司	580	2014.9.4—2015.2.4	为收购股权提供履约担保
11	天齐集团	海通证券	1430	2015.1.20—2016.1.20（其中900万股已于2015.11.2解除质押）	股票质押式回购
12	天齐集团	招商银行	2000	2015.2.13至质押担保范围内的债权全部清偿	
13	天齐集团	中信银行	800	2015.5.11—2016.5.31	
14	天齐集团	中投证券	625	2015.10.19—2016.5.18	股票质押式回购

续表

序号	质押人	质押权人	质押股数	质押期限	备注
15	天齐集团	浙商银行	80	2015.12.11—2016.12.20	
16	张某	中投证券	128	2015.12.23—2016.6.27	
17	天齐集团	浙商银行	150	2016.1.14—2016.12.20	
18	天齐集团	浙商银行	85	2016.2.18—2017.5.4	
19	天齐集团	兴业证券	225	2016.5.11—2016.11.15	
20		中信银行	300	2016.5.12—2017.7.31	
21	天齐集团	浙商银行	810	2016.11.9—2017.11.9	
22		平安银行	820	2016.11.9—2018.5.18	
23	天齐集团	浙商银行	540	2016.12.5 至质押担保范围内的债权全部清偿	
24	天齐集团	中信银行	910	2017.5.4 至质押担保范围内的债权全部清偿	
25	天齐集团	平安银行	200	2017.5.16—2018.5.17	
26	天齐集团	浙商银行	600	2017.10.17 至质押担保范围内的债权全部清偿	
27	天齐集团	国金证券	288	2017.11.2—2020.10.29	
28	天齐集团	华泰证券	645	2017.11.27—2018.11.27	
29		国金证券	1320	2017.11.28—2020.11.26	
30	天齐集团	兴业银行	330	2018.1.22 至质押担保范围内的债权全部清偿	
31	天齐集团	兴业证券	503.52	2018.4.12 至质押担保范围内的债权全部清偿	
32	天齐集团	中信银行	90	2018.5.8 至质押担保范围内的债权全部清偿	
33	天齐集团	华泰证券	55	2018.7.3 至质押担保范围内的债权全部清偿	
34	天齐集团	国金证券	350	2018.7.9 至质押担保范围内的债权全部清偿	

其一，质押的频率逐渐升高。2012 年蒋某平只做了两笔质押，其后逐年增加，到 2016 年每年都会发生 6~7 笔质押行为。这意味着随着天齐锂业的扩张，蒋某平及其关联人对上市公司的支持力度越来越大。

其二，质押规模并不是很大。截至2018年7月10日，天齐集团持有天齐锂业股份总数约为4.1亿股。但在办理最近一笔质押手续后，天齐锂业累计质押的股份数为0.57亿股，约占其持股总数的13.9%，质押比率非常低。蒋某平配偶张某同样也只质押非常少的股份。根据公开信息，张某在办理最近一笔质押手续后，累计质押的股份数只占其所持天齐锂业股份数的9.48%。

蒋某平及其关联方的股份质押比率较低，一方面，反映出蒋某平较好的风险控制意识和稳妥的性格特征；另一方面，也有天齐锂业股价向好的帮助。相较当前资本市场屡屡爆出的实际控制人股份质押爆仓的“悲剧”和所面临的压力，蒋某平显得非常从容。

蒋某平及其关联方质押上市公司股份所获得的资金除了被用于帮助上市公司事先完成收购、向上市公司提供6亿元股东借款之外，还用于认购上市公司增发的股份。

天齐锂业上市后进行了两次增发，第一次是在2014年以28元/股的价格非公开发行1.12亿股用于收购文菲尔德；第二次是在2017年以11.06元/股的价格，按每10股配售1.5股进行配股。出于对价格的敏感，蒋某平只参加第二次的配股，天齐集团和张某分别认购了5342万股、769万股，实现了低成本增持上市公司股份的目的。

总的来看，天齐锂业上市以来，市值增长约20倍，其中既有业绩大幅上涨的原因，也得益于其较为娴熟的市值管理手段。天齐锂业市值管理的主要方式是不断做厚股本，在良好业绩的支撑下，市值不断上涨。不断上涨的业绩，不仅支持了其股价表现，而且也给实际控制人的融资行为带来诸多便利，可以使实际控制人只质押少量股份就能解决发展资金缺口以及低成本增持上市公司股份，由此形成良性互动。

另外，天齐锂业的市值管理方式还有进一步丰富、完善之处。股本的管理包括股本的量和质两个方面，量是指规模，质主要是指结构，如境内外普通股、优先股、可转债、可交换债等。天齐锂业在量的管理上较为成功，但在结构的管理上似乎着力不够，到目前为止，天齐锂业只发行了境内普通股，对发行其他性质的股份鲜有涉足。不过，这一局面似乎即将获得改变。

曲折收购SQM，陷入“生死劫”

2018年年初，天齐锂业进行了一场足以改变行业格局的并购，收购SQM。

SQM是全球最大的碘和硝酸钾生产企业，是领先的碳酸锂和氢氧化锂生产商，是“四湖三矿”的拥有者之一，占有2017年全球锂化工产品市场份额的20%，仅次于美国雅保的34%。截至2017年年底，SQM资产42.96亿美元，负债20.49亿美元，资产负债率47.7%；实现营业收入21.57亿美元，利润5.95亿美元。同期天齐锂业资产178.4亿元，实现营业收入54.7亿元，利润34.52亿元。二者除了利润大致相当之外，在资产和营业收入规模上均存在很大的差距。

天齐锂业对SQM实施收购主要出于两个方面的考虑。首先是进一步提高市场份额。天齐锂业若能完成对SQM的收购，二者的市场份额之和将达到37%，超过美国雅保，位居全球第一。

其次是可以进一步降低企业生产运行成本。雅保、SQM、FMC等世界级锂业公司采取的是盐湖卤水提锂的技术，碳酸锂本质上是生产钾肥等产品的副产品，生产成本长期保持在2000美元左右，甚至更低。而国内的碳酸锂生产商大都采用固态锂辉石提取碳酸锂技术，按照每8吨锂精矿提炼1吨碳酸锂，每吨锂精矿成本680美元计算，再加上各种原辅材料、人工、动力等费用支出，国内锂业公司生产碳酸锂的成本约为8500美元/吨。

如果收购成功，就意味着天齐锂业拥有了低成本的碳酸锂生产能力，由此就会增强其抵御行业周期波动的能力。在行业处于低谷的时候，别的企业亏损，但天齐锂业可以少赚；在行业景气的时候，天齐锂业则可以大赚。拥有低成本优势，对任何一家资源型周期性行业的企业而言，都是非常重要的。

但要完成收购，天齐锂业需要解决许多问题，首要的便是SQM的股本结构，这将决定其采取何种策略进行操作。

SQM的股本结构比较复杂。SQM总股本为2.63亿股，其中A类股1.43亿股，在圣地亚哥证券交易所、圣地亚哥电子证券交易所和智利瓦尔帕莱索证券交易所上市交易；B类股1.2亿股，在上述三个交易所和纽交所以存托股份ADSs的形式上市。

SQM的公司章程规定，每股A类股股份与每股B类股股份享有平等的分红权，除董事选举事项外，在股东大会上也享有平等的表决权，并且任一股东（包含其关联方）直接或间接合计在SQM的持股数量不得超过SQM已发行的有表决权的总股份数的32%；行使A类股表决权或B类股表决权的比例分别不得超过SQM已发行的拥有表决权的A类股或B类股的37.5%。也就是说，任何一个股东，至多持有SQM总股本的32%，并且A类、B类股东在SQM相应股东会上拥有的表决权比例不能超过37.5%。

A类、B类股东在董事选举的主要区别在于：SQM公司的董事会由8名成员组成，其中A类股有权选举7名董事，B类股有权选举1名董事，并由A类股股东选出的董事决定董事长人选；B类股选举的董事可不经董事长批准召集临时董事会会议等。也就是说，SQM的A类股股东可以推荐更多的董事并决定董事长，但B类股股东推荐的董事在提议召开临时董事会会议上拥有更多的自主权。

显然，对意图进行产业并购的投资者而言，获得 SQM 的 A 类股是其目标，这样才能在 SQM 获得相应的话语权。

截止到天齐锂业收购前，SQM 的主要股东有 3 家，分别是持股 32% 的 Nutrien 集团、持股 29.97% 的 Pampa 集团以及持股 2.12% 的 Kowa 集团（表 6.13）。根据 SQM 的公司章程，虽然 Nutrien 集团和 Pampa 集团持有的 A 类股股比分别是 44.85%、50.32%，但二者在股东会上行使 A 类股表决权的比例均为 37.5%。

表 6.13　SQM 主要股东持股情况　（单位：亿股）

序号	股东	持有 A 股数	占比	持有 B 股数	占比	合计持股数	持股比例
1	Nutrien 集团	0.64	44.85%	0.2	16.75%	0.84	32%
2	Pampa 集团	0.72	50.32%	0.07	5.82%	0.79	29.97%
3	Kowa 集团	0.06	3.82%	0.0009	0.08%	0.06	2.12%
4	其他股东	0.01	1.01%	0.93	77.35%	0.95	35.91%
合计		1.43	100%	1.2	100%	2.64	100%

天齐锂业对 SQM 的"追求"，早在 2016 年就已经开始。

SQM 的原实际控制人是智利前总统皮诺切特的女婿胡里奥·庞塞，其通过当时的私有化政策获得了 SQM 的控制权，并通过 SQM 掌控了 Atacama 盐湖。1993 年，SQM 从智利经济部下属机构 CORFO 手中获得 Atacama 盐湖 8.2 万公顷，1993—2030 年共计 37 年的开采权（智利矿权归 CORFO 管辖）。由于锂是核聚变过程中的重要燃料，被智利视为核战略矿种，所以智利核能委员会规定，SQM 在租约期间从 Atacama 盐湖提炼碳酸锂的总配额不得超过 95.87 万吨。Atacama 盐湖，以冠绝全球的资源储量和禀赋，成了 SQM 和庞塞家族一棵巨大的摇钱树。

2015 年 12 月，Pampa 集团宣布出售其所持 SQM 的股份。天齐锂业也积极介入这笔交易，并与杉杉集团首先开展了竞争。

2016 年 6 月，杉杉股份董事长庄某亲自带队前往圣地亚哥拜访 CORFO，对收购帕潘所持 SQM 股权一事试探智利政府的态度。智利矿业部长奥罗拉·威廉姆斯对外表示，不会排斥外商投资 SQM 公司。8 月 19 日，杉杉股份因"可能涉及重大对外投资"开始停牌。但在短短几天后，杉杉股份发布公告，宣布终止筹划重大事项，终止对 SQM 的投资。

但几乎就在同时，智利当地媒体爆料，天齐锂业已提交报价参与竞购 SQM 的股权。与杉杉股份不同，天齐锂业采取了实质性动作。9 月 27 日，天齐锂业以 2.09 亿美元的价格收购了美国航石资本持有的 SQM 公司 551.68 万股 B 类股，约占其 B 类股总数的 4.58%，占 SQM 总股本的 2.1%。

天齐锂业当时的收购价格是 38 美元/股，较 SQM 上一交易日 25.12 美元的收盘价溢价超过了 50%。天齐锂业之所以付出如此之高的溢价，是因为其与航石资本签署了一份远期购买协议，天齐锂业将有权在6 个月内购买航石资本剩余 1863.32 万股 B 类股，这样就相当于锁定了 SQM 9.18% 的股份。

牛刀小试之后，天齐开始跟 Pampa 集团接触，试图收购其持有的 SQM 的股份。一旦收购成功，天齐锂业将拥有超过 SQM 32% 的股份。

但事与愿违，Pampa 集团出售其所持 SQM 的股份根本不是真心，而是为应对智利政府压力而作出的缓兵之计。在看到天齐锂业志在必得的姿态后，Pampa 集团对外发布公告称由于没有获得令人满意的报价，决定终止出售所持 SQM 的股份。天齐锂业收购 SQM 的梦想戛然而止。但此后不久，一个更加确定的机会又出现在“痴心不改”的天齐锂业面前。

SQM 的最大股东 Nutrien 集团是 2017 年 6 月由 Potash Corporation of Saskatchewan Inc.（以下简称 PCS）和 Agrium Inc.（以下简称 Agrium）两家公司合并设立。为实现合并的目的，相关国家的反垄断审查机构要求 Nutrien 集团自 2017 年 11 月 2 日起 18 个月内剥离其持有的 SQM 公司 32% 股权，由此为天齐锂业收购 SQM 提供了一个难得的机遇。

天齐锂业计划通过在智利设立的天齐锂业智利以 65 美元/股的价格收购 Nutrien 集团持有的 SQM 0.63 亿股 A 类股（Nutrien 集团持有的剩余股份已通过减持方式退出），约占 SQM 公司 A 类股的 44.06%，占 SQM 总股本的 23.77%。收购完成后，天齐锂业将持有 SQM 的 25.86% 股份，并在 A 类股股东会拥有 37.5% 的表决权，与 Pampa 集团一致，可确保其提名的 3 名董事候选人当选（SQM 董事会共计 8 名董事，其中 Pampa 集团目前有 3 个董事席位），实现对 SQM 的共同控制。

天齐锂业每股 65 美元的计划收购价格，较 2018 年 5 月 2 日 SQM 约 55 美元的收盘价溢价约 18.2%。按此价格计算，天齐锂业收购 SQM 公司 0.63 亿股 A 类股将耗资约 41 亿美元，折合人民币约 260 亿元。而截至 2017 年年底，天齐锂业资产 178.4 亿元，负债 72.05 亿元，营业收入 54.7 亿元，净利润 26.12 亿元。相较于自身的规模和盈利情况，260 亿元的收购价款对天齐锂业而言，无疑是一笔巨款。

天齐锂业收购 SQM 面临的挑战还不仅于此。2018 年 3 月 9 日，智利总统执政的最后一天，智利国家发展机构执行副总裁向该国反垄断监管机构提交一份请愿书，敦促其阻止天齐锂业的收购行动，理由是交易会让这两家公司左右全球锂市场。天齐锂业这次卷土重来的前景，似乎不太美妙。

经过诸多协调和努力，2018 年 5 月，天齐锂业“夙愿”得偿，以 65 美元/股，40.66 亿美元（折合 258.93 亿元人民币）现金对价收购 Nutrien 集团持有 SQM 0.63 亿股 A 类股，约占 SQM 总股本的 23.77%。加上之前已收购的 2.1%B 类股，天齐锂业合计持有 SQM 25.86% 股权，位列第二大股东，有权向其董事会派出 3 名董事。

对于 40.66 亿美元的现金支出，天齐锂业制订的融资方案是，自有资金 7.36 亿美元、A 类贷款 13 亿美元、B 类贷款 12 亿美元以及夹层贷款 10 亿美元（图 6.7）。

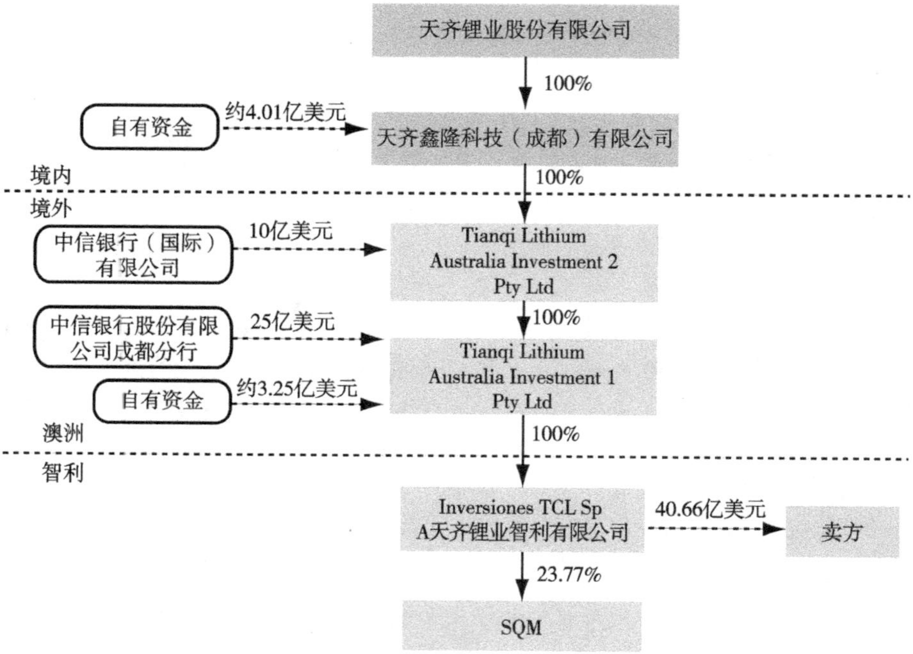

图 6.7　天齐锂业收购 SQM 融资情况

收购完成后，天齐锂业的资产虽然可以由 2017 年年底的 178.4 亿元增长到 416.08 亿元，但负债也由 72.05 亿元增加到 326.24 亿元，财务费用由 0.55 亿元增加到 19.01 亿元，资产负债率由 40.39% 上升到 78.41%。企业的各项财务指标均趋于恶化，尤其是偿债能力指标变化更为明显（表 6.14）。

表 6.14　收购完成前后天齐锂业财务指标变化情况　（单位：亿元）

项目	交易前（截至 2017 年年底数）	交易后（备考）
资产	178.4	416.08
负债	72.05	326.24
资产负债率	40.39%	78.41%
营业收入	54.7	54.7（未将 SQM 纳入合并范围）
财务费用	0.55	19.01

续表

项目	交易前（截至 2017 年年底数）	交易后（备考）
净利润	26.12	15.01
流动比率	3.11	0.29
速动比率	2.92	0.26
利息保障倍数	28.17	2.21

对于剧增的财务费用，天齐锂业计划采取两种方式加以解决。

一是依靠 SQM 的分红。SQM 章程规定，每年将不少于 30% 的净利润用于向股东现金分红。2016—2017 年，SQM 的净利润分别为 2.82 亿美元、4.28 亿美元。在 SQM 于 2017 年度股东会上，决定将 2016 年度净利润的 100% 作为股息进行派发；在 2018 年度股东会上，决定将 2017 年度净利润的 100% 作为股息进行派发，二者合计 7.1 亿美元。按照天齐锂业持有 SQM 的 25.86% 股份计算，天齐锂业可获得分红约 1.83 亿美元，可在相当程度上缓解 35 亿美元贷款的财务费用。

从长远来看，天齐锂业依靠 SQM 的分红来承担部分财务费用也具备一定可行性。SQM 2017 年碳酸锂产量 4.8 万吨，氢氧化锂产量 0.6 万吨；2018 年则分别提高到 7 万吨、1.35 万吨，产量增幅较大；2019 年碳酸锂产量将达到 10 万吨。由于产量的提高，预计 2021—2022 年，SQM 的净利润将达到 11.46 亿美元、17.21 亿美元，基本保持每年 30% 的增速，天齐锂业持有 25.86% 股份，每年将会分得不菲的红利，这在相当程度上能缓解其财务费用压力。

二是必要时依靠蒋某平及其关联方的资金支持。蒋某平及其关联方仍有大量的天齐锂业股份可用于质押融资，这部分资金可用于缓解天齐锂业的债务压力。

对于 40.66 亿美元贷款本金的偿还，天齐锂业计划在 2 年内偿还完 A 类贷款和夹层贷款，B 类贷款 5 年内偿还完毕（表 6.15）。

表 6.15　天齐锂业并购贷款还款计划　　（单位：亿美元）

贷款种类	贷款金额	贷款期限	还款安排
A 类贷款	13	1+1（2018 年年底开始）	到期后一次性还本
B 类贷款	12	3+1+1（2018 年年底开始）	三种安排： 1. 3 年到期后一次性还本 2. 3 年到期后偿还 30%，第 4 年偿还 70% 3. 3 年到期后偿还 30%，第 4～5 年分别偿还 30%、40%
夹层贷款	10	1+1（2018 年年底开始）	到期后一次性还本

根据这一还款安排，2020 年至 2023 年天齐锂业需偿还的本金分别是 158.12 亿元、24.75 亿元、24.75 亿元、33 亿元。2020 年是偿债高峰期。那么，2020 年的偿债资金又来自何处呢?

受 SQM 章程约束，天齐锂业不能收购 SQM 全部股权，这就导致其不能采用杠杆收购的模式，将全部或部分并购贷款转由 SQM 承担。天齐锂业只能另想他途。天齐锂业想到的办法还是利用资本市场，实现资金闭环。

一是拟在 2019—2020 年实现在香港交易所主板上市，希望通过上市募集资金 100 亿 ~ 200 亿元，由此将自身的资产负债率下降到 20.7% ~ 44.5%。按照当前 526 亿元市值计算，相当于天齐锂业股本要扩大 20% ~ 40%，如果蒋某平及其关联方不参与 H 股的 IPO，其所持股比也将由现在的 41.02% 稀释到 30% ~ 35%，仍能保持实际控制人地位。这其中的关键是，天齐锂业香港上市时，能获得一个较好的估值。

二是 2018 年年底计划发行可转换公司债，融资 50 亿元。

三是 2019 年年中计划发行美元债，募资 5 亿美元。

四是 2019 年年底完成配股，按每 10 股配售 3 股，募集资金约 30 亿元。

五是天齐集团于 2020 年 2 月计划发行可交换债，募资 18 亿元。

遗憾的是，上述 5 项动作，只完成了配股，其他 4 项，尤其是香港上市，并没有按预期进行。之所以会形成这样的局面，主要原因还是在于锂行业发生了天翻地覆的变化，从行业高点快速跌入低谷。

2015 年至今，锂盐价格走出了一个暴涨暴跌的态势。碳酸锂从 2015 年年初的每吨 4 万元涨到 2018 年年初的 17 万多元，之后掉头向下，急跌至 2020 年年初的 4 万多元。受此影响，天齐锂业 2015—2018 年的利润快速增长，从 5.13 亿元增加至 36.34 亿元，4 年时间增长 7 倍有余，但 2019 年天齐锂业却巨亏 45.38 亿元，其中 SQM 股权减值损失是主要原因。

2019 年 SQM 仅实现净利润 2.81 亿美元，远低于 2018 年的 4.42 亿美元。天齐锂业据此判断，其持有的 SQM 25.86% 股权价值将下降至 35.26 亿美元，折合 246 亿元人民币，减值 52.79 亿元。

屋漏偏逢连夜雨。2020 年暴发的“新冠疫情”加剧了天齐锂业的债务危机。天齐锂业在澳大利亚奎纳纳建设的第一期“年产 2.4 万吨电池级单水氢氧化锂项目”调试进度放缓。该项目调试进度、投产及达产不及预期，导致无法按照已签署的长期供货协议向客户供货；项目承包商向当地法院提起诉讼，要求支付工程款项等。

天齐集团此时也有心无力。截至 2020 年 9 月 29 日，天齐集团已将所持 4.88 亿股天齐锂业股份质押了 3.49 亿股。考虑到平仓风险以及发行可交换债，天齐集团依托上市公司股份融资的空间已经不大。天齐锂业正在经历“生死劫”。

战略、战术与成本

一家县级小厂利用短短10年时间就成长为一家世界级矿业公司，并且还在努力重塑全球行业格局，其中的经验和教训应有很多值得总结之处。天齐锂业的发展战略是“夯实上游，资源为王；做强中游，稳定生产；渗透下游，谨慎行事”。

在“夯实上游，资源为王”方面，天齐锂业大手笔收购了泰利森、西藏日喀则扎布耶锂业、SQM等资源型企业。在“做强中游，稳定生产”方面，收购了银河锂业江苏，并在境内外相继启动了数个大型锂盐项目，上下游的匹配程度得到进一步提高，中游的生产布局得到进一步的优化，并逐步进入国际主流锂电池材料供应链。在“渗透下游，谨慎行事”方面，天齐锂业动作甚少，投资额还不到3亿元，投资规模与其在上游和中游的投资相去甚远。天齐锂业的战略目标和战术动作是一致的。

天齐锂业的问题出在对并购成本的控制失当。在并购泰利森时，天齐锂业的运作有板有眼，最后通过向洛克伍德转让49%股权，完成了收购，降低了收购成本和风险。但在并购SQM时，天齐锂业似乎有些操之过急，在行业高点急于收购，付出高昂的溢价。天齐锂业的设想是通过资本市场来消化高溢价，但事与愿违，急变的行业，没有留给天齐锂业太多时间。

由此，在并购中除了要注重战略与战术的平衡之外，还要充分关注并购成本的合理性。行业高点一般不是收购的良机。如果非要收购，就必须寻找到战略合作者共同运作，以分摊自己的风险；或者在消化高溢价上，制定多种方式和渠道，而不是简单地与资本市场挂钩，资本市场有时候并不是万能的；再或者在支付方式等交易架构设计上，做出更有利于自己的安排，如采用Earn - out方式等。

中植进退宝德：上市公司“变形计”

宝德股份创办于2001年，业务刚开始侧重于冶金行业。3年后，由于董事长赵某及其妻子邢某鲜将其拥有的多项专利技术投入公司，宝德股份业务逐渐向石油、天然气钻采设备电控自动化领域集中，并发展迅速。其主要客户是中石油、中石化和中海油三大石油集团以及石油机械设备配套供应商。

2009年5月，宝德股份完成股份制改造；4个月后，完成上市审核，速度飞快。2009年10月，创业板正式开板，宝德股份作为首批28家上市的公司之一，登陆资本市场。这28家公司，上市时的平均市盈率为56.7倍。宝德股份的市盈率高达81.67倍，成为“28星宿”中颇为耀眼的一颗，风光无限。

然而，上市似乎成了业绩“变脸”的魔咒。上市前，宝德股份业绩年年增长，营业收入从2006年的0.81亿元增长到2008年的1.34亿元，增长率65.8%；2年的净利润分别增长904.95%、48.68%。上市之后，宝德股份的业绩却快速下滑。2009年，宝德股份实现营业收入1.17亿元，虽较2008年下滑14.53%，但尚且超过亿元。2009年至2014年，宝德股份的营业收入就再未超过1亿元，并且从2012年开始陷入亏损，经营日益艰难。

正在赵某、邢某鲜夫妇一筹莫展之时，一个“盖世英雄”出现了。

变单为双

在此之前，宝德股份的资本运作乏善可陈，除了2009年上市和2010年资本公积转增股本之外，没有大的资本动作。在此之后，沉寂已久的宝德股份，在2015年放出大招，收购庆汇租赁90%的股权。

根据当时的交易构想，宝德股份以6.75亿元的价格，收购重庆中融所持庆汇租赁90%股权（庆汇租赁全部股权估值7.5亿元）。6.75亿元对价分两部分支付，3.825亿元股份和2.925亿元现金。同时，宝德股份向健和诚投资、赵某等配套募集2.25亿元，用以支付收购庆汇租赁的部分现金对价。收购完成后，赵某夫妇仍为宝德股份实际控制人，宝德股份的主营业务从之前单一的电气制造主业，变更为电气制造加融资租赁的双主业模式。

宝德股份的这起交易，商业逻辑上可以自洽。宝德股份收购庆汇租赁后，可通过这一融资租赁平台，为下游客户提供融资租赁业务，从而带动自身产品的销售。

给宝德股份带来这一美好愿景的，就是资本市场上闻名遐迩，却又隐秘激进的“中植系”。

有人曾将“中植系”的运作风格总结为“X + 中融信托 + 上市公司”模式：X为拟上市的资产，如股权投资、矿业权等；中融信托为资本运作的资金渠道；上市公司为X进行资产证券化的载体和平台。“中植系”通过中融信托筹措资金、收购拟上市资产，随后参与上市公司资本运作获得股份或现金，进而与上市公司及其关联方进一步合作，再通过中融信托筹措资金继续并购，如此循环推进。这期间，“中植系”体内融资平台间还会互相合作，通过加杠杆、提估值、获得实际控制权等策略进一步放大自身收益。“中植系”在庆汇租赁上的运作手法，也是如此。

庆汇租赁曾是一家贸易公司，注册资本只有50万元。2012年年初，其业务转型为融资租赁，注册资本增至6000万元，迅速“膨胀”。2013年中，中植资本开始介入庆汇租赁。

2013年7月，时任中植资本董事总经理的段某，以个人名义出资3800万元收购了庆汇租赁55%股权，成为庆汇租赁的控股股东。段某此时仅26岁，实际上是代替重庆昊诚受让这部分股权。从后面的剧情发展来看，重庆昊诚和段某都是中植的铺路人。

2013年9月，重庆昊诚浮出水面，还原了段某代持的55%股权，并出资3350万元收购了庆汇租赁剩余45%股权，成为庆汇租赁唯一股东。重庆昊诚前后共出资7150万元。自此之后，庆汇租赁开始了一系列股权调整。

首先是中植系获得庆汇租赁的控制权。2013年11月，重庆昊诚成为庆汇租赁唯一股东两个月后，庆汇租赁管理层股权激励平台上海首拓（后变更为北京首拓融汇，为重庆中融的全资子公司），以3000万元出资获得庆汇租赁10%股权；继而庆汇租赁再引入中植系的关联方重庆冠铭嘉盟，其以2.1亿元出资获得70%股权。两次注资后，重庆昊诚在庆汇租赁的持股比例下降至20%，庆汇租赁的绝对控制权转移到“中植系”手中。

在“中植系”获得庆汇租赁的绝对控制权后，重庆昊诚便退出了这场资本游戏。2014年8月，重庆中融收购了重庆冠铭嘉盟与重庆昊诚所持庆汇租赁股权，收购价分别是2.36亿元、0.67亿元，其中重庆冠铭嘉盟溢价0.26亿元，重庆昊诚折价410万元。

虽然二者均按每1%股权337万元的价格进行转让，但重庆昊诚愿意亏损退出耐人寻味。是不是重庆昊诚起初7150万元的收购款，实际上来自中植的支持，所以才愿折价转让？重庆冠铭嘉盟溢价转让的原因，是不是为了承担中融信托募集2.1亿元资金所付出的资金成本？或者，中植为了控制收购成本，同时也为了体现同次交易的价格公平性，不得已之下，重庆昊诚才折价出售庆汇租赁股权？

经过一番操作，庆汇租赁变成重庆中融的全资子公司，重庆中融直接持股90%，通过北京首拓融汇间接持股10%。这一股权比例在注入宝德股份前保持不变（图6.8）。

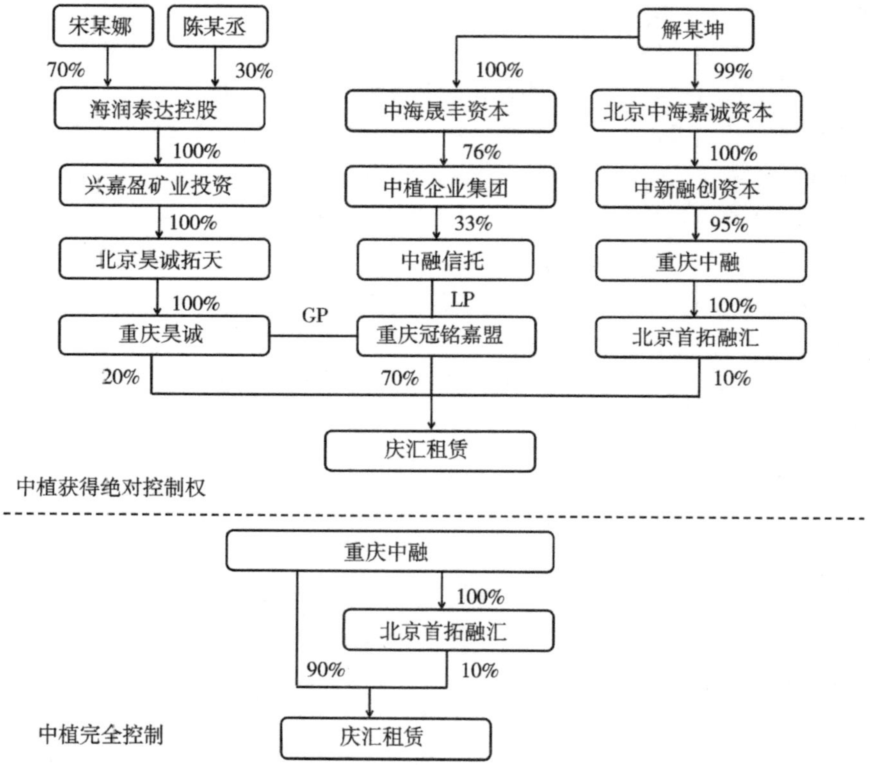

图6.8　庆汇租赁股权架构变化

复盘中植的运作手法，其主要特点是：先以段某、重庆昊诚作为先锋，获得庆汇租赁的控制权，之后逐步将全部股权转移到自己手中，前后用时1年。为获得庆汇租赁全部股权，中植共投入3.37亿元，其中90%股权3.07亿元，10%股权0.3亿元。在庆汇租赁股权调整到位后，中植立即启动了将其注入宝德股份的工作。

根据宝德股份的交易方案，宝德股份购买庆汇租赁90%股权的价格是6.75亿元，这一价格较中植3.07亿元投资成本溢价1倍多，中植系在短短两年时间就获得了超过1倍的收益。

从对价支付方式来看，中植系不仅收到了2.925亿元现金，而且还获得了宝德股份价值 3.825 亿元的股份。这种安排对中植而言，相当“圆满”，既可以及时偿还中融信托所筹集的资金，降低财务杠杆和资金压力，还能持有较高比例的上市公司股份，博取未来股价上涨的收益。

实现这个“圆满”结果的关键之处在于，庆汇租赁 7.5 亿元的高估值。庆汇租赁是一家从业不久的融资租赁公司，如此高估值的底气何来？来自中植方面对庆汇租赁未来业绩所作出的高承诺。

中植承诺，庆汇租赁 2014 年至 2017 年，每年实现扣非后的归母净利润分别为 0.51 亿元、0.66 亿元、0.85 亿元和 1.13 亿元，并且，庆汇租赁依靠关联交易取得的净利润不超过前述承诺净利润的 20%。对于未实现的净利润，中植将按 2 倍净利润差的方式给予补偿，但不涉及用自身所持宝德股份进行补偿。高业绩、高估值、现金补偿的意图，跃然纸上。

如前所述，庆汇租赁在 2013 年才获得融资租赁经营资格，属于融资租赁行业的“新兵”，经营业绩和经营能力尚有待时间证明。但在上市前夕，庆汇租赁的业绩却出现不同寻常的猛增。2013 年至 2014 年，庆汇租赁分别实现收入 0.15 亿元、1.12 亿元，实现净利润 0.11 亿元、0.65 亿元。虽然 2014 年庆汇租赁关联交易比重只占 21%，但明显不符合企业经营规律的业绩表现，确实令人怀疑，这其中有没有人为“催肥”的成分？

从商多年的赵某夫妇，似乎对庆汇租赁的未来信心满满，以非常积极的态度推动收购，并为此质押所持大部分宝德股份股权进行融资，用于支付配套融资的现金部分。整个收购在 2015 年 4 月收官，赵某夫妇在宝德股份的持股比例由 58.31% 下降到 48.22%。中植在宝德股份持股 18.17%，成为第二大股东。

收购完成，双方经历了短暂的美好。此后，风云突变，宝德股份不仅没有实现预期的商业模式，反而在亏损的泥沼里越陷越深。

福无双至

宝德股份在收购庆汇租赁后，双方度过了两年“美好”时光。

完成收购当年，宝德股份营业收入一举突破亿元大关，从 2014 年的 0.9 亿元增长到 2015 年的 3.33 亿元，其中庆汇租赁贡献了近 2 亿元，占半壁江山；其净利润也从 0.17 亿元增长到 0.67 亿元，庆汇租赁几乎贡献了全部利润。这表明宝德股份原有业务及其收购的华陆环保等业务，利润贡献几乎为零。

2016 年，宝德股份继续延续这一良好势头，营业收入进一步增加至 6.77 亿元，较 2015 年翻了一番，净利润增加至 0.77 亿元，庆汇租赁分别贡献 5.31 亿元、0.85 亿元。庆汇租赁对宝德股份的重要性越来越大，在自身盈利增长的同时，还弥补了宝德股份原有业务产生的亏损。如果没有庆汇租赁，宝德股份将深陷亏损状态。

从收购完成之后两年宝德股份的业绩表现来看，不仅收入规模增长了近 8 倍，盈利也在持续增长。此外，庆汇租赁还顺利完成了业绩承诺，恰好达到承诺线（表 6.16）。中植、宝德股份及其实际控制人、庆汇租赁等交易各方皆大欢喜，一起享受着“美好”时光。

表 6.16　2014—2018 年宝德股份收入情况　　（单位：亿元）

	2014 年	2015 年	2016 年	2017 年	2018 年
营业收入	0.9	3.33	6.77	7.21	4.18
庆汇租赁	—	1.98	5.31	6.47	3.88
占比	—	59.46%	78.43%	89.74%	92.82%
净利润	0.17	0.66	0.77	0.32	-6.08
庆汇租赁	—	0.665	0.854	0.87	-2.93
承诺净利润	—	0.655	0.85	1.13	—

趁着“年景”好，宝德股份相继推出了两项资本运作。

一是高送转。2015 年，宝德股份实施资本公积转增股本，每 10 股转增 15 股，刺激股价进一步上涨，以配合大股东的股权质押行为。

二是实施非公开发行。2016 年，宝德股份拟向不超过 5 名投资者非公开发行股份，计划募集 6.53 亿元资金，其中 4.5 亿元用于增资庆汇租赁。

这两项资本运作，前者成功，后者失败。尤其是非公开发行的失败，对庆汇租赁而言，打击颇大。也就是从这个时候开始，宝德股份迎来了“命运的转折”。

庆汇租赁的经营模式是，先与合作方商定拟租赁的设备、租期和租金，之后购买合作方所需设备，再将设备出租给合作方。租期内，承租方按期支付租金；租期满，承租方一般会留下设备，支付尾款。承租方支付的租金，需要覆盖庆汇租赁购买设备的支出、相应的资金成本以及企业经营成本。庆汇租赁则将承租期分期获得的租金确认为当期收入。这样的经营模式，对出租方的融资能力要求颇高，庆汇租赁必须有强大的资金实力支撑其业务开展。

庆汇租赁主要从中植旗下的恒天、大唐、新湖、高晟四家财富管理公司获取资金（表 6.17），主要采取私募投资基金公司设立证券投资基金募资、拆借资金以及发行资产支持证券三种方式进行募资。

表 6.17　庆汇租赁部分借款的融资成本　　（单位：亿元）

借款单位	借款余额	利率
北京恒天财富投资管理有限公司	1.9	9.29%
大唐财富投资管理有限公司	0.5	9.6%
高晟财富（北京）投资管理有限公司	0.5	9%
天弘创新－新湖稳进 1 号专项资产管理计划	6.7	10.39%
中融（北京）资产管理有限公司—融慧开源 7 号专项资产管理计划	1	14%
中融国际信托有限公司	2.6	30%
中融（北京）资产管理有限公司	3.3	8.32%

从融资成本来看，庆汇租赁付出的代价颇高，远高于同期银行贷款利率，个别项目甚至达到了 30% 的利率水平。从融资资本的变化趋势来看，庆汇租赁付出的代价也逐渐走高。2016 年，庆汇租赁平均融资成本尚能控制在 10% 左右，到了 2018 年，其平均融资成本已上升到 16%（表 6.18）。非公开发行失败，导致解决庆汇租赁融资成本过高的希望落空。宝德股份此时“繁荣”的表面下，蕴藏着深深的隐忧。

表 6.18　庆汇租赁资金来源构成情况　　（单位：亿元）

	2016 年			2017 年			2018 年		
	金额	占比	平均成本	金额	占比	平均成本	金额	占比	平均成本
关联方	51.26	86.4%	6.5%～10.8%	54.85	89.4%	8.5%～12.3%	42.19	78.7%	12%～16%
非关联方	8.07	13.6%	5.2%～9.5%	6.51	10.6%	6.9%～11.1%	11.44	21.3%	11.5%～15.3%
合计	59.33	100%		61.36	100%		53.63	100%	

宝德股份最大的隐忧是业绩增长乏力。

2016 年，庆汇租赁的收入从近 2 亿元增长到 5.31 亿元，增长近 3 倍，但净利润仅从 0.67 亿元增长到 0.85 亿元，增长了约 27%。收入增长和净利润增长的巨大差异，意味着庆汇租赁的扩张模式走到了尽头。宝德股份迎来了严峻的挑战。

2017 年，庆汇租赁业绩增长颓势尽显。当年庆汇租赁实现营业收入 7.21 亿元，较 2016 年增长不到 0.5 亿元，增长率远低于过往两年，净利润也只较同期增长 200 万余元，并且与 1.13 亿元承诺业绩相差 0.26 亿元。

2018 年，庆汇租赁的经营状况进一步恶化，不仅收入出现下跌，从 2017 年的 6.47 亿元下跌到 3.88 亿元，净利润也由盈转亏，从盈利 0.87 亿元变成亏损近 3 亿元，占了宝德股份当年 6 亿元亏损的半壁江山。形势反转，庆汇租赁究竟发生了什么？

收购后遗症

仔细分析庆汇租赁的经营情况，导致其业绩发生根本性变化的原因在于，庆汇租赁为完成业绩承诺目标，前期扩张迅猛，但其中部分项目质量不高，历年积累的问题在 2018 年呈现井喷式爆发，从而引发宝德股份第二大隐忧——诉讼缠身。由于对业务风险把控不到位，庆汇租赁身陷多起法律纠纷。截至 2019 年 10 月，庆汇租赁共涉及 14 起重大诉讼，作为原告的有 12 起，诉讼金额 16.43 亿元；作为被告的有 2 起，诉讼金额 5.34 亿元，合计 21.77 亿元。虽然庆汇租赁在大部分诉讼中是作为原告出现，但对应的被告若能及时支付租金、偿还借款，双方就不会走到这一步。即便提起诉讼，申请对被告进行强制执行，庆汇租赁挽回损失的可能性也并不大。这些诉讼的结果直接体现在了宝德股份的资产减值上。

2017 年，宝德股份计提了 1.23 亿元资产减值损失，其中包括 0.81 亿元坏账损失（含庆汇租赁 0.76 亿元坏账损失）和 0.39 亿元商誉减值，导致利润出现下滑。2018 年，随着风险的进一步释放，宝德股份一举计提了 5.69 亿元资产减值，其中计提了 2.64 亿元坏账损失（含庆汇租赁 2.57 亿元划账损失）和全额计提 2.85 亿元商誉减值。

宝德股份连续两年计提大额资产减值损失，是造成其业绩变差的主要原因。令人担忧的是，庆汇租赁究竟还有多少项目会出现类似的问题？2015 年至 2018 年，庆汇租赁累计实现营业收入 17.64 亿元，这一数字与庆汇租赁重大诉讼涉及的金额几乎相当。也就是说，如果不能挽回损失，庆汇租赁之前的经营成果将会被全部吞噬。毫无疑问，宝德股份收购庆汇租赁，此时已呈失败局面。

庆汇租赁经营状况恶化，还相继衍生出两个问题。

一是庆汇租赁在业绩承诺期实现的利润，真实度有多高？

庆汇租赁涉及诉讼始于 2017 年，此时仅有 3 起重大诉讼，而且是作为原告，宝德股份据此计提了减值，导致业绩承诺方中植向上市公司补偿了 0.52 亿元。但业绩承诺期刚过，到了 2018 年，庆汇租赁涉及的诉讼就集中爆发，损失巨大。这是否只是巧合？其中是否存在相应的安排？

以恒泰证券起诉庆汇租赁案来看，2015 年 10 月，庆汇租赁与鸿元石化签署了融资租赁合同，租期 36 个月，租赁本金 5 亿元。此后，庆汇租赁通过恒泰证券发行“庆汇租赁一期资产支持专项计划”，募集资金 5 亿元用于开展相应业务。但 2017 年 12 月，鸿元石化被核查出重大问题，停产整改，造成租赁合同无法继续履行。恒泰证券随即提出诉讼，申请对庆汇租赁进行财产保全。北京市高院据此于 2018 年 1 月向庆汇租赁下达《民事裁定书》，冻结、查封庆汇租赁 5.31 亿元财产。

如果按照会计处理的谨慎性原则，在 2017 年的审计中，宝德股份对这笔或有债务计提一定金额的损失亦无不可。但若计提，庆汇租赁必将形成巨亏，按照承诺，中植系将承担双倍（10亿元以上）赔偿。这显然是中植系不愿意接受的结果。最终，2017年负责宝德股份年度审计的会计师出具了无法表示意见的审计报告。

虽然最终中植系承诺承担庆汇租赁5.31亿元损失，但庆汇租赁的业绩“冰山”和窟窿究竟有多大，仍是一个谜。

二是宝德股份原有业务盈利情况如何。

2018年，宝德股份亏损6.08亿元，其中庆汇租赁亏损2.93亿元。简单计算，即使当年不计提5.69亿元损失，宝德股份和庆汇租赁也都将出现亏损。

一方面，庆汇租赁业绩窟窿到底有多大，无从判断；另一方面，即使没有减值损失，宝德股份和庆汇租赁也已陷入亏损，并且庆汇租赁业务增长乏力。两方面的情况促使中植和赵某夫妇好聚好散，双方开始了另一番筹谋。

变双为单

2019年年初，宝德股份公告，拟将其所持庆汇租赁90%股权全部转让给安徽英泓。但安徽英泓最终放弃了收购，主要原因是庆汇租赁的风险敞口太大。宝德股份曾与安徽英泓约定，交易过渡期内，庆汇租赁的损益由安徽英泓承担。但在过渡期，庆汇租赁亏损了1.27亿元，超出安徽英泓预期，遂停止交易。庆汇租赁的接盘方也不得不变为持有其10%股权的中植系公司北京首拓融汇。

这起简单的交易有两大值得关注的要点。

一是交易价格非常低。北京首拓融汇以3.1亿元对价受让庆汇租赁90%股权，与中植当年3.07亿元的收购成本持平。这一价格较4年前宝德股份6.75亿元的收购对价，折价一半有余。庆汇租赁转了一圈，又回到中植手中。中植进退宝德股份之间，净赚宝德股份18.17%的股权，该笔股份市值4.21亿元（以2019年10月30日收盘价7.34元/股计算）。

二是交易完成后，宝德股份成为一个类“净壳”公司。

宝德股份剥离庆汇租赁时，庆汇租赁已成为其最重要的资产和收入来源。截至2018年年底，宝德股份资产48.98亿元，净资产5.29亿元，收入4.18亿元；庆汇租赁资产40.78亿元、净资产3.23亿元，收入3.88亿元，分别占比83.26%、64.97%、92.87%。完成剥离后，宝德股份仅剩余6.23亿元资产、5.16亿元净资产，收入骤降至0.3亿元，净利润亏损0.3亿元，已然成为一家“空壳”公司，持续经营能力和盈利能力存在很大的不确定性。

对宝德股份而言，虽经过数年发展图谋，但一夜之间又回到了“原点”，主营业务从电气制造加融资租赁的双主业模式，变回到单一的电气制造主业。然而此时的宝德股份已不同以往，经营情况更加严峻。2014年，收购庆汇租赁的前一年，宝德股份尚且还能实现0.9亿元收入，0.17亿元净利润。

宝德股份的收购大计惨淡收场，其实际控制人赵某夫妇也损失颇大。收购庆汇租赁前，赵某夫妇持有宝德股份58.31%股份。5年时间过去，宝德股份经营毫无改善，其持股比例反而下降到48.22%。

此时的赵某夫妇或许已"无心恋战"，接连让渡所持上市公司股份，这个过程也颇为曲折。

2018年6月，赵某将其所持17%股份对应的，除收益权和股份转让权外的其他所有股东权利，如表决权、提名权等，一并委托给瀚诺投资，并与其结成一致行动人。经此安排，赵某夫妇所持完整股份的比例下降到31.22%。但仅过了1年时间，双方又解除委托协议和一致行动人协议，赵某夫妇转而将其所持10%股份，以7.91元/股的价格转让给北京首拓融汇，获得2.5亿元转让收入。转让完成后，赵某夫妇持有宝德股份38.22%股份，二股东中植系持有28.17%股份。

赵某夫妇和中植之所以这样折腾，可能主要是出于"卖壳"的需要。据传，接受赵某17%股份相关权力委托的瀚诺投资，实际控制人是三角兽科技公司的创始人马宇驰。瀚诺投资在接受权力委托时也坦承，不排除收购委托股份的可能。不过，也许在后续的商谈过程中，双方无法就合作方案达成一致，不得已终止委托。而赵某夫妇转让股权给北京首拓融汇的原因，可能一方面是为了偿还其参与收购庆汇租赁配套融资时所发生的债务，并解除股份质押；另一方面，也许是中植系4亿元的重组账面收益需要进行"再平衡"。

无论出于怎样的原因，最终的结果是，中植系进退宝德股份之间，一家"净壳"上市公司诞生了。

退货潮涌

除宝德股份退回庆汇租赁外，中植系在其他合作中也遇到了相似的"退货潮"。

2016年5月，大名城（600094）以25亿元现金收购了中植旗下的中程租赁，中植系入股成为大名城的第三大股东。由于中程租赁资产拨备计提大幅增加，资产风险显露，2018年11月，大名城将中程租赁原价"退回"给中植，并由中植为中程租赁的业绩承诺和资产损失承担连带责任担保。与庆汇租赁类似，中程租赁也是在2016年、2017年完成了业绩承诺，2018年爆雷，没有完成业绩承诺。

2016年9月，达华智能（002512）以10亿元现金从中植手中收购润兴租赁40%股权，中植系入股成为达华智能第二大股东。2019年3月，达华智能又以12.4亿元价格将润兴租赁全部回售给中植系。12.4亿元转让价格由两部分组成，股权转让款和业绩补偿。润兴租赁在2016年至2018年的3年业绩承诺期内，只在2016年完成了业绩承诺，2017年、2018年连续2年均未完成，中植需承担1.74亿元业绩补偿。

2016 年 5 月，法尔胜（000890）以 12 亿元现金收购摩山保理，中植系入股成为法尔胜的第二大股东。

中植系获得控股权后，再以高溢价的方式注入上市公司，并辅之以较高的业绩承诺为资产注入保驾护航。中植同时也顺势成为上市公司的第二或第三大股东。

这些公司注入上市公司后，依托中植系“强悍”的融资能力，筹集巨量资金，实现业务快速扩张，确保在注入上市公司后的 1 ~ 2 年内实现业绩承诺。但在业绩承诺期的后半段，2018 年前后，标的资产业务快速扩张的风险集中爆发，业绩纷纷爆雷。

此时，或许是按照之前双方的约定，上市公司大多数采取了“退货”的处理方式，中植系履行前期的承诺，要么接盘，要么给予业绩补偿、承担损失等，陷入诸多麻烦之中。如此一圈转下来，中植系所剩下的似乎只有其所持的上市公司股份。但中植系持有的这些股份，一方面，可以丰富其融资方式，如进行股权质押等；另一方面，又可为其开展下一步资本运作，博取更大的收益，奠定基础。

简单计算，中植为完成上述交易，耗资超过 65 亿元。对有“万亿”帝国之称的中植系而言，资金问题或许不大。但最近收购中程租赁时，中植因没能及时向大名城支付 5 亿元交易尾款，再一次陷入“舆论的旋涡”。或许对此时的中植而言，在经历前期的野蛮发展和扩张后，是时候调整一下自己的投资风格了。

哈药集团：混改迷途

中国企业境外并购“爆雷”的情况屡见不鲜，但由一家老牌大国企和一家顶级投资机构共同操盘的项目，在短时间内“爆雷”还是第一次。

2020年6月，世界保健品龙头企业GNC（健安喜）宣布，因受新冠疫情影响，公司上半年资金入不敷出，正式向法院提出破产保护。此时距离哈药股份（600664）以3亿美元现金投资健安喜不到3年时间。哈药股份的投资面临全部损失的风险。

哈药股份是中国医药行业首家上市公司，曾以独创的“哈药模式”，打造了“哈药”“三精”“盖中盖”等知名品牌，2000—2010年营收一直稳居中国医药企业前列，曾有辉煌的历史。

2018年3月，在中信资本控股的协助下，哈药股份以3亿美元对价，认购了健安喜约30万股优先股。这笔优先股转为普通股后，哈药股份将持有健安喜40.1%股份，成为其第一大股东。协议约定，转股前，哈药股份将享受每年6.5%的优先股息。无论是从交易条款设计，还是从交易双方的雄厚背景来看，这笔境外并购似乎都“稳赚不赔”。

但仅过了两年多时间，健安喜就因经营不善申请破产保护。这个由中信资本控股和哈药股份操盘项目的命运，也迎来了未知变数。

曲线布局，三次混改终成“经典”

中信资本控股与哈药股份及其控股股东哈药集团的缘分，还得从2004年说起。那时的哈药集团正处于发展巅峰，在当年的中国医药企业百强中排名前列。

2004年年底，哈药集团实施混改，引入了中信资本控股、美国华平、辰能风投3家新股东。3家新股东分别以8.325亿元、8.325亿元、3.7亿元，合计约20.35亿元现金，共同对哈药集团增资扩股。增资完成后，哈药集团原实际控制人哈尔滨市国资委的持股比例下降至45%，中信资本冰岛（CITIC Capita Iceland）、华平冰岛（WP Iceland）、辰能风投三者的持股比例分别为22.5%、22.5%、10%。

此次改革，从长远目标来看，是为了解决哈药集团体制性、结构性问题；从现实意义来看，是为了促成哈药集团海外上市。

新股东辰能风投的实际控制人是黑龙江省国资委。入股后，国资在哈药集团持有55%股权，仍保持绝对控制权。

2007 年 1 月，辰能风投将其所持哈药集团 10% 股权，转让给哈尔滨重组顾问公司。当时重组顾问公司的股权架构可能是中信资本咨询持股 58. 74%，哈尔滨巨邦持股 30. 95%，华平托管公司持股 10. 32%。

哈尔滨巨邦是自然人郝某钧控股的公司，除这位新入局者外，重组顾问公司的另外两家股东均是此前参与哈药集团混改的关联方。经过这一番复杂的操作，哈药集团的控股权实际上可能已经在 2007 年转移到中信资本控股和华平投资手中。哈尔滨巨邦的董事长郝某钧也在后来担任了哈药集团的总经理。

2017 年 6 月，中信资本控股进一步提高了在哈药集团的持股比例。中信资本平台（CITIC Capital Platform）以 9. 9 亿元对价，收购华平冰岛全部股权，实现对哈药集团 22. 5% 股权的间接收购，美国华平退出。也许，在经历 13 年的等待之后，美国华平已不再对哈药集团整体上市抱有期望。相较于 8. 325 亿元投资成本而言，9. 9 亿元的出让价意味着美国华平几乎没有获得任何投资收益。

从哈药集团此时的股权架构来看，中信资本控股的直接持股比例达到 45%，与哈尔滨市国资委相当。如果考虑到通过重组顾问公司间接持有的 10% 股权，中信资本控股的持股比例应还高于哈尔滨国资委（图 6. 9）。

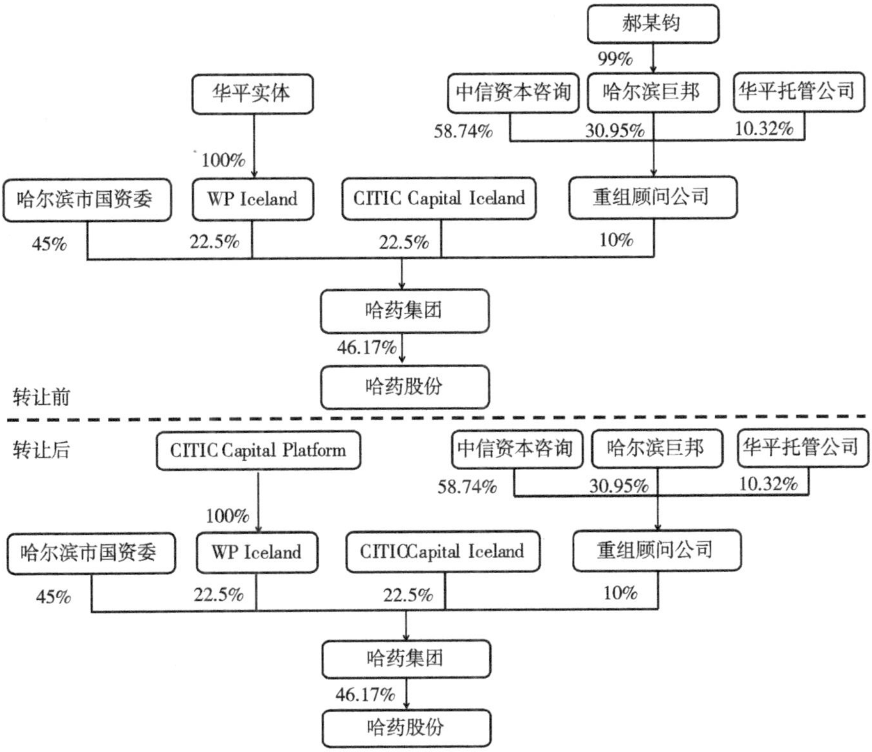

图 6. 9　2017 年美国华平退出哈药集团

但中信资本控股却坚持认为，哈药集团的控制权仍未发生变化，并且表示不谋求对哈药股份的实际控制权。

中信资本控股的“表态”，很快就被“打脸”。

仅半年时间后的2017年年底，哈尔滨市国资委主导哈药集团二次混改，并让渡其控制权。中信资本医药以29.2亿元现金增资哈药集团。混改完成后，中信资本控股旗下的中信资本冰岛、华平冰岛、中信资本医药将合计持有哈药集团60.86%股权，成为其实际控制人，而哈尔滨市国资委持股比例下降到32.02%，成为第二大股东。

中信资本控股对其短期内成为哈药集团控股股东，与此前对市场的“表态”相冲突所给出的解释是，哈尔滨市国资委认可中信资本控股，“主动”向其让渡控股权。

由于涉及国企控制权转让，哈药集团二次混改方案须报送至国资委审批。“不凑巧”的是，此时国资委、财政部、证监会等部门正好联合出台了《上市公司国有股权监督管理办法》（以下简称36号令）。

36号令对哈药集团混改最关键的一条约束是，哈药集团持有的哈药股份、人民同泰两家上市公司的股权价值，应该参照市值计算。根据中信资本控股增资金额及所占股比计算，哈尔滨市国资委确定的哈药集团增资前估值约72亿元。但这一价值的确定方式并没有完全按36号令执行，交易也因此终止。

尽管如此，哈尔滨市国资委推进哈药集团混改的决心丝毫没有动摇。2019年5月，哈药集团第三次混改拉开序幕。通过公开征集战略投资者，重庆哈珀、黑马祺航两家投资机构最终入围。二者分别以8.05亿元、4.03亿元现金对哈药集团增资，分别获得10%、5%股权。时隔1年半后，哈药集团的估值仍约为72亿元，与上次混改估值相当。

重庆哈珀背后的投资者是后来积极参与格力混改的厚朴投资。黑马祺航的投资者虽是3名自然人股东，但其与中信资本控股早有合作关系。二者曾共同投资了西藏瓴达信投资公司。

合作各方约定，哈药集团增资完成后，哈尔滨国资委将向哈药集团董事会派出2名董事，中信资本控股派出2名，重组顾问公司和重庆哈珀各派出1名，黑马祺航不委派董事。此时，中信资本控股已退出重组顾问公司。哈药集团的董事会构成，意味着其已成为无实际控制人的公司，或者说是被哈尔滨市国资委与中信资本控股共同控制的公司（图6.10）。

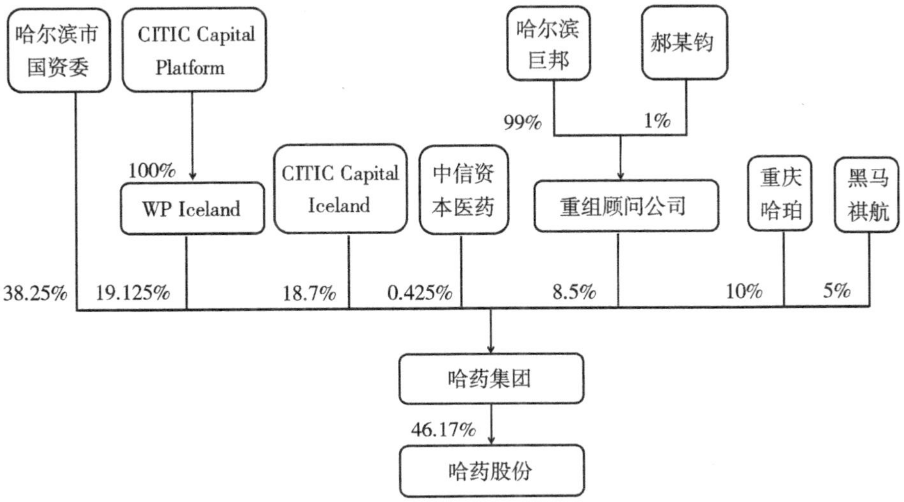

图 6.10 哈药集团第三次混改后的股权架构

从2004年到2019年，历时15年时间，哈药集团的混改告一段落，哈尔滨市国资委不再是哈药集团的实际控制人，而是与中信资本控股并列的第一大股东。

更为关键的是，虽然从股权变动的结果来看，哈药集团达到了混改的目的。但混改的效果，究竟如何？哈药集团有没有实现脱胎换骨？美国华平退出哈药集团，是不是明智之举？

混改难成，路径依赖的哈药逐渐没落

中信资本控股入主哈药集团的15年，是哈药集团从辉煌到没落的15年。

2004年完成第一次混改后，哈药集团业绩保持高速增长态势。以哈药股份为例，2004年，其营业收入71.75亿元，2010年达到125.35亿元，归母净利润从2.63亿元增长至11.3亿元。哈药集团也在2010年实现营业收入161.6亿元，利润19亿元，创历史新高，并连续五年蝉联“中国制药工业企业百强”第1名。

但自此之后，哈药股份却陷入了利润下滑的通道。比如，2011年，哈药股份实现营业收入135亿元，较2010年增长7.6%，但归母净利润仅为5.79亿元，较2010年下跌48.76%。2013年后，哈药股份的营业收入和归母净利润开始呈现同步下滑趋势。到2019年，哈药股份归母净利润仅5581.21万元，不足亿元（图6.11）。

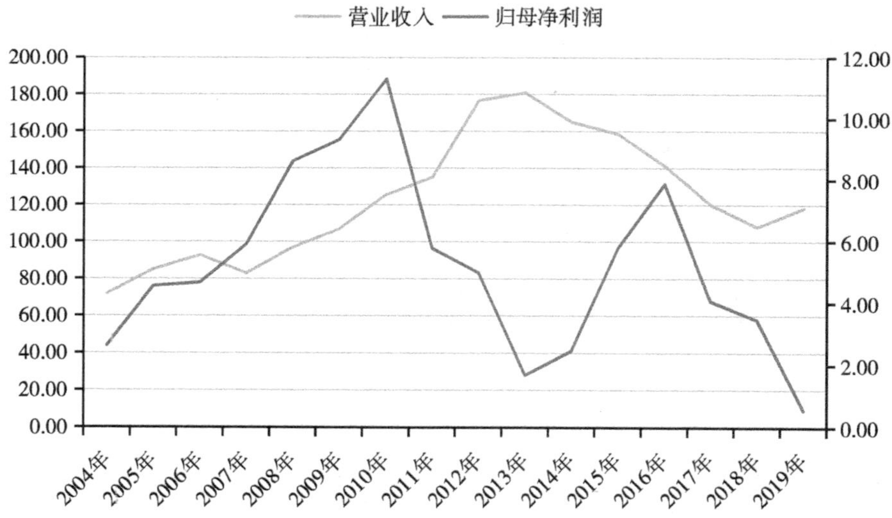

图 6.11　2004—2019 年哈药股份营业收入和归母净利润变化情况（单位：亿元）

利润下滑的同时，哈药股份的行业地位也逐渐下滑。

根据 Wind 数据，截至 2020 年 8 月 13 日，A 股制药类上市公司共有 362 家，总市值 3.87 万亿元，平均市值 106 亿元。而哈药股份市值仅 91.51 亿元，排名第 91 位，不仅低于行业平均值，更与同为国企混改“经典”、市值超过 1300 亿元的云南白药差距明显（图 6.12）。在工信部中国医药工业信息中心公布的 2019 年度中国化药企业百强排名中，哈药股份列第 46 位。

从行业老大跌至行业中游，哈药集团的命运令人嗟叹。其混改的效果，很难说令人满意。究其原因，主要在于路径依赖。

哈药集团创造辉煌业绩，主要得益于市场营销的成功。多年来，哈药集团将资源主要投向了广告推广、市场宣传等方面，2000 年投入宣传费 12 亿元，采用“广告 + 地推”的模式，在国内率先塑造了药品销售的“哈药模式”。

与营销的大力投入相比，哈药集团对企业研发投入一直未给予足够的重视，研发投入一直不足。

2017 年至 2019 年，哈药股份的销售费用分别为 7.61 亿元、6.2 亿元、8.61 亿元，但同期的研发费用仅为 1.42 亿元、1.37 亿元和 1.25 亿元。研发费用占营业收入的比重约为 1%。而恒瑞医药同期研发费用分别为 17.59 亿元、26.7 亿元和 38.96 亿元，占营业收入比重约为 15%。

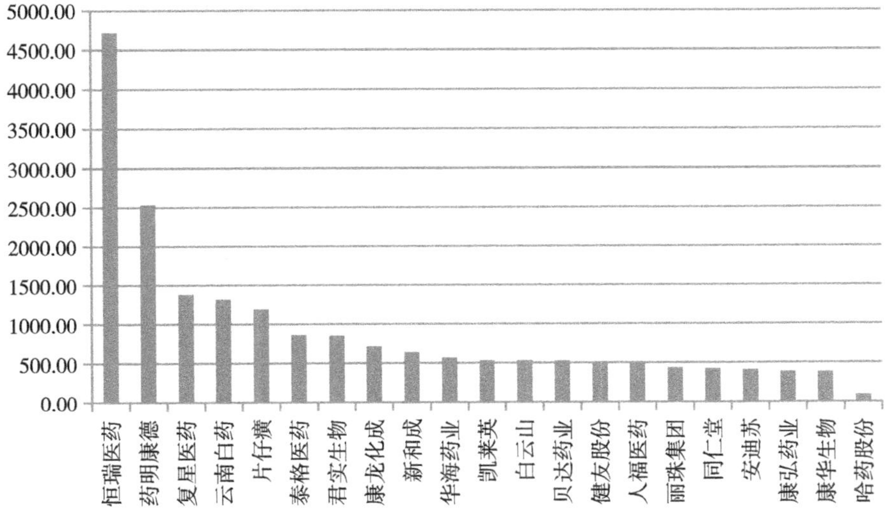

图 6.12　截至 2020 年 8 月 13 日，国内前 21 名制药类上市公司市值

哈药集团对营销的重视，还体现在 2015 年哈药股份推出的股权激励方案上。此次股权激励，使哈药股份获得“医药国企改革第一股”的称号。在这份方案中，哈药股份第一次确定的激励对象几乎全部是其销售人员，虽然后来将范围扩大至主要管理人员和业务骨干，但从人员构成比例上看，仍以销售人员为主。

在哈药股份最终确定的 1162 名激励对象中，销售人员 984 名，占 84.68%；其余 178 名员工，主要是管理团队、采购人员及审计监察骨干，其中似乎并没有研发人员。

随着中国医药行业外部环境的变化，哈药集团这种模式难以为继。

自 2011 年以来，中国医药行业相继出台了基药招标、药品降价、抗生素限用等政策，对药品宣传的管理也越来越严格和规范，这给擅长营销的哈药集团带来巨大的销售压力。深陷路径依赖的哈药集团，始终未能找到突围良方。对此，有人戏称哈药股份非常精准地踩中了近些年医改的各种“雷”。

哈药股份有两大业务板块，即医药工业和医药商业，前者主要负责药品的研发和制造，后者主要负责药品的销售和流通。两大板块均因政策变化承压不小。

在医药工业板块，抗生素限用政策给相关生产企业带来压力，哈药股份恰好是一家以生产抗感染药物为主的制药公司，2019 年抗感染药物的销售收入占医药工业板块收入的 29%；慎用中药注射剂的大环境，令哈药股份中药板块销售承压，而中药业务占其医药工业板块业务收入的 16.6%；实施带量采购政策，但哈药股份的生物制剂类等产品却鲜有中标。

在医药商业板块，受“两票制”（药品生产企业到流通企业开一次发票，流通企业到医疗机构开一次发票，以压缩药品流通环节，降低药品虚高价格）、药品零加成等政策的影响，哈药股份的零售、医药商业也遭遇发展瓶颈。

但毋庸置疑的是，行业政策的变化，不只是针对哈药集团一家，所有的制药、医药销售企业都受影响。但在这一时期，中国医药行业相继涌现了药明康德、恒瑞医药等新的一批龙头。因此，从这个意义上讲，哈药集团的落后应当在于自身无法摆脱传统老国企种种制度、习惯、文化和理念的桎梏和束缚，而进行彻底的改革和战略调整却有心无力。哈药集团的混改，最终也只流于表面和形式。

“彷徨”的改革，不仅影响企业的发展，也影响员工的利益。

以前述的哈药股份 2015 年股权激励为例，哈药股份共向激励对象授予发行了 5771 万股限制性股票。这些股票主要是在 2016 年授予（这或许是哈药股份 2016 年业绩暴增的原因），授予价格是 4. 36 元/股（考虑后续分红，激励对象获得股份的成本降至 3. 36 元/股）。

但在随后的 2017—2018 年，因没有完成当初制定的盈利目标（2017—2018 年分别实现扣非后净利润 10. 31 亿元、14. 89 亿元），哈药股份按授予价赎回了 4341. 92 万股，目前仅剩 1400 万股。截至 2020 年 8 月 12 日，哈药股份的收盘价为 3. 73 元/股，股权激励效果几乎为零。

尽管哈药集团在产品市场上乏善可陈，但在资本市场上，却有些许亮点。哈药集团在中信资本控股的帮助下，主要完成了两项运作。

一是推动哈药集团内部资源整合。哈药集团有 2 家上市公司：哈药股份和哈药股份控股的人民同泰（原名三精制药，600829）。哈药股份在 2005 年获得人民同泰的控制权后，便承诺解决二者之间的同业竞争问题。

但直至 2015 年，哈药集团才开始实质性解决该问题。哈药股份将其持有的哈药集团医药公司 98. 5% 的股权，与人民同泰持有的全部医药工业类资产进行置换。重组完成后，哈药股份的业务将集中在抗感染药物、保健品、中药等 5 个医药工业；人民同泰的业务将集中在医药的批发、零售等医药商业，二者的业务边界变得清晰。

二是投资世界保健品龙头健安喜。2017 年 9 月，哈药集团委托中信资本控股代表其参与健安喜的竞购。经过大约 5 个月的时间，哈药集团或其指定的第三方，以约 3 亿美元价格认购健安喜发行的约 30 万股可转换优先股。

此次交易的规模虽然不大，但折射出的交易逻辑意味深长。

一是哈药集团的转型方向是开拓保健品领域。健安喜是一家以保健品、营养品著称的公司，2017 年实现营业收入约 25 亿美元，超过哈药股份。但保健品严格来说属于食品范畴，不属于药品。哈药股份收购健安喜后，无疑将成为一家以生产、销售保健品为主业的公司。

二是研发投入将会更少。哈药股份2017—2018年经营活动产生的现金净流量分别为1.5亿元、6.93亿元。在一次性拿出近20亿元现金用于收购后，能够投入研发的资金更加捉襟见肘。

转型之路尚在探索，但这起由老牌国企和中国顶级投资机构携手促成的并购交易，不久却出了问题。

抽血式回购，压垮世界保健品巨头

从经营状况看，健安喜还比较稳健。在哈药集团投资前，2013—2017年，健安喜每年的营业收入都在26亿美元左右，毛利率在32%以上，经营性利润最高曾达4亿美元。公司的现金流也比较充沛，每年经营活动产生的现金净流量在2亿美元以上，最高曾达到3.55亿美元。作为一家保健品公司，每年资本性支出很少，财务费用每年仅6000万美元左右（表6.19）。

表6.19 2013—2017年健安喜收入及现金流情况（单位：亿美元）

	2013年	2014年	2015年	2016年	2017年
营业收入	26.64	26.55	26.83	25.4	24.53
营业成本	16.74	16.75	16.99	16.8	16.53
营业利润	9.9	9.8	9.85	8.6	8
毛利率	37.16%	36.91%	36.71%	33.86%	32.61%
管理及销售费用	5.34	5.55	5.67	5.75	6.04
利息费用	0.53	0.47	0.51	0.6	0.64
经营性利润（营业利润－三项费用）	4.03	3.78	3.67	2.25	1.32
经营活动现金净流量	2.39	3.04	3.55	2.08	2.21
投资活动现金净流量	－0.78	－0.76	－0.46	－0.22	－0.24
筹资活动现金净流量	－0.94	－3.21	－3.84	－2.08	－1.68

这样的一家公司，怎么会陷入债务危机？

第一个原因是健安喜“抽血式”的股票回购。健安喜2011年上市时只募集了2.6亿美元现金。上市后的2011—2017年，经营活动现金净流量累计17.21亿美元。但同期健安喜回购股票的金额累计为17.252亿美元，且还有1.98亿美元的回购权限未使用（表6.20），对股东的分红累计2.75亿美元。这意味着，健安喜即便将其历年经营的结余全部用于回购股东股票及向股东分红，也是不够的。

表 6.20　2011—2017 年健安喜股票回购及分红情况（单位：亿美元）

	2011 年	2012 年	2013 年	2014 年	2015 年	2016 年	2017 年	合计
回购金额	0.616	3.6	3.106	2.84	4.798	2.292	剩余 1.98 亿美元权限未使用	17.252
分红		0.452	0.574	0.575	0.596	0.553		2.75

如此一来，就会导致健安喜的经营出现问题。健安喜资金不足以偿还已有的银行债务及其利息，也只有依靠借债来开店扩张、发展。截至 2011 年年底，健安喜的债务 14.51 亿美元，其中有息债务约 9.02 亿美元；到了 2017 年年底，其债务增至 16.79 亿美元，有息债务约 12.97 亿美元，债务规模日益扩大。

在这种过于关注资本市场表现和高度依赖经营杠杆的思想指导下，健安喜翻盘的机会就是其产品销售能有一个高增长，能依靠不断提高的销售规模和利润偿还借款。但事与愿违，健安喜的经营能力和绩效不仅没有提高，反而日渐衰弱，竞争力日益下降。健安喜并未获得摆脱债务危机的机会。

以反映营运能力的营业周期、存货周转天数等指标为例，2011—2017 年，健安喜都处于下降趋势，如 2011 年，健安喜的营业周期为 128.84 天，2017 年上升至 137.47 天；存货周转天数由 109.99 天上升至 118.7 天。

尤其是从 2016 年开始，美国电商业务的快速崛起，健安喜的变革有些滞后，门店数开始下滑、营业收入开始下降，已不能完全适应新的竞争方式。2016—2017 年，健安喜的营业收入分别为 25.4 亿美元、24.53 亿美元，较 2015 年下滑近 5.33%、8.57%，毛利率也下滑至 32.61%。

健安喜不断下滑的业绩，导致其融资成本和偿债压力陡升。就融资成本而言，健安喜有息债务从 2016 年的 15.28 亿美元下降至 2016 年的 12.97 亿美元，但财务费用却从 0.6 亿美元增加到 0.64 亿美元。简单计算，健安喜的融资利率提高了 25.7%。

从 2017 年年底健安喜的还款安排来看，2019—2020 年，健安喜分别需偿还 11.31 亿美元、1.89 亿美元债务。但其 2017 年经营活动产生的现金净流量仅 2.21 亿美元，偿债资金缺口和再融资偿债的压力都很大。

健安喜经营业绩下滑、债务风险增加，又带来了一连串的连锁反应。

首先，在 2016—2017 年，健安喜连续两次计提资产减值，分别为 4.77 亿美元、4.58 亿美元，计提减值的资产主要是商誉、品牌、物业及设备等资产。

这些计提减值的资产主要形成于 2007 年 3 月的一起收购。当时，Ares Corporate Opportunities Fund（阿瑞斯机会基金）和 Ontario Teachers' Pension Plan Board（安大略省教师退休金计划委员会）联手从 Apollo Management（阿波罗管理公司）收购了健安喜，收购后形成约 6 亿美元商誉和 7.2 亿美元无形资产等。直到 2016 年前，这些资产价值一直未发生大的变化。

健安喜对这些资产计提的减值额约占上一年度资产总额的20%左右。计提减值后，健安喜不仅产生巨额亏损，资产负债率也立即突破100%，名义上已破产（表6.21）。

表6.21　2013－2017年健安喜资产及经营情况　（单位：亿美元）

	2013年	2014年	2015年	2016年	2017年
经营性利润（营业利润－三项费用）	4.03	3.78	3.67	2.25	1.32
长期资产减值	—	—	0.28	4.77	4.58
净利润	2.65	2.56	2.19	－2.86	－1.49
资产	27.35	26.71	25.44	20.56	15.17
负债	19.19	19.15	20.75	21.51	16.79
短期和长期债务合计	13.42	13.38	14.49	15.41	12.97
所有者权益	8.16	7.56	4.69	－0.95	－1.62
门店总数（家）	8593	8976	9090	9022	8955

其次，财务状况的恶化也影响了健安喜的股价表现。其股价从2015年最高每股58.65美元，一路跌至3.35美元，跌幅达94.29%。本为提振股价而进行的股票回购，相当于饮鸩止渴。

面对如此困境，健安喜已不能依靠自身的力量解决债务问题，必须引入“外援”。

在得知健安喜在全球范围内征集“战略投资者”的信息后，哈药集团便委托具有丰富境外并购经验的中信资本控股开展竞标。

折戟海外，收购健安喜前途莫测

健安喜虽然陷入困境，但底子仍在，如果能好好解决债务问题，调整经营思路，重获生机的概率很大。

按照常理，中信资本控股的收购方案应重点关注两点：一是确保自己投入资金的安全；二是通过调整经营思路以及出售资产偿还债务等手段，尽快降低健安喜的债务规模。但从中信资本控股收购健安喜以及收购后的整合措施来看，这两点似乎并未被重视。

起初，哈药集团只是想收购健安喜中国区（内地和澳门特区）的业务，并认购健安喜增发的5%新股，投资金额预计在0.8亿—1.3亿美元。哈药集团以收购主体人民同泰筹划收购健安喜中国区业务，颇有些类似买断健安喜中国区产品销售代理权的意思。

或许是由于健安喜的竞标比较激烈，哈药集团后来“升级”了收购计划，将投资金额提高至2.35亿美元，增加认购健安喜新股。同时，哈药集团向健安喜提出，可以考虑收购健安喜全部股份。健安喜当时市值约5.55亿美元，哈药集团需准备约7.9亿美元，折合人民币约42亿元。

截至2017年年底，人民同泰资产48.4亿元，负债32.3亿元，资产负债率66.7%；实现营业收入80亿元，净利润2.5亿元，经营活动现金净流量仅1.39亿元。以人民同泰的实力很难及时筹集到42亿元的收购价款。于是，哈药集团将收购主体调整至实力更强的哈药股份。

到2018年2月，经历多轮协商的合作方案最终确定。该合作方案包括如下要点。

一是哈药股份以约3亿美元现金，认购健安喜增发的约30万股可转换优先股，每股购买价格1000美元。哈药集团可在任意时间按每股5.35美元的价格，将优先股转换为健安喜的普通股（1股优先股可转换约187股普通股）。若哈药集团未实施转换，健安喜将按照年化6.5%的利率，按季度支付现金或实物（发行优先股）股利。

根据这一约定，哈药集团若实施转股，将持有健安喜约40.1%股权，成为健安喜的控股股东。当时健安喜第一大股东FMR LLC仅持股8.91%。

值得注意的是，5.35美元/股的换股价，高于双方达成协议前健安喜的股票市价（3.35～5.12美元/股），这主要是因为哈药股份既可以在持股期间享受固定的优先股息，还拥有未来转股的选择权。

二是双方在中国设立一家合资公司，20年独家代理健安喜产品在中国的制造和销售，健安喜将获得特许权使用费。哈药集团后以2000万美元现金出资、健安喜以中国业务相关的资产、权利、义务和财产出资，共同在上海设立了一家合资公司。哈药集团与健安喜分别持有合资公司65%、35%的股权。

三是改组健安喜董事会，将健安喜董事会人数提高至11人，其中哈药集团提名5名，健安喜原董事会提名5名；另外1名由健安喜现任行政总裁担任。根据健安喜的《股东协议》，其大多数关键事项需要董事会2/3以上多数通过，这样的安排使得哈药集团无法实现对健安喜的实质性控制。

四是赋予健安喜赎回可转换优先股的权利。在哈药股份认购可转换优先股4年后，若健安喜普通股的股价连续20个交易日达到或超过5.35美元转股价的130%（达到或超过6.955美元/股）时，健安喜有权全部赎回。

五是禁止招揽的惯例安排。在获得健安喜股东大会批准前，健安喜不得主动在市场上寻找新的投资方，除非其获得更优的报价。

六是设置分手费和反向分手费：如果哈药集团终止协议，将向健安喜支付1800

万美元分手费；如果健安喜终止协议，健安喜将视终止的原因，向哈药集团支付1000美元或1800万美元分手费。

此外，健安喜还对哈药集团转让股权、认购新股权、表决权限安排等事项做出了一系列的安排。

从中信资本控股代表哈药集团前后两次递交的竞标方案，以及最终成交的方案来看，哈药集团“拿下”健安喜的决心非常大，投资价格不断加码，甚至一度考虑私有化健安喜。但最关键的问题是，哈药集团在没有获得健安喜控制权的情况下，如何确保其投入的3亿美元资金的安全。

健安喜此时已资不抵债，哈药集团投资的方式最好是债权投资，如购买健安喜发行的可转换债券，或者直接购买健安喜资产等。可转换债券与可转换优先股在利率（股息）、转股价格、转换期上都可以进行相似的安排，但可转换债券的优势在于，健安喜一旦破产，其受偿顺位要高于可转换优先股。

因此，哈药集团为何最终采取可转换优先股这一形式，实在令人不解。难道采取可转换优先股的主要原因，只是为了降低健安喜的资产负债率，使其下降到100%以内？

收购完成后，哈药集团对健安喜的债务重组采取的主要措施有两项：偿还债务和展期。

健安喜用哈药集团增资的资金偿还了绝大部分债务。截至2018年年底，健安喜有息债务从2017年的12.97亿美元下降至11.52亿美元，下降1.45亿美元；2019年进一步下降至8.63亿美元。

借助哈药集团的“东风”，健安喜对剩下的债务偿还做了展期安排：2019—2022年分别偿还1.58亿美元、1.89亿美元、5.72亿美元和2.75亿美元。与2017年年底的还款安排相比，无论是偿债金额，还是偿债期限，健安喜都在较长时间内进行了平滑。

健安喜的债务问题得到缓解，但经营却越来越差。2017—2019年，健安喜的营业收入和经营活动现金净流量呈逐年下滑趋势，尤其是经营活动产生的现金净流量在2019年仅有0.97亿美元，仅占当年20.68亿美元营业收入的4.69%。健安喜之前面临的经营困境仍未得到实质性的改变。

健安喜营业收入下降的表面原因，主要在于三个方面：一是以640万美元价格出售Lucky Vitamin，导致收入减少约0.66亿美元；二是将中国区业务剥离至哈药集团控股的合资公司，导致收入减少0.27亿美元；三是大幅关闭门店，健安喜的门店数从2017年的8955家下降至2019年的7532家，下降近16%（表6.22）。

表 6.22 2017—2019 年健安喜经营情况 （单位：亿美元）

	2017 年	2018 年	2019 年
营业收入	24.53	23.54	20.68
营业成本	16.53	15.82	13.54
营业利润	8	7.72	7.14
毛利率	32.61%	32.80%	34.53%
管理及销售费用	6.04	6.21	5.66
利息费用	0.64	1.27	1.07
经营性利润（营业利润 - 三项费用）	1.32	0.24	0.41
经营活动现金净流量	2.21	0.96	0.97
投资活动现金净流量	-0.24	-0.16	0.73
筹资活动现金净流量	-1.68	-0.78	-1.19
门店数	8955	8383	7532

但进一步分析可以发现，健安喜经营能力弱化的根本原因还是在于变革能力不够。具体体现是电商业务发展滞后，未能及时填补门店关闭后留下的市场空间，导致收入和现金流大幅下降。2017—2019 年，健安喜的电商业务收入分别为 1.28 亿美元、1.55 亿美元、1.6 亿美元，增长并不明显。

健安喜的股价也因此继续走低。截至 2020 年 6 月底，健安喜股价为 0.55 美元/股，市值较哈药集团入股时又跌了九成。

随着哈药集团 3 亿美元增资资金耗尽，2020—2022 年偿债高峰期到来，健安喜再一次走到了“生死关头”。这一次，健安喜不再考虑引进“战略投资者”，而是于 2020 年 6 月直接申请破产重整：保留主体，重组资产负债或者出售资产偿还债务。

健安喜资产的初步竞购价约 7.6 亿美元，哈药集团有意收购。也就是说，在 3 亿美元投资“打水漂”的时候，哈药集团依然拿出 7.6 亿美元用于收购健安喜。哈药集团的营销风格适合美加市场吗？哈药集团能主导完成健安喜的深层次变革吗？健安喜的电商业务能否突飞猛进？这一切都是未知数。

如果将投入健安喜的 10 亿美元投入自身研发、制造等业务上，哈药集团可能会是另一番局面。

混改与战略投资者之思

近几年，战略投资者越来越成为并购市场和资本市场的热门词。无论是国企混改，还是上市公司重组，各方都非常强调战略投资者的“概念”，并给予战略投资者相当的优待。比如，在上市公司再融资中，战略投资者可以按市价的 8 折认购新股，

“财富”效应非常明显。但究竟何为战略投资者，市场各方却莫衷一是。

2020 年 7 月，凯莱英（002821）修改其非公开发行方案，将原来独家认购 23 亿元募集资金的“战略投资者”高瓴资本调出认购对象，改为 35 名特定投资者。无独有偶，在凯莱英修改非公开发行方案前后，药石科技（300725）、欧菲光（002456）、康辰药业（603590）也修改了非公开发行方案，原来的“战略投资者”兴全基金、建投集团不再参与。这些动作都将有关战略投资者的争议推向高潮。

哈药集团前后三次混改时，哈尔滨市国资委对新股东的要求，也是要求其成为哈药集团的战略投资者。起初南京医药、上海复星医药、西安东盛、北京国药等专业药企均积极参与，但最终由非医药专业的中信资本控股夺魁。

此后的两度混改，虽然一再强调引入战略投资者，但响应者寥寥。并且从混改后哈药集团的发展轨迹和结果来看，中信资本控股作为战略投资者，不仅作用发挥得似乎并不明显，反而有越陷越深的迹象。

反观健安喜，在其发展历史上，也是频繁“遭遇”战略投资者。健安喜创立于 1935 年，并于 20 世纪 80 年代首次登陆纽交所。90 年代，“战略投资者” The Thomas Lee Company 将其私有化退市，并时隔数年将健安喜第二次上市。1999 年，Royal Dutch Numico 又将健安喜私有化，并在 4 年后出售给 Apollo Management；而 Apollo Management 又在 4 年后将其出售给 Ares Corporate Opportunities Fund 和 Ontario Teachers’ Pension Plan Board，后者将健安喜于 2011 年第三次在纽交所 IPO，直至现在申请破产重整。

如此种种，就不得不让人思考，一家公司在引进投资者时，有无必要刻意去强调投资者是战略的，还是财务的？强调战略投资者的意义何在？会不会沦为“套利”的借口？在一家国有企业混改时，究竟怎样的投资者才是所谓的战略投资者？如果一家公司引入投资者的诉求主要是引进资金，那么仅提供资金，不提供技术资源、不参与日常运营管理的投资者，就不是战略投资者吗？答案显然是否定的。

因此，只要能满足企业诉求的投资者，就可以归为战略投资者。如此一来，就没有必要区分战略投资者和财务投资者。最关键的是，要公平对待所有能提供这种资源或者支持的投资者，或者说，在交易方案评价上尽可能地做到公平，不能唯报价论。

比如，在产业投资公司与 PE 机构一同竞标时，论资金实力，产业投资公司大概率竞争不过 PE 机构，但在行业经验、技术积累、市场积淀等方面，PE 机构大概率拼不过产业投资公司，即便这家 PE 机构投资了大量的相关行业企业。毕竟，PE 机构协调资源配合投资标的与产业公司通过投资标的结成深度的利益联盟，是两个不同层次的概念。

这就要求引进投资者的公司，尤其是国企混改时要注意，必须非常清楚自己的诉求是什么，对要引进怎样的投资者有清晰的认识和要求，并予以公开，不能笼统、含糊地称之为战略投资者，以此完成最为关键的投资者的初筛。在后续评选的时候，也要有一套清晰的评价指标和方法，能将投资者所提交交易方案的相关条款，如对价形式、支付方式等，折算成等值现金，以便进行评判。在后续运营的时候，则要在公司治理结构和人事安排、战略发展规划、日常运营管理等方面，充分体现各股东的意志，摆脱“一股”独大的思维惯性和习惯依赖。

柒

涅槃：困境企业重组

导 读：当企业因各种原因难以维系经营，就到了解散的时候。有些企业会进行解散清算，有些企业会进行债务重组，还有些企业则会因难以清算、难以达成债务重组协议而走向破产。对后两类处于困境中的企业而言，如何实现预期的重组目标成为首要考量。

对债务重组而言，关键是要对重组后债务偿还金额、偿还期限、计息方式以及偿还方式进行统筹考量，以期获得所有债权人同意，给困境企业以脱困的时间。对破产而言，需要在清算、和解、重整三种方式中进行选择。值得强调的是，困境企业的重组，需要公平对待所有债权人。所谓的公平，是指对同一类债权人，需要采取同样的方式对待。

如果企业仍有发展基础和空间，目前只是因为外部环境变化、内部管理不善等原因导致陷入困境，一般会采取重整或和解方式，引入战略投资者，进行债务重组。否则，只会进行破产清算。

无论是采取债务重组，还是破产，以下四个方面事项需要重点关注：

一是要明确自己的底线和目标。困境企业的重组，本质上是股东和债权人双方之间的利益博弈。股东和债权人都需要明确自己的底线和目标，比如股东要明确，困境企业能背负最大债务是多少，自己是否继续在重组后的企业持股，持股比例是多少等。债权人则要关注，困境企业所能背负的最大债务与自己期望值之间的差距有多少，是否有办法弥补差距，可接受的偿债方式有哪些等。只有明确了自己的底线和目标，双方才会有协商的基础，并保持主动权。

二是要做好债权人预期管理。对困境企业的股东而言，是要做好债权人的预期管理，尽早使债权人意识到债务重组空间的可行性，消除其不切实际的愿望和诉求。

三是要利用好政府、金融监管机构等外部力量。债务重组、破产重整是否成功，单凭困境企业和股东的力量，成功的难度很大。这个时候需要借助当地政府、金融监管机构等外部力量，协调债权人关系，协助引进战略投资者，推动重组脱困。

四是要充分利用好各种金融工具偿还债务。在债务偿还方式上，需要打开思维和视野，不要将目光仅局限于硬削债、现金偿债等有限的方式，需要充分利用金融市场的各种工具，统筹使用。比如，在上市公司重整中，可以考虑发行股份、发行优先股、可转债等。这样做的目的是平滑债权人当期损失风险，寻找到双方的利益结合点。

佳兆业：一个债务重组样本

时隔724天之后，深陷生存危机的佳兆业终于得以在港交所复牌交易。佳兆业披露的财报显示，其2016年录得合约销售额298亿元，较2015年增长222%，在创下年度最高销售额的同时，也重新回到了全国房地产企业销售业绩排行榜的前40强。虽然佳兆业2016年仍然亏损约3.5亿元，但较2015年亏损12.54亿元已大幅减亏。并且，佳兆业的土地储备面积为2100万平方米，其中80%位于一、二线城市，可以说，如果没有其他外部因素的干扰，佳兆业的脱困只是时间问题。面对这样的结果，佳兆业的掌门人郭某成想必也会感慨万千。

从2012年起，受诸多因素的影响，佳兆业开始陷入各种传言之中。到2014年年底，佳兆业的危机开始全面爆发，其在深圳的房源被限制销售或查封锁定，佳兆业顿时陷入债务违约的危机之中。紧接着在2015年1月初，佳兆业又触发了汇丰银行贷款的违约事项，债务危机进一步恶化。在此背景下，佳兆业走上了救赎之路。

融创的进与退

最早向佳兆业伸出援手，并开展实质性动作的是融创。融创对佳兆业困局的解决方式是附条件的收购，大致由三部分组成。

其一，融创先以23.75亿元的价格收购佳兆业在上海四个项目公司（上海荣湾、上海青湾、上海赢湾和上海诚湾）的全部股份，并约定佳兆业在1年后可以回购这些股权。通过此举，融创得以锁定佳兆业部分优质资产。

其二，融创再以45.53亿元的价格收购郭某成家族所持佳兆业49.25%股份，收购代价为每股1.8港元，并向佳兆业其他股东发起要约收购。由于佳兆业另一大股东——持有29.94%股份的富德生命人寿——已明确表示不会接受融创的要约。此时，融创收购佳兆业股份的价格，与2个月前郭某成转让给富德生命人寿的价格相比，折价约40%。不过，不管融创的要约收购是否成功，其发出全面要约只是走一个程序而已。

其三，也是整个收购最关键的部分——融创发出的债务重组要约。

融创在收购佳兆业49.25%股权时，就已将是否收购股权与佳兆业债权人是否同意融创提出的债务重组方案进行捆绑。而且融创的创始人孙某斌明确表示，佳兆业资产质量很差，远非局外人所想象，佳兆业的债务重组条件谈无可谈，若不同意，再大的生意也是生意，不划算就不做。如此一来，在佳兆业股东的积极“配合”之下，融创对佳兆业的收购焦点变成了融创与佳兆业现有和潜在债权人之间的博弈。

根据佳兆业2014年中期财报，佳兆业当时的负债约800亿元，但扣除房产销售中客户的预付款约200亿元及其他一些经营性债务之后，佳兆业的长短期借款金额实际只有300亿元左右，这些付息债务对当时资产过千亿元的佳兆业而言压力应不是很大。但实际上，经过前期充分的尽调，融创认为，截至2014年年底，佳兆业实际有息债务总额高达650亿元，其中约有298亿元需要在未来一年之内进行偿还。显然，一旦这些债务真实反映在佳兆业的财报上，佳兆业或许将成为一家资不抵债的公司。融创要进入佳兆业，势必要对其债务进行重组。

融创提出的债务重组思路大体是，将佳兆业的债务分为境内和境外两部分进行分别处理。具体而言，就是在保持本金不受损失的前提下，对债务进行展期和降低利率（表7.1、表7.2）。这一思路在佳兆业后续的债务重组中也得以延续。

表7.1　融创提出的佳兆业债务重组方案

	金额	债务种类	重组方案	支持措施
境内债务	479.71亿元人民币	银行及非银行金融机构贷款	1. 不削减本金； 2. 展期3~6年； 3. 降低利率，但不低于同期银行贷款基准利率的70%	
境外债务	33亿元人民币； 9.15亿港元； 21.095亿美元； 合计171亿元人民币	可转债、优先票据和境外贷款	1. 不削减本金； 2. 展期5年； 3. 降低利率； 4. 债务重组后2年内不支付利息，利息计入本金	若超过50%票据和66%可转债持有人同意债务重组，将额外给予50个基点的票息
合计	650亿元人民币			

表7.2　佳兆业境外债务重组情况

序号	债权种类	本金	到期日		票息	
			重组前	重组后	重组前	重组后
1	2015年可转债	15亿元人民币	2015.12	2020.12	8%	2.7%
2	2016年票据	18亿元人民币	2016.4	2021.4	6.875%	3.1%
3	2017年票据	2.5亿美元	2017.9	2022.9	12.875%	4.7%

续表

序号	债权种类	本金	到期日		票息	
			重组前	重组后	重组前	重组后
4	2018 年票据	8 亿美元	2018. 3	2023. 3	8. 875%	5. 2%
5	2019 年票据	4 亿美元	2019. 6	2024. 6	9%	6. 4%
6	2020 年票据	5 亿美元	2020. 1	2025. 1	10. 25%	6. 9%
7	境外银行贷款	9. 15 亿港元 1. 595 亿美元	通过与汇丰银行及工商银行的磋商后予以实施			

站在债权人的角度来看，境内债务重组方案要优于境外债务重组方案，主要是重组后的利率及支付方式不一样。境内债务重组后的利率是不低于同期银行贷款利率的 70%，而境外则是大幅折扣。比如 15 亿元人民币的可转债，重组后的利率是重组前的 33%。并且，境外债务 2 年内不支付利息，利息计入本金，而境内债务重组则没有这一条款。

即使在境外债务中，对于不同的债权人，融创也采取了不同的对待方式。比如，对于汇丰银行和工商银行的债务，融创并未明确具体的重组条件，只用进行磋商后予以实施一笔带过。

为进一步增强债务重组方案的说服力，孙某斌在喊话之外还聘请德勤对佳兆业进行了清盘模拟测算。根据测算，如果佳兆业债务重组不成功而不得不清盘时，佳兆业的债权人将面临损失，其中境内债权人本金将受到一定损失，但境外债权人的损失会更大，预计受偿率仅为 2. 4%。

面对融创凌厉的攻势，在 2015 年 2 月 16 日召开的境内借款人初步会议上，境内债权人表示“十分支持本公司将予采取的行动”，双方将“以就重组的条款在切实可行的情况下尽早达成共识”。

但在 3 月初召开的境外债权人会议上，佳兆业则声称，仍在与境外债券持有人进行磋商，并未就债务重组条款达成任何协议。据称，境外债权人提出的重组方案是债务清偿必须控制在 1 ~ 3 年，利息不减，在债务未清偿之前不能派息，同时对于债券持有者的损失以股票或者股票期权等类似的方式予以弥补，并建议引入更具实力的企业代替融创。显然，佳兆业的境外债权人并不买融创的账，佳兆业的境外债务重组自此陷入困局。

就在融创与佳兆业境外债权人交锋的时候，佳兆业旗下的物业资产状态也发生了变化。

2015 年 4 月 9 日佳兆业发布公告，声称其在深圳的八处物业被解除房源锁定状态，但大部分被司法查封。由房源锁定这种行政手段转为司法查封，不仅意味着佳兆业同样不能对外销售房产，还意味着相关查封从行政程序进入司法程序。如果佳兆业一旦进入破产清算程序，被查封资产拍卖所得将首先用于偿还向法院申请资产保全的债权人，在房源锁定状态下则不能达到这样的目的。梳理佳兆业的公告内容，申请资产保全的全部是境内债权人。

佳兆业物业形态的变化，再加上孙某斌前期收购的上海四个项目公司，佳兆业的大部分资产实际上已被定向锁定。一旦不能完成境外债务重组，佳兆业将极有可能进入清算程序。按照清算分配程序，佳兆业查封资产拍卖所得将首先用于偿还境内债权人。如果拍卖所得能覆盖境内债务，剩余的部分将向其他债权人、股东分配。如果拍卖所得连境内债权人也未能覆盖，则意味着境外债权人颗粒无收，血本无归。佳兆业的资产状态变化让境外债权人的形势更加不容乐观。

就在境外债务重组双方激烈交锋、你来我往，市场观望境外债权人如何反击的时候，融创突然宣布退出佳兆业的收购，抽身而退，佳兆业实际控制人郭某成归位。这一剧变一度让市场愕然。

融创虽然突然退出，但不可否认的是，融创为佳兆业设计的方案为其债务重组打开了局面，给后续的债务重组明确了思路和方向。这主要体现在两个方面：一是获得境内债权人的支持，境内债权人是佳兆业的主要债权人，境内债权人同意重组，意味着佳兆业债务重组成功了一大半；二是通过综合施策，降低了境外债权人的心理预期，为后续的债务重组营造了一个有利于债务人的外部环境和谈判空间。

佳兆业的让与得

对于孙某斌的策略，归位后的郭某成显然是深得其味。郭某成在随后的债务重组中，总体思路依旧是“保本、减息、展期”，只不过在具体条件上有所变化，佳兆业的债务重组也由此进入一个新的阶段。

首先看相对比较容易的境内债务重组。对 480 亿元的境内债务重组条件，佳兆业在孙某斌的方案基础上有所放松，比如只展期 3 年，但是“鼓励”债权人降低利率等。并且佳兆业在重组关键时刻还获得了强力外援，中信银行及中信信托一共向佳兆业提供了 166 亿元借款用于债务置换，极大缓解了佳兆业的重组现金压力。此外，据有关报道，为推进佳兆业的债务重组，深圳市委市政府的主要领导多次参加债权人会议予以协调。总部位于深圳市的平安银行也与佳兆业签署了战略合作协议，签约金额高达 500 亿元。

正所谓“人努力，天帮忙”，佳兆业在进行债务重组的时候，深圳市的房地产销售迎来了一波高潮，其所持物业涨幅明显，不仅销售进度明显加快，而且进一步增强了境内债权人的信心和预期，大大促进了佳兆业境内债务重组的进度。就这样，在多方因素的共同促进下，到 2016 年中，佳兆业基本完成了境内债务的重组，旗下的物业大部分进入正常销售状态。佳兆业也就是自此时开始，从“趴着”变成了“坐着”。

但到了境外债权重组的战场，佳兆业就没有这么好的运气了。尽管郭某成充分考虑了境外债权人在前期重组时的诉求，不断抛出橄榄枝、摆出低姿态，希望尽快予以了结，但整个境外债务重组过程还是一波三折。

佳兆业境外债务重组的重点在2016—2020年到期的5笔高息票据和2015年可转债两类融资工具上，其中，5笔高息票据的本金之和为19.5亿美元及18亿元人民币，2015年可转债本金为15亿元人民币。

对于5笔高息票据，佳兆业的重组方式是发行A、B、C、D、E共计5种新的票据予以置换（表7.3）。

表7.3　佳兆业新发行票据情况

票据种类	本金	到期日
A类票据	2.5亿美元	4年后到期
B类票据	4.5亿美元	4.5年后到期
C类票据	5.5亿美元	5年后到期
D类票据	6亿美元	5.5年后到期
E类票据	1亿美元加18亿元人民币	6年后到期

从发行条款来看，佳兆业延续了确保本金不受损失的情况下对债务进行展期的思路，票据到期日则从目前的2016—2020年延长到了2020—2022年（以2016年1月1日为转换日），优于之前融创提出的2021—2025年到期的条件，票据期限缩短了3年，这显然是有利于债权人的变化。

对债权人更有利的变化在于票据利率的变化。置换前，佳兆业的5笔票据利率区间是6.875%～12.875%，融创开出的条件是重组后3.1%～6.9%，而佳兆业开出的利率水平是6.1%～9.9%，这一水平比融创的要高。也就是说，郭某成回归后的佳兆业在债务重组的期限和利率方面都开出了比融创更为优惠的条件，其目的可能只有一个，加快完成境外债务重组。

为缓解债务重组关键条件让步带来的偿债压力，佳兆业采取“前轻后重”的方式来进行适度对冲。

佳兆业对5笔新票据的设计是其拥有“实物支付选择权”，即佳兆业在支付利息时，可以用现金方式支付，也可以用非现金的等价物，一般是新的证券予以支付。比如佳兆业可以向票据持有人发行一定数额的票据来支付利息，新支付的票据纳入本金一并计息。

根据佳兆业的安排，假如按照实物支付的方式，第 1 年佳兆业不必支出现金利息，以发行相当于 6% 利息的证券代替，第 2 年佳兆业只需支付 1% 的现金利息，第 2.5 年为 2%；只有在第 3 年，现金利息对应的利率才会上升到 4.1% ~7.9%，最终达到 6.1% ~9.9%（表 7.4）。

表 7.4　5 笔新票据利率设计情况

票据种类	第 1 年	第 2 年			第 2.5 年			第 3 年			第 4 年及以后
	实物支付	现金	实物支付方式		现金	实物支付方式		现金	实物支付方式		现金
			实物支付	或现金		实物支付	或现金		实物支付	或现金	
A 类票据	6%	1%	6%	4%	2%	4.1%	3.1%	4.1%	2%	2%	6.1%
B 类票据	6%	1%	6%	4%	2%	5.6%	4.6%	5.6%	2%	2%	7.6%
C 类票据	6%	1%	6%	4%	2%	6.6%	5.6%	6.6%	2%	2%	8.6%
D 类票据	6%	1%	6%	4%	2%	7.4%	6.4%	7.4%	2%	2%	9.4%
E 类票据	6%	1%	6%	4%	2%	7.9%	6.9%	7.9%	2%	2%	9.9%

从这个设计可以直观地看出，从第 3 年开始，佳兆业提出的现金利率水平开始比较高，但由于在前 2 年半的时间里没有或者很少的现金支出需求，将有力缓解佳兆业现金支付压力，使其获得足够的缓冲时间，这在一定程度上对冲了后期的付息压力。其隐含的意思是，佳兆业以期通过更好的利率条件尽快获得境外债权人的支持，但为了规避由此给自己复苏大局产生的现金压力，则采取实物支付方式加以解决，其方式和效果相当于国内的计息挂账。

为进一步增强重组条件的吸引力，佳兆业在提出置换票据的同时，还同步推出了一个“配套”的可交易期权——或然价值权。这笔期权初始赋予票据持有人，使其可以获得相当于所持票据本金 7% 的额外补偿，票据持有人在获得这笔期权后，就可以在公开市场上进行交易。根据设计方案，这项期权实际上是相当于额外给了票据持有人 7% 的利息，只不过这种利息收入是一次性的，并且还附有相应的行权限制。

在时间限制上，这笔期权的最终行权时间是 2022 年，与新票据最终到期日保持一致。在此之前，期权持有人可在任何时候行权。从这个特点来看，佳兆业的或然价值权有点类似美式期权。

或然价值权的第二个限制条件是行权的触发条件。佳兆业根据其股票价格，将行权的触发条件设为五档：在佳兆业 30 日加权平均股价超过 1. 96 港元/股时，权利人可获得 20% 部分的收益；超过 2. 45 港元/股时，权利人可再获得 20% 部分的收益。在股价分别超过 3. 07 港元/股、3. 83 港元/股、4 港元/股时，可分别累进获得 20% 收益。比如说，在 2022 年之前，如果佳兆业 30 日加权平均股价一度达到 3. 5 港元，佳兆业将给予权利人 7% 额外补偿中 60% 部分的收益，如果票据本金为 1000 美元，权利人可额外获得 42 美元的收益。

不过在此处，佳兆业还耍了一个“小滑头”。对于额外支出的 42 美元补偿，佳兆业没有承诺一定以现金方式支付，也可以用普通股股份支付的形式，这又是一个实物支付的设计安排。如此一来，佳兆业不仅可以规避现金支付压力，还可以顺带扩充企业资本，一举两得。考虑到这笔或然价值权本身就存在较大的不确定性，能否得到充分行权也尚未可知，实际收益究竟如何也无从判断。佳兆业给出的这个债务重组条件，安慰作用似乎更大一些。

此外，从架构设计来看，前 4 档的股价大致每上涨 25%，票据持有人就可获得 20% 部分的收益，但在最后一档，股价变动幅度只有 4. 44% 时，票据持有人即可获得 20% 部分的收益，风险与收益的分布显然不对称。或许，在佳兆业看来，未来 6 年，其股价超过 4 港元/股的可能性不大。

对于 2015 年到期的 15 亿元可转债，佳兆业的处置思路与高息票据的处置大体一样，即通过新发行的 4 年后到期并视情况可再延期 1 年的等额本金可转债来置换（融创为 5 年），可转债持有期间的利率也由 8% 下降到 6%（融创为 2. 7%），且支付方式也是实物支付（表 7. 5）。但转股价格上，由之前的每股 2. 64 港元下降到 2. 34 港元。此举意味着，虽然可转债期限延长，利率下调，但可转债的持有人拥有换取更多股票的机会，从而在一定程度上实现利益平衡。

表 7. 5　可转债利率设计情况

票据种类	第 1 年	第 2 年			第 2. 5 年			第 3 年			第 4 年及以后
	实物支付	现金	实物支付方式		现金	实物支付方式		现金	实物支付方式		现金
			实物支付	或现金		实物支付	或现金		实物支付	或现金	
可转债	5%	1%	5%	3%	2%	4%	3%	4%	2%	2%	6%

整体来看，郭某成抛出的重组方案较孙某斌的方案而言，体现出更大的让步和尽快完成重组的希望，对佳兆业的境外债权人而言是一根诱人的“胡萝卜”。但郭某

成也不简单，在抛出“胡萝卜”的同时，也挥出大棒，郭某成声称，如果债权人不接受这些方案，意味着佳兆业将步入清算程序，如此，佳兆业无抵押债权人的受偿率将只有0.37%。

面对佳兆业释放出的“善意”，境外债权人似乎并不领情。

债权人的“进击”

在佳兆业的境外债权人中，持有份额较多的是BFAM Partners及Farallon Capital两家公司。这两家公司是华尔街知名的资管公司和对冲基金，以二者为代表的海外债权人可能握有超过佳兆业25%份额的境外债券。根据重组规则，佳兆业的债务重组方案需至少获得75%海外债权人同意方可实施，两家公司的态度将直接决定佳兆业的重组大计是否能得以顺利实施。

就在佳兆业抛出债务重组方案后不久，2015年11月19日，Farallon Capital即向佳兆业提出初步建议，该建议主要分为两部分：

一是大幅修改5笔高息票据的置换条件。Farallon Capital希望的方式是发行4种票据来予以置换（表7.6）。

表7.6　Farallon Capital的票据置换建议

票据种类	本金	到期日	支付方式
新2017年票据	1.17亿美元	2017.12.21	3%实物支付
新2019年票据	5.85亿美元	2019.12.21	2017年12月21日前为8%实物利息和1.5%现金利息，之后为9.5%现金利息
新2020年票据	7.02亿美元	2020.12.21	2017年12月21日前为9.5%实物利息和2%现金利息，之后为11.5%现金利息
新2021年票据	9.36亿美元	2021.12.21	2017年12月21日前为10%实物利息和2.5%现金利息，之后为12.5%现金利息
新2019年可转债	15.6亿元人民币	2019.12.21	2017年12月21日前为6.5%实物利息和2%现金利息，之后为8.25%现金利息

表面上看，Farallon Capital也同意对债务进行展期，也同意采取实物的方式支付利息，但仔细分析Farallon Capital所提出的其他条件，债务重组的效果似乎并不明显，不仅展期的期限缩短了，更主要的是利率几乎没有削减，并且可转债的利率达到8.25%，较重组前8%的利率还有所上升。另外，从本金的分布结构上看，大部分债券本金承担了较高的利息。

如果说Farallon Capital提出的债务重组条件尚在预料之中，其提出的另一项条件则有些出人意料。

Farallon Capital 提出，愿意以 1.5 亿美元的现金向佳兆业注资，注资后，Farallon Capital 将持有佳兆业 75% 的股权。这也就是说，Farallon Capital 对佳兆业的估值只有 5000 万美元，大约 3.9 亿港元。这一估值水平，较佳兆业停牌前 80.1 亿港元的市值折让约 95%，与融创以 45.53 亿港元收购佳兆业 49.25% 股权相比，二者的估值差距更是超过 23 倍。Farallon Capital 还进一步提出，其向佳兆业注入的资金专款专用，只能用于支付票据和可转债的现金利息。

尽管 Farallon Capital 同时提出可向佳兆业的现有股东发售每股 0.07 港元的认股权证，并且认为一旦现有股东行权将获得佳兆业约 80% 股权，但该提议对佳兆业的现有股东而言意义并不大，也遭到了佳兆业现有大股东的反对。有消息称，曾经在佳兆业困难时期两次施以援手的富德生命人寿就明确表示反对 Farallon Capital 的收购。佳兆业也很快发布公告，认为 Farallon Capital 的建议不符合全体股东价值最大化的目标，将坚持其此前公布的债务重组方案。双方第二回合的较量暂告结束。在此之后，境外债务重组的火药味越来越浓。

2016 年 1 月 21 日，佳兆业又发布一份公告，对 BFAM Partners 及 Farallon Capital 进行"谴责"。佳兆业表示，于 1 月 14 日收到了 BFAM Partners 及 Farallon Capital 提供的一份债务重组替换方案，在其还未反馈意见的情况下，BFAM Partners 及 Farallon Capital 就迫不及待地在 1 月 15 日向媒体公开替换方案的条款。佳兆业再次表示，BFAM Partners 及 Farallon Capital 提出的替换方案不可行，仍继续推进此前的重组方案。

BFAM Partners 及 Farallon Capital 这一次拿出的又是什么方案呢？相较第一份替换建议，此次两家公司提出的新建议显得相对温和。

在新的建议中，两家公司删除了之前低价收购的方案，改为佳兆业现有股东及境内债权人向佳兆业提供无偿的资金支持，两家公司建议向佳兆业注入 2 亿美元的 8 年期零息票初级资本。在债务置换上，第 1 年需提供 0.5% 现金票息，且所有年份的实物支付票息较原提案都要提高，提高范围为 2% ~6%，此举可将境外债权人所获净现值由佳兆业方案的 75% 提升至 87%（相当于债务重组的打折力度由 7.5 折提高到 8.7 折）；进一步降低可转债的转股价格，转股价格要低于 2.34 港元/股等。

将前后两份建议方案联合起来分析，可以看出，境外债权人最关心的地方有两点。

其一，佳兆业是否具备现金付息能力。由于担心佳兆业未来可能不具备现金付息能力，两家公司先后提出增资收购和现有股东及境内债权人无偿资金支持的方案，其目的是满足新票据和可转债未来 2 ~3 年的现金利息支出需求。如果成功，无疑将会大大增加佳兆业债券的流动性，便于其在市场上对这些票据和债券进行交易处置，尽快脱身。否则，新的债券将因流动性不足面临难以处置的困境。甚至如果佳兆业再次经营业绩不佳，债权人还有可能面临再次重组。

其二，尽可能地多获得利息收益，补偿因重组产生的损失。这主要依靠缩短新债期限、提高新债利率和降低可转债换股价格来实现。

面对境外主要债权人的步步紧逼，佳兆业除了声称继续坚持原有方案不让步，也快速地抛出了又一根“胡萝卜”。在回绝 BFAM Partners 和 Farallon Capital 第二次建议后不久，佳兆业又抛出一项“刺激”计划：对于在 2016 年 1 月 24 日前同意重组协议的债权人，将获得相当于借款本金 1.0% 的现金同意费；在 2017 年 2 月 7 日之前同意重组协议的债权人，将会额外获得相当于借款本金 0.5% 的现金同意费，并且表示已有 53% 的借款人同意实施佳兆业提出的方案，以此向 BFAM Partners 和 Farallon Capital 施压。

双方第三回合的较量到此结束。

尘埃落定

事情发展到这个地步，佳兆业的境外债权重组似乎再次陷入僵局。就在市场等待观望的时候，2016 年 3 月 29 日，佳兆业突然宣布境外债务重组方案已获得包括 Farallon Capital 和 BFAM Partners 在内的相关债权人 80.9% 赞成，债务重组工作落下帷幕。从最终的方案来看，双方都做了相应的妥协和让步。

对 BFAM Partners 及 Farallon Capital 来说，放弃了要求佳兆业现有股东和境内债权人给予无偿资金支持的要求。这个请求，在外界看来有些“狮子大开口”的味道。不过，或许正是通过这种看起来“不靠谱”的要求，BFAM Partners 及 Farallon Capital 以“声东击西”的方式实现了其最核心的诉求。

其一，大幅提高置换票据和可转债的实物支付利率。

从最终达成的境外债务重组协议来看，佳兆业大幅提高了两类债券的实物支付利率，提高幅度在 0.56% ~0.61%，相当于溢价 10% 以上，并且在最后 1 年还做出了继续支付 0.56% 实物利息的安排（表 7.7），由此境外债权人的利益得到更为有力的保障。

表 7.7　5 笔新票据利率设计情况

票据种类	第 1 年	第 2 年			第 2.5 年			第 3 年			第 4 年及以后	
	实物支付	现金	实物支付方式		现金	实物支付方式		现金	实物支付方式		现金	实务支付
			实物支付	或现金		实物支付	或现金		实物支付	或现金		
A 类票据	6.56%	1%	6.56%	4.61%	2%	4.66%	3.71%	4.1%	2.56%	2.61%	6.1%	0.56%
B 类票据	6.56%	1%	6.56%	4.61%	2%	6.16%	5.21%	5.6%	2.56%	2.61%	7.6%	0.56%

续表

票据种类	第1年	第2年			第2.5年			第3年			第4年及以后	
	实物支付	现金	实物支付方式		现金	实物支付方式		现金	实物支付方式		现金	实务支付
			实物支付	或现金		实物支付	或现金		实物支付	或现金		
C类票据	6.56%	1%	6.56%	4.61%	2%	7.16%	6.21%	6.6%	2.56%	2.61%	8.6%	0.56%
D类票据	6.56%	1%	6.56%	4.61%	2%	7.96%	7.01%	7.4%	2.56%	2.61%	9.4%	0.56%
E类票据	6.56%	1%	6.56%	4.61%	2%	8.46%	7.51%	7.9%	2.56%	2.61%	9.9%	0.56%
可转债	5.56%	1%	5.56%	3.61%	2%	4.56%	3.61%	4%	2.56%	2.61%	6%	0.56%

其二，债务的本金分布结构和到期日发生变化。

在利率上做出让步之后，对于影响债券收益的另一个重要因素——债券期限，佳兆业也做出了让步，整体减少了约半年的时间，这等于是在佳兆业原有方案和境外债券持有人提出压缩1年的方案之间取了一个中间值。不过，在不同期限下的债务本金额，佳兆业扳回一局，期限长的债券占有的比重最高（表7.8）。

表7.8 佳兆业新发行票据情况

票据种类	原方案		最终方案	
	本金比例	到期日	本金比例	到期日
A类票据	11%	4年后到期	10%	3.5年后到期
B类票据	21%	4.5年后到期	18%	4年后到期
C类票据	25%	5年后到期	22%	4.5年后到期
D类票据	27%	5.5年后到期	24%	5年后到期
E类票据	16%	6年后到期	26%	5.5年后到期
可转债	100%	4+1年后到期	100%	3.5年后到期

其三，提供给债权人更多的选择机会。

佳兆业的原有方案给债权人只有一种选择，那就是全部置换为新的债券，并辅之以或然价值权。在新的方案下，佳兆业提供给了债权人更多的选择机会。

方案一：按1∶1的比例将现在持有的债券进行置换，同时自动拥有一项或然价值权。由于或然价值权只是一项期权，境外债权人在条件设定上并未做出更多的纠缠，基本维持了佳兆业提供的初始方案。

方案二：按 1∶1.02598 的比例对债券进行置换，即每 1 份现在的债券可以置换 1.02598 份新债券，相当于在置换时佳兆业就支付了一笔实物利息，利率为 2.598%。

方案三：强制可交换债券，即可转债债权人将其所持债券按 1∶1 的比例置换为新债券，转股价维持在 2.34 港元/股不变。其他债券持有人也有权选择这个方案，但其选择权排在可转债持有人之后。

经过上述一系列的设计，佳兆业境外债权人在债权最关键的利率和期限设置上获得更有利的补偿，佳兆业的境外债务重组也得以在 2016 年 7 月通过美国法院的最后核准而完成。

复盘佳兆业债务重组的全过程，从融创开始，到郭某成结束，双方经历了多次较量，其间也充满妥协和让步。在这其中，政府的协调、郭某成的让步对解决境内债务问题无疑起到了关键作用。在境外，由于重组工作相对市场化，过程是一波三折，困难程度也大大增加。

从融创的咄咄逼人，到佳兆业的怀柔之术，境外债权人敏锐地察觉出这种差异，进而通过要求低价增资入股、要求佳兆业股东给予无偿现金支持等近乎天马行空的条件，扭转了之前融创主导下自身相对被动的局面，最终不仅“逼迫”佳兆业进一步提高了新债券的利率，增加了债权人的选择，而且“逼得”佳兆业做出了现金同意费的安排，为债权人争取到了额外的补偿。

不容忽视的是，佳兆业债务重组期间，中国一线城市房地产市场的向好也让债权人看到了佳兆业发展的潜力和偿债的潜力，无意之中也促进了整个债务重组工作的顺利开展。或许正是由于上述诸多因素的影响和共同作用，使得双方从分歧巨大到最终分歧弥合。

佳兆业在完成债务重组和聘请富士高完成专项核查后，立即向香港联交所提出复牌申请。复牌当日，佳兆业上涨 60%，随后继续扩大涨幅，一度涨逾 80%。

佳兆业债务重组得以顺利完成，得益于多方面因素的支持。从内部来讲，佳兆业丰厚的土地储备、郭某成尽快完成债务重组的目标和决心，都有利于推进债务重组工作；从外部来讲，政府的支持协调、实力银行和资金方的支持、二股东富德生命人寿给予的帮助，以及犹如天助的房地产市场行情，更是对佳兆业的债务重组帮助巨大。佳兆业债务重组成功可谓是天时、地利、人和多方面作用的结果，也为当下中国企业尤其是有境外融资的企业，提供了非常及时的样板。

英雄互娱：借壳背后的债务重组图谋

借壳上市运作在度过2018年的“萧条”之后，2019年似乎迎来了新的高潮。2018全年只有11家上市公司披露了借壳上市类的重组项目，但2019年前3个月已超过10例。在这波新的热潮中，我们又闻到了熟悉的味道，之前被严控的游戏、娱乐类上市项目大有“卷土重来”之势。移动电竞公司英雄互娱借壳赫美集团（002356）就是其中的典型代表。

根据2019年3月4日发布的交易预案，赫美集团发行股份收购英雄互娱的全部股权后，英雄互娱将成为赫美集团的全资子公司，并被赫美集团吸收合并；英雄互娱的控股股东应某岭成为赫美集团的控股股东。控制权变更，同时英雄互娱的账面净资产超过赫美集团，此次重组构成借壳上市。

在简单的方案下，隐含着诸多耐人寻味的细节设计，对这些细节进行梳理和整理，我们可以更清晰地看到明星项目背后的交易逻辑和利益权衡。

明星投资人扎堆，英雄互娱“光环加身”

英雄互娱前身是2012年在新三板挂牌的北京塞尔瑟斯。塞尔瑟斯挂牌之后，一直不温不火，股票几乎没有成交量。转机出现在2015年6月，英雄互娱实控人应某岭全资控股的天津迪诺投资，出资0.64亿元认购了塞尔瑟斯增发的0.48亿股股份，折合每股1.33元。

与应某岭一同参与认购的还包括红杉、真格等知名投资机构。此外，英雄互娱员工、高管等人员设立的天津迪诺合伙也出资254万元认购191万股增发股份。认购完成后，应某岭持有塞尔瑟斯45.862%股份，成为其控股股东。

控制权变更后，塞尔瑟斯更名为英雄互娱，并进行多次股票增发，获得了红杉、普思投资等“明星”投资人的青睐，募集资金约22亿元，其中仅华谊股份就贡献了19亿元（表7.9）。

表 7.9　2015 年至今英雄互娱股票发行情况

序号	发行时间	发行价格（元/股）	发行股份（万股）	募资额（亿元）	认购方
1	2015.5	1.33	8986.97	1.2	迪诺投资等 10 家投资者
2	2015.6	10.99	436.96	0.48	迪诺合伙等 2 家投资者
3	2015.7	82	164.82	1.35	红杉、普思投资等 11 名投资者
4	2015.12	68.53	2772.19	19	华谊股份
合计				22.03	

有了华谊股份 19 亿元资金的“加持”，光环之下的英雄互娱开启急速扩张之旅，不到 4 年时间就以约 16 亿元的对价收购了 5 家公司（表 7.10）。

表 7.10　2015 年至今英雄互娱重要收购项目情况　（单位：亿元）

序号	收购时间	收购标的	收购金额	收购方式	备注
1	2015.9	畅游云端 100% 股权	9.68	现金	真格等 2 家股东
2	2016.5	奇乐无限 100% 股权	4.95	股份：4 现金：0.95	股份定价为 8.2 元/股，发行 0.49 亿股
3	2017.9	成都英雄互娱 30% 股权	0.003	现金	转让方为应某岭
4	2017.12	SKYMOONS100% 股权	0.795	现金	
5	2018.4	网易达 69.63% 股权	0.51	现金	
合计			15.938		

除此之外，英雄互娱还投资了一系列的基金、信托，比如出资 3.9 亿元投资西安曲江新区英雄量子股权投资合伙企业、出资 2 亿元认购延安英雄互联网文娱产业投资合伙企业（有限合伙）20% 有限合伙份额、出资 1.5 亿元会同华融证券认购西藏信托 - 华资英雄集合资金信托计划份额、出资 1.4 亿参股众合在线财产保险股份有限公司等。英雄互娱扩张、投资的节奏非常快，投资业务逐渐渗透到保险、资管等金融行业。

在英雄互娱运作的过程中，有两个比较有意思的细节。

一是英雄互娱实际控制人应某岭持有的股份到底是多少？应某岭最初持有英雄互娱 4809.58 万股，占比 45.86%。英雄互娱经过一系列的增发以及 2016 年每 10 股转增 90 股，至 2018 年 9 月底，应某岭持有英雄互娱 5.02 亿股，占比 35%。但此次赫美集团公布的重组预案中，应某岭仅持有英雄互娱 4.37 亿股，占比 30.43%。

前后对比，应某岭持股差额6500万股。2018年9月至2019年3月，英雄互娱并未发布实际控制人减持股份公告，赫美集团也未在重组预案中对英雄互娱的股权变化情况做完整的说明。“不翼而飞”的6500万股背后有怎样的安排，我们无法得知。

二是应某岭是否向英雄互娱注入了具备相当规模和较强盈利能力的资产？新财富梳理英雄互娱重组过程，除了在2017年9月，英雄互娱以30万元价格收购应某岭持有的成都英雄互娱30%股权以外，未发现应某岭向英雄互娱注入过其他具有规模的资产。

查看应某岭的任职简历，其从中国手游娱乐集团辞职后就收购了塞尔瑟斯并担任其负责人。值得注意的是，应某岭在2015年认购塞尔瑟斯增发股份的0.64亿元资金，还是向红杉、真格等合作者借的。此外，英雄互娱的拳头产品“全民枪战”则来自收购标的畅游云端。

钱是借来的，产品是买来的，不得不让外界惊疑，自身没有开发出拳头产品的“80后”应某岭，何以能够火速集结豪华投资团为其运作“保驾护航”？应某岭在这场资本游戏中似乎更多地扮演了“职业经理人”的角色。

一番运作之后，截至2018年年底，英雄互娱资产56.87亿元，负债7.36亿元，资产负债率仅为13%，并且负债大部分是尚未支付的畅游云端股权收购款，有息借款很少，财务负担非常轻；2018年英雄互娱实现营收11.92亿元，利润8.93亿元，毛利率达到70.97%，盈利表现虽较2017年度有所下降，但仍十分“可观”。此时，新三板已经无法承载应某岭的抱负。

并购式转型失利，赫美集团急于卖壳

应某岭一直在为进军流动性更强、更易套现的A股市场而努力。

2016年，应某岭就曾与华谊股份商谈合作，由华谊股份收购英雄互娱部分股权；2017年1月，英雄互娱将注册地迁址到延安市，以享受注册地作为贫困地区所拥有的企业申请上市时“即报即审、审过即发”的政策支持，并因此成为陕西省最大的互联网公司和延安市最大的民营企业；2018年2月，英雄互娱又与国泰君安签署A股上市服务协议。

此次借壳赫美集团，是英雄互娱第三次吹响进军A股市场的冲锋号。此时，英雄互娱恰好具备3年经营业绩，刚满足借壳上市审核的门槛要求，冲A急切之情不无体现。

同时，被借壳的赫美集团也有着强烈的卖壳愿望。

赫美集团前身是深圳浩宁达仪表公司，主要从事电子式电能计量仪表的生产、研发和销售。在2010年登陆A股后，赫美集团便开始转型，前后收购了钻石（每克拉美）、金融、旅游、服装等行业资产。然而，赫美集团转型并不理想，2016年至2018年前三季度，赫美集团分别实现营业收入21.27亿元、24.1亿元和15.89亿元，分别实现归母净利润1.39亿元、1.44亿元和－2.5亿元，经营情况不升反降。

在上市公司经营日渐陷入困境的同时，其控股股东港资企业汉桥机器厂所背负的债务压力也越来越大。截至2018年第三季度，汉桥机器厂持有的2.6亿股赫美集团股份几乎被全部质押。

同时，汉桥机器厂和赫美集团的其他股东更是因为债务纠纷被相关法院裁定强制执行。

2018年6月，因未及时足额支付武汉信用小额贷款股份有限公司5000万元贷款，北京首赫投资（汉桥机器厂第一大股东）、北京天鸿伟业（赫美集团第三大股东）、北京广袤投资（赫美集团第四大股东）、赫美集团、赫美集团董事长王某、惠州浩宁达科技有限公司、每克拉美（北京）钻石商场有限公司被武汉市江岸区法院冻结了1000万元银行存款或查封、扣押相应价值的财产。这几乎相当于从赫美集团最终股东到重要下属公司，全部被查封财产，其中赫美集团还因对首赫投资提供担保，被法院认定为失信被执行人（图7.1）。

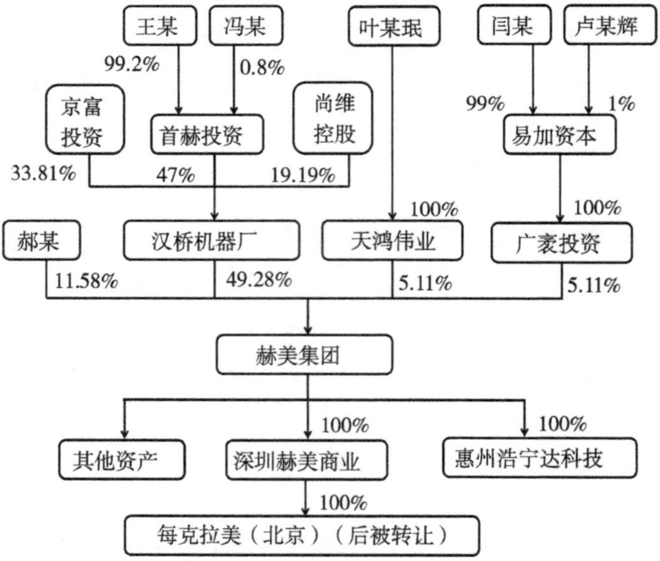

图7.1 赫美集团股权架构

2018年12月，因未及时支付广发融资租赁（广东）有限公司4000万余元借款，天鸿伟业又被深圳中院裁定强制执行其所持赫美集团股份，首赫投资也同时被列为被执行人。

从涉及金额来看，上述两笔纠纷的金额并不大。之所以会被强制执行且牵涉面颇广，说明汉桥机器厂等赫美集团股东已深陷债务泥沼，相关债权人不得不“撕破险”采取财产保全措施。

已暴露出来的债务纠纷，或许只是冰山一角，更大的危机应是汉桥机器厂所质押的股份“爆仓”风险。从2018年9月至2019年3月初，赫美集团的股价从10元/股左右一路下跌到5元/股左右，汉桥机器厂面临“爆仓”风险。

双重压力的挤压下，赫美集团和英雄互娱走到了一起，其中的逻辑应该非常简单，汉桥机器厂希望借助中国电竞游戏“王者”的光环，拉升赫美集团股价，化解自身的“爆仓”风险，彻底解决债务问题。

债务危机待解，借壳方案“匠心独运”

为实现交易双方的目标，在借壳方案设计上，英雄互娱和汉桥机器厂堪称“匠心独运”。

赫美集团总股本5.28亿股。截至2019年3月4日公告重组预案，赫美集团市值约34亿元（折合每股6.42元）。其第一大股东汉桥机器厂持有2.6亿股，占比49.28%，对应市值16.8亿元。对于这部分股权，汉桥机器厂分成三部分进行处理。

首先向迪诺投资转让10%股份，约合0.53亿股，转让价待定。

其次向赫美联合二期（深圳）消费品投资中心（有限合伙，以下简称赫美二期）协议转让29.9%股份，约合1.58亿股，转让价为每股5.78元，合计9.15亿元。

最后仍保留持有9.38%股份，约合0.49亿股，作为重组后股东套现的收入来源。

汉桥机器厂所持的股份经过上述处理，赫美二期将成为赫美集团第一大股东，迪诺投资成为第二大股东，低于赫美二期，略高于汉桥机器厂。这样的设计很有意思，因为有汉桥机器厂债权人的约束，赫美二期可能并不会被王某绝对控制，迪诺投资在作为第二大股东的同时，其某些行为或决定如果符合汉桥机器厂债权人利益诉求，但与王某的诉求不一致，就可能会起到第一大股东的作用。这里重点说一下赫美二期的情况。

由于债务负担沉重，为对汉桥机器厂进行债务重组，赫美集团董事长王某与其他高管联合汉桥机器厂债权人共同设立赫美二期作为债务重组基金，其中赫美集团的高管担任合伙企业的GP，债权人则以债权作为优先级出资，同时引入中间级战略投资者（估计是湾流资本）。赫美二期设立后，汉桥机器厂将其所持赫美集团1.58亿股以协议转让方式转让给赫美二期，以作为对债权人债务清偿和收益的保证（图7.2）。

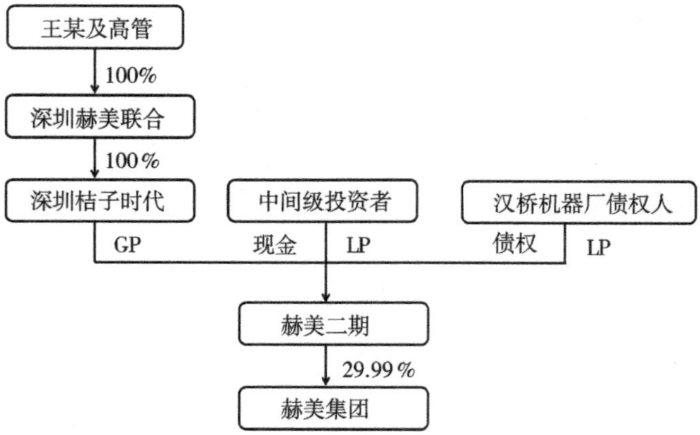

图 7.2　赫美二期架构

汉桥机器厂所持股份的分配方案设计得非常精妙：既有当期收益，通过向迪诺投资转让 0.53 亿股，预计可获得约 3 亿元现金；又有未来收益预期，汉桥机器厂仍保留 0.49 亿股，未来股权变现可期；还可以通过向赫美二期转让 29.9% 股份，促进解决赫美集团债务重组问题，有"一箭三雕"的效果。果不其然，在公布英雄互娱的重组预案之后，赫美集团连拉 10 个涨停板，股价由每股 6.42 元快速上涨到 18.29 元，涨幅近 3 倍，其间还录得近 3 年历史最高价 21.41 元/股。汉桥机器厂的债务压力或已得到极大缓解。

汉桥机器厂的诉求通过方案设计得到了"圆满"解决，英雄互娱的利益关切又是如何解决的呢？对于英雄互娱而言，此次借壳的利益关切点应在三方面：资产剥离成本、偿债风险控制和估值。

首先看如何降低资产剥离成本。

英雄互娱在完成借壳后，首先要考虑的是剥离赫美集团原有资产，剥离成本越低，对英雄互娱越有利。截至 2018 年 9 月底，赫美集团资产 61.04 亿元，负债 42.58 亿元，净资产 18.46 亿元，其中归母净资产 15.19 亿元。如果英雄互娱按账面值进行资产剥离，将要发生 15.19 亿元的成本，这块成本或者由英雄互娱以现金购买方式承担，或者在资产置换时以注入资产与注出资产价差方式承担。无论是何种方式，15 亿元的剥离成本对英雄互娱显然是个"负担"。

为了给"新主"英雄互娱减负，赫美集团作了"财务准备"。赫美集团 2018 年度计提了约 22 亿元的资产减值，主要是将 5.59 亿元商誉全额计提、应收账款计提 7 亿元、存货计提 3.81 亿元，由此形成巨额亏损，资产降至 39 亿元，已经资不抵债。

财务准备做完后，赫美集团的财报虽然变得难看，但大幅降低了借壳完成后的资产剥离成本。由此可见，双方对借壳交易做了十足的准备。

那么，英雄互娱认可的剥离成本是多少呢？根据汉桥机器厂、王某、迪诺投资与赫美集团签订的《关于深圳赫美集团股份有限公司之股份转让协议》（以下简称《股份转让协议》）约定，若赫美集团处置资产的回款净额低于8亿元或完成不少于8亿元债务剥离，则迪诺投资有权单方面终止协议。大致可以看出，在赫美集团基本资不抵债的情况下，8亿元或许是双方都能接受的剥离成本。

在偿债风险控制上，英雄互娱则祭出了一套“组合拳”。此次借壳，主要的风险除了监管部门的审批不确定性之外，汉桥机器厂债务处理是最大的风险来源，主要在于两方面，一是赫美集团处理自身债务、解除对外担保存在不确定性；二是汉桥机器厂债权人对汉桥机器厂持有的赫美集团股份采取保全措施，整个交易将无法进行，英雄互娱前期投入的成本，比如购买汉桥机器厂股份等出资，都将变成沉没成本。为避免进退失据，按住债务危机这颗定时炸弹，英雄互娱采取了以下三方面的风险控制措施。

其一，迪诺投资收购赫美集团股份与赫美集团发行股份购买资产同步进行，避免先期发生资金支出。

其二，同意汉桥机器厂转让赫美集团股份给赫美二期，安抚债权人，但要求汉桥机器厂尽快解除赫美集团对汉桥机器厂等股东的担保责任、赫美集团不得新增债务和或有负债以及双方尽快就上市公司债务处置方案达成一致。

其三，汉桥机器厂向迪诺投资支付2亿元偿债保证金以及将拟转让的0.53亿股质押给迪诺投资。双方设计这一条款的主要目的是，一方面，督促汉桥机器厂尽快解决债务问题；另一方面，如果汉桥机器厂和赫美集团没有解决债务问题，但迪诺投资继续推进交易，迪诺投资将会承担一定的风险，此时，保证金及质押转让股份的设计就可以在一定程度上保护迪诺投资的利益。此外，这些设计还避免汉桥机器厂在对其有利的情况下，比如股价上涨时退出交易或漫天要价。

从这些措施来看，基本覆盖了合作前、合作完成后的重要事项，可以让英雄互娱吃下一颗“定心丸”。接下来就是不容乐观的估值问题。

净利润大幅下滑，百亿估值何所依

赫美集团和英雄互娱进行合作，最关键的问题之一就是英雄互娱值多少钱，这直接影响合作双方股东的利益。受惠于新的监管要求，赫美集团在公布重组预案时并未披露英雄互娱的估值。但我们可以根据英雄互娱的历史融资情况，推出此次重组的估值情况。

2015年12月，华谊股份按照68.53元/股的价格，出资19亿元获得英雄互娱20%股份。按此计算，英雄互娱的投前估值为76亿元。2016年5月，英雄互娱以

8.2 元/股的价格发行 4878 万股股份收购奇乐无限，英雄互娱投前估值为 113.66 亿元。

按照惯例，英雄互娱此次借壳赫美集团，估值当在 113.66 亿元以上。然而，要兑现百亿估值并非易事。

华谊股份以 19 亿元投资英雄互娱时附带了每年增长 20% 的业绩要求，即英雄互娱 2016—2018 年每年须实现净利润 5 亿元、6 亿元和 7.2 亿元。换言之，华谊股份的投资大礼已标好了“价格”，英雄互娱只有完成了净利润指标，其 76 亿元估值才是合理的。2016—2018 年，英雄互娱实现利润 5.04 亿元、8.9 亿元和 7.31 亿元。

表面上看，英雄互娱轻松完成了任务，但实际情况并非如此。

2016 年英雄互娱净利润指标恰好达标，2017 年超过了“考核”指标 2.9 亿元，超出的主要来源是英雄互娱当年确认了 7.15 亿元的投资收益，其中，处置长期股权投资产生的投资收益为 6.99 亿元，2016 年该项收益仅有 183 万元。这意味着，如果没有这笔股权处置交易，英雄互娱 2017 年的净利润可能不足 3 亿元，离“考核”指标相距甚远。

来看这项立下大功的“神奇”交易。英雄互娱将其所持天津量子体育管理有限公司 14.35% 股权，以 5.27 亿元价格出售给延安英雄互联网文娱产业投资合伙企业（有限合伙），后者是英雄互娱全资子公司天津鹰雄资产管理有限公司出资 2 亿元入伙的合伙企业。如此一来，这笔成交金额公允性存疑的关联交易，带上了帮助英雄互娱“过关”的意味。奇怪的是，这笔交易直到 2018 年 4 月才“滞后”性公告。

再来看 2018 年的业绩。2018 年前三季度，英雄互娱实现净利润 1.9 亿元，与 7.2 亿元“考核”指标相差甚远，但在年底却“神奇”般地实现了 7.31 亿元净利润，第四季度净利润高达 5.41 亿元。这一净利润“神迹”又是怎样实现的呢？又是一个不解的谜团。

再来看英雄互娱的实际经营业绩。在扣除非经常性损益后，英雄互娱的主营业务利润却在逐步下滑，毛利率也腰斩式下滑，从 2016 年的 58.6% 下降到 2018 年前三季度的 29.16%，并且，英雄互娱经营活动产生的现金流量净额首次出现负数（表 7.11）。

表 7.11　2016—2018 年前三季度英雄互娱主营业务盈利情况

（单位：亿元）

	2016 年	2017 年	2018 年前三季度
营业收入	9.36	10.36	3.09
营业成本	1.08	2.41	0.92

续表

	2016 年	2017 年	2018 年前三季度
销售、财务、管理费用及税金	2.80	4.25	1.27
营业利润	5.49	3.7	0.9
毛利率	58.60%	35.69%	29.16%
经营活动产生的现金流量净额	2.52	5.75	-2.11

在收入构成上，英雄互娱也显得后劲不足。

英雄互娱的收入主要由两部分组成：游戏发行收入和游戏研发收入。游戏发行收入主要是作为游戏代理销售商，销售游戏产生的收入，游戏研发收入主要是指开发新游戏形成的收入。游戏研发收入越大，意味着公司的研发实力、技术优势越强。从 2015 年开始，英雄互娱的游戏发行收入开始迅猛增长，所占营业收入的比重越来越高，而游戏研发收入在比重降低的同时，规模也在日渐缩小（表 7.12）。换句话说，以应某岭入主时间为界，英雄互娱的经营重点变化显著，原创功能收缩，渠道功能扩张。

表 7.12　2015—2017 年英雄互娱收入构成　（单位：亿元）

		2015 年	2016 年	2017 年
游戏发行收入	金额	0.36	6.3	8.38
	比重	33.59%	67.34%	80.85%
游戏研发收入	金额	0.61	3.03	1.98
	比重	57.30%	32.41%	19.15%

经营重点切换导致的结果是竞争力的大幅下滑。北京贵士信息科技公司（Questmobile）的统计显示，2019 年 1 月 DAU（日活跃用户数量）排名前 30 的手游中，英雄互娱无一款产品上榜。缺乏类似《王者荣耀》《绝地求生》的爆款游戏，是英雄互娱最大的“硬伤”。

种种迹象表明，英雄互娱的盈利能力似乎并非像外界所感知的那样“强悍”，所谓电竞游戏行业的领导者，似乎只是表面荣光，在市场愈加重视和保护 IP 的氛围下，依靠收购王牌游戏来维持荣光的发展方式能维持多久呢？从这一点来说，2015 年 12 月华谊股份对英雄互娱的 76 亿元估值，存在“高估”的可能，更不用说 2016 年 5 月英雄互娱收购奇乐无限时所做的 113.66 亿元估值了。2016 年 10 月，华谊股份曾意图再次收购英雄互娱部分股份，但两个月后就因交易各方未就标的资产估值达成一致而终止。那么，此次英雄互娱借壳赫美集团，又将会是一个怎样的估值水平？我们参考一下同行业的估值情况。

2019 年 2 月，世纪华通收购了盛跃网络。盛跃网络也是一家以网络游戏、电竞游戏为主业的公司，拥有《传奇世界》《风云》等拳头产品。

2016 年至 2018 年 8 月底，盛跃网络分别实现营收 37.61 亿元、41.94 亿元、27.31 亿元，实现营业利润 5.88 亿元、8.37 亿元、13.93 亿元。但在 2016 年、2017 年盛跃网络实施了股权激励计划，分别确认了 11.68 亿元、12.17 亿元股份支付成本。如果不考虑这个因素，2016 年和 2017 年，盛跃网络分别实现营业利润 17.56 亿元、20.54 亿元。盛跃网络的主营业务利润大致相当于英雄娱乐的 5 倍左右。世纪华通对盛跃网络全部股权的估值为 298 亿元。按此口径同比简单计算，英雄互娱的估值在 60 亿元左右。

从可比交易方面看，近 3 年上市公司收购游戏类公司的估值市盈率倍数在 16 倍（按业绩承诺首年扣除非经常性收益后的净利润计算，表 7.13）。如果按这样的估值水平，英雄互娱的估值也不会太高。以 2016 年实现 5.49 亿元利润计算，英雄互娱的估值也只有 80 亿元左右。如果按 2017 年 3.7 亿元利润计算，英雄互娱的估值会更低。

表 7.13　近 3 年上市公司并购游戏类公司估值情况　（单位：亿元）

序号	项目名称	PE
1	号百控股收购炫彩互动	21.94
2	天神娱乐收购幻想悦游	14.61
3	掌趣科技收购天马时空	15.88
4	完美环球并购完美世界	15.94
5	新世纪游轮并购巨人网络科技	13.1
6	泰亚鞋业并购恺英网络	13.7

综合各方面情况，英雄互娱的估值极有可能不超百亿元。不过，英雄互娱可以通过作出非常“乐观”的业绩承诺提升自己的估值水平。只是在目前的经营状况下，高业绩承诺实现的可能性有多大，需要打个大大的问号。

借壳终止，债务重组失败

按照赫美集团给出的 5.94 元/股发行价，若英雄互娱估值 60 亿元，应某岭将持有赫美集团约 23.41% 股份；若估值 80 亿元，持股比例将上升到 24.67%；若达到 100 亿元，持股比例将上升到 25.55%，估值变化对应某岭的持股比例影响并不显著。

另外，在上述估值情况下，汉桥机器厂持股比例分别为 13.49%、11.07%、9.39%，与应某岭的持股比例相比，均有一定差距，不会影响赫美集团新晋实控人的地位。如果最终通过了对盈利稳定性和持续性的审核，有众多知名投资机构“加持”的英雄互娱成功上市或是大概率事件。不过，为应对不可预知的风险，就在市场充满期待的时候，赫美集团第二大股东、持股 11.58% 的郝某，在赫美集团股价再创新高的时候，就宣布减持 0.95% 股份，这为英雄互娱的借壳前景蒙上了一层阴影。

果不其然，2019 年 3 月，迪诺投资以汉桥机器厂及王某未向其足额支付 2 亿元偿债保证金为由，终止与赫美集团的合作，借壳上市戛然而止。自此之后，汉桥机器厂所持赫美集团的股份进入司法程序，陆陆续续被司法划转或拍卖。截至 2020 年 8 月，汉桥机器厂持有赫美集团股份数降至 1.67 亿股，减少约 0.93 亿股。赫美集团也因存在大额违规担保、无协议支撑的大额资金往来、关联方资金占用等事项，处于退市边缘。汉桥机器厂借助借壳，实施债务重组的意图宣告落空。

大富科技：国资纾困新姿势

大富科技（300134）创建于2001年，2010年登陆创业板，主要从事移动通信射频器件及射频结构件的研发、生产和销售，与华为、苹果、爱立信等通信行业龙头企业保持稳定合作的关系，上市当年，更是成为华为无线基站射频器件的战略合作供应商，并多年蝉联“华为金牌供应商”称号。

虽然头顶诸多“光环”，但大富科技并未像很多5G概念股一样，走出一波接一波的上涨行情。其股价萎靡不振，业绩不升反降，并给其控股股东深圳市大富投资带来诸多“烦恼”。

隐晦的表外担保

大富投资最大的烦恼在于其所持大富科技股份被法院冻结，引发多米诺骨牌效应，爆发债务危机。

2018年6月初，杭州延载投资以一纸诉状冻结了大富投资持有的大富科技1.82亿股。大富投资一共持有大富科技3.31亿股，占大富科技总股本的43.11%，冻结股份的比例超过了大富投资一半的持股。

延载投资申请冻结股份的理由是，要求大富投资赔偿其3.91亿元投资款、利息等费用。这一申请，揭开了大富投资债务危机的“盖子”，一系列诉讼保全、资产冻结查封事项接踵而至。

从延载投资申请冻结股份的理由来看，似乎是大富投资向其进行了“明股实债”式的融资，融资到期后，大富投资并未如约归还。但查阅大富投资的股东变更记录，并未发现延载投资曾作为其股东身份出现。那么，延载投资所说的3.91亿元投资款又是什么性质的资金？答案要回溯到2016年大富投资对大富科技的两项运作。

第一项运作是大富科技在2016年10月完成的非公开发行。大富科技以30.63元/股的价格发行1.15亿股，融资35.13亿元，参与认购的投资者包括蚌埠城投、浙江浙银资本、金鹰基金、华安未来资产和北信瑞丰基金5家机构。前2家主要以自有资金认购，后3家则联合银行、信托等金融机构，以设立信托计划、资管计划等方式认购。5家机构的认购金额均在7亿元左右（表7.14）。这5家投资机构，此后对大富投资的未来发展产生了重大影响。

表7.14　大富科技非公开发行认购情况　（单位：亿元）

认购对象		认购金额
蚌埠城投		7.0
浙江浙银资本		7.43
金鹰基金	金鹰基金—浦发银行—云南国际信托—云南信托锦瑟年华1号集合资金信托计划	2.96
	金鹰基金—工商银行—金鹰穗盈定增264号资产管理计划	1.97
	金鹰基金—工商银行—江苏大航投资管理有限公司	1.97
华安未来资产	华安未来资产—工商银行—陕西国际信托庆元13号定向投资集合资金信托计划	6.9
北信瑞丰基金	北信瑞丰基金—招商银行—广东粤财信托—粤财信托—华皓汇金1号结构化集合资金信托计划	2.96
	北信瑞丰基金—招商银行—广东粤财信托—粤财信托—华皓汇金2号结构化集合资金信托计划	1.97
	北信瑞丰基金—招商银行—广东粤财信托—粤财信托—华皓汇金3号结构化集合资金信托计划	1.97
合计		35.13

第二项运作是大富投资在2016年分期发行3笔可交换债（Exchangeable Bond，EB）。3笔EB的发行期限均为3年，利率均为固定年利率8%，募集资金规模合计15亿元。大富投资发行EB时，约定的换股价为50元/股、回售触发价为40元/股、赎回触发价为65元/股、修正触发价为40元/股（后因大富科技分红，这4种价格均有微调）。为发行这些债券，大富投资质押了8900万股大富科技股份，以便实施换股。

EB发行时，大富科技股价在30元/股左右徘徊，远低于设定的换股价。这意味着3年债券到期后，大富科技的股价再上涨67%，超过50元/股时，EB持有人才有兴趣实施换股。从约定的修正触发价来看，大富投资只是设定了下修条款，没有设定上修条款。这就赋予了大富投资在大富科技股价下跌时，有权下调换股价，但股价上涨时却无权上调换股价。实际情况是，大富投资在债券发行后的有效期内，大幅下调了换股价等价格。

大富投资发行EB的关键条款，以及大幅下调换股价的行为表明，大富投资可能更倾向于换股，即倾向于以发行EB的方式，实现减持的效果（表7.15）。

表 7.15　大富投资可交换债发行情况　　　　（单位：亿元）

	16 配投 01	16 配投 02	16 配投 03	合计
起息日期	2016. 5. 30	2016. 7. 14	2016. 8. 12	—
到期日期	2019. 5. 30	2019. 7. 14	2019. 8. 12	—
利率	8%			
募资额	4. 83	8. 14	2. 03	15
质押大富科技股份	3600 万股	4200 万股	1100 万股	8900 万股
换股价	13. 43（调整后）		49. 83	—
回售触发价	10. 74（调整后）		39. 86	—
赎回触发价	17. 46（调整后）		64. 78	—
修正触发价	10. 74（调整后）		39. 86	—

大富投资通过以上 2 次运作，累计募资 50 亿元，其中大富科技募资 35 亿元，自身募资 15 亿元。这两笔资金，表面上看都是股权性融资，基本不会有偿还压力，并且大富投资的财务状况还比较“健康”。截至 2018 年年底，大富投资资产 77. 32 亿元，负债 44. 03 亿元，资产负债率 56. 9%。虽然 2018 年大富投资亏损 8. 33 亿元，但仍有 33 亿元的净资产规模。因此，按常理推断，大富投资应当不会陷入被法院冻结大部分股份的境地。但广东高院的一纸判决书揭开了谜底，大富投资陷入债务危机的原因在于为大富科技的非公开发行提供了隐形担保。

为确保大富科技非公开发行成功，大富投资与自然人熊某忠、深圳市东方财智公司等签署了数份投资协议。根据这些协议，熊某忠出资 2. 96 亿元，通过参与北信瑞丰基金设立的信托计划，认购大富科技非公开发行的股份。与此同时，大富投资将为熊某忠提供年化 8% 收益的保证。这样的安排，等于是大富投资为大富科技的融资提供了隐形担保。熊某忠如此，其他参与非公开发行的投资机构会不会也是这样？

如果大富投资对其他投资机构也采取了同样的方式，其背负的隐形担保债务本金将为 35. 13 亿元；按 3 年期，年化 8% 收益率考虑，债务本息之和接近 44 亿元，加上账面上已体现的 44. 03 亿元负债，大富投资实际债务规模已接近 90 亿元，远超其 77. 32 亿元的总资产，大富投资实际已陷入资不抵债的状态。

此外，从 2016 年开始，大富投资持续亏损，2017 年亏损额高达 10. 67 亿元。这样的财务状况，难免会引起大富投资定增债权人、EB 投资人等债权方的担忧。

大富投资的日子难过，大富科技的日子也同样不好过。虽然贵为“华为金牌供应商”，但 2017 年大富科技亏损近 6 亿元。受此影响，大富科技的股价在近 3 年一路走低，与 5G 概念股的火爆行情截然不同。在大富投资 EB 到期时，大富科技的股价在 15 元/股左右徘徊，已较发行时的价格下跌近乎一半。这进一步冲击了大富投资定增债权人、EB 投资人的信心。这种情形下，延载投资、浙江浙商产融资产等债权人相继发起冻结申请，也就不难理解了。

总结下来，大富科技实施非公开发行时，大富投资持有大富科技 3.31 亿股，持股比例 43.11%；大富投资实际控制人孙某传还持有大富科技 0.73 亿股，占比 9.57%，二者合计持有大富科技 4.04 亿股，占比 52.68%。这部分股份市值约 120 亿元，应对 35 亿元非公开认购机构和 15 亿元 EB 认购机构的退出诉求，绰绰有余。加之大富科技当时保持了很好的经营形势，连续多年盈利；业务亮点较多，未来业绩增长可期等有利因素，孙某传和大富投资才敢于做出收益兜底承诺，确保大富科技非公开发行成功。其承诺的逻辑在于，只要未来大富科技股价保持上涨的趋势，无论是非公开发行的投资机构，还是 EB 的认购机构，都可依托资本市场实现退出。大富投资即便做出了诸多承诺，可能需要承担的风险也相对有限。

但造化弄人，事情的演变往往出人意料。两项运作完成后，大富科技亏损逐年加大，增长日益乏力，股价也萎靡不振，非公开发行的认购机构无法获利退出，触发了大富投资的履约责任。股价低迷也导致大富投资发行的 EB 无法顺利完成换股退出，现金赎回压力陡增，大富投资也随之陷入资不抵债的局面。在双重冲击之下，大富投资的债权人纷纷申请保全、查封、冻结资产和上市公司股份，进而引发上市公司债务危机。

乏力的成长，野蛮的扩张

2010 年大富科技上市时，营业收入 8.63 亿元，净利润 2.51 亿元。2014 年，借助 4G 建设的东风，大富科技业绩达到历史巅峰，营业收入达到 24.5 亿元，净利润 5.35 亿元，成为全球最大的射频滤波器供应商。

但自此之后，大富科技的经营开始走下坡路，营业收入和毛利率不断下降，主营业务射频产品的增长更是日益乏力。受此影响，大富科技每年计提了金额不菲的存货减值和应收账款坏账准备，损失额占营业收入的比重越来越高（表 7.16）。2017 年，大富科技业绩跌至谷底，亏损 5.24 亿元。2018 年，大富科技经营业绩虽有所好转，仅亏损 230 万元，但主要得益于外部的支持，非经常性收益高达 3.5 亿元。

表 7.16 2014—2018 年大富科技盈利情况 （单位：亿元）

	2014 年	2015 年	2016 年	2017 年	2018 年
主营收入	24.51	20.61	24.07	17.79	18.21
射频产品业务收入	23.55	16.04	16.27	11.93	13.35
主营成本	17.6	16.35	19.07	15.96	15.95

续表

	2014 年	2015 年	2016 年	2017 年	2018 年
射频产品业务成本	16.85	12.35	12.63	10.4	11.75
主营利润	6.91	4.26	5	1.83	2.26
射频产品业务利润	6.7	3.69	3.64	1.53	1.6
毛利率	28.19%	20.67%	20.77%	10.29%	12.41%
射频产品业务毛利率	28.45%	23.00%	22.37%	12.82%	11.99%
净利润	5.35	0.98	1.29	-5.24	-0.02
存货减值准备	0.5	0.63	0.53	0.55	0.88
应收账款坏账准备	0.71	0.79	0.91	0.88	1.12
减值和坏账准备占收入比重	4.94%	6.89%	5.98%	8.04%	10.98%

大富科技业绩表现不佳，除受射频行业竞争加剧、产品更新换代速度放缓、4G基站建设进入尾声等外部因素影响之外，对外快速扩张也是一个重要原因。

自2014年开始，大富科技并购动作频繁，积极开展多元化经营。截至2018年，大富科技累计对外投资17.5亿元，其中关联方收购耗资3.15亿元，非关联方收购耗资14.34亿元。通过这些收购，大富科技介入了石墨烯新材料新能源、高分子新材料等领域。

除这些已达成的合作之外，大富科技另有两起终止的重大收购：发行股份收购配天制造等4家公司股权，收购百立丰51%股权，其中后者的交易规模达17亿元。频繁的动作，彰显出大富科技强烈的扩张野心（表7.17）。

表7.17　2014年至今大富科技收购情况　　（单位：亿元）

序号	合作标的	合作时间	合作对价	现状
关联方收购				
1	向关联方配天数控等采购设备	2014.3	0.29	—
2	向关联方配天数控采购设备	2014.7	0.67	—
3	分阶段收购关联方大富方圆72%股权	2015.3—2016.6	0.06	持续经营
4	向关联方珠海汉迪采购设备	2015.5	0.22	—
5	向关联方配天机器人采购设备	2016.6	0.11	—
6	向关联方配天智造采购设备	2016.11	0.46	—
7	向关联方配天机器人采购设备	2017.4	1.26	—
8	向关联方配天智造采购设备	2018.8	0.08	
小计			3.15	

续表

序号	合作标的	合作时间	合作对价	现状
非关联收购				
9	增资广东中显科技，获51%股权	2015.5	1.2	持续经营
10	收购广州大凌实业51%股权		2	停产歇业
11	与瑞盛新能源合作设立大盛石墨，持股49%		6	亏损
12	购买蚌埠北泰汽配园相关资产（大富重工）	2014.6	3.54	持续经营
13	增资天津三卓韩一，获24%股权	2015.12	1.6	亏损
14	发行股份方式购买配天智造、领正电子、湘将鑫、高凌信息4家公司股权	2017.2	—	终止
15	发行股份收购百立丰51%股权	2018.3	17	终止
小计			14.34	—
合计			17.5	

但大富科技的对外扩张效果并不令人满意，多元化战略转型彻底失败。

其一，2015年5月耗资2亿元收购的广州大凌实业，因资不抵债，于2019年9月停产歇业。大富科技不仅损失了全部投资本金，而且向广州大凌实业提供的0.8亿元借款，也有可能面临损失。

其二，大富科技耗资6亿元，与瑞盛新能源合作设立的大盛石墨；以及现金增资1.6亿元获得24%股权的天津三卓韩一，均未实现2015—2017年的业绩承诺目标，深陷亏损的泥潭。

不仅如此，大富科技的这些收购，还因为风险控制手段不到位，留下诸多后遗症。根据合作时的约定，大盛石墨、天津三卓韩一两个项目的合作方应向大富科技合计支付3.91亿元业绩补偿款，但久久未能到位，拖欠时间在3年左右；大盛石墨合作方未能如约将石墨矿的矿业权注入大盛石墨；以及为收购百立丰51%股权，大富科技预先支付了0.7亿元收购款，但在收购终止后，大富科技一直未能收回预付款等（表7.18）。

表7.18　大盛石墨、天津三卓韩一业绩承诺情况　（单位：亿元）

	承诺净利润（实现净利润）			补偿约定	截至2018年年底尚欠补偿款
	2015年	2016年	2017年		
大盛石墨	0.55（0.09）	0.92（-0.45）	1.55（-0.42）	逐年补足每年实现净利润与承诺净利润的差额	2.83
天津三卓韩一	累计实现2亿元净利润			补足实现累计净利润与承诺累计净利润的差额	1.08

大富科技多元化战略转型的失利，进一步放大了财务风险。2017 年，大富科技亏损 5.24 亿元，业绩创历史新低，其中长期股权投资减值一项就减利 2.74 亿元。从 2014 年 5.35 亿元净利润的历史新高，到 2017 年亏损 5.24 亿元的历史新低，大富科技只用了 3 年时间。3 年时间，整个企业就发生了翻天覆地的变化。

大富科技是大富投资的核心企业。截至 2018 年年底，大富投资资产 77.32 亿元，实现营业收入 19.84 亿元；同期，大富科技资产 66.61 亿元，实现营业收入 18.21 亿元，分别占大富投资的 86.14%、91.78%。大富科技萎靡不振的业绩、日益弱化的盈利能力，立刻传导至大富投资，孙某传不得不进行“自救”。

一波三折的救赎

大富投资所持大富科技股份被冻结时，孙某传持有的 0.73 亿股大富科技股票，已被质押 0.69 亿股；大富投资持有的大富科技 3.33 亿股（后因部分 EB 投资者实施换股，持股数下降至 3.31 亿股），已被质押 3.25 亿股。加之大富科技经营状况不佳，留给大富投资进行债务腾挪的空间已经不大，只能求助于外部合作者。然而这个过程却一波三折。

大富投资首先找到的合作伙伴是北控投资。该公司实际控制人是自然人武立中，主要从事政府公共事业、智慧健康产业和智慧城市科技等领域的投资和运营。截至 2018 年 5 月 31 日，北控投资资产 43.5 亿元，负债 20.1 亿元，所有者权益 23.4 亿元。

双方合作的主要方式是北控投资受让大富投资持有的大富科技 29.99% 股份。按照当时市值计算，这部分股份价值约 27 亿元。合作前，大富投资和孙某传合计持有大富科技 52.68% 股份；合作完成后，该持股比例将下降到 22.69%，降为大富科技的第二大股东，让出控制权。

这种合作方式对大富投资而言，恐怕不是最好的债务解决方案，原因在于三个方面的考量。

一是债务偿还的确定性不高。大富投资的债务规模接近 90 亿元。即便顺利合作，大富投资也只能解决 27 亿元的债务，大富投资仍有将近 63 亿元的债务需要解决。这一结果还是在转让股份按当下市值计算而来。实际情况中，考虑到大富投资的现实情况、诉求强烈程度，以及股份交易的数量，大富投资股权能否不打折扣地按市值进行交易，存在相当大的不确定性。

二是大富投资将丧失偿债基础。大富科技是大富投资最核心的资产，也是最大的收入来源。大富投资在让出控制权后，就丧失了这一重要的资产基础和收入来源，偿债基础也随之丢失。

三是债权人信心受挫。如果大富投资按此操作，其保留的 22.69% 大富科技股份市值仅有20亿元，难以支撑剩余63亿元债权人的信心。当63亿元债权人发现大富投资只有20亿元左右的资产可供其受偿时，信心想必将会受到重大打击，大富投资也极有可能会因此进入破产清算。

因此，大富投资采取简单转让上市公司股份的方式处理债务问题，不仅无助于解决债务问题，反而可能将问题进一步严重化。此外，从北控投资的规模和实力来看，恐怕难以整体解决大富投资债务问题。大富投资继而找到了国有独资公司——郑州兴港投资。

双方的合作由两部分构成：收购上市公司股份和收购EB，兴港投资将出资28.22亿元收购大富科技29.99%股份，同时在二级市场上收购大富投资发行的EB。

截至2018年4月底，兴港投资资产1390.3亿元，负债948.03亿元，所有者权益442.27亿元，其规模和实力远超北控投资。大富投资与兴港投资进行合作，无疑将更有助于坚定其债权人信心，有利于促进解决整体债务问题。

但二者的合作方案也未能全面考量前述的三个因素。大富投资同样失去了大富科技这一重要的偿债基础，但兴港投资并未成为大富投资的控股股东，只是受让了大富投资发行的EB。这些安排只解决了EB持有人、部分定增债权人的问题，大富投资其他债权人的担忧并未得到妥善处理。

更有意思的是，兴港投资通过受让近15亿元EB，在帮助EB原持有人脱身的同时，有可能会让自己陷入比较被动的局面。兴港投资受让EB的逻辑和基础在于，其成为大富科技实际控制人之后，大富科技股价上涨，实施换股；或者大富投资有能力赎回EB。但大富科技是否能重整旗鼓，实现业绩回暖，股价攀升？失去大富科技控制权的大富投资是否有足够的能力赎回EB，并解决全部债权人问题等，都存在相当大的不确定性。

一言以蔽之，兴港投资和大富投资的合作方案，缺乏对债务重组系统性的认识和安排，存在不小的风险。大富投资的债务重组由此陷入僵局，直到2018年年底才出现转机。

组合拳式的解决方案

就在大富投资一筹莫展之际，其债权人蚌埠高投伸出援手，提出了“一揽子”解决方案。

一是以债权人身份不同意大富投资与兴港投资的合作，将兴港投资推出门外。兴港投资在与大富投资合作时明确，双方合作的前提是，大富投资须取得其重大债权人，比如EB持有人、定增债权人等同意合作的意见。蚌埠高投借此机会投下了反对票，不同意大富投资对外转让上市公司股份。

二是政府出面表态，营造良好的债务重组外部环境。在将兴港投资拒之门外之后，蚌埠市政府以及蚌埠高投及时发声，表示将全力支持与配合大富投资的债务重组项目顺利推进。

三是开展实质性救助。首先是大富科技剥离亏损严重的资产。2018 年年底，大富科技将其全资子公司安徽省大富重工的全部股权，以 0.58 亿元的价格转让给蚌埠高投。

截至 2018 年 9 月底，大富重工资产 11.27 亿元，负债 12.14 亿元，所有者权益 -0.87 亿元；2017—2018 年 9 月，大富重工分别亏损 0.78 亿元、0.3 亿元。对于这块盈利能力较差的资产，蚌埠高投以 0.58 亿元的价格进行收购。2018 年，大富科技亏损 230 万余元，较 2017 年度大幅减亏，其中很重要的原因是，这笔交易贡献了 1.62 亿元净利润。也许，蚌埠高投在受让大富重工后，又会将这家公司委托给大富投资继续进行管理。

除了支付现金收购股权之外，蚌埠高投对大富重工所欠大富科技 4.43 亿元往来款，也作出了非常详尽的偿还安排，既向大富重工提供无限连带责任担保，又直接提供偿债资金。这笔资金无疑也将有助于解决大富投资的债务问题。

四是将大富投资迁址、更名。大富投资的注册地一直在深圳，但在 2019 年 9 月，大富投资将注册地迁移到安徽蚌埠，并将公司名称变更为安徽配天投资集团有限公司（为便于表述，下文仍沿用大富投资的简称）。此举不仅表明了大富投资“扎根”蚌埠的决心，也便于当地政府介入大富投资的债务重组，协调解决其债务问题。

为鼓励大富投资迁址，蚌埠高新技术产业开发区财政局、蚌埠市怀远县仅在 2018 年就向大富科技拨付产业扶持资金、产能转移奖补资金等 1.55 亿元。这也极大改善了大富科技 2018 年的经营业绩。

五是联合中国信达，出手解决根本性问题。

在蚌埠市政府的牵线下，中国信达开始介入大富投资的债务重组项目，并提出了解决方案，该方案由两部分组成。

一是中国信达出资 34 亿元收购大富投资的债权，并对偿债条款重新安排。笔者猜测，这 34 亿元债权，可能是由 EB 及定增债权人的债权组成。中国信达在收购债权后，延长了大富投资的偿债期限，其要求 5 年内偿还完毕，并相应调整了债务利率。经此操作，大富投资相当一部分债务得到了合理解决，其他债权人的信心也得以加强，偿债预期得以清晰。

二是设立基金，填补剩余的债务缺口。在解决 34 亿元债务后，大富投资仍有约 55 亿元债务需要进行重组。对此，双方以设立偿债基金的方式予以解决。

具体而言，由中国信达的关联方信风投资、大富投资的关联方配天智慧云作为 GP，同时引入中国信达作为优先级 LP，现金出资 5 亿元；蚌埠高投作为劣后级 LP，现金出资 11.65 亿元，债权出资 9.35 亿元，合计 21 亿元；大富投资两位股东孙某传、李洪利作为 LP，以大富投资 99% 股权作价出资 25 亿元，共同发起设立基金。四位 LP 合计出资 51 亿元，其中现金 16.65 亿元，债权 9.35 亿元，大富投资股权 25 亿元。

截至 2019 年 12 月 24 日，大富投资持有大富科技 43.11% 的股份市值约 49 亿元。加上中国信达、蚌埠高投 26 亿元现金和债权，偿债资产的市值规模合计 75 亿元，超出 55 亿元债务偿还要求，这将大大增强、稳定大富投资债权人的信心和预期，解决大富投资的债务问题，也将游刃有余。

复盘大富投资债务重组的整个过程可以发现，其债务问题能得到完整解决，主要立足于以下四个方面。

第一，将大富投资和大富科技捆绑在一起解决问题。蚌埠高投联合中国信达提出的解决方案，最大的特点是将大富投资 99% 股权纳入偿债基金，由此也纳入了大富科技，并且保持了大富投资对大富科技的控股股东地位，使得大富投资能继续拥有这一重要的偿债基础和收入来源。而大富投资之前的解决方案，以转让上市公司股份方式，将二者割裂开来，这不仅不利于债务重组，反而会将问题严重化。

第二，在满足前一条件下，必须要有增量资金进入。为解决大富投资的债务问题，蚌埠高投联合中国信达共投入现金 60 亿元，大大增强了大富投资的债务偿还能力。在此之外，蚌埠高投还受让了大富重工全部股权，承担债务偿还义务，改善了大富科技的盈利表现。

与兴港投资的合作方式相比，虽然兴港投资和蚌埠高投都有增量资金进入，但二者不仅在资金规模上存在较大差异，而且蚌埠高投提出的解决方案，留下的遗留问题会更少。

第三，一定要管理好债权人的信心和预期，以空间换时间。债务重组项目中，最关键的一环，是要管理好债权人的信心和预期。无论是蚌埠市政府的发声、大富投资的迁址更名，还是中国信达、蚌埠高投真金白银的投入，都是为了稳定债权人的信心，并给他们一个比较清晰的预期和判断。这不仅拓展了债务重组的空间，而且为债务人大富投资争取了更多的时间。

第四，还需要那么一点点的运气。蚌埠高投之所以愿意向大富投资伸出援手，并给予不遗余力的支持，一方面是双方合作历史久远“惺惺相惜”，比如 2014 年 6 月，大富科技出资 3.54 亿元购买蚌埠北泰汽配园相关资产等；更重要的是，蚌埠市在 2017 年提出了打造四个千亿级产业集群的行动方案，大富科技所处的 5G 领域，正是扶持目标之一。

“纾困”之思

自 2018 年以来，上市公司的民营控股股东频频与国资进行合作，意图解决自身流动性问题。二者的合作，大多数采用国资收购民营控股股东所持上市公司股份、购买控股股东发行的可交换债等方式。

无论采用哪种方式，其核心要义都是实现偿债资金现金流和偿债期限的平衡，从而为民营企业及其所控制的上市公司脱困，赢得更多的时间和空间。蚌埠高投对大富投资的“纾困”，也逃不脱这个范畴。但这里面存在一个很重要的前提条件：被“纾困”的对象，在未来仍有较强的增长能力；此时的困难，主要是因为外部环境变化所致。否则，“纾困”无意义。

反观大富投资，之所以会陷入债务危机，表面的原因是大富科技股价表现不佳，导致触发大富投资履行一系列的赎回 EB、履行定增兜底担保责任；但更深层次的原因是，为“烫平”行业周期波动风险，大富投资对大富科技实施了多元化发展战略。大富科技以并购为矛，快速攻入了一系列新的业务领域，但最终失败。并且在这个过程中，大富科技几乎没有对并购风险的控制手段，导致诸多遗留问题迸发。

与此同时，大富科技原有的优势业务，因缺乏必要的关注和资源投入，导致增发乏力。对于这种“咎由自取”的行为，有必要花费如此之多的资源进行救助吗？难道就不能以破产重整或其他方式，解决大富投资的债务危机？

蚌埠高投之所以施加援手，是想把本地产业发展目标和大富科技的优势结合起来。但不可忽视的是，作为“华为金牌供应商”的大富科技是否能摆脱增长乏力的局面；是否能摆脱连续多年亏损避免成为“僵尸企业”；蚌埠高投是否能安全收回投入的各种“纾困”资金，仍有待时间考验。或许，救还是不救，从来就只是一个道德问题。

富贵鸟的“最后哀鸣”：破产清算中的博弈

到2018年中破产清算的时候，“鞋王”富贵鸟账面上还有45.15亿元资产，负债34.66亿元，资产负债率76.8%。初看之下，富贵鸟仍有近10亿元的净资产；实际上，其此时已经处于严重的资不抵债状态，风雨飘摇。富贵鸟45.15亿元的资产，不仅实际价值已严重贬损，而且还有巨额潜亏。

从财务数据看，在2017年6月底时，富贵鸟还有近55亿元的资产。为何不到两年时间，其资产面貌就跌至45.15亿元，并发生了翻天覆地的变化？直接原因在于财务信息严重失真。

富贵鸟当时的55亿元资产，绝大部分由流动资产组成，流动资产总额达54.23亿元，占比98%以上，固定资产仅有1亿元左右。在流动资产中，货币资金、应收账款和其他应收款分别是20.35亿元、10.78亿元和15.88亿元，三者合计约47亿元。富贵鸟资产出现大额贬值的原因，就在于这三项资产发生了巨变。

违规担保，货币资金半年缩水近九成

2017年年底，富贵鸟货币资金仅剩2.27亿元，其中1.65亿元处于质押担保受限状态，可动用的现金不足1亿元。短短半年时间，富贵鸟的货币资金就从20.35亿元猛降到2.27亿元，减少18亿元。之所以会出现这样匪夷所思的情况，主要在于富贵鸟为一系列担保行为履行代偿，但这些担保行为并未在以往年度中披露。

截至2016年8月底，富贵鸟以定期存款质押的方式，向石狮市的文昌鞋服贸易、诗娜鞋服贸易、明誉贸易、艳芳鞋服贸易、雅妃鞋服贸易5家贸易公司提供超过6亿元的担保，这些担保行为未公告披露。截至2016年年末，富贵鸟存在11.06亿元对外担保未披露；2017年1月至4月，富贵鸟又新增对外担保10.7亿元，也未履行公告义务。

从担保对象来看，被担保方的注册资本都比较少，与其较大的贷款金额不符，比如康菲贸易，注册资本仅100万元，富贵鸟给其提供的担保金额高达5.48亿元。

这些接受富贵鸟担保的公司，注册地址相同或相似，大部分位于石狮市福林大厦；部分公司的董事、监事及高级管理人员存在重合的情形（表7.19）。诸多的“巧合”和不合常理之处，难免让人质疑，富贵鸟提供担保的资金最终流向何处？

表 7.19　富贵鸟部分对外担保对象情况　（单位：亿元）

公司名称	注册时间	认缴资本	注册地	主要人员	担保额
帝一贸易	2006.3.24	0.2	厦门市思明区吕岭路必利达大厦	谢某智 陈某官	1.57
明誉贸易	2010.3.12	0.2	石狮市长福工业区福林大厦	郑某峰 穆某霞	2.45
恒强贸易	2010.4.8	0.2	石狮市长福工业区福林大厦	蔡某强 章某平	0.3
文昌鞋服贸易	2010.8.13	0.2	石狮市长福社区福林大厦八楼南侧	黄某煌 曾某如	1.01
雅妃鞋服贸易	2010.8.13	0.2	石狮市长福社区福林大厦八楼北侧	杨某旋 杨某丽	1.02
诗娜鞋服贸易	2011.12.14	0.3	石狮市湖滨长福路北侧×楼	陈某炜 王某昆	1
艳芳鞋服贸易	2011.12.14	0.3	石狮市湖滨长福路北侧×楼	林某芳 王某昆	3.94
宝克商贸	2011.12.8	0.005	石狮市长福公路边福林大厦×楼	章某平 杨某璇	0.8
康菲贸易	2011.12.8	0.01	石狮市长福工业区福林大厦×楼	穆某霞 蔡某强	5.48
合计					17.57

市场曾有传闻，富贵鸟将大笔资金投入 P2P 等领域。2015 年，富贵鸟关联公司富贵鸟集团、富贵鸟矿业集团等通过富银金融信息服务公司，入股深圳中融资本投资公司，持 80% 股权，后者为叮咚钱包的运营主体。叮咚钱包 2016 年上线，100 元起投，累计成交量突破 85 亿元，注册用户数超 250 万。2019 年 6 月开始，叮咚钱包开始出现逾期，投资者业已无法与其联系。除叮咚钱包之外，富贵鸟还与深圳中融资本以千万美元投资互联网交易平台“共赢社”，共赢社专注于为自然人提供小额借贷。

富贵鸟集团是否通过设立一系列“皮包”公司，并利用上市公司信用，为其投资行为进行输血，尚且不得而知。但这一笔笔担保累积下来，不断加重富贵鸟的代偿压力。截至2017年7月底，富贵鸟因履行代偿责任，被银行至少划扣16.15亿元资金，造成巨额潜亏和资金链断裂，无法及时兑付“14富贵鸟”债券本息，点燃导火索，最终引发财务危机。

在现金大幅流失的同时，富贵鸟的应收账款和其他应收款也出现问题。

违规拆借，43亿元应收款绝大部分成坏账

与“积极”开展对外担保，不进行信息披露，造成巨大资金窟窿的情况相似，富贵鸟的应收款类科目也是一个“重灾区”。

截至2017年6月底，富贵鸟账面上的其他应收款为15.88亿元，其中大部分是对前述数家贸易公司的借款，金额为12.16亿元（表7.20）。在此之后，富贵鸟继续向其提供资金，拆借金额约12亿元，累计约24亿元。因此，若考虑前述未披露，但被银行划扣资金的16.15亿元担保，富贵鸟的其他应收款实际金额应在43亿元左右，其中绝大部分已成为坏账。

表7.20　富贵鸟资金拆借情况　　（单位：亿元）

公司名称	拆借（占款）金额
艳芳鞋服贸易	2.53
文昌鞋服贸易	3.03
诗娜鞋服贸易	3.03
雅妃鞋服贸易	0.1
明誉贸易	3.06
泉州东玛鞋材	0.25
集兴鞋材贸易	0.16
合计	12.16

此外，2016年年底至2017年年初，富贵鸟还购买了2亿元的信托理财产品，通过信托贷款的方式将上市公司2亿元资金转移出去，最终这2亿元投资本金也全数打了水漂。

2015—2016年，富贵鸟分别实现收入20.31亿元、14.92亿元，实现净利润5.3亿元、2.17亿元，2016年的营业收入和净利润同比分别下降26.55%和59.16%。2015年，富贵鸟的经营活动现金净流量仅为1.8亿元。受收入大幅下降的影响，富贵鸟2016年的经营活动现金净流量为-5亿元。

2017年上半年，富贵鸟实现营业收入4.12亿元，同比下降48.09%，净利润

为 -0.11 亿元，经营活动现金净流量进一步减少。富贵鸟的资金已十分紧张，主要依靠银行贷款进行融资，维持现金流的平衡。

在这样的经营状况和资金实力下，富贵鸟的实际控制人林和平家族竟然从上市公司套取超过 40 亿元资金，胆量可谓不小。可想而知，这些从上市公司身上“套取”的资金，通过贸易公司这一“中转站”，被林氏家族用作 P2P 等领域的投资，或挪作他用。但无一例外的是，上市公司将无法收回这笔巨额资金，留下的只是“一地鸡毛”。

富贵鸟 2016 年 8 月在港交所停牌时，市值仍有约 50 亿元，坐拥 20.35 亿元现金，54.53 亿元流动资产，资产负债率也比较低。根据前文的分析，富贵鸟实际控制人林氏家族通过违规担保、违规拆借和对外投资三个行为，令富贵鸟 40 多亿元现金无法收回。这些行为发生的时间段主要集中在 2016—2017 年。

除此之外，富贵鸟的其他资产，比如应收账款、存货、固定资产等，都存在不同程度的减值和损失，金额约在 9 亿元。也就是说，富贵鸟扣除货币资金、其他应收款之外的约 20 亿元资产，能够变现的资产账面值不超过 10 亿元，而此时富贵鸟的债务金额为 34.66 亿元。林氏家族在满足自身“贪欲”的同时，将富贵鸟带入了万劫不复的境地。对富贵鸟的债权人而言，一场围绕争夺富贵鸟财产的战争，即将拉开序幕。

一波三折，从重整到清算

作为石狮市的“明星”企业，富贵鸟自陷入破产清算开始，就引起当地政府和诸多利益相关方的高度关注，不同债权人之间反复进行着博弈，着眼点是如何将自身利益最大化。

一般而言，当一家企业进入破产前后，需清偿五类债务：担保形成的债务、破产费用和共益债务、职工债务（欠职工工资、劳动保险费用以及职工安置支出）、欠缴税费和普通债务。前三者会优先得到足额支付，有剩余时，再逐次支付欠缴税费和普通债务。清偿普通债务时，债权人将按照不同的债权金额享受不同的清偿比例。比如债权金额小于 10 万元的债权人，一般可以得到足额或较高比例的清偿，金额大的债权人，只能得到很少比例的清偿。

具体到富贵鸟，其担保形成的债务，因大部分被银行提前划扣，且担保债权拥有优先受偿权，基本能得到足额清偿，富贵鸟债权人的利益博弈，主要集中在普通债权人之间。富贵鸟的普通债权人主要由三类构成：银行，贷款金额约 5 亿元；“14 富贵鸟”和“16 富贵 01”债券持有人，债券本金合计 21 亿元；日常经营业务相关方，如上游供应商、下游经销商等，富贵鸟欠款约 3 亿元。

由于富贵鸟是富贵鸟集团的核心企业，富贵鸟的破产极有可能把富贵鸟集团拉到危险的边缘，进而引发一系列问题。因此，当地政府也快速加入这一战局，石狮市市长亲任富贵鸟清算组组长（清算组后担任富贵鸟的破产管理人），使得利益诉求主体更加多元，局面更加复杂。梳理下来，多方利益博弈的焦点在于三个方面。在这个过程中，各方既有联合，又有分歧，博弈不断。

其一，是清算，还是重整？

依照我国破产法的规定，当一家企业进入破产时，有清算、重整、和解三种方式进行选择。清算立足于解散破产企业；重整、和解立足于通过债务重组、引入投资者，挽救破产企业。显然，重整、和解对企业债权人的吸引力更大。毕竟，在未来还有收回债权的希望。富贵鸟的破产，即是这一思路的反映。富贵鸟前后历经了两次重整，第三次才选择清算。整个过程一波三折。

2018 年 7 月，富贵鸟的管理人申请进行第一次重整。此时，富贵鸟的资产变现值只有 4.47 亿元，主要包括存货、股权投资、机器设备，以及 292 项商标使用权和 52 项专利。富贵鸟的债务总额则高达 34.66 亿元。

富贵鸟第一次重整方案的主要内容是，引入战略投资人，由投资人现金出资 1.65 亿元，购物券出资 0.6 亿元，用于支付普通债权人债权。职工债权、税款债权由重整完成后的富贵鸟继续偿还，清偿率为 100%；不处理或调整富贵鸟股东所持的股份。

根据重整方案，普通债权的清偿率约为 2.7%（略高于破产清算时 2.5% 清偿率），其中现金部分约为 1.1%，购物券部分约为 1.6%。如果一位富贵鸟的债权人持有 1 亿元债权，其最终只能获得 270 万元的清偿。在这 270 万元清偿中，只有 110 万元现金，其余为 160 万元的购物券，用来购买富贵鸟皮鞋。

富贵鸟的这份重组方案，一言以蔽之，就是让富贵鸟的普通债权人，如银行、债券投资者等承担全部损失，富贵鸟的股东毫发无损。重整方案中引入的这位投资者，意图以 2.25 亿元了结富贵鸟近 35 亿元债务，还考虑了富贵鸟产品的未来销售，其算盘打得“够精”。

这样一份重整方案明显缺乏诚意，关键是让富贵鸟大股东逃脱了“最终惩罚”，显然不会获得普通债权人的认可。2019 年 5 月 9 日，富贵鸟的债权人会议第一次否决了重整方案。

2019 年 6 月 29 日，管理人调整了重整方案，卷土重来，开始第二次冲击。此次方案主要调整的是把清偿方式由混合式清偿变更为全部现金清偿，不再使用购物券。但投资人又做了另一项安排，其支付的金额视债权人选择不同清偿期限而定：若债权人全部选择 6 个月清偿期限的，则投资人支付对价为 2.28 亿元；若债权人全部选择 2 年清偿期限的，重整投资人支付对价为 2.28 亿元至 2.4 亿元。此举的意思是，债权人选择越晚收到清偿，获得的清偿比例会更高，但最高只能超过应得清偿额的 8.7%。

这依旧是一份缺乏诚意的方案。如果说，确保职工债权、税款债权的清偿率为100%，尚且可以理解，富贵鸟的股东权益不做调整，是整个方案最难以理解之处。富贵鸟之所以会陷入破产的境地，最大的原因应在于其大股东对公司治理规则的漠视，对监管规则的蔑视，对商业道德规范的藐视。股东不承担主要责任，竟然要一众普通债权人承担主要责任，这究竟是何道理?

果不其然，富贵鸟的第二次债权人会议依旧否决了管理人提出的重整方案。按照破产法的规定，泉州中院最终裁定对富贵鸟进行破产清算。石狮市政府的努力，也随之付诸东流。

其二，担保行为有效性的判断。

破产工作的核心和关键是尽可能多地确认破产财产，这样就可以提高债权人的清偿率。如果富贵鸟此前的违规担保行为不能被认定为有效，那么就意味着富贵鸟不必承担担保责任，银行就需归还已划扣的资金，富贵鸟用于向普通债权人分配的财产将会随之增加。围绕这一出发点，富贵鸟的破产管理人进行申诉。只不过，这一举措与债权人审议重整方案时针锋相对的气氛相比，更多的是“无奈的挣扎”。

富贵鸟提供违规担保的对象，绝大部分是贸易公司。这些公司的特征与“皮包”公司高度相似。为此，管理人请求漳州银监分局认定这些公司为空壳公司。这其中的逻辑是，如果被认定为空壳公司，意味着接受担保银行的贷款核查工作没有履行到位，所形成的损失也应由自身承担。这一结论若成立，对富贵鸟而言，将会是颠覆性的结果，富贵鸟或不会走入破产清算境地。但对银行而言，则意味着自己要背负重大的损失。不出意外，漳州银监分局最终认为，无法判断这些被担保公司是否为空壳公司。因此，富贵鸟该履行的代偿责任还是要履行。

类似的博弈还发生在其他担保责任认定上，其结果均是认定富贵鸟应承担责任。

其三，资产抵押行为有效性的判断。

如果说对担保行为有效性的判断，是政府和富贵鸟普通债权人出于共同利益而与担保银行进行的博弈，那么对资产抵押行为有效性的判断，则是二者之间的直接利益冲突。

富贵鸟在进入破产程序前夕，将其 285 项商标使用权出质给石狮市狮城担保公司，出质的原因是为富贵鸟矿业的 1.5 亿元借款提供反担保，即在狮城担保公司为富贵鸟矿业提供融资担保的同时，富贵鸟向狮城担保公司提供反担保。

狮城担保公司有两家股东，均由石狮市财政局间接全资控制。如果富贵鸟矿业不能如期偿还这部分债务，用作出质的商标将归狮城担保公司所有，最终归石狮市政府所有。除此之外，富贵鸟还将相关土地房产、机器设备等进一步用于反担保，金额分别为 0.98 亿元、0.17 亿元。

在此之前，富贵鸟集团将其部分土地以3.83亿元价格出售给石狮市土地收储中心，用作政府收储，土地收储所得用于偿还富贵鸟集团的债务。这些被收储的土地，是富贵鸟的主要生产经营用地。

将这两件事联系起来，这其中的安排值得玩味。截至破产清算时，富贵鸟的资产仅剩4亿元，其中最核心的资产应是其商标，机器设备、存货等其他资产变现价值并不高，而且也比较容易重新购置。但商标、土地若合二为一，非常容易再造一个新的“富贵鸟”。当地政府通过种种手段将富贵鸟的核心资产牢牢控制在手中。

富贵鸟普通债权人代表国泰君安一纸诉状将富贵鸟、狮城担保公司告上法庭，以富贵鸟并非1.5亿元担保借款资金的最终实际使用人，为无偿提供担保为由，申请撤销0.17亿元的机器设备反担保合同。国泰君安的请求最终被石狮、泉州两级法院驳回。

谁是赢家

从富贵鸟整个破产过程来看，损失最大的就是其众多普通债权人，尤其是21亿元债券的投资者。理论上，富贵鸟的破产清算清偿率为2.5%，但实际上，富贵鸟的这些机器设备、存货、应收账款能拍卖出多少收入，不确定性非常大。

2019年10月9日，富贵鸟破产管理人在阿里司法拍卖平台，对富贵鸟的应收预付类债权、存货、长期股权投资、固定资产和无形资产等破产财产进行第一次拍卖，起拍价为2.84亿元（表7.21）。拍卖过程中，有91人设置了提醒，超过6000次围观，但无人报名参与竞拍，第一次拍卖流拍。10月18日，管理人进行第二次竞拍，起拍价较第一次打了8折，下降到2.27亿元。除了围观人数超过第一次外，绝大部分资产依旧流拍。普通债权人的清偿前景不容乐观。

表7.21　富贵鸟资产起拍价情况　　（单位：亿元）

资产类别	金额
应收账款	0.91
预付账款	0.02
其他应收款	0.28
存货	0.53
长期股权投资	0.27
机器设备	0.01
商标专利等无形资产	0.82
合计	2.84

对于当地政府部门而言，通过一系列积极的手段，保住了富贵鸟最核心的商标资产和最有价值的土地、房地产资产，不仅最大限度保护了自己借款的安全性，也为未来再造一个新的“富贵鸟”，奠定了一个比较好的基础。应当说，当地政府已经实现了自己的最低诉求。

至于富贵鸟的大股东林氏家族，由于重整方案没有获得债权人会议通过，其在富贵鸟的权益已归零。并且因为已故创始人林和平承担了富贵鸟诸多债务的连带清偿责任，其后人不得不放弃继承财产，以避免背负巨额债务。值得关注的是，林氏家族之前通过各种方式从上市公司套取的40余亿元资金，究竟流向了何处?

兴衰成败，皆有内因

从2001年开始，我国品牌服饰行业发展开始提速，各种品牌百花齐放，百舸争流，诞生了一大批“鸟”：贵人鸟、太平鸟、富贵鸟、报喜鸟……在这些品牌中，富贵鸟于2013年登陆香港资本市场，在港交所挂牌上市，当属其中的佼佼者。

近几年，受宏观经济的影响，众多服饰、鞋类公司经营出现困难。贵人鸟不贵，太平鸟不太平，报喜鸟不报喜，富贵鸟欠巨债。富贵鸟自上市以后，业绩也开始“变脸”。2015年，富贵鸟的利润出现首次下滑，2016年进一步下滑，并于2016年8月开始停牌，直至破产清算。富贵鸟上市后的命运变迁，在一定程度上反映了企业经营的困难。

但如果把富贵鸟的衰亡归结于外部环境的变化，未免过于简单。富贵鸟的衰亡固然有其外部环境的影响，但决定其命运的，仍然是其内在原因。在上市短短3年的时间里，富贵鸟实际控制人林氏家族利用上市公司的公信力，瞒天过海地套取了40余亿元资金。最终因为“14富贵鸟”债券回售到期，富贵鸟及其连带担保人林和平家族无法按期支付本息，才导致问题集中爆发。

富贵鸟债券违约，无法兑付的根本原因，就在于林氏家族通过违规担保、违规拆借、对外投资等恶意、简单、粗暴的违规模式，掏空上市公司，使得上市公司在本已严峻的经营形势下，雪上加霜。

上市公司被抽干后，留下的只是少许资产，以及金额庞大的债务。从破产清算结果来看，这一苦果将被众多金融机构和债券持有人吞下。

后 记

首先感谢这本书的读者。本书收录了我一部分公开发表的文章。虽然我根据最新的情况和自己的最新理解，对文章进行了或多或少的修订，但文章的专业性仍旧偏强，能够从头到尾认真读到这一页的读者，功力不简单。对你们付出宝贵的时间看这本书，表示感谢，并希望这本书能对你们有所帮助。

其次感谢我的家人和朋友，以及工作中的伙伴。正是有了你们平时的关心和支持，才让我有足够的时间和机会思考并购，总结并购，实践并购，也才有这本书的问世。

最后感谢深交所曾斌博士和中国法制出版社的韩璐玮编辑。在曾博士热心的“催促”和牵线下，懒惰的我终能下定决心撰写本书。在本书出版过程中，得到了韩编辑热心的指导和帮助，在此一并表示感谢。

图书在版编目（CIP）数据

并购的艺术：交易的架构与策略/符胜斌著. —北京：中国法制出版社，2021.7（2022.1 重印）

ISBN 978 - 7 - 5216 - 1993 - 5

Ⅰ.①并… Ⅱ.①符… Ⅲ.①企业兼并 - 研究 Ⅳ.①F271.4

中国版本图书馆 CIP 数据核字（2021）第 119904 号

责任编辑　韩璐玮（hanluwei666@163.com）　　封面设计　杨泽江

并购的艺术：交易的架构与策略

BINGGOU DE YISHU：JIAOYI DE JIAGOU YU CELÜE

著者/符胜斌

经销/新华书店

印刷/北京虎彩文化传播有限公司

开本/710 毫米×1000 毫米　16 开　　印张/26.75　字数/383 千

版次/2021 年 7 月第 1 版　　2022 年 1 月第 2 次印刷

中国法制出版社出版

书号 ISBN 978 - 7 - 5216 - 1993 - 5　　定价：96.00 元

北京市西城区西便门西里甲 16 号西便门办公区

邮政编码 100053　　传真：010 - 63141852

网址：http：//www.zgfzs.com　　编辑部电话：010 - 63141790

市场营销部电话：010 - 63141612　　印务部电话：010 - 63141606

（如有印装质量问题，请与本社印务部联系。）